浏阳历史文化丛书

浏阳非遗

下

胡晓江 著

岳麓书社·长沙

浏阳历史文化丛书

序

黎春秋

在全面建成小康社会、实现第一个百年奋斗目标，迎接中国共产党成立100周年的前夕，中共浏阳市委决策、市政协主持编撰的“浏阳历史文化丛书”即将付梓，这是具有深远历史意义、重要现实意义的大事、好事。

浏阳地处湘东，位于吴头楚尾的湘赣边界。周边与铜鼓、万载、宜春、上栗、长沙、株洲、醴陵、平江等市县为邻。境内山丘绵亘，西、南稍平衍，东、北半山谷，浏阳河横贯其中，萦回百折，西流注入湘江。以城区为中心，浏阳自古被分为了东南西北四乡。东乡、西乡分别为浏阳河流域的上游和下游地区，捞刀河流域为北乡，南川河流域为南乡。全市面积5007平方公里，现有人口150万。

“江海狂澜尽东倒，却输浏水尚能西。”这里气候温和、雨量充沛、山川秀美，自古以来钟灵毓秀、物华天宝、人杰地灵。在远古时代，境内已有人类活动，他们留下了原始社会的踪迹。考古出土文物证明，距今约15万年前，浏阳土著居民已繁衍生息在这块土地上。《三国志》记载，东汉建安十四年（209），孙权拜周瑜为偏将军领南郡太守，以浏阳为其四俸邑之一。浏阳之名始见于此，千年古县从此启航。

建县以来，人文蔚起，人才辈出，薪火相传，弦歌不绝。晋代易雄，忠义千古；宋代汤璹，清风峻节；元代欧阳玄，文章道德卓然名世；明代张武，南征北战屡建奇功。清代自欧阳中鹄、刘人熙、涂启先三先生，尤其是从谭嗣同开始，浏阳人民参与了中国历史上追求解放和真理的每一个进步活动浪潮，涌现了一代又一代的杰出人物。从戊戌变法到自立军起义，从萍浏醴起义到辛亥革命，从土地革命到抗日战争，从社会主义革命到改革开放，浏阳人民始终站在时代发展的前列。谭嗣同、唐才常为探索救国救民的道路，不惜流血牺牲，肝胆相照，气壮昆仑；焦达峰、陈作新接过谭、唐的接力棒，“首应”武昌起义，“浏水堕泪”“十日千秋”；毛泽东同志三次踏上浏阳的土地，把革命的火种播撒在浏阳河两岸，无数浏阳儿女追随毛泽东同志走上了革命道路。在艰苦卓绝的革命战争年代，浏阳人口减少20万人，被追认为革命烈士的有2万人，一部分幸存者成长为党和国家的栋梁之材，如胡耀邦、王震、宋任穷、王首道、杨勇等。正如浏阳著名的特产烟花爆竹一样，浏阳以自己的牺牲和奉献，写进了中国近现代历史的长卷中，形成了“自强不息、敢为人先”的浏阳精神。

浏阳还是礼乐诗歌之邦，保存至今的浏阳祭礼雅乐被誉为“中国古代音乐的活化石”，举行祭祀的文庙至今享有盛名。一首《浏阳河》脍炙人口，唱遍全中国，传唱全世界。诸如浏阳文庙、文家市秋收起义旧址和大围山、浏阳河等名胜山川，以及众多的文物保护单位，都是浏阳享誉全国、走向世界的宝贵资源。

中华人民共和国成立以来，浏阳经济、社会、文化等各个领域蓬勃发展，成就骄人。在改革开放的伟大征程中，浏阳从实现“进百强、冠三湘”到“挺进三十强、再创新辉煌”，再到“建设两个中心、进军全国十强”，每走一步都创造了历史性的成功经验，走出了一条县域经济发展的特色之路。特别是近年来，我们坚持以习近平新时代中国特色社会主义思想为指导，认真贯彻中央、省、市决策部署，深入实施创新引领开放崛起战略，牢牢把握“在区域谋发展、在全国争地位、在全球引资源”战略定位，推动县域发展迈出新步伐。2020年，全市实现地区生产总值1493亿元，增长4.7%；地方一般公共预算收入93.4亿元，增长 5.33%。在全国百强县排名中，浏阳县域综合发展、县域经济基本竞争力、工业百强县、营商环境百强县分别跻身第 9 位、第 11 位、第 11 位、第 19 位。

抚今追昔，我们倍感先辈们留下的历史文化遗产无比厚重，中华人民共和国成立以来社会主义建设的成就无比辉煌。值此中国共产党成立一百周年之际，编辑出版一套全面、系统反映浏阳历史文化的丛书，既是全市开启建设现代化城市大局的需要，也是全市人民的期盼。浏阳文史工作者在浩如烟海的古籍文献中爬罗剔抉，在写满故事的浏阳大地掇菁撷华，耗时三年，终于编撰成一部“浏阳历史文化丛书”。丛书一共 10 册，约 300 万字，近千幅图片，内容包括简史、名人、名胜、非遗、文物、诗文和民俗七大类，从多方面揭示了浏阳悠久历史的渊源和深厚、独特的文化底蕴，让人从中感触到浏阳历尽沧桑而始终保持着青春活力的千年律动和文化之魂。全书以史为据，选材真实、准确，文字生动，可读性强，可说是一部知我浏阳、爱我浏阳的百科全书，更像一座谱写浏阳人民艰苦奋斗历史壮丽华章的里程碑。全市人民定能从中汲取力量，推动浏阳经济文化大发展大繁荣，在实现社会主义现代化的历史征程中阔步前进，走向新的辉煌。

是为序。

2021 年 6 月

作者系怀化市委副书记、市长，长沙市委原常委、浏阳市委原书记

序

朱东铁

"五十里水路到湘江"，《浏阳河》这句朴实却又意境深远的歌词，一下就抓住人心，给我们展示了浏阳河袅袅婷婷、不舍奔流的秀美和沉稳，以及源于历史、开拓未来的深度和力度。

它更大的惊喜在于，当我们去关注、了解这片古老土地时，一座华美的文化殿堂赫然山立，悠远深邃，步步皆景，让人流连忘返：吴楚交会，是为通达之地；三山纵横，写尽雄浑之姿；樟树遗址，见证文明滥觞；浏阳八景，凝聚厚重人文；变法志士，开启近代呼喊；红色记忆，留存历史风云……

在生生不息、守望传承中，我们的祖先历尽艰辛，寻找、开垦、建设这块乐土；历史恢宏的阵仗里，杰出的人物光彩熠熠，灿若星河。三国周瑜少年英雄，羽扇纶巾，谈笑破敌；东晋易雄力抗叛军，杀身成仁，忠义流传；明代邓巍忠于谏议，弹劾严嵩，直面廷杖；清代谭嗣同力主维新，以身殉国，警醒世人。这，是浏阳之刚烈。

"元四学士"，文章道德，卓然名世；邱之稑精研音律，大胆质疑，修正古乐；"浏阳三先生"严谨治学，各有大成，世人推崇。这，是浏阳之风雅。

工农大纛淬炼于秋收烽火，革命精神激扬于历史风云。因为小石头可以砸破大水缸的信念，无数浏阳人选择了跟党走，跟红旗走，在艰苦卓绝的革命斗争中，这片红色的土地涌现了党和国家领导人胡耀邦、王震，以及 30 位开国将军；江山多娇养育铮铮风骨，文史流芳结出累累硕果。在风起云涌的大背景下，浏阳人既能睁眼看世界，也能俯身做学问，欧阳予倩、王人美等一大批教科文卫名人在各自领域的成就令世人瞩目。这，是浏阳之风骨。

风云长啸，江山留痕。到铁岩关下，石霜寺前，找一个时空割不断古今的理由；入浏阳文庙，金江书院，倾听文化发轫的律动；在伟人故居，革命遗存，接受前赴后继革故鼎新的精神洗礼。因为眷恋，我们记录；因为热爱，我们歌颂。于是，礼乐诗歌成为了这片土地另一张亮丽的名片，成为了湖湘文化举足轻重的一极。

所以人们说，“一方水土养一方人”。沧海月明，蓝田日暖。在浏阳的山山水水之间，从久远走来，向深远迈进的一切，或沉吟于丘壑，或闪耀于典籍，或传播于街巷，或激荡于人心。凡此种种，都是历史对浏阳的眷顾，在这座山城的煌煌千年之旅中，烙下了深深的印痕。而古往今来的文化交汇，兼收并蓄的包容心境，胸怀天下的广阔视野，博采众长的学习能力，勇立潮头的担当精神，敢为人先的磅礴气度，成就了浏阳人文不可复制的个性和特质。

联合国教科文组织提出：“发展最终应以文化概念来定义，文化的繁荣是发展的最高目标。”浏阳的文化，扎根于围山之下、浏水之滨，从刀耕火种一路走来，裹满了历史的伤痕和荣光。而它不可遏抑的前行，又记录和推动了社会经济长足的进步。从国家级贫困县迈入全国百强县前列，从偏处湘东一隅到崛起为湘赣边重镇，是传承千年的浏阳文化，给我们筑好了瑰丽的精神家园，赋予了独特的思维方式，呵护了历次果敢的出征，激发了强大的创造能力。

《周易》有言：“观乎天文，以察时变；观乎人文，以化成天下。”我们由衷感谢“浏阳历史文化丛书”的编撰——长揖历史，仰望人文，朝圣的路上有了向导；抚今追昔，振奋精神，幸福的大业有了底气。组织编撰这套丛书，内容涵盖了山水风物，历史人文，民俗风情，文学艺术等方方面面；组织编撰这套丛书，深入挖掘了浏阳的历史文化资源，全面展现了浏阳绚烂的历史文化风貌。这是文化自觉和责任担当的体现，是梳理历史和整合文化资源的结晶。

2021 年是中国共产党成立 100 周年，是“十四五”规划的开局之年，浏阳发展将翻开崭新的篇章。积极融入省（长沙）市发展大局，践行“三高四新”战略，在新发展阶段和新发展格局下，充分发挥“自强不息，敢为人先”的精神，主动作为，创造作为，有力作为，这是浏阳的历史使命。“浏阳历史文化丛书”的出版，正当其时，它记录下浏阳色彩斑斓的千年征程，凝聚起千万人开拓进取的宏伟力量，必将为浏阳的城市建设和经济社会发展提供强有力的文化支撑。

是为序。

2021 年 6 月

作者系长沙市委常委、浏阳市委书记

前 言

浏水围山间的文明微光

浏阳非物质文化遗产走笔

浏阳古属荆州，因县城位于浏水之阳而得名，东汉建安十四年（209 年）置县。2014 年 10 月，浏阳被中国地名文化遗产保护专家委员会评定为“千年古县”。

“千年”，浏阳历史文化传承的时间纵深。

“千年”，浏阳走向未来的新方位、新坐标。

千年浏阳，是文化浏阳，也是非物质文化遗产薪火相传的浏阳。那一缕微光，幽古，恒远，地老天荒。

《中华人民共和国非物质文化遗产法》规定：非物质文化遗产是指各族人民世代相传并视为其文化遗产组成部分的各种传统文化表现形式，以及与传统文化表现形式相关的实物和场所。包括：（一）传统口头文学以及作为其载体的语言；（二）传统美术、书法、音乐、舞蹈、戏剧、曲艺和杂技；（三）传统技艺、医药和历法；（四）传统礼仪、节庆等民俗；（五）传统体育和游艺；（六）其他非物质文化遗产。属于非物质文化遗产组成部分的实物和场所，凡属文物的，适用《中华人民共和国文物保护法》的有关规定。

浏阳物华天宝、人杰地灵，在创造丰富的物质文明的同时，历史文化也璀璨夺目。而浏阳花炮、菊花石雕、文庙祭孔等非物质文化遗产，更彰显了浏阳的文化底蕴、历史积淀。为加强文化遗产的保护，继承和弘扬中华民族优秀传统文化，推进社会主义先进文化建设，国务院决定从 2006 年起，每年六月的第二个星期六为我国的“文化遗产日”。正是乘借这股东风，浏阳的非物质文化遗产保护工作上升到了政府的层面。2017 年 7 月，细心的浏阳人发现“浏阳市文化馆”加挂起了“浏阳市非物质文化遗产保护中心”的牌子，这意味着浏阳非物质文化遗产的发掘、保护、传承工作，不再是野蛮生长、自生自长。

浏阳市文化馆副馆长、浏阳市非物质文化遗产保护中心主任欧阳继勇先生为浏阳籍文化名人欧阳予倩的后裔，对浏阳市非物质文化遗产了如指掌，也充满感情。

浏阳的非物质文化遗产遍布东南西北，涵盖乡俗民风、古法技艺、历史传说等方方面面，而像谷酒、豆腐、卤菜、素食菜、豆豉、舞龙舞狮等，还与老百姓的日常生活息息相关。这些非物质文化遗产，有吃的、有喝的、有看的、有玩的，有艺术的、有宗教的，有高雅的、有通俗的，有独特的、有同质的，林林总总，不一而足。

历史是一条河。文化是历史长河中翻滚着的雪浪，是雪浪下的沉淀和珍藏。历史与文化珠联璧合，在物质与精神的交界，闪耀着金属和陶泥的光泽，糅合着时间的回响。

日月经天，江河行地。那么，在浏阳这片美丽的土地上，非物质文化遗产作为历史文化的重要组成部分，又是如何传承的呢？

在物质世界里，大到山川形胜、百米高楼，小到山间小溪、石板小巷，它们都可见可触，承载着历史文化的光芒和想象。但偏偏，太多的历史文化又是以非物质文化遗产的形式而存在的。它们口口相传、手手相传，以父授师传的形式源远流长。它们，甚至没有太多的文字记载，没有声讯资料的保存，没有定量的、定性的数据和“知其然，知其所以然”的理论依据。

历史文化的呈现载体和方式千姿百态，历史文化的传承载体和方式亦是千姿百态。比如，歌谣、习俗、手艺、传说，甚或方言，它们都可能成为历史文化传承的载体。它们是那一片土地上最鲜活、最原始、最不可复制的条形码，是那一片土地上独一无二的DNA。比如，浏阳北乡的夜歌，是在亡者灵柩前、在漫漫长夜里的泣泪吟唱，是唱给亡者的，亦是唱给生者的，对亡者是祭奠、追缅，对生者是鞭策、反省。浏阳北乡夜歌是非物质的，但演绎并传承北乡夜歌的却是真真实实的人。再比如，浏阳西乡的耍锣鼓，是一种传统技艺，但将古老的锣鼓敲出浏阳特色、湘东气息、乡情乡韵的，就是那些五大三粗、耕田种菜的乡里汉子。牛皮鼓、铜质锣、蛇皮琴、马尾弦，民间乐器的材质大同小异，但敲打演奏出的民间曲调却千差万别。谁能一探究竟？谁能一解玄奥？还有，浏阳人燃放花炮的习俗、浏阳人赛龙舟的习俗、浏阳人耍龙舞狮的习俗，与全国各地的相关习俗有相同相通的地方，但肯定也有独一无二的地域文化特色，是“这一个”。

但就是它们，与山川名胜、文物古迹、诗文典籍、风云人物，组合成了不灭的浏阳记忆、璀璨的浏阳图景、神秘的浏阳基因。

在农耕文明向工业文明、信息文明转型的时代，在日益功利的社会，非物质文化遗产的挖掘、保护、传承，还任重道远。全国政协常委、著名学者冯骥才指出：“不能把有历史价值的东西看成‘过去时’，因为真正的历史价值是未来价值。”

非物质文化遗产广布民间，在收集整理的过程中，难免“拿来”为我所用，实乃不便杜撰，也是对传承人的最大尊重。透过非物质文化遗产这扇小小的窗口，发现浏阳、传承浏阳，亦不失为“讲好浏阳故事、传递浏阳声音”之重要一途。

寻找浏阳民间的灵性之光、神奇之美，后来者的脚步未曾停歇。

胡晓江

目 录

乡俗民风

方言基因

浏阳方言民俗的传承

十里有三音

方言，是一个地方特殊的文化基因，是一个地方迥异于另一个地方的显著标志之一。方言不受行政区划的影响，也不受宗教信仰、建筑风格的影响，它存于口口相传、流于口口相传，具有极强的生命力。著名社会学家费孝通认为“中国社会是乡土性的”，这种“乡土”，从非物质文化遗产的角度来讲，既是一乡一俗的乡俗，也是一乡一音的乡音。

方言也是民间文艺创作的源泉之一，上海的沪剧、浙江的越剧、安徽的黄梅戏、河南的豫剧、广东的粤剧、湖南的湘剧和花鼓戏等等，使用的都是当地的方言。

浏阳，位于湖南省东北部，地处湘赣边界，与本省的长沙县、株洲县、平江县、醴陵市和江西省的铜鼓县、万载县、上栗县、宜春市袁州区交界。

据 1994 年版《浏阳县志》称，浏阳境内方言素称“十里三音”，堪称一大特色。而民间的说法是“浏阳土地轻，十里有三音”“隔河不同音”。

从方位区分上来看，浏阳地分东南西北，俗称东乡、西乡、南乡、北乡，均有风格迥异的小地域方言。

东乡人讲东乡话，但大围山、张坊、官渡等部分偏僻山乡居民也讲客家方言。南乡人讲南乡话，但文家市、中和一带的山乡居民也讲客家方言。西乡人讲西乡话，接近长沙话的特点，人称“打省腔”。北乡人讲北乡话，自成一体。况且，东南西北四乡按“水路”又分上下，上北乡与下北乡的方言有所不同，上西乡与下西乡的方言也有细微差别。

有时候一个地方仅仅是隔着一条河、隔着一座山，其方言却迥然有别。同为赣方言，浏阳北乡的社港话与北盛话，就相距甚远，本地人只要讲话者一开口就大概知道讲话者是社港人还是北盛人。普迹的蒜洲村与枨冲的宋家园村接壤，分别在浏阳河的上下游，但蒜洲村里的人只知道讲西乡话并且基本上听不懂浏阳话，宋家园村里的人却既讲浏阳话，又能讲几句西乡话。虽然同是浏阳人，但从口音可以区分东西南北中的地域分布。

从方言学来看，浏阳有赣方言、湘方言和客家方言三大类。

赣方言主要分布于浏阳城区、北乡、东乡、南乡一带，当地使用的赣语宜浏方言，为浏阳境内分布最广的语言，也是浏阳辖域内最主要的交际语言，即所谓“浏阳话”。湘方言主要分布在浏阳西乡的镇头、普迹、柏加、官桥、葛家、枨冲及北乡的北盛、永安等地，这一带属于新湘语长沙方言，但与长沙城区方言略有不同，被称为“西乡话”，与长沙县话比较接近。同样是讲西乡话，永安因与长沙县的江背、黄花一衣带水，柏加因与长沙县的黄兴只一河之隔，两地的方言与长沙话相似度在八成以上。客家方言主要分布于泛大围山区域，包括大围山、小河、张坊、官渡、永和、七宝山等乡镇，被本地人称为“客姓话”，与广东梅州的客家话如出一辙，相似度在九成以上。

《湖湘文化大辞典》中，对以赣方言为主的浏阳话的特点进行了概括：①古浊塞音及塞擦音声母不分平仄都念送气清音，如“在”念 [ts'ai]、“薄”念 [pò]；②古晓匣二母字在合口韵前的声母念 f-，而不念 x-，如“花”念 [f ā]、“魂”念 [fén]；③古泥母字和来母字在洪音前不分，读 1- 声母，而在细音前则分别为 n- 和 1-，如：“男难南兰”都念 [lán]，而“泥”念 [ní]、“梨”念 [lí]；④“文、人、云”不分，都念成唇齿音声母字 [ven]；⑤韵母有开齐合撮四呼，但撮口呼只有一个 -y 韵（不作介音），合口呼的 -u 介音也有失落现象；⑥流摄开口一等韵字有 -i 介音，如“头斗偷楼走狗口藕”等字的韵母都念作 -iao；⑦声调有五类，调值分别为阴平 33、阳平 55、上声 24、去声 11、入声 44，入声略显短促，但不带辅音韵尾。

移民与方言

俗话说“老乡见老乡，两眼泪汪汪”，因乡音难改、故土情深。浏阳方言的形成与流传，与历代外来人口的迁徙息息相关。

据清代光绪《浏阳乡土志》及有关资料记载，浏阳姓氏中迁入时间可考者为 175 支，其中宋元时期迁入的为 37 支，明清时期迁入的更达 131 支。有原籍可考的 154 支，其中，自江西迁入的为 80 支，自广东迁入的为 36 支。外地移民的纷纷涌入，带来了丰富多彩、纷繁复杂的方言，形成了开放包容的格局，也推动了社会经济的发展。

绝大部分的浏阳人讲赣方言，也就是讲以“县城话”为标志的浏阳话，这和浏阳与江西上栗、万载、铜鼓等地山水相依、土地接壤密切相关。同时，也和历史上江西人密集来浏阳定居密切相关。

据1994年版《浏阳县志》记载，浏阳的李、袁、于、瞿、王、欧阳、戴、黄、傅、胡、张、周、邹、甘、罗、游、刘、聂、焦、唐、潘、高、文、谭、鲁、郭、陈、朱、萧、江、雷、彭、赵、何、任、孙、邓、武、邱、龙、余、万、吴、许、郑、吕、谢、黎、杨等姓氏人丁中的一部分为江西迁入，自江西迁入浏阳的姓氏总数达80支。浏阳人见了江西人，真是“一声老表泪汪汪”啊。

自广东迁入浏阳的姓氏为36支。涂、赵、张、黄、刘、郑、李、叶、罗、许、杜等姓氏中的一部分为广东迁入。历史上，与浏阳交界的平江县也曾有移民迁入浏阳，徐、田、罗、孔、张、贺、李等姓氏中的部分为平江县迁入。

据《宋季兵事》载：“宋德祐二年（1276），元兵破潭（潭州，今长沙），浏遭迁屠殆尽，奉诏招邻县民实其地。”在此情况下，各地移民大量迁入，至元代元贞元年（1295），浏阳户口大增，建制由县升为州。当时移民大都来自江西，成为浏阳人口的主要源流。

浏阳有很多关于明代开国皇帝朱元璋的传说和遗迹，有传其曾在金刚石霜寺当过和尚的，有说其在大围山斩断龙脉的，有说金刚太子湖是因其太子朱标驾临而得名的，有说其在普迹金江浒溪牧马坳放过马的。

关于朱元璋血洗浏阳有多个版本：其一，朱元璋为了报复浏阳人支持陈友谅，下令血洗浏阳。其二，当年刘伯温看天象说浏阳三百年后将要出天子。朱元璋为保其万世江山，大开杀戒，诛灭浏阳全城。其三，传说当年朱元璋在浏阳行乞，由于饥肠辘辘偷了大户人家的红薯充饥，被人暴打，发誓当皇帝后血洗浏阳。其四，传说朱元璋当皇帝后，他的各派系纷纷前往南京向他庆贺。他疲于应付，因而下令各路人马要按顺序依次进京。当他听说有队来自浏阳的人马已到长沙时，便下令“歇息三天”，不料因方言惹祸，被误传为“血洗三天”，使浏阳遭受血光之灾。

各种传说均不可信，不过浏阳人口确实可能与陈友谅和朱元璋双方激战，江西人前往浏阳定居有关。据记载，朱元璋与陈友谅鏖战鄱阳湖时，陈友谅得到当地人的大力支持。朱元璋称帝以后，对江西民众加征赋税，使得当地百姓纷纷逃离，涌入邻近的湖广一带，近在咫尺而土地肥沃并有高山阻隔的浏阳成为江西人避难迁徙的第一站。据《浏阳于氏族谱》记载：“始祖元成公，后唐同光二年（924）自洪州南昌丰城瓦子湾偕兄元湘公宦游来楚之武陵（今常德）……六世贤臣，字祥钦，赠光禄大夫，适元季陈友谅之乱，各省居民纷纷避寇，公挈其眷属由江西徙浏阳。”整个湖南、湖北、广东、广西都有大量江西人定居，即移民史上的“江西填湖广”。

朱元璋并未“血洗浏阳”，但土著浏阳人锐减与朱元璋却有着极大的关联。陈友谅系湖北沔阳（今湖北洪湖）人，与朱元璋争天下时，双方长期在今湖南、湖北、江西一带鏖战。乱世之中，不少土著浏阳人为避战乱、逃避税赋和劳役，而扶老携幼、背井离乡，导致浏阳境内十室九空。另外，因浏阳人民曾襄助陈友谅粮饷，朱元璋建立明朝以后，迁怒于浏阳人民，将浏阳田赋加倍科征，百姓不堪重负，相继外迁。凡此种种，促使土著浏阳人“逃散丧亡，抛荒不知凡几”。朱元璋称帝后，不得不征调大批江西百姓到浏阳安家落户，遂使赣方言成为浏阳使用率最广的主要“母语”。

赣语宜浏方言区包括江西的宜春、宜丰、上高、清江、新淦、新余、丰城、万载等市县以及湖南的浏阳、醴陵等地。其方言特点是有入声，但不分阴阳，“百白绿六”等字声调相同，去声也不分阴阳。

浏阳的湘方言与浏阳部分乡镇靠近长沙、株洲有关，赣方言与江西移民来浏阳定居有关，那么远在广东梅州的客家方言又是如何进入浏阳的呢？

客家人的历史是汉民族形成历史的缩影，客家曾有五次大迁徙。第一次客家大迁徙，源自西晋“八王之乱”。西晋元康元年（291），发生了“八王之乱”，继而又发生了人民反晋王朝的斗争，极大地动摇了西晋王朝的统治。这时北方的匈奴、鲜卑、羯、氐等少数民族乘虚而入，各自占地为王，争战不休，使中原陷入“五胡乱华”的动荡局面。西晋王朝灭亡后，中原成了胡人的天下，不堪奴役的汉人大举南迁，历时170多年，迁移人口达一两百万之众。第二次客家大迁徙，源自唐朝“安史之乱”。这次南迁，延续到五代时期，持续90余年。第三次客家大迁徙，源自“金人之乱”南宋建立，客家人的称谓由此产生。第四次客家大迁徙，起于明末清初的“粤闽纷乱”。第五次客家大迁徙，源自太平天国运动期间的“土客械斗”。

从客家人的五次大迁徙可以看出，每一次迁徙都是迫于无奈，都是背井离乡，起于战乱，生于自强，筚路蓝缕，坚忍不拔。

西晋“八王之乱”往后，为了躲避战祸而大量外逃的中原汉人一批又一批南迁到江西、广东、福建，形成了独特的语言体系，并世代相传。客家四州为梅州、赣州、汀州、惠州，其中赣南是客家人内迁湖南的第一大本营。据历史学家罗香林先生的考证，这批汉族支系经过五次大迁徙直至今天远播海内外，人口总数约为8000万至1亿人。

客家人语言保存了大量的古语词。如："吃饭"，客家话叫"食饭"；"睡觉"，客家话叫"睡目"；"下雨"，客家话叫"落水"；"你们"，客家话叫"你等"；"我们"，客家话叫"俺等"。

据记载，浏阳的客家人大多是在明嘉靖年间（1522—1566）借道江西迁徙而来，该时段迁入浏阳的客家姓氏为31支。这批来自福建、广东的流民，先在宜春、万载等地搭棚定居，被称为"棚民"。后来部分客家人迁入浏阳东乡、南乡的穷乡僻壤，垦地开荒，聚族而居，繁衍生息。因当时浏阳较平坦的地带均为江西人居住，客家人则大多进入浏阳山区定居。浏阳有客家人分布的乡镇有10余个，包括张坊、小河、大围山、七宝山、官渡、白沙、达浒、沿溪、永和、古港、三口、中和、文家市等乡镇，客家人的数量在15万左右；北乡的社港、龙伏、沙市、山田、淳口等乡镇，客家人的数量大约有5万。客家风情比较浓郁的是浏阳东部的张坊、小河。

浏阳客家人有"宁卖祖宗田，不卖祖宗言"的祖训，致使客家方言没有失传。浏阳客家人既精通客家方言，又熟练掌握本土的"浏阳话"，是双方言使用群体，他们与客家人会话时讲客家话，与其他人会话时讲"浏阳话"，能做到切换自如，交流无碍。

特点与传承

2012年6月，浏阳电视台《品读浏阳》节目关注到了浏阳"母语"——浏阳方言，共录播了五期节目。该节目一时热播、众人追捧，引发了对浏阳方言——这一非物质文化遗产的热议。浏阳方言的主讲嘉宾，正是浏阳籍的文史学家、资深方言专家夏剑钦先生。

夏剑钦先生系统研究浏阳方言，《浏阳方言》一书中描写了浏阳方言的语音和语法特点等。

在语法特点中，他归纳出词尾带"崽""唧""哩"居多。其中，"崽"和"崽唧"的构词用法有：

一、加在单音节名词后面，如：鸡崽、鸭崽、狗崽、猪崽、牛崽、鸡崽唧、狗崽唧、猫崽唧、牛崽唧；

二、加在复合名词后面，如：烟筒崽、书包崽、毛巾崽、茶杯崽、烟筒崽唧、毛巾崽唧、老虎崽唧；

三、加在带有"子"尾的名词后面，如：帽子崽、辫子崽、桌子崽、本子崽、帽子崽唧、桌子崽唧、本子崽唧；

四、加在带有修饰语的名词后面，如：细桌子崽、红帽子崽、小汽车崽、细蝴蝶崽、白尾巴狗崽唧。

此外，浏阳人用方言口语称呼人时，也喜欢带一个“崽”字，表达亲昵、喜爱的感情色彩，如“刘贵”“李满”“胡红”“谢四”这些人，口语上则称为“刘贵崽”“李满崽”“胡红崽”“谢四崽”。如果是小孩的话，口语的称呼直接省略了姓氏，显得更为亲昵，如：“贵崽”“满崽”“红崽”“四崽”。

夏剑钦先生还发现，浏阳方言喜欢在形容词尾加一个“唧”字，以加强程度。如“冰冷唧”“锋快唧”“血红唧”“雪白唧”“巴掌大唧”“滴屎高唧”以及“蛮好看唧”“好啰唆唧”“大大唧”“细细唧”“眼屎大唧”“几好唧”“几苦唧”“几舒服唧”“几会打唧”等。

还有如“轻轻松松唧”“慢慢细细唧”“大大方方唧”“不大不细唧”“不多不少唧”“一来一去唧”“三四回唧”“五六道唧”“七八下唧”等。一个“唧”字，立刻使平铺直叙的语言变得生动活泼起来。

浏阳西乡人讲话尤其喜欢在许多名称后面加上一个“唧”字，温婉细腻，仿若吴侬软语。试举一例：“那咋伢唧找哒那咋妹唧，到妹唧屋里去恰饭，见到了妹唧屋里的姥唧、公唧、娭唧、爷唧、娘唧、舅唧、姑唧、姨唧、叔唧、嫂唧……”

在词尾加上一个“哩”字，也是浏阳方言的一大特色，如：

（文）桃子、李子、瓶子、影子、篮子；

（白）桃哩、李哩、瓶哩、影哩、篮哩。

名词中词尾加“哩”字的极为常见，如饭蚊哩、麻雀哩、豺狗哩、黑猪哩，等等。

表方位也可加“哩”字，如：坪哩、厅屋哩、厨房哩、牛栏哩，等等。

浏阳方言形容词的构词特点与普通话相差较大，很有地方特色，如：壁正（很正）、溜青（很青）、锋快（锋利）、刮苦（味很苦）、棒酽（很浓）、闷长（很长）。

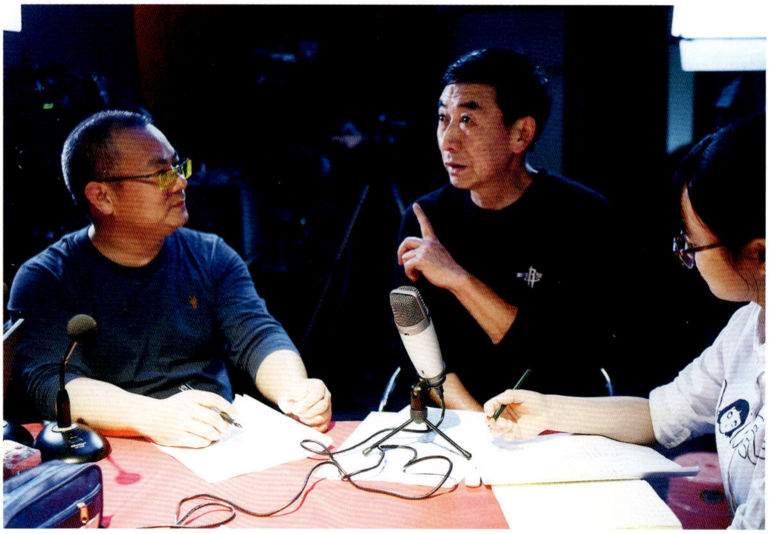

南京大学文学院教授陈立中（左）为浏阳人王章辉（中）录制浏阳话

比外语难懂，比相声“有味”

一个地方的人文历史、地理特质、民风民俗较多地体现在话语之间。在各种信息交错叠加、瞬息万变中，在文化快餐化、同质化愈演愈烈的情况下，方言这种具有地域特色的历史文化基因却以不变应万变。也许，这就是方言的魅力。

浏阳为长沙市管辖，纳入长沙市一小时经济圈、一小时生活圈，但以赣方言为主的浏阳话，却常常使长沙人如堕五里雾中，以为是听到了外语。确实，浏阳方言素有“诘屈难懂”之名。

浏阳方言的“土”，也带来了许多趣味性。湖南经视娱乐性脱口秀节目《越策越开心》，“不怀好意”地“策”了一回浏阳方言：以一句经典北乡方言——“码子放哒坎庵上”，硬是难倒了“疯狂英语”创始人李阳。

“码子放哒坎庵上”到底是啥意思呢？码子放在窗户上。还有“bobo放在坎眼上”，就更是一句经典的浏阳方言，意思是“鸡蛋放在窗户上”，总能将外地人弄得一头雾水。“坎庵”的本字是“朿眼”，朿为小窗户，配一个“眼”，就双音节化了。

浏阳方言中有诸多禁忌语，特别注重财富、注重得失，避讳谈“失”字、“死”字，所以方言里的与“失”字同音的“血”“舌”都避谈，而用意思相反的字代替。例如，“猪舌子”叫作“猪赚子”，“猪血”叫作“猪旺子”，甚至将“帽子”叫作“有子”。“芹菜”因为“芹”与“穷”谐音，所以反其意而用之，干脆叫作“富菜”。人死了不能叫“死了”，而只能委婉地称为“去了”“走了”或者称为“老了人”。小孩子窝屎不能叫“窝屎”，因为“屎”字与“死”字谐音，不吉利，所以小孩子窝屎叫“窝巴巴”。

其实，浏阳的东南西北四乡，均有自己经典的、趣味性十足的方言。试举例如下：

东乡方言：

1. 呷不得妮子做，做不得妮子呷（吃不得怎么做，做不得怎么吃）。
2. 羊子同饺子打架（羊和狗打架）。

南乡方言：

1. 金刚挑人（金刚头人）。
2. 文明医院（人民医院）。

西乡方言：

1. 溽（rua）天里恰溽饭，溽恰溽溽（热天里吃热饭，越吃越热）。
2. 啊百啊十啊号（222 号）。

北乡方言：

1. 鼠里您屋里的牛恰哒鼠里您屋里的薯藤（谁家的牛吃了谁家的薯藤）。
2. 卵子您里穿闭心（男子人穿背心）。

客家方言：

1. 想碎——你身面要放想碎吗？（释义：你吃面要放香菜吗？）
2. 携身——你明末儿记跌携身。（释义：你明天要记得洗澡。）
3. 蛮噻——该慌港，及蛮噻呐。（释义：那还用说，她很厉害啊。）
4. 暖港，么信及，及又在暖港。（释义：别信他，他又在乱说。）

“浏阳土话”没有“儿”化韵，因此不可能有像普通话那样的儿尾词。至于普通话中应用很广的词尾“子”尾和“儿”尾，在“浏阳土话”里一般只出现在文读音中，使用范围较窄。这时“唧”尾便充当了“子”尾、儿化的作用，成为有鲜明地域特色的词缀并表现出更丰富的语法和修辞功能。“浏阳土话”的“唧”尾可做名词词尾，也可做形容词、数量词、动词、代词、副词等词尾。如细人唧（小孩子）、瘦瘦唧（瘦瘦的）、七八万唧（七八万）、夜把唧（一晚上）等。

浏阳南乡话、部分东乡话没有卷舌音，于是造成“资”“知”不分；还有部分东乡话、南乡话“东”“中”同音，“赵”“稻”“套”不分；西乡话则“买”“卖”不分。

城关话、东乡话、南乡话在读“楼”等带ou韵母字时，都会读成“聊”等，而北乡话却独树一帜，读成ei韵母，“楼”会读成“擂”。南乡人在读“关”“桂”等带u介音的合口呼字时，往往就丢了介音，读成了开口呼的“干”“给”等。东乡人读音最特别的字是“吃”，他们读成“呷”（xia）。

“搞笑”的浏阳方言

乡音难改，但也很容易语言同化。尤其是现在从幼儿园开始就教孩子说普通话，孩子家长也讲一口的普通话，造成孩子缺乏说方言的语言环境。不注重语言的多样性，势必影响方言的传承。

说到浏阳方言的趣味性，下面这几组浏阳方言词语“翻译”成书面用语是这样的：

浏阳方言：鼻条泷松、眼屎阔龙、残水野吧、吴搭押搭；

书面用语：鼻涕流淌、泪眼汪汪、唾沫横流、无赖撒泼。

用上面这组词语去形容某个人，是不是感觉有些大跌眼镜呢？

浏阳方言中有许多听不懂的名词、搞不懂的动词和搞怪的形容词，试举几例：

康鸡里（蜻蜓）　　盐巴斗里（小腿）
慈谷子哩（荸荠）　　波波（鸡蛋）
干闷（关门）　　七扶（水壶）
羊咩咩（蜻蜓）　　戳把子（骗子）
跸式样（出丑）　　邹歪克（走回去）
搞麻里（有什么事）　　困告（睡觉）
巧干（口渴）　　捱嗤（愚笨）
国儿（这里）　　坎庵（窗户）
一滴唧（一点点）　　一哈唧（一会儿）
麻哩（什么）　　懒子（怎么）
耍伴哩（玩伴）　　脑阔橘哩（脑袋）
司机佬哩（司机）　　球哩（茄子）

掉疤（痘疤）　　　　　　　　膝头宫哩（膝盖）

哭屎野吧（涕泪双流）　　　　造孽巴萨（可怜兮兮）

土密西哩（烙铁头蛇）　　　　臭鲶哩（蚯蚓）

浏阳人似乎天生具有幽默感，也是妙喻里手，用方言会话时形象生动，用词自带比方，令人忍俊不禁。像“霸蛮”“筐瓢”“满哥”“懂味”“有卵味”“有卵事”“不带爱相”“痘疤”“接坨”“七哩八哩”“戳把子”“稀下的”“了难”等，与长沙话或长沙县的方言很接近，只是发音不同而已。

但像“拌禾”“下血”“下秋痢疾”“闹药”“毒药”“鬼扯脚”“鬼扯颈（jiang）”“碰哒鬼”“鬼摸脑”“卵绊颈”“卵弹琴”“造锅巴孽”“吹眼屎不跌”“脑壳进哒水”“绊哒脑壳”“打狗屁”“牛胯里扯哒马胯里”等，都是极致的表达，十分形象，具有典型的浏阳特色。试举例如下：

这件事情蛮难搞哩，“拌禾”（自动放弃的意思）算了；

你这个戳把子，“下血”（撒谎的意思，多为浏阳西乡人使用）；

你把他讲得一无是处，“下秋痢疾”（极度污蔑的意思，多为浏阳西乡人使用）；

那个人穷像哒，“吹眼屎不跌”（烂泥巴糊不上壁的意思），“造孽巴撒”（很可怜的意思）。

用浏阳方言翻唱经典歌曲时，往往能达到出人意料的“恶搞”的效果。有好事的某浏阳人就翻唱了一首毛阿敏曾经演唱的歌曲《蝴蝶》，用浏阳方言演唱是这样的：“妮从嗨唧来，我的耍伴哩里，好像一抓飞婆哩，飞进我的坎庵里。”

而该歌曲正确的歌词是这样的：“你从哪里来，我的朋友，好像一只蝴蝶，飞进我的窗口。”

当然，为了夸大对浏阳方言揶揄的效果，这位哥们有意将“蝴蝶”唱成了“飞蛾”，就是唱成了“飞婆哩”。

听着浏阳哥们在卡拉 OK 厅旁若无人、兴高采烈地引吭高歌，再一回味《蝴蝶》的歌词，是不是让人有些忍俊不禁呢。

浏阳方言野蛮生长，生命力极强。但随着信息化时代的来临，许多浏阳本土的小孩在普通话的语境中长大，已听不懂浏阳方言，更说不好纯正的浏阳方言，让人忧虑。有识之士担忧，照此下去，不出三五代，浏阳方言有变异甚至失传的危险。有感于此，浏阳交通广播电台开办了一档名为《浏阳方言小课堂》的节目，一男一女，一本地人一外地人，一人说普通话一人说浏阳话，进行浏阳方言与普通话的生活场景对话，幽默诙谐，妙趣横生，让听众在轻松的笑声中学习、回味浏阳方言。

老乡相见，一见如故，方言是最好的媒介。乡音难改，但如果有谁一出生就不会说方言，又另当别论。每一个浏阳人，都是浏阳方言的传承人。

花炮燃放

浏阳花炮燃放民俗的传承

花炮，欢乐的代名词

在任何一款搜索引擎上搜索“浏阳”二字，弹出的关键词，除了“浏阳河”，便是“浏阳花炮”了。花炮，与古老华夏欢天喜地、万民狂欢的年节习俗紧密相关，已成为浏阳独特的地理标志和亮丽名片。

花炮最初用于民间的驱祟、祭祀、祈福等，后逐渐演化为娱乐、喜庆用品。“年有烟花方尽兴，节无礼炮不成欢”，经过1300多年的传承积淀，花炮已成为传统节日必不可少的一部分，成为一种传统习俗，深深根植于中国人的文化肌理，并走出国门、走向世界。

浏阳花炮（烟花、焰火、烟火、鞭炮、爆竹的总称）的品种名目繁多，按燃放效果分，主要有喷花类、旋转类、旋转升空类、火箭类、吐珠类、小礼花类、烟雾类、造型玩具类、组合烟花类、践香类、摩擦炮类、礼花弹等13大类。具体又可分为冷光烟花、礼花弹、盆花、罗马烛光、火箭、电光花、舞台烟花、冷焰火、瞬间烟花、火炬烟花、玩具烟花、鞭炮、舞台喷泉、架子烟花、日景烟花等3000多个品种。另外，浏阳生产的大型烟花，主要供大型焰火晚会欣赏之需而制造，主要有焰火字幕、礼花弹、盆花、火箭、彩火轮、架上烟花6个种类，超过100个品种。

隋唐时期，火药发展成为供娱乐用的焰火。焰火，也叫烟火、烟花。宋朝的“架子烟火”已具规模。每逢元宵佳节，达官巨贾竞相燃放烟火比美，从夜幕降临直至更残漏尽。词人辛弃疾曾有“东风夜放花千树，更吹落，星如雨”的词句，可窥当年烟火燃放的胜境。文学家王安石曾在《元日》中描绘燃放鞭炮的情景：“爆竹声中一岁除，春风送暖入屠苏。千门万户曈曈日，总把新桃换旧符。”

到了元朝，烟火燃放更上一层楼。诗人赵孟頫在《赠放烟火者》一诗中记载：“人间巧艺夺天工，炼药燃灯清昼同。柳絮飞残铺地面，桃花落尽满阶红。纷纷灿烂如星陨，爗爗喧追似火烘。后夜雨翻花上锦，不愁零乱向东风。”

至清朝，浏阳烟花爆竹已进贡朝廷。诗人允禧的《圆明园·召看烟火恭纪》

北京奥运会期间燃放的浏阳烟花

一诗记载："银汉星桥不动尘，斜飞火凤入勾陈。一声雷起地中蛰，万树花开天上春。太乙高楼灯似昼，未央前殿月移轮。君王行乐新年盛，先使恩光遍近臣。"诗人顾太清在《乙未元旦》中有这样的记载："声声爆竹散林鸦，烟火春城千万家。"清人潘荣陛在《帝京岁时纪胜》中则用接近白话文的语言记录了放花炮的情景："除夕之次，子夜相交，门外宝炬争辉，玉河竞响。而爆竹如击浪轰雪，遍乎朝野，彻夜不停。"

中华人民共和国成立后，浏阳花炮走进了寻常百姓家，走向了五洲四海。欢乐时刻，浏阳花炮总是相伴相随。无论是香港回归、澳门回归、北京奥运会、北京 APEC 会议、上合组织青岛峰会，还是北京世园会、新中国成立 70 周年大会，浏阳花炮都见证着历史的辉煌，定格着历史的瞬间。

花炮燃放的习俗

“一河诗画，满城烟花。”

“浏阳花炮响天下，天下花炮数浏阳。”

浏阳作为花炮之乡，其燃放花炮的频次、规模肯定高于其他地方。

一般来说，浏阳人无论是过节，还是结婚嫁娶、进学升迁，以至大厦落成、门市开张，都习惯放一挂鞭炮来庆祝。因为这代表着喜庆、热闹与祥和。花炮（鞭炮）燃放有诸多讲究，浏阳人燃放花炮的习俗与全国各地差不太多，有些则体现了浏阳的地域文化特点。如：

1. 驱祟。驱祟习俗在我国已有2000多年的历史。《荆楚岁时记》这样记载，正月初一，鸡叫头一遍时，大家就纷纷起床，在自家院子里放爆竹，来驱退瘟神恶鬼。当时没有火药，没有纸张，人们便用火烧竹子，使之爆裂发声，以驱逐瘟神。欧阳修在《与谢三学士唱和八首·除夜偶成拜上学士三丈》一诗中记载：“隋宫守夜沉香燎，楚俗驱神爆竹声。”以燃放爆竹来驱祟辟邪，虽有一定的迷信色彩，但却反映出了古代人民渴求安泰的美好愿望。

2. 祭祀。无论是庙宇祭祀神灵，还是灵堂超度亡灵，都需要燃放鞭炮，并作为必不可少的礼节。法师会说：“起鼓，鸣炮，奏乐。”清明扫墓（浏阳俗称“挂山”）祭拜祖先和山神时，也要燃放鞭炮。没有鞭炮声，祭祀冷冷清清，就没有那种庄重感、仪式感和神圣感。

3. 祈福。传说大年初一清晨，财神爷从天庭经过，谁家燃放鞭炮就会引起财神爷注意，财神爷就会垂青谁。因此，浏阳城乡有大年初一放鞭炮祈福的民俗，左邻右舍唯恐自家的鞭炮放得不多、放得不响，地上残留的鞭炮碎屑不能马上扫掉，要留到初五才能扫。

这种祈福方式叫“开财门”，民间有“开门爆竹”一说，在爆竹声中除旧迎新。以前是由辈分最高的男主人燃香开大门，鸣放鞭炮，也称作“出天行”。“开门炮”一般是先放小鞭炮一串，俗称“百子炮”；再放双声大爆竹，大爆竹只放三发，可解除一年的疫疠灾晦，并表示迎接新年。同时，有些人认为，“开财门”的鞭炮越早放越好，所以每年大年初一凌晨就能听到不少人开始燃放鞭炮，此起彼伏的鞭炮声直至天明。

4. 辞岁。大年三十，燃放一挂鞭炮后，再吃团年饭，昭示着旧岁已去、新岁到来，真正体现“爆竹声中一岁除”。据长沙《善化县志》记载：“除夕，设肴馔腊祭祖先毕，合家宴乐，俗语‘团年’。除日，更桃符、换春联，结彩，响爆竹，鸣金鼓，设斗斛，插冬青、梅花于其中。是夕，祀内外神，少长以次行辞年礼。”浏阳辞岁与此大同小异，“响爆竹”是必不可少的一项活动。

5. 报喜。向人报喜，如婴儿出生告诉外婆家、送来大学录取通知书、子弟在部队立功告诉军属等喜事，一挂鞭炮从屋外响起，一直响到阶檐，意谓祝贺。

6. 报丧。在浏阳，有人辞世的第一时间里，近亲必须燃放一挂鞭炮，以告知天地、四邻。若是三更半夜突然鞭炮炸响，十之八九有人辞世。

7. 迎宾。迎接新娘、迎接上亲、迎接第一次来家里的尊贵客人（俗称“过门客”）、迎接龙灯狮灯等，也需燃放一挂鞭炮，以表示尊重。同时，上亲、尊贵客人、龙灯狮灯离开府邸时，也需燃放一挂鞭炮，以示欢送。

8. 道歉。浏阳城乡向人道歉的最浓重的礼节是当着对方的面燃放一挂鞭炮，以冰释前嫌、重归于好，有负荆请罪的意思，浏阳人谓之“打一挂鞭炮赔礼”。

9. 接春。农历立春之日，浏阳人有燃放鞭炮迎接春天到来的民俗。“一年之计在于春”，春姑娘来了，期盼春神带来新年的好运，期盼新年风调雨顺、五谷丰登。

10. 起首。农村建房屋奠基（俗称“动土”）时，需要燃放鞭炮，以表示百年大计、稳固泰山。同时，农村建房屋上房屋主梁（俗称“上梁”）、过栋、封顶、竣工时，均要燃放鞭炮。

11. 葬坟。亡人下葬的过程，伴随着鞭炮的轰鸣。葬坟礼成，必须燃放一挂鞭炮，以示万古佳城已经磊就，告慰亡者在天之灵。

12. 乔迁。乔迁之喜，必须燃放一挂鞭炮，以示搬迁新居的隆重、正式。

13. 添喜。家里添置大型物件如购买汽车等，也有燃放鞭炮以示祝贺的。

14. 关财门。除了吃团圆饭，除夕当天还有晚上12点“关财门”的习俗。“关财门”的习俗最早是为了躲债。据胡朴安1923年版《中华全国风俗志》中记载：（长沙）除夕辞年毕，用纸条书“衡门衍庆”四字，将大门闭固，无论何人不许出进，谓之封财门。穷人多有借此避债者。这一习俗后来演变成人们表达对美好生活的追求，希望能够招财进宝的活动。而商店则将“关财门”提早到店铺放假休息的前一天进行。

15. 开张。普通家庭中的“开财门”为大年初一，而大小店铺则一般

乡下小朋友过年玩烟花

在正月初五开市，民间认为正月初五为财神圣日，选择这一天开市必将招财进宝。后来随着人们对“八”的特别器重，谐音“发”，许多店家都将开市的时间定为当年初八。

16. 闹除夕。有的家庭会在除夕晚上带着孩子们一起燃放小子鞭炮、玩具烟花，大人小孩欢天喜地、其乐融融，增添节日气氛。

以政府的名义燃放花炮

花炮燃放大多为民间的习俗，这是千百年来逐渐形成的。中华人民共和国成立后，花炮作为浏阳重要产业，得到了政府的大力扶持和引导。浏阳市人民政府还举办了花炮艺术节，宣传、推介浏阳花炮，每届的花炮艺术节，既是花炮销售的盛宴，又是花炮新产品展示的窗口，还是花炮燃放表演的舞台。

1991 年 3 月 6—10 日，第一届湖南国际烟花节（首届浏阳花炮艺术节）在浏阳举行，数万发烟花射向天空，顿时化作满天花雨，光耀照人，最令人叫绝的是，当 300 发礼花弹直射天空时，随着一阵阵爆炸声响，天空中神话般出现 100 多盏红艳艳的宫灯，悬挂于玉宇琼楼，使得外宾惊呼“OK！

中国宫灯。”

除了花炮燃放，长达5天的花炮艺术节，成为浏阳民间的盛大节日，众多农民进城观看，并投亲靠友在县城客居。花炮艺术节还举行了游行游艺活动，街道上扎着五颜六色的彩门，用汽车扎成的花车一辆接着一辆，县城万人空巷，人们随游行队伍缓缓前行，脸上洋溢着灿烂的笑容，抒发着丰收的喜悦之情和对美好生活的向往。

1992年2月23—25日，第二届中国浏阳国际花炮艺术节在浏阳举行。《湖南日报》报道：“晚上，在花炮之都的天上人间，灿烂的花海，悦耳的音乐，各式各样的宫灯，灿若群星，将花炮艺术节推向高潮。”

1993年2月11日，浏阳撤县设市庆典暨93中国湖南浏阳花炮艺术节（第三届）开幕，随后举行大型文艺演出，下午举行八大产业艺术游行与319国道浏阳段改建工程奠基剪彩仪式，晚上举行大型焰火晚会。

1998年10月20日，第四届花炮艺术节举行，并正式更名为“中国浏阳国际花炮节”。

2003年10月29—31日，浏阳举行撤县建市10周年庆典暨第六届中国浏阳国际花炮节文化焰火晚会，燃放了光焰四射的天梯火炬烟花。

2005年10月18—19日，第七届中国浏阳国际花炮节在浏阳城区举办。开幕式大型文艺焰火艺术晚会主题名曰《世界因你而精彩》。整台晚会分“激情世界”“梦幻世界”“浪漫世界”“欢乐世界”四个乐章，每个乐章都有精彩的文艺表演，焰火燃放贯穿整台晚会，除了舞台特效外还有专门的大型焰火燃放表演。著名演员黎明压轴登场表演，晚会在焰火表演《天上人间》节目中徐徐落幕。

2007年10月26—29日，第八届中国浏阳国际花炮节举行。10月26日15时18分，作为第八届中国浏阳国际花炮节的前奏，全球最长鞭炮燃放吉尼斯纪录创造活动启动。一挂鞭炮沿着浏大公路，从大瑶镇李畋广场一直燃放到浏阳市城区浏阳河广场，全长20.08公里。10月27日19时18分，第八届中国浏阳国际花炮节开幕式暨大型焰火文艺晚会“浏阳河之夜”拉开序幕，晚会一直持续到22时18分，历时3小时。

在2009年第九届中国浏阳国际花炮节上，花炮艺人们表演了超大号焰火瀑布、立体型焰火画卷、书法艺术焰火、夜空中的吉祥和平鸽、全球最大的焰火国旗。在碧波荡漾的浏阳河畔，浏阳用最先进的烟花产品、最精湛的燃放技术、最巧妙的艺术编排，与世界浪漫相约，别出心裁地献礼。

第10届中国浏阳国际花炮节以“绽放千年，欢舞世界”为主题，采用360度全景开放式实景舞台，文艺演出中的烟火与山水完美结合，并运用3D全息影像等高科技手段，融合大型山水实景，音律诗画等元素，形成了全新的视觉冲击力。当日晷仪点亮“浏阳河”，180米音乐喷泉随着音乐跳跃，真是一道绚丽的风景线。

2013年10月19日晚，第十一届中国浏阳国际花炮文化节举行。在苍茫的夜空下，浏阳人以烟花为画笔，热烈奔放地绘就了无限精彩。这场唯美的烟花艺术会演，首次采用塔吊、转盘特制的组成单元，构建特技焰火表演形式，在燃放技术上推陈出新。

2015年10月，第十二届中国浏阳国际花炮文化节上演了一场万人共赏烟花的视听盛宴。2000平方米的IMAX全景巨幕屹立浏阳河畔，上演了中国首场IMAX全景巨幕艺术焰火表演，通过立体错位技术与焰火造型创意，屏幕上的画面被焰火延伸至河面、延伸至天空，漫天烟花雨，实现超视距

中国浏阳国际花炮节期间观礼台上的烟花绽放

的视觉震撼和音诗画焰、火声光色的融合。

2017 年 11 月，第十三届中国浏阳国际花炮文化节举行。本届花炮文化节首次引入潜藏舞台和山水实景概念，现场只见水面，不见舞台，演员、歌舞尽在浏阳河中。创新焰火表达方式和燃放手法，通过巨型网幕烟花、WIFI 并联移动焰火矩阵、无烟喷花机等新技术，呈现出更加完美、即时的效果，实现了舞美灯光、文艺节目和焰火燃放的交互融合。

2019 年 5 月 10—11 日，第十四届中国浏阳国际花炮文化节举行。开幕式中最美舞台与最绚烟花完美“合作”，通过“大河奔流”“大地春风”“大潮涌动”“大道追梦”四个篇章来进行。由烟火组成的动态情景画卷、烟花摩天轮、无人机焰火、水上摩托艇，为观众带来了“海陆空”三位一体的动态情景烟花会演。

大型焰火燃放是浏阳面向世界最直接的表白，也是浏阳花炮最形象的展示。政府引导、企业承办，烟花为媒、科技融合，文艺搭台、经贸唱戏，29 年，14 届花炮节，持续演绎、与时俱进，是花炮燃放的大提质、再创新。大型烟火燃放已不再是个人手持烟花或者燃放一挂鞭炮的那种自娱自乐。大型焰火燃放，与大型舞台、大型歌舞、大型背景（实景）交相辉映，是高度自动化、信息化的产物。为了推动焰火燃放企业抱团发展，浏阳市于 1999 年成立了浏阳焰火燃放协会。它是由全市焰火燃放企业组成的非营利性行业组织，拥有会员企业 90 多家。

重视安全是最大的习俗

一挂短短的 20 响的鞭炮，一个“嗖”的一声冲向云天的冲天炮，一只满地打滚、旋转尖叫的“地老鼠”，鞭炮抑或花炮的燃放，曾是多少孩子童年的奢侈记忆。

而今，浏阳花炮更多的是以大型焰火燃放的形式出现在世人的面前，社会对其安全性、环保性有了更为严苛的要求。电脑、声控、声光电的融入使古老的花炮焕发出勃勃生机。高新科技与古老手艺、现代工艺与传统技艺相融相谐不断推陈出新。

花炮（鞭炮）总出现在隆重、正式的场合，其燃放习俗也代代相传。安全是不可逾越的底线，在众多的花炮（鞭炮）燃放习俗中，重视安全是最刻骨铭心的习俗。

锣鼓乡音

浏阳西乡耍锣鼓传统民俗的传承

耍锣鼓耍得开心

锣鼓是中国传统民俗文化中最为重要的乐器，有“无鼓不成乐”之说；锣鼓，也是中国民间最为普及的乐器，有“民间无乐不锣鼓”之称。锣鼓，还是中国最为古老的乐器之一，4000多年前的“鼍鼓”，就是锣鼓的前身。公元前16世纪的甲骨文中，大同小异的“鼓”字有35种。汉代产生了铜锣，魏晋时期产生了铜钹。锣鼓的应用十分广泛，涉及宗教、政治、军事、劳动、生活的方方面面。

锣鼓是中国民俗文化中必不可少的乐器。戏曲锣鼓不外乎锣、钹和鼓这两大类。其中，因各类乐器的形状、形制与制作、使用上的不同，又有许多品种。锣钹类有钲锣、筛锣、大锣、小锣（手锣）、马锣、镗锣、云锣。以及大铙、钹、大钹、水钹、齐钹、镲钹、小钹、铰子、碰钟等。鼓类有单皮鼓（班鼓）、怀鼓、堂鼓（唐鼓）、大鼓、盆鼓等。作为打拍子用的尚有檀板、梆子、木鱼等。每种乐器的音调高低各不相同。

敲锣打鼓、锣鼓喧天，是老百姓最直接的抒情方式。不是歌唱胜似歌唱，不是呼喊胜似呼喊。“威风锣鼓”“丰收锣鼓”等经典的锣鼓演奏方式，往往由团体演奏，鼓之舞之，欢天喜地，将老百姓的激情渲染到极致。戏剧离不开锣鼓，祭祀亦离不开锣鼓。

在浏阳西乡，有一种锣鼓的演奏方式，土生土长，较为特别，曰“耍锣鼓”，流布在浏阳西乡枨冲镇三元村黄岗岭一带。耍锣鼓是民间俗称，“耍”就是“玩”的意思，一个“耍”字道出了它的精髓。因其自娱自乐，民间艺人自发聚在一起玩耍而得名，其独特的锣鼓打击技法（节奏型、韵律感）为全省甚至全国所独有。

枨冲为千年古镇，地处浏阳河中游，有耍竹马、茶灯、跑旱船、地花鼓、八月庙会等丰富多彩的民俗，并有功夫了得的奇人“孙癞子”为浏阳人在长沙争船码头等传说。此地还有晋代名将易雄将军，归葬于枨冲宋家园的石洞（后更名为将军洞）。元至元二年，获赠侯爵，谥忠愍。明洪武年间，被封“宜阳别驾之神”。

相传耍锣鼓系清末民初的枨冲乡人李田甲祖传，至今超过上百年历史，主要是邻里屋场乡人闲来无事，通过玩锣鼓以自娱自乐。民间过年、过元宵、过端午、过中秋都要以玩锣鼓来庆贺节日，至今成为乡间婚丧喜庆中最受欢迎的娱乐活动。起初只打单纯的锣鼓，后来演变成加唢呐、大筒、竹笛配以花鼓戏曲调演奏的民间吹打形式。

浏阳西乡耍锣鼓的打法严守要诀，仅在枨冲镇三元村黄岗岭范围内流传，不对外传授。表演方式分为“单手打”和“二七钞”。所谓单手打，即“单手操槌”，即一手掌鼓，一手击鼓，不管节奏曲牌如何多变，总是单手打击。二七钞即在一定节奏时值中，正钞与副钞相互配合。正钞由两个长拍和七个短拍节律组成，其钞腔板韵是个且、个且、个且、个且、个且、个且、个且、个且、个且，副钞以同样的节律，押韵正钞节拍中，交替打击。副钞板韵加花密集、灵活多变、自然流畅。钞腔清亮而激越，声调急促，鼓点密度大。

在锣鼓声腔中，西乡耍锣鼓编创传承了 14 个锣鼓曲牌，其 14 个曲牌为“一举成名”“二龙戏珠”“三鱼”“四喜”“狮子滚绣球”“转珠莲”“七星长棰”“太极图”“九连环”“金钱花”“草鞋板”“工尺上”“双凤头”和“单拗尾”，演奏时可自我调节，宜长则长，宜短则短。

耍锣鼓耍得韵味

西乡耍锣鼓在保持独特技法的基础上，由单纯的打锣鼓逐渐形成吹、打、奏一体的民间打击乐表演，除了主要乐器堂鼓、大锣、小锣、韵锣等，还根据玩耍时的兴致，加进唢呐、大筒、笛子等乐器，穿插传统花鼓戏曲牌吹奏，更增添了耍锣鼓的魅力韵味。鼓点密集，钞腔节奏加花，急促而有密度。激越不失清亮，急促而不失酣畅，清亮悦耳、节奏明快，听来神清气爽、催人奋进，具有很强的感染力，广泛运用于民间的红白喜事。

浏阳西乡耍锣鼓，在民间打击乐中独树一帜，是典型的扎根于民间土壤的锣鼓声腔的艺术样式，具有原生态性，不仅丰富了民间的锣鼓打击技法、形式，也丰富了民间曲艺、民间器乐、民间音乐等姊妹艺术的形式和内容。特别是在民族戏曲中的锣鼓节奏、板眼设计中，具有应用和借鉴价值。

枨冲镇三元村为西源、大源、水源三村合并而成，山美林秀，溪流婉转，翻过黄岗岭可至南乡杨花山冲，亦可抄近道至醴陵、浏阳交界的半边山。

在今日黄岗岭一带，刘新来等一帮子老人，虽一辈子从事农耕、远离繁华，但对从小烂熟于心的耍锣鼓演奏，仍能听鼓下铙、手到即来。

过年锣鼓走家串户

牛马盛会

浏阳文家市牛马会民俗的传承

文家聚居文家市

在浏阳南部边陲，有一个美丽的山水古镇，文家市镇。该镇总面积155.95平方公里，北与浏阳的小河乡、七宝山乡、中和镇接壤，东北与江西省宜春市万载县黄茅镇接壤，东与宜春市袁州区慈化镇接壤，南与萍乡市上栗县桐木镇接壤，边贸经济发达，人口杂居和谐，向为浏阳的边陲重镇。2019年，文家市入选第七批中国历史文化名镇和湖南省十大特色文旅小镇。

文家市镇因明末清初文姓人丁跑马圈地、大量聚居，在域内开设店铺，逐步形成圩场集市，故名文家市。民国前期，该地为里仁大团。1933年，曾改称兴德镇。

文姓最早出现在西周时期，在宋版《百家姓》中排名第355位，2007年在全国姓氏中人口排在第100位。文姓是发源于北方山西的姓氏，后来兴盛于南方。今日文氏族人以广东、江西、广西、湖南和四川为多，另湖北、山西、山东、河南、吉林等地也有文氏后人分布。国外文氏目前以韩国为最多，其余华人较多的部分地方一般也有文姓侨胞。

文姓的起源有多种版本。其一为出自姬姓，是以谥号命名的姓氏。据《风俗通义》等有关资料所载，周武王追谥西伯为周文王。姬昌八代孙中有名祈者，受封采邑雁门。祈改以祖（姬昌）谥（文）为姓。

文姓起源的第二种说法是，出自周代卫国将军文子之后。据《姓氏考略》等所载，西周初年建立的卫国，至春秋时期的卫献公时，有个将军叫孙文子，是个很有声望的人物，孙文子的子孙有以祖字为氏，称文氏。

除此之外，文姓的起源还有12种说法。文姓的始祖有周文王、孙文子(孙林父)、许文叔(姜经初、甫父乙、许信公)、范文子(范燮、士燮、范叔)、田文子(田文、孟尝君)等。

宋朝时，文姓人口第一大省是山西。宋、元、明六百多年中，文姓人口增长数为负值。清代文姓在全国的分布主要集中于江西、湖南、四川、江苏四省，大约占文姓总人口的64%。江西为文姓第一大省，约占全国文姓总人口的23%。

当代文姓的人口已达 170 万，大约占全国人口的 0.14%，排在全国第 109 位。湖南为当代文姓第一大省，居住了文姓总人口的 14%。

据 1994 版《浏阳县志》记载，浏阳文姓为明朝初年自江西迁入，入浏阳始祖为铉朗。据推测，文姓迁入浏阳，或与文家市和江西的地缘有关。古人以山势、水系、地貌、道路为引导，聚族而居，圈地而居，突破了行政区划的局限。

牛马大戏“牛马会”

相传春秋时期，文家市号称“东南锁钥，吴楚咽喉”，在文家市铁岩关发生了“吴楚争锋”事件。文家市，乃浏阳的“边城”，有 9 个村与邻省江西一衣带水、山水相依，为江西万载县黄茅镇、宜春市袁州区慈化镇、萍乡市上栗县桐木镇及浏阳中和、小河、七宝山的交通枢纽、商贸重镇。

据清代嘉庆二十三年（1818）的《浏阳县志》记载，浏阳县有著名的八大村墟，而文家市“岁八月为墟期”，是其中之一。牛马会于清代道光五年（1825）起，改为农历十月初十至二十，此时农民有空闲及闲钱，商贾有利可图、愿意久待，故“牛马会”也逐渐转旺，此后成了定例。

当时的赶圩集会仍以牛的交易为主，至民国十二年（1923），通过大力宣传，对外打响名号，又邀请湘剧团分别在上街、下街同时演出。文家市百姓几乎全家赶集，吸引了广东、浙江、江苏、河南、湖北、江西等地的客商纷至沓来齐集赶会。唱主角的除了牛，还有来自河南的驴子和来自贵州的骡子，它们在熙熙攘攘的集市中成为当地人一睹为快的远客。因驴、骡非马却又似马，人们就把这牲畜交易的墟场称为“牛马会”，此会日渐名声大噪。而“牛马会”的交易内容也变得更加丰富，鞭炮、夏布、土纸、茶油、油饼、油纸伞、瓷器、家具等一应俱全。

牛和马，在古老的农耕文明中占据着十分重要的地位，与人民的生产、生活息息相关，耕种离不开牛，出行离不开马。“牛马会”期间，牛哞马啸、驴嘶骡叫，见证着文家市会展经济的繁盛。每届“牛马会”都要成交大量来自贵州的骡马、来自河南的毛驴，还要成交大量的水牛、黄牛。水牛多来自湘潭易俗河一带，黄牛来自江西万载、宜春、修水等县。

中华人民共和国成立后，六十年代间，文家市的“牛马会”一度停滞。直到 1977 年，当地政府和供销社沿用十月“牛马会”墟期，举办物资展销会，才重启了“牛马会”。

吴先洪老人曾是文家市镇的干部，又是文家市本地人，参与组织过多次“牛马会”，谈起“牛马会”时津津乐道：“绵延的摊铺足足摆满几条街，到处人挤人。连上海、内蒙古的商贩每年都会过来哩！”

多元文化积淀深

秋收起义文家市会师旧址原为创办于清道光二十一年（1841）的文华书院，1908 年改为里仁学校。学校大门前有两座木结构的雨亭，主体建筑前后共四进：第一进是大门，左右各有房屋一间；第二进是两层木结构楼房；第三进是书院大成殿，为重檐歇山顶建筑，内外共有石柱 20 根；第四进是

文家市牛马会街景

原文华书院承德堂。1961 年，秋收起义文家市会师旧址被国务院列为第一批全国重点文物保护单位。

1927 年 9 月 19 日，秋收起义部队离开文家市开向井冈山不久，文家市一年一度的“牛马会”如期举行。《浏阳县志》记载，1946 年，北方客商还曾带着数十匹高大的骆驼来文家市赶会，轰动一时。

商贸文化源远流长，至 21 世纪，古老的“牛马会”玩出了新花样。自 2014 年起，文家市镇将“牛马会”打造为边贸文化节。把车展、高端论坛、大型文艺演出引入“牛马会”，注入了现代旅游文化的元素。

2015 年 11 月，从文家市直达浏阳城区的荷文公路建成通车。秋收边贸城的建设使古老的露天“牛马会”有了新的内涵、新的场所。

2017 年 9 月，气势恢宏的秋收起义纪念园开园，繁花似锦的秋收大道、5000 平方米的秋收起义广场、庄重典雅的秋收起义陈列馆，成为文家市新的符号。

文家市融会了吴楚文化、宗祠文化、客家文化，又融入了“牛马会”这一商贸文化和文家市会师的红色文化，各种文化的交融，使文家市的历史文化底蕴更加深厚。

八月庙会

浏阳普迹八月庙会民俗的传承

依河而建的古镇

普迹，是浏阳河中游的一颗璀璨明珠。浏阳河在这里一改上游的水流湍急，变得宁静舒展，不疾不徐，缓缓西流。这里，有浏阳河的最大湾——夹洲湾，夹洲湾的弧度达数公里，环岛水域面积达3.5平方公里；这里，还有浏阳河的最大岛——夹洲岛，洲域面积240多亩，洲上至2018年仍有20多户100多口原住民。

浏阳河中的河洲较为稀缺，因而夹洲岛位列“普迹八景”之首，史称“太平奇洲”。岛上的居民不知先祖何时上岛，翻阅《浏阳水利志》，依旧没有具体记载。天然形成的岛屿（洲），靠水吃水的渔民，不难想见当年浏阳河上渔舟唱晚、桨声欸乃的情形。

洲和渡，是浏阳河的两大特色。洲是天然形成，渡是人为设置，偏偏两者是如此巧合，隔那么远刚好有一座洲，隔那么远又刚好可以设一个渡。据《普迹镇志》记载：“浏阳河在普迹域内形成蒜洲、青年洲（原名七仙洲）、夹洲（又名太平洲），洲与洲之间相距三公里。”

早在明朝初年，浏阳河便有“五里一渡”的说法，普迹境内建立了魁山潭、蒜洲、龙潭湾、何家湾、木莲渡、黄泥渡、水府庙等多个渡口，方便沿河两岸人们的出行。水府庙渡口（又名大中渡口），正好在夹洲附近。水府庙渡口，是当年株洲、醴陵、浏阳去往长沙的必经之处，在水运盛行的年代，确实人气鼎盛、风光无限。普迹面积178.6平方公里，境内重峦叠嶂、苍碧巍峨，有著名的“三尖”，即九岭山浏阳西部的三大主峰——乌峰尖、黄茅尖、白茅尖。普迹山多田少，为七山二水一分田之地。

就在夹洲岛南岸，一座古镇已有2300多年历史。可资佐证的史料是，普迹境内浏阳西乡最高峰——黄茅尖现存的一块残碑，乃乾隆十五年（1785）所撰。碑文叙述了一段2300年前的故事：楚国叶县魏熹，辞官在此隐居，辟谷绝粒，服气炼形，得道成仙。

1977年，普迹金鸡村出土珍贵陶器200余件，为战国时期的墓葬品，再次印证了普迹的久远历史。2007年4月，同样是在普迹大鸡头村，村民

古朴的普迹老街

在农田改造时掘出铜缸、铜锣、三足铜炉、铜瓢各一件。经湖南省文物部门鉴定，四件器物均属元代青铜器，其中三件器物为国家珍贵的文物，“具有重要的历史艺术价值和研究价值”。浏阳市文物专家任新民认为，普迹所发掘出的文物历史久远、类别多样。仅大鸡头一地，就曾发掘出新石器时代的烂泥湖遗址、晏家坡和叶家坡等多处东汉至隋唐时期的墓群遗址。

普迹地名的由来，则颇有佛缘。相传，境内原有古庙万寿宫，庙内祭祀“灵感普济之神”许逊，故名普济市，为佛家普济众生之意，后因谐音演变为普迹市。

普迹乃沿河古镇，青砖黑瓦，斗拱飞檐，麻石街巷，古色古香。主街长两里，随地势建筑，分别称上市街、下市街，商贾云集，人丁兴盛。

武汉理工大学原党委书记、年逾八旬的马克思主义哲学家黎德扬系普迹人，他在一篇回忆文章中描述了普迹昔日的繁华：

“进入普迹上市，就是二十世纪三四十年代，我认知的第一个城市。当时沿着青石板和麻石铺成的两米来宽的街道，两边有写着显赫招牌的十几家大铺子。走进这只有三十来家铺面组成的市面，在我幼稚的心灵里，以为这是世界上最大的、拥有一切的都市。

“下市只有半边街，有一大片宽阔地。地里种植席草（用来编织席子的植物），刚好七月收割，八月就用来作为牛、马、驴和狗的交易场地。”

在黎德扬老人童年的记忆中，普迹就是一座牛嘶马鸣、摩肩接踵的城市，就是具有梦里水乡特色的“清明上河图”。

因庙而兴的赶圩集会

使普迹声名远播的，除了山川形胜还有牛马会。

古代特定意义上的“会”是一年一度的集会，类似于赶集、赶圩，定时定点，又类似于商交会、贸洽会，是现代会展经济的最初雏形。普迹八月会，“始于明，盛于清”，又名牛马会，亦称狗会，会期为每年的八月初十至八月十五，共五天。农历八月半，恰逢“三收两种”后的农闲，丰收后的农人有了闲空和闲钱，就有了吃吃喝喝、玩玩乐乐庆贺一番的念想。别小看了短短五天的牛马会，它是普迹镇上人家重要的经济来源之一。普迹一带有谚云：“普迹街，不种田；八月会，呷一年。”

历史上的普迹牛马会也曾有会期十天的说法，清代诗人寻乐为普迹牛马会盛况所动，曾赋诗：“十日为期万货堆，中秋普迹闹喧豗。卖牛兑马兼孤注，赚得空囊赶会归。”

牛马会就像无声的号令，引得万商云集。来自江西、云南、贵州、广东、广西以及湖北、河南、河北等省的客商汇聚弹丸之地的普迹，客商号称“南七省、北五省”。贩狗、驴、马、牛、羊，外加贩运茶叶、夏布、鞭炮、瓷器、木器、竹器、漆器、生猪、家禽、水产等，熙熙攘攘，好不热闹。陆路为主，近的步行，远的骑马；水路为辅，以舟船载货者多。仅做茶叶生意的就有几千人之多。

普迹的狗市闻名遐迩，贩的狗并非食用的肉狗，而是用于狩猎的猎狗，又称“赶狗”（能追赶猎物的狗）。短短五天时间，普迹街上就可买进卖出各色猎狗八千至一万只，可窥见当年狩猎文明的辉煌。同时，狗市上还可卖出驴、马、牛上千头。

街巷空地上驴马嘶鸣，浏阳河上则是别样的繁忙景象。普迹码头旁停泊的乌江子（一种木质船舶）就多达七八十艘，好一派水乡光景。

据黎德扬老人回忆，普迹八月会是吃货们的好时节，糖油粑粑、油饺子、油盒子、油条、臭豆腐、豆腐脑、爆炒板栗等数不胜数，还有一些新鲜玩意儿也在会期抢先亮相。黎德扬老人写道：“当年我能买到的是时髦的万

普迹八月庙会

花筒，在一个纸筒内装上一些玻璃碎片，两端安上凹凸镜面，从筒管中可以看到五光十色的彩色画面，摇动一次更换一次图像，十分有趣。”

为提高人气，营造商业氛围，商家们使出了浑身解数。卖小吃的、卖武艺杂耍的，应有尽有。花鼓戏、湘剧等湖南地方戏，也依托庙宇的戏台轮番上演。上市街、下市街还有传统的“扎故事”表演——让身着戏服、化着戏妆的孩童骑在大人肩膀上，敲锣打鼓，在摩肩接踵的人群中游弋，而市民则追随围观，仿佛将戏台搬到了大街小巷。

也许有人会问，普迹的八月会为何如此兴盛？原是因庙而兴，起于“庙会经济”。古时的普迹有武圣庙、龙王庙、水王庙、观音庙、包公庙、陶四王爷庙等九大庙，每座庙宇均建有戏台，均自发建立了庙会组织，有人力、资金的保障。普迹本为远近闻名的戏窝子，牛马会期间更是成为民间戏剧的盛会，大大小小的戏班子云集于此，为民众提供了老少皆宜的精神大餐。

文化搭台的大戏

原普迹乡党委副书记宋海清曾领衔《普迹镇志》（2004 年版）的编纂工作，据宋海清介绍，来自广西的猎狗、河南的骡子、湖南岳阳的耕牛，都曾是普迹八月会的抢手货，吸引了远远近近的众多客商。浏阳夏布也曾在普迹八月会名声大噪，据资料记载，清末民初，普迹八月会上来自汉口、长沙的夏布行庄多达三四十家，日收夏布百多担（每担40匹）。

普迹在浏阳河中游，上接古邑浏阳，下通省会长沙，并与株洲、醴陵接壤。以水运为依凭，得浏阳河水运地利的古镇普迹，从水路可通湘江、汇洞庭、抵长江，可谓通江达海，并曾建有船帮会。

普迹古老的“庙宇经济”，有着会展经济的缩影。“文化搭台，经贸唱戏”改革开放后这一盛行一时的做法，曾在普迹牛马会上盛行。普迹八月庙会的兴盛，还与浏阳西乡根深蒂固、雷打不动的赶集民俗息息相关。改革开放以后，浏阳西乡以及周边的株洲县、醴陵县、长沙县的几个集镇，有一个沿用已久的赶集时间表，都是按照农历来排列的，各地赶集日集合在一起的话，没有几天闲着的。具体赶集时间为：每月逢一去柏加镇的渡头市，逢二去官桥镇的石灰嘴或株洲县的分路口，逢三去普迹镇金江的丁家弄，逢四去柏加山集镇，逢五去镇头集镇或醴陵县官庄集镇，逢六去长沙县江背镇的朱家桥，逢七去镇头镇的跃龙市，逢八去官桥集镇，逢九去镇头镇的北星桥，逢十去普迹集镇，逢十一去枨冲集镇。

包公祭祀

浏阳包公祭祀民俗的传承

包公打坐赤马殿

包拯没到过浏阳，但浏阳境内的包公庙不少。

浏阳自古多庙宇，尤以观音庙、包公庙、财神庙为最，也有一庙多神的，同时供奉观音、包公、财神等诸位神仙，还有孔庙、药王庙以及供奉本地神仙的李畋庙、麻衣庙、女仙娘娘庙、白面将军庙等。

在浏阳沙市镇赤马村的龙头山黄岗岭上，有一座远近闻名的包公庙，这座包公庙因坐落在赤马湖畔，故又称作赤马殿。

浏阳流传着一个美丽的传说。宋仁宗时，沙市赤马凤岭村仰山岭有一单身汉，姓兰名伟人，家道贫寒，靠砍柴和凿石为业，与老母相依为命。为改变个人境况，他从军投奔朝廷。十余年后，终于擢升为解粮将军。

这年夏天，兰将军奉命押运粮食到边关听用。路过黄河时，恰遇黄河洪汛刚过，只见沿河两岸良田被毁、房屋倒塌、饿殍遍地、满目疮痍。许多民众以树皮、草叶果腹，若不尽快放粮赈灾，百姓只有死路一条。兰将军身为朝廷粮官，深知“国以民为本，民以食为天”的道理，见此灾情十分难过。他手上虽有粮食，但所押的是边关军粮，无君命绝不能挪作他用！然而，眼看百姓惨状，他岂能熟视无睹？他暗下决心，宁可丢官杀头，也要拯救无辜灾民。他即刻下令停车放粮。

由于兰将军不经奏准，擅自用军粮放赈，被上司撤职查办，押往京城问罪，如果交部议处，按大宋刑律当斩。

在一行人押着兰将军前往京城的路上，刚好碰上包拯大人从陈州放粮归来。他见一伙兵勇推着一人在前面走，后面跟着无数百姓在鸣冤叫屈。包大人觉得奇怪，命王朝、马汉前去询问。包大人听完禀报，即吩咐将囚犯暂且收押听候处理。

包大人回到京城上朝复旨，将陈州放粮一事奏明圣上。仁宗听后甚喜，直道“包爱卿辛劳”。包大人趁圣上高兴，又把路过黄河所见之事奏明。包大人说：“我朝有这样爱民如子的好官，真乃圣上之洪福、百姓之幸运。”仁宗想了想，也感到很有道理，在此大灾之年，能有人为君分忧，真是难得。

仁宗龙心大悦，即下旨：“兰伟人解粮途中，见机放粮赈灾，解百姓倒悬之苦，虽有不奏擅专之错，然功大于过，今着官升一级，恩赐回乡省亲耀祖。”兰将军死里逃生，还得到提升，感谢皇恩，也感谢包大人恩德。

包大人去世，兰家闻讯后即在自家设立包大人牌位，母子日日朝拜奉祀。兰家周边乡邻也经常前往祭祀，十分灵验。兰家便将包公牌位从家中移到龙头山，并建一小庙。

十姓义捐香火盛

在浏阳沙市，今人多说赤马湖，古人只知赤马殿。

宋神宗熙宁二年(1069)，赤马湖一带的刘、陆、陈、何、李、黄、罗、戴、喻、周十大姓氏的民众带头捐款、捐物，建起前中后三栋大殿，前殿有宫门，两侧通道开拱门，宫门外有一对雄壮威武的石狮。威严壮观的包公神像就供奉在包公庙中间，两边是王朝、马汉、张龙、赵虎四大神像。前栋上有戏台，台下雕有神马、麒麟、狮、象、狍、石龟，台前观众座位可容纳1000余人。中栋有十大石柱，雕有9尺多高的包公神像和关公神像，两边钟鼓齐全，中间朝拜大厅十分宽敞，后栋雕有观音、如来佛祖、唐僧、王母、韦陀佛大像及十八罗汉、二十四诸天。赤马殿还有香火田10亩，每年收取田租补贴庙宇开支。

在这些塑像的头顶上，密密麻麻地挂满了题匾。每块牌匾都有特殊的含义，如“永沫清浏”题匾是刘姓供奉的，“恩光大陆”题匾是陆姓供奉的，“泽被陈州”题匾是陈姓供奉的，“恩佑何深”题匾是何姓供奉的，“泽涌龙泉”题匾是李姓供奉的，“名冠黄阁”是黄姓供奉的，“勋张四维”是罗姓供奉的，“戴德清河”是戴姓供奉的，“世喻青天”是喻姓供奉的，“庇显有周”是周姓供奉的。

赤马殿东边，原有十姓公所。是赤马殿附近的十大姓，即刘、陆、陈、何、李、黄、罗、戴、喻、周姓宗族办公的地方。每姓选一德高望重者，名曰资席，组成庙委会，每两年更换一次。由他们负责庙宇的香火田收租、元宵灯会、包公生辰唱大戏以及聘请住持等重大事务。有诗云：

刘陆陈何李，黄罗戴喻周。
三春同教化，十姓共筹谋。

包公生日唱大戏

正气长存地，清风可济舟。
元元臻福祉，岁岁展鸿猷。

每年的农历二月十五日和七月十三日，为包公生诞和神诞纪念日，举行公祭，并邀请剧团酬神演戏10余天，湖北、江西以及本省的浏阳、长沙、平江、醴陵等地的民众纷纷前往朝拜，香火鼎盛，影响极大。

赤马殿原有一个大戏台，始建于清朝乾隆年间，采用十柱瓦木结构，上方是莲花八角拱斗。正面台口上悬“集大成”匾额，外两柱上挂对联“大排场三纲五常做起；好脚色十磨九练出来”，最外边的廊柱分别挂“金声”“玉振”大字。两厢有班楼，戏台下面有石雕的神马八匹、马夫八个，青石乌龟一对，还有麒麟、狮、象等石刻。

求签问药显神力

赤马殿有文气，古庙曾有佳联相映成趣。清乾隆年间赤马人李华林学正曾撰戏台联，十分奇妙，曰：

大排场三纲五常做起；
好脚色十磨九练出来。

另有屈陶熙所撰联，曰：

四大皆空，何处是欢喜园林，波罗世界；
一诚即感，此中有西天甘露，南海慈航。

郭宗文撰联也亦庄亦谐，曰：

有威有仪，亦阎罗亦丞相；
无私无曲，曰铁面曰青天。

赤马殿的声名远播，除了包公的威名、对联的文采，还因赤马殿通行签和药签的显灵。通行签虽有一定的迷信色彩，但对求得心理慰藉、打开心灵窗户，也有一定的帮助。药签则来源自民间的中药高手，为通用的药方子入签，且分门别类，照方子抓药服用，也有一定的疗效。赤马殿有通行签 100 签，有药签 1350 签，其中药签又分男科、妇科、儿科、伤科、眼科、喉科、麻科（小儿麻），相传最神奇的是男科第六签，专治肾结石，治好了不少老大难的肾结石病号。

通行签 100 签是清朝举人学正李华林作品，100 签既是 100 个典故，也是 100 首诗，为醒世良言、处世哲言，中庸而不失进取、警示而不失偏颇，实乃杰作，是难得的文化遗产。李华林女儿承父志，在签后加注“判云”，就是“解签”，通俗易懂，便于信士理解。

千年传承气象新

赤马殿部分古迹在20世纪60年代被毁。1985年至2002年，长沙、浏阳、平江等地民众集资40余万元，分三个时间段照原貌修复、重建赤马殿。2003年修复了戏楼，新盖了露天庭；2004年新建了门楼，一些传统的礼乐仪式也逐渐恢复。现在的赤马殿宏伟壮观，建筑面积3700多平方米，戏台面积300多平方米，后殿可容纳信士、观众2000多人，为浏阳面积最大的民间庙宇之一。

从1069年赤马村周边十大姓捐款捐物建包公庙到2019年，赤马殿包公庙已走过沧桑的950多年。近千年来，赤马殿香火不断，一届又一届庙委会的热心人士对庙内的楹联及十大姓的题匾进行刷洗、上漆翻新，对神像、麒麟、狮、象等附属物经常采取清洗、上漆、防腐等措施。通行签、药签专人保管并进行防虫蛀鼠咬，至今均已完整无损，无遗漏丢失。

中华人民共和国成立前，赤马殿有凌春、妙法、圆林、多利、友善等住持和尚十几位，最后一位住持是友善和尚，其中有三位住持圆寂后在殿前火化，葬于半山庙前或殿西边山脑。光绪元年（1875），赤马殿住持圆林和尚，边敲木鱼边诵经涅槃，一时传为佳话。诗云：

涅槃木鱼声，尚佛谓虔诚。
火化登仙界，圆林亮法名。

夜色中的赤马殿

中华人民共和国成立后，庙委会班子三年一任，第一任会长邓章兴，第二位会长刘良柱，第三任会长何庆保，第四任会长李小新。

包公的祭祀礼仪包括迎神、进香、祭三牲、读祭文、跪拜、祈祷、送神等，沿用的是道教礼仪，完全将包公神化了。随着时代的变迁，熟悉祭祀全程的人士日渐稀少，但作揖烧香、叩头跪拜的红男绿女却有增无减。

包公因执法如山、刚正不阿而广受人民爱戴，“包青天”的称呼深入人心，代表着老百姓对公平公正的期待。浏阳大地的包公庙除了赤马殿，还有淮川西湖山、集里彭家巷、官桥八角亭村、金刚南岳村、澄潭江虎形村、文家市青山等地的包公庙。西湖山的包公庙伫立西湖山之巅，与楚文塔遥相呼应，庙门刻对联一副，曰：

阎罗气象；菩萨心肠。

包公庙内设有戏台，戏台两侧的对联很有特色，曰：

欲知世上观台上；不说今人看古人。

公祭李畋

浏阳公祭花炮始祖李畋民俗的传承

李畋其人其事

浏阳花炮起源于唐朝。花炮始祖李畋于隋仁寿元年（601）农历四月十八日出生在位于古吴楚边界的浏阳大瑶东风界（今李畋村）。大瑶，古称瑶池，是古代“爆竹金三角”之一，被誉为“爆都”。

唐《异闻录》记载：“李畋居中□，邻人仲叟家为山魈所祟，畋命旦夕于庭中用竹着火中，鬼乃惊循，至晓，寂然安帖。”□，缺一字。一说为“瑶”，古时大瑶分上瑶、中瑶、下瑶三处。据传，李畋是个猎人，他曾向当时的炼丹家、药王孙思邈学习过火药的使用技术。

药王孙思邈曾经在浏阳城东孙隐山隐居，还留下了洗药井、洗药桥等遗迹。孙思邈隐居孙隐山时，常在山下的洗药井洗药炼丹。李畋前往拜访，孙思邈给了他一包火药，并告诉他，把火药装在一节一节的小竹筒里，点燃后即可爆炸裂开，发出巨响。李畋回家后一试，果真如此。

竹筒制作的爆竹虽然响亮，但危险性大，极易伤人。李畋苦思冥想，不断改进，终于成功地采用纸筒来包裹火药的方法——两头用泥巴封好，

大瑶李畋雕像

一头插上点火线。这样，真正意义上的爆竹就产生了。

李畋用鞭炮的巨大声响和硫黄气味驱散了瘴气，吓走了鬼魅，被后人尊称为“爆竹祖师”。

李畋祭祀源远流长

明清时期，燃放花炮盛行；至晚清和民国时期，花炮生产开始进入鼎盛时期。千百年来，燃放花炮扮演的更多是祈福求祥的角色，带给人间的是欢乐和慰藉，成为最具中国特色的民俗之一。花炮行业后人为纪念李畋功德，在其出生地塑像建庙（周边地区为便于供奉也建有相应的李畋庙），每年在其诞辰举行祭祀活动，一直延续至今。

早期祭祀活动主要由各爆庄牵头组织祭祀，各分号也会相应在各地举行祭祀活动。从业人员会在自家供奉祖先牌位的地方贴上一张红纸，写上“李畋先师”或“爆竹祖师”牌位（也有称“爆竹老爷”），进行长期的供奉祭祀，求平安顺利、兴旺发达。李畋祭祀活动也成为花炮产区一种独特的历史文化传承。花炮始祖李畋公祭仪式主要流传于浏阳花炮发源地浏阳大瑶镇，以大瑶为中心向四周扩散，形成了一种独特的花炮民俗文化现象。大瑶境内有四座专门供奉李畋的庙宇，其中以汇丰社区太和坪境内的李畋庙规模等级最高，主要祭祀活动也大多在此进行。

祭祀李畋一般又分为民间祭祀和社会公祭。早期因其师承道家药王孙思邈，一般按照道家礼仪进行。但随着时间的推移，祭祀参与者多以民间爆庄为主，逐渐转变为以儒教“祭祖”礼仪为主的民间祭祀，规模大的有礼生上十人，加上司乐等一般要二十人以上，规模小的也要礼生两人、司乐四人以上才能完成。

公祭议程主要有“请神”“迎神”“拜神”“谢神”“送神”五大步骤。公祭人员有主祭、通祭、引祭、乐手和参拜人员。

民间祭祀从主祭生就位开始，一般需通赞生和引赞生、读祝生、执事生等各两位以上站立两旁，通赞生宣布祭祀仪式开始，内外肃静，行祭花炮祖师礼，检查十二所（浣洗所、酒樽所、毛血所、鼓乐所、束帛所、肴馔所、香案所、柔毛所、刚鬣所、食案所、读祝所、望燎所）的准备工作，行至每所前由读祝生朗诵诗歌一遍。流程包括敦行祭礼、三上香、起小乐、敬献贡品、宣读祭文、焚烧帛书，后鸣炮、奏大乐、金鼓齐鸣。

祭祀李畋时的盛况

社会公祭议程更加庄重繁复，主要包括击鼓、鸣金、鸣炮、奏大乐、起小乐、献供品、献花、献香、献酒、恭读祭文、焚帛书、行礼、上香、鼓乐告祭、礼成鸣炮。花炮产业在浏阳举足轻重，社会公祭李畋祖师时常有政府部门和政府公职人员参与其中，由浏阳独有的花炮管理局或花炮协会负责具体组织实施，主祭人为时任浏阳县长或市长，体现了对李畋祖师的尊重和对花炮产业的重视。

李畋文化影响浏阳

在浏阳，提起花炮就会想起李畋先师，以及花炮这个千年产业给一个曾经的老区县、山区县、贫困县带来的传奇般的巨变。人们没有忘记李畋，没有忘记浏阳花炮的特殊贡献，李畋元素、花炮元素体现在了浏阳的民俗文化理念之中、城市建设之中。

大瑶镇汇丰社区太和坪境内的李畋庙是全国最大的李畋庙之一，也是浏阳具有浓郁地方特色的民间庙宇之一。李畋庙右侧为全国独一无二的花炮博物馆，收藏着数量庞大的花炮文物，展示着花炮从起源到发展的历史进程和工艺演变。李畋庙为三进，中建普惠亭，两侧有连廊，古色古香，幽静典雅。庙宇前有开阔的前坪，与其隔马路相对的是李畋广场，广场上矗立着高大的李畋石像和四根图腾柱。进入李畋庙，正门联为：

灵光昭宇宙；福泽播人寰。

庙内有门廊联，道出了花炮的起源和推陈出新，曰：

业起大瑶，名扬四海，长河后浪推前浪；
香飘盛世，花艳九霄，妙曲新弦续旧弦。

普惠亭也悬挂对联，曰：

晋香阁青烟长绕；普惠亭德泽永施。

花炮产业不仅是浏阳的千年产业、支柱产业，而且产业链长、产业集群大。南乡几乎村村做花炮、家家做花炮、祖祖辈辈做花炮、人人做花炮，做花炮成为当地最主要的经济来源。据记载，在经济多元化尚未形成的时期，浏阳花炮的直接或间接从业人员多达数十万人，花炮生产厂家最多时超过1000家。

李畋庙的主殿为祖师阁，中位供奉着李畋先师，左位供奉着药王先师，右位供奉着蔡伦先师。三位先师，对应着开创用纸张捆扎火药再制成花炮的三个不同形态的代表性人物。祖师阁四根粗大的石柱上悬挂着两副对联，联一为：

功昭青史亦贤亦圣；花灿寰球见智见仁。

联二为：

集麟角凤毛，令八方瞻仰，山川焕彩；
振龙魂骏业，看千载传承，日月增辉。

李畋像侧对联为：

唐朝赤子造福黎民研爆竹，青史长铭伟绩；
盛世精英增辉浏邑树神坛，蓝天总绽新花。

在浏阳城区，有一条南北向的主干道就叫李畋路，它紧挨长兴湖畔，直抵浏阳河，靠近花炮观礼台。每两年一届的花炮艺术节或其他重要节日，均会在花炮观礼台燃放浏阳花炮，让璀璨的夜空为浏阳添彩，让绚丽的礼花为浏阳代言。

在浏阳城区通往长沙的出城口，建有极富浏阳地方色彩的花炮广场，花炮广场的大转盘中间，耸立着“烟花绽放、一飞冲天”的巨型雕塑，成为浏阳的城市地标之一。与花炮广场相连的是纵横两条主干道：花炮大道和金沙路，并有一条东西向的礼花路与花炮大道、金沙路相连接。在浏阳城区的北正路与车站路交会处，还耸立着一座名为“花炮美神”的大型雕塑，该雕塑通体白色，素洁高雅，只见美丽的花炮姑娘手举奖杯，眺望远方，憧憬着美好的未来。

浏阳人民感念李畋祖师的卓越贡献，对李畋文化的传承亦从未停歇。浏阳作家梁木先生继2001年创作描写李畋的长篇小说《绝响》之后，又于2013年出版了长篇小说《大焰师》。

龙舟竞渡

浏阳赛龙舟民俗的传承

龙舟竞渡始于元朝

说到浏阳的龙舟竞渡，不得不说浏阳河上游的官渡镇。

此官渡不是东汉末年“官渡之战”中的官渡，而是浏阳河上游的一个特色古镇。据记载，吴黄武元年（222），三国东吴设县治，治所设在居陵（官渡镇）。元至元八年（1271），官渡（居陵镇）再次作为浏阳县治治所。相传元代有一官吏骑马来到居陵镇的浏阳河边，呼船过河，因嫌艄公行动迟缓，情急之下，策马跃过，故得名“马渡”。明代，又改名“官渡”，并沿用至今。2003 年 7 月，官渡地界出土了 3 件春秋战国时期的青铜器，现收藏在湖南省博物馆。不久，又发现了战国、汉代、三国、晋代等时期的古墓葬群，可窥出古代官渡的富庶与繁华。

官渡古镇

官渡位于湘赣交界之南侧，东连张坊镇，西接沿溪镇，南倚永和镇、七宝山镇，北邻达浒镇。距浏阳市区 38 公里，区位得天独厚，素有“浏东重镇”之称。古代浏阳县衙遗址的正前方有一座镇南桥。镇南桥建成于元朝，桥长 105 米，桥宽 4.6 米，主体由 8 个桥墩支撑，整座桥梁以麻石为墩，整木（枫树木）铺面，明朝洪武二年（1369）由官府筹资进行加固。该桥历经风雨洗礼，在清末及 1954 年、1996 年、2013 年均进行过修葺翻建，至今依然牢固地横跨在波光粼粼的浏阳河上，成为一道独特的风景线，也见证了官渡镇龙舟文化的传承。相传官渡古镇的龙舟赛起源于元至元二十年（1283）。是年，浏阳州首府居陵郡官吏欧阳宇上任，每临登堂办公即感头晕，决定将官署迁址。官署到底该迁往何处？欧阳宇一时也拿不定主意，于是宰杀黑山羊一只，取下羊头系上漂浮物，用铜盆放至浏阳河，让其随波逐流，羊头下沉之所即为官署新址。为准确掌握羊头下沉位置，特地举行了一次盛大的祭孔仪式和龙舟赛，由龙舟赛的前三名护送羊头。从此开启了官渡镇龙舟赛的历史，并演变成为延续千年的民间习俗。

龙舟文化源远流长

1950 年，中华人民共和国成立后的第二年，官渡区公所就举办了浏阳市新中国成立后的首次龙舟赛，时任官渡区公所区长林凤仪主持了这次盛会。当年的龙舟赛只是用普通船只挂上龙头参赛，并无专门的参赛龙舟。1954 年，浏阳遭受百年不遇的特大洪灾，浏阳河中船只悉数被冲走毁坏，致使龙舟赛停办数年。1958 年后，才陆续有人造船。1978 年后，随着改革开放的深入，老百姓逐渐富裕起来，官渡镇的龙舟赛也逐渐恢复并趋于火爆，全镇各村先后添置符合国际标准的龙舟赛船 20 艘。1991 年，官渡镇举办了首届龙舟文化节，至 2019 年，已陆续举办龙舟文化节 19 届。赛龙舟，祭龙神，龙舟民俗的传承成为官渡镇的地域文化名片之一。

赛龙舟前，要祭龙神。此时，村民将在龙王庙供奉起来的龙头请出来，摆上三牲五谷，燃香点烛，祭祀龙神，并要宣读《祭龙文》，祈求河清海晏、国泰民安、风调雨顺、五谷丰登。宣读过《祭龙文》，然后抬着龙舟到河中洗澡。浏阳民俗认为，与龙舟一起洗过“端午澡”的桡手们，也可托龙的福，消灾祛病。

“初一划，初二歇，初三初四划到节”，即划龙舟可以一直划到端午节这一天。龙舟首尾具龙形，长可三五丈，狭长如苇，仅容二人对坐，底尖，轻巧便捷，滑行如飞。各船有十余人分两排同向坐，各执短桨，如百足虫。船尾一人执艄，掌握方向。船头一人负责击鼓鸣锣，以指挥进退调头、统一行动。

为使龙舟赛办出特色、吸引观众，官渡镇将龙舟赛与地方文艺汇演、歌手赛、演讲赛、交谊舞赛、篮球赛、门球赛、科普下乡等活动同步进行，政府主导、群众参与、文化搭台、经贸唱戏。龙舟赛期间，整个官渡镇人声鼎沸、热闹非凡，观赛人数最多时上万人。官渡赛龙舟时，浏阳河两岸人山人海、群情激昂、欢声雷动；浏阳河里，数支龙舟队你追我赶、奋勇争先，但见龙舟竞发、鼓点激越、浪花飞溅。有人为了给龙舟队鼓劲加油，手舞足蹈，忘情投入，喊破了嗓子，跺裂了皮鞋。旧时有人打纸伞、摇蒲扇观看龙舟赛，

赛龙舟

边呼喊“加油、加油”，边舞动纸伞、蒲扇助兴，比赛完毕，因用力过猛，纸伞只剩伞柄在手，蒲扇也已破烂不堪。

官渡镇赛龙舟的场地在浏阳河官渡大桥与老镇南桥之间宽阔平静的水域，经过居陵古渡，赛程长约 300 米。

官渡赛龙舟这一非物质文化遗产没有固定的传承人，其民俗的传承在官渡民间的普通百姓之中。官渡镇文化站站长孔昭谷参与组织了十多届龙舟文化节，对官渡赛龙舟的习俗及来龙去脉了如指掌、如数家珍。

在浏阳，除官渡以外，浏阳河沿岸乡镇赛龙舟也有一定历史，如达浒、古港、淮川、镇头、普迹等乡镇，都曾举办过龙舟赛事。浏阳的捞刀河流域，也偶有赛龙舟的赛事。在浏阳城区的淮川，多次在浏阳河城区段举行龙舟赛事。古老的赛龙舟，为现代化的浏阳增添了一抹亮色。

龙狮精神

浏阳舞龙舞狮民俗的传承

兴于春节的龙灯

龙是中华民族的崇拜对象。舞龙是中国极富民间色彩的传统艺术之一。舞龙，又称耍龙灯，以此祈求平安、吉祥、幸福。

浏阳的舞龙兴自传统的新春佳节。由于广大人民群众对农历春节的极其看重，除了有很多的禁忌、讲究、祝福、祭奠之外，还有舞龙舞狮这些老百姓喜闻乐见的喜庆形式。传统的舞龙时间一般在每年正月的初一至十五。初一那天，舞龙的队伍将龙头从本地的庙宇里请出来，缝上新的龙衣，开始一年一度新春佳节的舞龙活动。

舞龙极具仪式感。首先，到屋场、户主家舞龙要先送达大红纸书写或拓印的拜年帖，写明什么时候龙灯队到"贵府"拜年，使户主或屋场能有所准备。其次，舞龙必须舞上水龙，绝对不能舞下水龙，就是一个山冲、一个屋场，必须从下往上一家一家、一个屋场一个屋场挨着来舞龙，以示上风上水、顺风顺水。若是舞下水龙，户主就会认为一年刚开始"兆头不好"，要走下坡路，责怪龙灯队"不懂规矩"，要龙灯队赔礼道歉。到了

普迹传统架子龙

屋场或户主家，舞龙也要先舞东边，再舞西边，以区分上下大小。再次，舞龙一般由龙灯队邀请当地的士绅、辈分较高的人物、较有威望的人物或其他头面人物带队，以示龙灯队在地方上有背景、有面子。而当地的士绅、辈分较高的人物、较有威望的人物或其他头面人物，也不愿错过这抛头露面的机会，乐于带领龙灯队走村串户。

到了约定的舞龙时间，当地的屋场或户主，都是翘首以盼，既盼着通过舞龙来增添节日的喜庆、热闹气氛，也盼着龙王老爷送财、送福、送喜，一点也不敢怠慢。龙灯队到了当地的屋场，老百姓老远听闻锣鼓声隐约飘来，个个心花怒放、喜笑颜开，手持鞭炮在屋场或家里等着。

舞龙有以屋场为片来舞的，也有每家每户挨着舞的。以屋场为片来舞的，往往由当地的士绅、辈分较高的人物、较有威望的人物或其他头面人物出面接待，舞龙的时间较长，舞龙的路数也较复杂，观众围得里三层外三层。舞完了这个屋场，再到另外一个屋场，看龙灯的大人小孩，也乐乐呵呵地从这个屋场跟到另外一个屋场，全然不顾鞋跟跑掉、饥肠辘辘。

龙灯来了，要先放鞭炮迎接，舞龙的过程中要放鞭炮助兴，龙灯走时还要放鞭炮送行。鞭炮放得越多、放得越响，龙灯队就越高兴、越起劲。

屋场或户主要给龙灯队送红包，红包的大小，视当时、当地的经济状况而定。龙灯队对当地的大户人家一般都心中有数、“另眼相看”，往往都上大户人家单独舞龙。当地的大户人家也心知肚明、顺水推舟，往红包

女子舞龙队

里多塞些钞票。

龙灯队有“灯头”和旗队。所谓“灯头”，即是龙灯领队，一般由年长有威望的人担任，手里提着一盏挂着红布的马灯，负责事先送拜年贺帖，也负责收受红包，还要安排龙灯队人事。旗队则是举灯举旗之人，灯笼和彩旗上印有“恭贺新禧”“迎春纳福”等祝福语。旗队成员也是舞龙者的替补队员，若舞龙时有人心力不支，必须马上补进，不使表演受到任何影响。

舞龙时，龙跟着绣球做各种动作，不停地展示扭、挥、仰、跪、跳、摇等多种姿势，极其喜庆。舞龙可以通宵达旦，至正月十五达到高潮，到了正月十六就将龙头请到当地的庙宇封存起来。

“郑家龙”曾一枝独秀

浏阳的东南西北四乡均有舞龙的悠久历史，其龙灯队已成为当地民间文艺的重要载体之一。其中，浏阳西乡普迹镇金江社区的“郑家龙”，就是较有特色的一支龙灯，于 2017 年获批为浏阳市级非物质文化遗产。

明末清初，原浏阳县镇头区金江乡浒溪村（现为浏阳市普迹镇金江社区）有西霞郑姓与边山黎姓两族隔河而居，两族皆人丁兴旺，各自依山傍水建造了一大片屋场。农闲无事时不少人赌钱打牌，因而引起纠纷甚至打架斗殴。为使乡民革除赌博恶习，亦为乡亲们迎春纳福，经两姓族亲商议分别组织一个龙灯会，逢年过节以玩龙灯的娱乐形式吸引民众，度过祥和佳节，郑姓一族的叫“西霞龙”或“郑家龙”，黎姓一族的叫“边山龙”或“黎家龙”，对外则合称“浒溪龙”。龙灯会成立后，两姓互相切磋技艺，取长补短，使表演水平不断提高，每逢春节、元宵和红白喜事，就登门舞龙致贺，天旱求雨也以舞龙形式祈求风调雨顺。在普迹牛马庙会上，“浒溪龙”是娱乐助兴的主角。至康熙末雍正初，两家龙灯队均已遐迩闻名，多次被邀请赴省府长沙演出。据传曾国藩率湘军出征时，曾邀请浒溪龙灯队赴湘潭为湘军壮行。1904 年，黄兴率自立军在普迹八月会上授勋以振革命声势，也邀请浒溪龙灯队为其表演。1945 年抗战胜利和 1949 年迎接解放时，两家龙灯会演出场次最多，一起活跃在以普迹为中心的方圆数十里的城乡。

20 世纪 60 年代，因舞龙灯有“四旧”之嫌，十多年间一直处于停演状态，到改革开放后才东山再起，恢复演出。但后来因外出务工者日益增多，留守家乡的青壮年逐年减少，到现在“黎家龙”几近失传，能坚持下来的只剩下“郑家龙”一支了。1997年春节，正值香港回归之年，湖南卫视《乡村发现》栏目组赴浒溪村专题采访“郑家龙”，曾轰动一时。

“郑家龙”始于明，兴于清，演绎传承300余年，是浏阳龙灯文化中较为典型、较成体系的一脉。据郑氏族谱记载，“郑家龙”的创始人为郑奇元，在清顺治年间创建了西霞龙灯队（亦称郑家龙灯队），亲自担任“灯头”。

“郑家龙”现已传承至第六代。第一代传承人郑显彰，在清乾隆年间首次雕刻了樟木龙头；第二代传承人郑为邦，在清嘉庆年间使用了比丝绸龙衣更为结实的夏布龙衣，为“郑家龙”独创；第三代传承人郑国莅，在清道光年间借鉴民间魔术推出了舞龙时的“打结”表演，同时在配乐锣鼓上有了较大改进，编制了专门的“调子锣鼓”；第四代传承人郑儒享，在清光绪年间受民间文艺“抬故事”的启发，在舞龙时融入故事内容，强化了“送祝福”“打加官”等喜庆色彩；第五代传承人郑霞生，在民国年间和中华人民共和国成立后继承了“郑家龙”的独创艺术并发扬光大，进一步融入了花鼓戏艺术，把《八仙过海》《刘海砍樵》等剧目运用于故事之中，在赴长沙会演时获得了荣誉；1964年出生的郑玉良，为“郑家龙”的第六代传承人。

“郑家龙”的特色

（一）龙头特色

“郑家龙”的龙头是郑氏家族世代相传的宝物，用大型樟木由名匠雕刻而成，龙角高翘，龙口大开，外圆内空，刷以土漆，古香古色；以麻为须，龙须飘动，神采飞扬；目光如炬，神圣威严，有着极高的工艺价值和观赏价值。木刻龙头平时供奉在当地的大王庙里，供村民拜谒，只有在舞龙时才请出巡游。因木刻龙头较为笨重，舞动时比较吃力，非一般人所能掌握，后来便改为以竹篾为骨架、外饰金箔或锡箔纸的龙头了，但其威武之状仍沿袭原貌。

（二）龙身特色

龙身由竹、木及夏布扎制而成，长约20米左右，因民间以单数为吉利象征，故身长一般为11节（包括龙头、龙尾），另制有一宝珠。

1. 龙衣特色

龙衣用夏布制作。夏布为浏阳特产，以苎麻、青麻为原料，具有质地细腻、轻巧灵便、清汗离体、透气散热、天然抗菌的特点，是制作夏衣和蚊帐的绝好材料，故称“夏布”。制作龙衣的夏布要求较高，必须选择柔细光滑、结实耐用的夏布，先将夏布染成黄色，然后在龙衣上用彩笔画上“龙鳞”。用夏布制作龙衣，不易被雨水尘土污损，也不易被烟花爆竹引燃。“郑家龙”颜色质朴自然，没有过分的花哨装饰，摒弃了艳俗浮夸。龙衣采用扇形结构，这也有别于传统的圆形结构，内由三根绳子牵连，它寓意龙的筋骨，韧性好，不易断，是力道的象征，这种结构比圆形龙身更轻巧，便于舞龙者表演时发力。

2. 龙节特色

龙节共 11 节，除去龙头龙尾，中间还有 9 节，每一节分合自如，皆可自行拆卸，既便于行走时携带和保管，又利于日常强身健体，因节棍用硬木制作，可作抬举“故事”人物之用，取下来还可练武，旧时若遇盗匪亦可防身。龙节之间的距离，每一节都不相等，以满足技巧动作的需要，这是祖祖辈辈在长期实践演练过程中总结出来的恰到好处的距离。“扎故事”时，只要几个龙节往中间一靠拢，就可以举起扮演故事的人物；“打结”时，即使龙身千缠万绕、盘根错节，那硕大的结团都能被舞龙者在顷刻间解开。

（三）技巧特色

1.“扎故事”

“郑家龙”之所以技压群芳，有其掌门诀窍，这就是与众不同的“扎故事”。在舞龙过程中自始至终贯穿了技巧表演、送祝福、“扎故事”三个主题，首先是“八卦阵”出场，以示祈求平安、消灾纳福、五谷丰登；而后是通过穿、腾、跃、翻、滚、戏、缠等技巧动作展现龙的精气神，如蛟龙漫游、金龙盘柱、神龙摆尾、龙追珠宝、九连翻滚等，给观众送上祝福；再就是用“扎故事”的形式展现如《送财神》《打加官》《八仙过海》《刘海砍樵》《三星报喜》《东坡游湖》等民间故事。“扎故事”是由普迹“八月会”的“抬故事”演变而来，但故事人物皆由小孩扮演，每个故事少则二人，多则三至五人，由舞龙者将其举在盘旋的龙身之上，通过肢体语言，使故事得以诠释，预祝风调雨顺、国泰民安。凭着人物的扮相和动作举止，观众就能知道是表演什么内容。以上三者交替转合，随着锣鼓声的快慢节奏，时而游龙慢舞，时而穿云破雾，时而腾空飞跃，将龙舞得圆，舞得活，神态真、套路多、速度快。舞到腾飞处，势如移山倒海，气势磅礴，动人心魄；加上别出心裁的故事，环环相扣，喜气洋洋，耐人寻味。“郑家龙”的精彩表演，不仅在观赏价值、娱乐价值等方面胜人一筹，它所蕴含的文化精髓和不断创新也足以令其他龙灯队难以望其项背，它一次次擦亮了当地民俗文化的名片。

2.“打结”

表演“打结”技巧，是“郑家龙”最显著的特色，从明末清初流传至今，并由各代传人加以创新而来，是“郑家龙”的独门绝技。因其难度大，技巧复杂，难学而闻名。所谓“打结”，是舞龙者将每一节龙身左缠右绕、不断穿越，分分合合之后形成一个“大结”，这个结团在旁人看来无法解开。然而，随着舞珠者一声吆喝，舞龙者能在眨眼之间解开所打之结，再重新组织造型，有如杂技般的灵活，又有如魔术般的魅力，令人叹为观止。表演“打结”之术，有“形变龙不停”“龙走套路生”“人紧龙也圆”“龙飞人亦舞”的要求。舞到尾声时，“郑家龙”的压轴戏为“蛟龙闹月”，舞龙者将龙身围合成一个大圆，根据龙珠指挥，又紧紧缠绕在一起，然后又盘旋飞舞，以排山倒海之势体现无坚不摧之力，这既是对阖家团圆的祝愿，又是对克服困难的鼓励。在表演的整个过程中，有静有动，有文有武，“静”时柔媚和谐、优雅安逸，给人以轻松愉悦的审美感受；“动”时气势磅礴、场面壮观，给人以雄浑豪放的审美感受。

（四）鼓乐特色

“郑家龙”之所以精彩，独特的民乐伴奏也是功不可没。舞龙时采取民乐现场伴奏，每段故事、每个场景都是别出心裁，编有特定的曲调与之相匹配。伴奏乐器有锣鼓、铜钹、唢呐、号角等等，伴奏者精于一道，神乎其技，运用自如，均为当地有名的民乐高手，故能使伴奏与表演情景交融、浑然一体。

浒山龙灯也曾是“扛把子”

在浏阳普迹金江地界，除了“郑家龙”一枝独秀，与“郑家龙”一河之隔的黎氏龙灯也曾十分红火，并曾有郑、黎两家斗龙耍狠的历史，一时传为佳话。

“郑家龙”在西霞塅，黎氏龙灯在边山片，两姓人家隔着宽不足两丈的浒溪河和大片田畴遥相呼应，鸡犬相闻，但也曾因玩龙灯而闹得井水不犯河水，甚至两姓人家互不通婚。

黎氏龙灯，也叫“边山龙”或“黎家龙”，后改称“浒山龙灯”，与“郑家龙”有异曲同工之妙，但有些微区别。据1977年黎氏族人编纂的《浒山龙灯灯谱》记载，浒山龙灯有20种玩法。分别为“一主成名”“二龙戏珠”“三元”“四喜”“五子登科”“六合”“七子”“八仙”“九牛抗车”“十全其美”“闹樾”“收猴”“古罗钱”“数钱架”“三不问”“眼镜圈”“九连环”“蜈蚣赶珠”“金猫戏鼠”等。对龙灯玩法的一招一式都做了详细记载，看似一条龙，实则大不同。

浒山龙灯的特点是与竹马蚌壳灯同时出演，规模庞大，鼓乐喧天，耍龙队伍达数十人之众，要两台解放牌大卡车才能装完龙灯队的全体演职员。该龙灯每年正月要往有需求的人家表演“麒麟送子”的龙灯玩法，就是将男性童子置于龙头，让龙灯在新娘房玩耍、穿梭，添喜庆、贺吉祥。若是主人家真的在当年喜得贵子，一定会鸣喜炮、置贺礼、办酒席，重重酬谢龙灯队，并要贺喜“龙外公”。

花炮厂为舞龙推波助澜

浏阳是著名的花炮之乡，“浏阳花炮响天下，天下花炮数浏阳”的观念已在国人心中根深蒂固。在二十世纪八九十年代，浏阳花炮仍以国有企业生产、经营为主，曾有浏阳县出口花炮厂、城关出口花炮厂、城郊出口花炮厂、城东出口花炮厂、牛石出口花炮厂、太平桥出口花炮厂等众多出口花炮厂，撑起了浏阳花炮的灿烂天空。

花炮行业属于高危行业毋庸置疑，在二十世纪八九十年代安全理念不够深入、安全措施不够到位、安全设备不够先进的情况下，花炮厂发生爆炸、爆燃的概率很大。为祈求花炮厂的平安，每年春节，浏阳的各大国有花炮厂都会自发抽调青壮年花炮工人组成龙灯队上街游玩，以消灾祈福、祈盼平安，谓之“出火龙”。花炮厂的龙灯队以浏阳老县城的人民路、北正路为舞龙的主要路段，鼓乐喧天，鞭炮齐鸣，万人空巷，声势浩大。

浏阳老县城舞龙的最大特点是，沿街所到之处群众的热情极高，燃点鞭炮迎接龙灯近乎疯狂，真正体现了花炮之乡的地域特色。有一挂一挂的鞭炮，有一盘一盘的鞭炮，有像手榴弹一样炸响的特制“雷鸣”，都往舞龙者的身上扔去，硝烟弥漫、响声震天。也有放“冲天炮”“降落伞”“地

浏阳特色焰火龙

老鼠”等花炮的，惊天动地，却十分危险。火龙的龙衣为黄色绸布，舞龙者为 11 人，每个舞龙者都穿着特制的封了袖口和裤脚口的服装，戴着特制的有帽檐的帽子，以防止舞龙时“疯狂”的鞭炮袭击。围观者捂着耳朵、眯着眼睛，跟着龙灯沿街奔走，既危险，又过瘾。

后来，随着人们的安全意识大为增强和国有花炮厂逐渐退出历史舞台，惊心动魄的“火龙”也慢慢淡去。但老一辈浏阳人回忆起“火龙”时，不免心生感慨、难以忘怀。

龙狮联手

在浏阳的春节习俗中，不仅有舞龙，也有舞狮，甚至龙狮联手贺新春、拜新年。

狮子传入中国约在汉代，由于古俗谓狮子可驱邪避鬼，又代表吉祥，因而被视为神兽，多将石狮安置在宫廷、宫庙、豪宅前，或立于栏杆、桥头等位置。舞狮与舞龙一样，为群众喜闻乐见的民间文化，也像春节放花炮一样，成为浏阳具有历史文化特色的春节民俗之一。

舞狮与舞龙有几分类似，也要先送拜年帖，也要讲究舞狮的上下先后顺序，要舞上水狮，不能舞下水狮。舞狮者一般为两人，一人舞狮头，一人舞狮尾，摇、越、晃、腾、咬、滚等动作，需一气呵成、配合默契。狮身为红黄两色，狮头剽悍威武，舞狮者舞到出神入化时，狮子的眼睛要能动，狮子能够做出翻跟斗、就地打滚等高难度动作。舞狮时须有一个耍珠的人，手持指挥柄，指挥柄上挂着几枚铜钱，上下抖动时铜钱发出清脆的金属碰撞声，狮子随着指挥柄的舞动而上下左右舞动。舞狮时，还有一个小丑，在狮子前做出各种滑稽好笑的动作，为舞狮增添喜感。那个小丑，浏阳人称之为“三花子”，都戴着一顶破草帽，脸上用黑白油彩绘出丑陋的脸谱，挤眉弄眼，表情夸张，穿着破破烂烂，在地上闪转腾挪，十分敏捷。与舞狮联手的是一套鼓乐班子，有鼓、钞、大锣、小锣、唢呐等。

在浏阳西乡普迹等地，舞狮往往还与蚌壳灯、竹马灯一起联袂出演，使演出效果锦上添花，成为一大特色。他们多次在“欢乐浏阳河”广场文艺汇演上联袂演出，令人印象深刻。普迹镇双洲村的蚌壳灯，融入了地方戏曲的元素，不仅有小丑“三花子”，而且有一个面容姣好的小旦坐在蚌壳中间充当蚌壳肉。小旦一般由七八岁至十一二岁的女孩扮演。扳蚌壳的是一个老渔夫，蚌壳前有一个活蹦乱跳的“三花子”，手持渔网，只想网到美丽的蚌壳。渔夫眼疾手快，随着蚌壳的开合，与“三花子”斗智斗勇，并戏耍“三花子”，整个演出诙谐有趣，喜气十足。

春节时，也有龙狮联手演出的，队伍庞大，十分热闹，均以屋场为演出地点。舞狮时，一般为毛狮子，也有青面狮，以及结合了武术表演元素的“打狮子”。“打狮子”比毛狮子的表演难度要大，除了地面的舞狮表演，还有桌子上、板凳上的高空表演。有时候，桌子上的板凳可以叠起至两三层，舞狮人在板凳上站起时，几乎可以触及农村堂屋的屋顶栋梁，颇为惊险。

功夫狮舞

舞“打狮子”的舞狮者，都有一定的武术功底，或是某个武术教头的徒弟们利用春节操练武术。

浏阳的舞龙舞狮在中华人民共和国成立前较为普遍，20 世纪 60 年代几乎绝迹，至改革开放的前几年才逐渐恢复。许多村庄均有自己的龙灯队、舞狮队，青壮年能利用春节期间赚得一点小钱，也乐此不疲。浏阳普迹镇的“郑家龙”“黎家龙”曾双双出动，庞大的舞龙队伍乘坐解放牌大卡车，前往县城和西乡各镇表演，深受欢迎。进入 21 世纪，随着物质生活的日益丰富和文化生活的多元化，浏阳的舞龙舞狮有明显的式微迹象。

烟花龙舞，问鼎山花奖

在舞龙舞狮不再成为焦点，甚至成为非物质文化遗产需要抢救时，在浏阳南乡的大瑶镇，却有一个攒了一股子劲的后生想干一番重振浏阳龙狮雄风的大事。他就是彭勇。

彭勇 8 岁时曾在少林寺武校学习武术。1997 年，彭勇学成回乡后，踌躇满志，想将自己所学的武术与舞龙舞狮结合起来，既可以开班收徒弟，又可以外出搞演出，也许能闯出一条新路。说干就干，彭勇马不停蹄，成立了浏阳市强盛龙狮艺术团，自任团长。过硬的武术功底，良好的团队协作精神，敢为人先的融合理念，使彭勇和他的强盛龙狮艺术团一开始就站在了较高的起点。浏阳南乡历来尚武，大瑶、金刚尤甚，老百姓生性耿直，颇有些花炮“一点就着”的秉性。彭勇出生在民间武术世家，南拳功底深厚，加之在少林寺武校的修炼，内外兼修，长进很快。彭勇发现，单纯的武术表演和单纯的舞龙舞狮，都有其不容忽视的短板，尤其是舞龙舞狮，由于世俗的偏见，长期“让女人走开”，使舞龙舞狮少了许多的观赏性。他同时又发现，何不将浏阳独一无二的烟花与龙狮结合起来呢？“人无我有，人有我优，人优我强”才是制胜法宝啊。

他对龙狮表演大胆创新，既成立一支高颜值的女子龙狮队，又使舞狮向高桩发掘，大大增加了舞狮的难度系数和观赏性。他还开发了烟花龙舞，使老浏阳县城消逝的“火龙”，以另一种全新的形式出现在高大上的舞台上。

2015 年 12 月 2 日，第十二届中国民间文艺山花奖颁奖活动在浙江海宁举办，强盛龙狮艺术团原创的《烟花龙舞》一路过关斩将，竟获得中国民间文艺最高奖——山花奖。

《浏阳日报》记者沈阿玲详细记载了《烟花龙舞》获奖的场景：“动感喜庆的音乐声中，四条长达 18 米的巨龙上下翻滚，营造出排山倒海的气魄。四头威猛的雄狮矫健腾跃，为飞龙助阵。而龙、狮之间曼妙起舞的‘烟花仙子’，为节目增添了几分轻盈柔美。”“几分钟过去，队员们手上高举的两条金龙突然变成了火龙，龙头金红色，龙身金黄色……随着队员们的挥舞和跑动，火龙如行云流水，穿梭奔腾。”“烟花龙全身燃放着焰火，每一小段音乐过后，龙身上的火花都会发生神奇的变化。而同一时刻，每朵焰火的亮度、高度、角度都一模一样，耀眼之极，连周围屋顶的各种彩灯都变得黯然失色。”

4 条龙，4 只狮子，50 多人表演，400 多个单点烟花，《烟花龙舞》集舞龙、武术、烟花等艺术元素于一身，夺得山花奖，实属情理之中。

彭勇说，民间艺术是瑰宝，创新发展才是最好的传承。

夜歌情深

浏阳北乡夜歌民俗的传承

民间祭奠的另类表达

据记载，夜歌来源于古代楚国地区的一种丧歌，节奏缓慢，曲调十分凄凉，悲意动人。夜歌师用一面鼓伴奏，这和古代楚歌的表达形式颇为相似，也继承了楚歌中所表达的凄凉之感。夜歌继承了楚歌以七字为一句的基本表现形式，并保留了楚歌中将每句中的第四字用为拖长音的特色，在湖南平江等地的夜歌中还保留了大量《楚辞》中的原句。夜歌师在一代代的传承中，将这种古老的楚国曲调保留下来。清朝时期流传下来的夜歌文本有《文公赞》《康熙圣叹》《阳光三叠曲》《十空歌》等。

夜歌，亦称葬歌、挽歌，系在亡者下葬前几晚为亡者守灵时采用骈文的句式对唱或轮唱的歌。以悼念亡者，歌颂亡者的功绩与辛劳，喟叹生命的宝贵与无常，批评儿孙后辈的过错与疏离，以唤起亲情与孝心，顺便给通宵守灵的人解乏。因为是在葬礼尤其是在亲人下葬前夜唱的民间野曲，所以被称为“歌咏化的悼词”，具有催人泪下、发人深省和使人震撼的效果。

浏阳的丧葬形式大同小异，为何只有北乡保留了夜歌这种独特的民间祭奠风俗呢？这要从浏阳与平江的地缘关系说起。浏阳北乡的社港与平江县的安定镇接壤，以黄泥界为界，两地口音十分接近，边贸及通婚往来频繁，相处和谐。平江县有演唱夜歌的传统，夜歌因此从平江县流传至浏阳，并在社港、龙伏、沙市、北盛一带传承下来。

夜歌这种非常特殊的悼念形式与做法事、做道场一样，尽管其中蕴含着许多的宗教和历史文化内涵，但人们出于忌讳，往往疏于记载，使其遗漏于典籍，仅在狭窄的范围内、以师传的方式得以传承。

据 1994 版《浏阳县志》记载：“浏阳北乡唱夜歌，歌手执槌击锣鼓，边唱边击节，自晚清，至今不衰。”唱夜歌分四个程序，一是开场歌，二是对唱场，三是赞歌场，四是谢歌场。用北乡方言演唱，歌词信手拈来、贴切通俗，文辞韵律讲究、题材广泛。有“夜歌本是随口喊，自古以来未着板”之说。歌词有五字句、七字句、三句半等多种格式，不论字数，下一句结尾要同一音节押韵。

浏阳籍已故老作家沈博爱老先生在《北乡的夜歌》一文中记载：“浏阳上北乡（社港、龙伏、沙市等乡镇）的夜歌通宵达旦，按开歌场、交歌、接歌、抢歌、谢歌场等顺序进行，子夜吃半夜饭时稍有停顿，一直唱到次日日上三竿。如果天亮了辩论还处于白热化，就关着大门唱，到近邻调解终止，母家谢完歌场，才结束一场唇枪舌剑的夜战。”

沈博爱老先生总结唱夜歌的秘诀为：“可引经据典，可曲解夸张，可强词夺理，但不可恶语伤人，不可认输道歉。”夜歌场中冇好嘴，公讲公有理，婆讲婆有理。待到天亮歌场散，路上相逢又拱手。

怎么唱，唱什么

夜歌演唱是在亡者主家的祭祀大厅，演唱者围绕灵柩而坐，手持小鼓、铜锣，出口成章，随机而唱。歌师分为三拨，分别代表母党、媳党与主家。歌师在演唱前，要了解逝者的家庭情况，并熟知天文地理、时政历史，歌师多为乡绅贤达，往往有一定的地方声望。歌词为七字韵，每两句同押一韵，声情并茂、通俗易懂、朗朗上口。

浏阳北乡夜歌类似于对唱，但不属于对唱。演唱时，由分别代表母党、媳党与主家的三队歌师轮流演唱或斗唱。每队歌师多则3—4名，少则1—2名。演唱时不是完全按照顺序从第一个歌师唱到最后一个歌师，而是由当时正在演唱的歌师在歌词中指名道姓说出下一位接唱者，或是其他歌师在前一位歌师唱了约15分钟后抢唱。

一般要到夜深人静之时（晚上11时后）才开始夜歌演唱。歌师伴着锣鼓的节奏开始述说亡者的生平，重点是述说子女对上辈亡者的孝顺与不孝顺，也编排婆党、母党、媳党的不妥，比如随礼轻了、挽联写错了等等。引经据典，嬉笑怒骂，声音低沉而喑哑。歌师间轮番斗唱，你来我往，有点类似山歌对唱。“孝”是夜歌永恒的主题，歌师要对二十四孝了如指掌、信手拈来。夜歌斗唱时，对厚养厚葬、厚养薄葬、薄养厚葬、薄养薄葬等进行辩论，具有教育意义。也有即兴应景演唱，诸如灵堂布置、讣文哀联、子孝媳贤、家道兴衰、农桑耕作、乡野轶闻、天文地理等等。

在浏阳北乡，专业的歌师就有好几百人，能开口唱上几句的人不计其数。夜歌在很大程度上承担了孝道教化的功能，演唱中保留了大量的方言俚语，对方言、民俗等浏阳北乡的非物质文化遗产的传承可谓无心插柳、一举多得。

据沈博爱老先生记载，二十世纪三四十年代是浏阳北乡夜歌的高峰期，出现了一些有名的歌师。这些人常到外面唱夜歌，叫赶台子。这些夜歌人得不到任何报酬，只赚了吃早晚两个正餐和一顿半夜饭，称赚吃为贪油水。当时社会经济维艰，粮食短缺。正席以三笋三肉为主，以粉皮豆腐为辅，凑合成十样菜。半夜饭是将晚餐的剩菜凑成六只和菜碗，很多妇女小孩甚至全家出动来吃半夜饭，据说吃了半夜饭健康无病。打完文祭后吃下台酒，其实是吃粉皮，以小孩和妇女为主要食客。当年席上只斟三巡白酒，喝酒前首先喝胡椒汤打底子。当年也没有香烟，只有长杆旱烟筒和铜管水烟筒，递来递去，倒显得很恭敬，点火用香和纸媒子。二十世纪五十年代到七十年代的 30 年中，“吃粉皮”三个字成了办丧事的代称。因为用猪骨头熬出来的粉皮，大锅大火熬得很烂，孩子们特别喜欢吃。

沈博爱老先生回忆，二十世纪三四十年代浏阳北乡有名的歌师很多，当地人概括为：东边河下柳海滨，西边河下潘作钦。其他还有石江村的陈恒武、洞庭黄的黄仲东等。到四五十年代，有名的歌师有罗同喜、沈兆颂、沈兆吉、刘显扬、黄道和、张葛篱、沈完颂等。这段时期的歌师都没有报酬，就是为家族荣耀而舌战。

夜歌似俗实雅，有些还比较深奥。乡里秀才有人唱王维的《阳关曲》和文天祥的《正气歌》。面对生死阴阳两界，感叹浮生若梦的唱词也有，如在《十空歌》中就有这样的唱词：“人生恰似采花蜂，朝奔西来暮往东。采得百花成蜜后，到头辛苦一场空。”调子有些悲观，唱得有些凄婉，听者难免泣泪动容。

据沈博爱老先生回忆，浏阳北乡流传的、最古老的经典挽歌，是《蒿里歌》和《薤露歌》。

其《蒿里歌》的歌词为：“蒿里谁家地，白杨飒飒风。世事每如沧海变，红颜易做白头翁。黄泉鬼伯相催促，世人荣华一旦空。叹人生，功名富贵如春梦。”

其《薤露歌》的歌词为：“薤上露，其易晞。薤露既落又复随，人生一去几时归。春去秋来光阴速，玉兔金乌不惨摧。叹人生，谁能在世千秋岁。”

像上面这些夜歌唱词，分明有着诗歌的意境，述说着生命的无常和世态的炎凉，能真正听懂这些夜歌者，受益匪浅。

“咚锵——咚锵——咚咚锵”的锣鼓声幽幽响起，那是夜歌的开场锣鼓。歌师围拢过来，表情严肃的乡邻们也围拢过来，一为听歌，二为对亡者的敬重和祭奠。主家的陪东弯腰弓背，一根一根地向歌师和来宾递着香烟；茶嫂双手端着盛满热茶的茶盘，一个个地敬茶。

一般守灵第一个晚上的夜歌的开场是这样的：“敲——起——锣——鼓，搭——起——台，各位——乡——邻，请——拢——来——。”

如果是第二个晚上守灵，夜歌开场是这样的：“锣鼓——咚咚——敲——得——起——，今夜——歌——师——到——得——齐，招待——不——恭——莫——见——气，堂上——请坐——莫——挨——企（企，即“站立”）——”

唱夜歌时，因是随性发挥，难免有“卡”住接不上的时候，为避免冷场，总有人来接歌。接歌的另一种形式，是唱歌的人话题唱完了，自己提出来，让人接。一般这样唱两句：

“我咯——歌唢——唱到——已（yì）（这），哪位——贤者——接话——题（tì）。”

接歌还有一个最受欢迎的形式是抢着接歌，又叫抢歌。当正在唱歌的人唱了一个共同话题，其他唱歌的人都急于表达，就有好几个人抢着来接歌，一时歌声四起，歌声嘹亮。

一般的丧事办三天，叫通大套。意思是不算多，也不算少。到了第三个晚上，当大事人家的媳妇们的娘家都请来了。辈分最大的媳妇的娘家叫老母党，下一辈的叫少母党，再下一辈的叫少少母党。如果还有再下一辈的，就叫少少少母党。唱夜歌的陪东师傅开歌场的歌是这样的：“今夜——锣——鼓——敲得——响，舍下——请——到——各——母——党。”

夜歌，不是一首一首的，而是一篇一篇的。夜歌的形式主要为叙事或陈述主张，喜怒哀乐都在歌词中表现，不单独地抒情。

夜歌内容有时候包罗万象，无所不唱，近年来就有人与时俱进这样唱：“如今——世道——真正——好，日子——自由——随你——搞；作田——种谷——有——补助，做房——买车——有钱——找！”

文化学者罗中曾撰写《浏阳北乡夜歌的研究》一文，刊载于 2014 年第 3 期《黄河之声》杂志，对浏阳北乡夜歌从地方性礼俗音乐的角度进行了探讨。罗中总结夜歌分为：开场歌、介绍亡者生平、交接歌、相互进行辩驳、中间人进行分析调解、陪东简易总结并致谢、赞阀阅、赞孝堂、谢神灵等 9 个步骤。

沈博爱老先生在《蹉跎坡旧事》一书中，专门有《挽歌与夜歌》一章，对浏阳北乡夜歌进行了详细的记载和解读，被称为“深受欢迎的民间讲述”。

夜歌协会、夜歌群、夜歌比武

据《长沙丧葬风俗》记载，浏阳北乡的夜歌更具战斗性。一般由母党、邻东（乡党）、陪东（孝家家族）对唱，以锣鼓击节，用通俗韵语，多颂亡者功德风范，或表彰贤惠子媳，或攻击对方失误疏漏，或斥责忤逆子孙，冷嘲热讽，使之汗颜。唇枪舌剑，每引起口角，经孝子磕头拜谢，方才平息。“夜歌”引人入胜，听众盈屋，陪听通宵，直到天明出柩。

世易时移，浏阳北乡夜歌也悄悄地发生了一些变化，虽然不像流行歌曲那样随意传唱，但传承也较为广泛。它甚至突破了惯有的殡葬歌曲的局限，歌颂革命先烈也用起了夜歌。

北乡民间还曾举行过夜歌的“比武”：夜歌高手汇聚一堂，你来我往，用夜歌的形式，面对面地进行比拼，弘扬了地方文化，展现了浓郁的乡土风情。

夜歌经典

许多浏阳的民间人士在农耕之余痴迷夜歌，孜孜不倦地收集整理，将那些以前仅仅在口头传唱的夜歌以文字的形式记载下来，为夜歌传承做出了贡献。浏阳北乡的许必贵先生，呕心沥血收录、整理了各种场合的北乡夜歌，本书摘录以飨读者，并向许必贵先生致敬。

开歌场

呼也！天地开张，日吉时良。
打扫堂前地，焚起炉内香。
歌郎！歌郎！请进孝堂。
孝男孝女，成对成双。
不要高声大叫，且莫吵闹过场。
滴滴休！滴滴休！莫等水到第三丘。
水到三丘车得转，人到中年万事休。
天上有棵桫椤树，金猴踩断一枝杈。

仙风一吹到凡间，张良捡得交鲁班。
长的长来短的短，长的做锣槌，短的做鼓棍。
二十四槌莲花鼓，今日不打到何时。

（唱）

一打东方一捶鼓，奉请东方歌师傅。
东方有个歌秀才，青衣童子引神来。
东方本属甲乙木，人生人故不离木。
在生要木来做床，故后还要木头装。
二打南方二捶鼓，奉请南方歌师傅。
南方有位歌秀才，赤衣童子引神来。
南方本属丙丁火，人生人死不离火。
在生要火煮茶汤，死后要火来焚香。
三打西方三捶鼓，奉请西方歌师傅。
西方有位歌秀才，白衣童子引神来。
西方本属庚辛金，人生人死不缺金。
在生天天要钱用，死后要扎金银锭。
四打北方四捶鼓，奉请北方歌师傅。
北方有位歌秀才，黑衣童子引神来。
北方本属壬癸水，人生人故不离水。
在生要水来作菜，死后要水来抹背。
五打中央五捶鼓，奉请中央歌师傅。
中央有位歌秀才，黄衣童子引神来。
中央本属戊己土，人生人故不离土。
在生用土来作菜，死后还需黄土盖。
五方神明都请到，请动东主把令报。

陪东歌

打起锣鼓把歌唱，邀请亲朋大地方。
大家都到孝堂来，为东有言听开怀。
今宵不比往晚同，许姓到了有大人。
亲戚朋友把舍到，东主有责应汇报。

昔年叨结李尊庭，今临寒舍婆大人。
日月如梭过得快，仁来义往几十载。
婆家本是秧田丘，高阳堂上得丰收。
生男育女发内外，如今眼观有四代。
教读婚配都完善，而且做得很门面。
含辛茹苦操了心，在许做了有乾坤。
虽且人就辞了尘，懿范还在许寒门。
今宵婆家到了以，承蒙看得亡者起。
来了就是欠招待，望乞海涵莫见怪。
等后大人把歌算，要替许姓装门面。
婆家功德转后讲，接着感谢大母党。
当初蒙颜不嫌弃，与许开亲结了义。
贤淑自从来到许，确实循规蹈了矩。
可说一个贤内助，聪明伶俐事会做。
粗细工夫都可行，女中尧舜是能人。
外面工夫好又快，能够锄园作得菜。
扯秧插田是好老，一又快来二又好。
再来谈到讲内治，会当家来会理事。
一又勤来二又俭，料理家务最完善。
她在许姓大发旺，叨沾母家大余光。
既生男来又生女，舍沾府庭源流水。
十月怀胎娘受苦，出世三年母哺乳。
哭哭啼啼怀中抱，洗脚洗澡摧屎尿。
好不容易带大人，是双木手也会溶。
年龄到了二十岁，父母考虑嫁与娶。
想同崽来娶场亲，早娶媳妇早见孙。
长子叨结贵姓邓，邓府亲戚最门面。
淑女于归我姓许，贤淑温顺最规矩。
夫妻恩爱数十春，同舟共济度青春。
邓府余光助姓许，内外发达生男女。
次子高攀吉府上，吉府亲戚最名旺。
结情结义有数年，亲戚重义淑女贤。

夫妻好顺最和睦，恩爱夫妻谈笑多。
八里都道家水平，家庭事务她担承。
对待老人招待好，欢度晚年无烦恼。
同时在许发内外，老子目前观四代。
两个媳妇都一样，贤女出在两府上。
还有两女都配夫，叨结吁府和陈府。
两府都是好亲戚，双方来往最重义。
阴阳和来雨泽降，吁陈两府有发旺。
许姓见了贤外甥，郎门女婿都门面。
此次家婶别凡尘，惊动各府大尊庭。
亲朋以驾赐龙步，阴阳两礼到许屋。
今日许屋当大事，唯事不周对不住。
好在都是老亲戚，末神不会上门气。
家婶功德应该谈，确实结草含了环。
遵行儒礼搞几天，养子难报父母恩。
今宵晚上唱夜歌，堂前歌师到得多。
到了婆党与母党，饱读圣贤会打讲。
莫讲强来莫讲弱，共同唱夜热闹歌。
地方先生把舍临，加主道陪两大人。
许姓特为邀请你，知道先生会讲理。
会讲会唱又会说，许姓非选人不择。
请动先生来话事，不怕先生唱得直。
该话的你只管话，决莫含在舌头下。
亲戚名下多升功，邻里应该搞得清。

灵前两副灵对联，子媳观看泪涟涟。
酸辣苦淡娘吃尽，眼泪如雨痛在心。
维持家庭带好小，起早摸黑事不少。
思念母亲恩情重，痛哭流涕泪纷纷。
叫声妈来叫声娘，珠泪滚滚湿衣裳。
十月怀胎娘受苦，特别三年吃奶乳。
一日吃娘三度奶，三日吃娘三度浆。

天天吃娘身上血，为母带崽好作孽。
一周两岁要娘抱，洗衣浆衫摧屎尿。
三周四岁不离娘，时时刻刻在身旁。
五周六岁上学堂，衣食吃用找爹娘。
十八十九搞嫁娶，举行婚礼费心机。
今朝永别痛心肠，遵行儒礼超度娘。
虽然成服也家奠，献香献酒献肴馔。
酒菜摆设在灵前，一滴何从到九泉。
从此莫想再见娘，伤心伤意哭一场。
为东暂且唱到以，粗词鲁动欠了礼。
地方先生人精通，邀请台驾发龙音。
唱完此句你就接，怕是主人伶俐客。

母党歌

东主地方都会唱，出词尤贵事有章。
挨一次二虽过去，果然先生好话语。
言词优美最文明，饱读圣贤有水平。
多久就想把歌接，本人欠读水平缺。
言辞粗鲁莫生气，满堂荷叶包莠蒂。
上述东主唱一篇，夜歌唱得最归根。
有礼有貌有经节，钦佩几位大说客。
今宵群英大萃会，晚歌研究好机会。
认真歌功把德颂，东主首先数苑统。
内外发达不少人，人才辈出许尊庭。
子子孙孙有名望，舍下余光助府上。
舍下余光助尊府，尊府人杰善文武。
阴阳和来雨泽降，光前裕后尊府上。
特别教导有义方，言传身教事有章。
子孙行孝媳妇贤，欢天喜地度晚年。
三节两寿有安排，父母两老心开怀。
有时老者身不健，及时请医把病看。
要得子孙还满意，为愿两老百百岁。

穿得暖来吃得好，一年四季无烦恼。
长江后浪推前浪，一代要比一代强。
子孙后代有能力，事事如了两老意。
在先奉养得周到，亡者九泉都含笑。
德高望重四代孙，寿高八秩命当尊。
年老告终赴仙乡，一生功德永流芳。
此次尊庭办大事，隆重悼念爷老子。
孝家为了报父恩，遵儒礼生搞数天。
遵制成服打家奠，哀文总结最全面。
孝家闻听流眼涕，孝义感动天和地。
明灯开路度亡魂，引动亡者上天庭。
都是崽女孝义重，贵房盛族作仰盛。
今天愚党把府到，陪东大人好礼貌。
门外设立哀迎门，礼义出于贵尊庭。
鞭炮花炮一齐放，西乐班子把戏唱。
孝子跪地接母家，为舅老早应挡驾。
进房安坐东发烟，贤良女士把茶端。
合室孝眷都下礼，确实看得愚党起。
东主出词把话说，良言善语安慰客。
谈得全面又鲜动，客边三生都有幸。
其实都是老亲戚，不必如此讲客气。
道之姑母她有功，承蒙东境把功升。
虽然府上有丰收，古道崽女前世修。
主要姑父有能力，堂前教子枕边妻。
枕边出了好方案，姑母才能讲门面。
由于教读少水平，只怕内助她不行。
姑母在府把人做，贵地淳风好美俗。
贤主对姑有表扬，完全搭帮好家娘。
轻言细语教媳妇，勤俭持家助丈夫。
坐在孝堂加思想，功劳苦劳归姑丈。
姑父一生种田地，作田种地不容易。
以前不比就现在，现在作田有机械。

过去作田靠人力，挑肩磨担汗哉滴。
特别遇到大干旱，禾种下泥车下塅。
面朝黄土背朝天，泥水里面来营生。
天晴落雨要出去，老子披星戴了月。
劳累奔波数十年，好在先苦后来甜。
暂时不必歌多论，下捶交给贤东中。

地方歌

贤东大人还有唱，要求相让愚地方。
按理不由我来接，尊庭到了有贵客。
不接为何又要唱，古道夜歌三脚撑。
因此接了唱几句，只怕难合大家适。
心想做个月旦评，水平欠缺人不行。
本人欠读少水平，望及满座多包容。
东主一轮好善说，全面整体做总结。
首先东主在回忆，思念婆母好亲戚。
贤东自愧沾余光，李府尊庭祖流芳。
内外发达人不少，婆婆老子福命好。
虽已早年赴仙界，唯有芳名传万代。
东主唱得十分美，大人今宵领功走。
婆家方面转后唱，就着东主讲两项。
贤东个个有金赏，昔年叨沾朱府上。
自从两府结义起，仁来义往走到底。
人情好比一把锯，你有来呀我有去。
晚上夫妻共枕头，白天举案齐了眉。
含辛茹苦数十年，老子精明婆婆贤。
生男育女一大路，府庭叨沾婆母舅。
内外发达人无疆，可称兰桂并腾芳。
阴阳和来雨泽降，铜刀便斧两面光。
人生在世为了人，父母只望子成龙。
老子教子有义方，子孝媳贤好榜样。
父母理想实了现，修塘积水防了旱。

俩老先苦后来甜，无忧无虑过晚年。
在地做出好榜样，乡村邻里都钦仰。
前人贤来后人贤，荷花端正出好莲。
母党大人听我说，府庭贤淑好品德。
曰阃范来曰懿德，并美佳人好喜色。
上待翁姑多忍顺，敬夫如同把宾敬。
地方婚庆闻风到，府庭姑母爱热闹。
德言容功四个字，贤妻良母女丈夫。
老子享寿八十几，一生英雄到了底。
年老患病无妙灵，今朝永诀别凡尘。
人死不能来复生，子媳隆重报大恩。
鼓乐闹奉遵儒礼，确实看得严父起。
今宵大人最大方，到府抬起大条箱。
三根大香一对烛，波波鱼崽一块肉。
一床祭轴几个字，未必东主他合适。
今天大人把府到，李府尊庭讲礼貌。
打起鞭子放花炮，拱手相迎礼周到。
孝家哀迎跪在地，望见舅父流眼涕。
谁知大人挨身过，旁人看了不含服。
今宵晚上唱夜歌，东中会唱客不错。
东党都把高歌唱，兵抵兵来将抵将。
一场舌战到天明，主要目的悼亡人。
贤主有言托付我，加主道陪婆和母。
全靠宾主攒把劲，地方只做地方用。
东主有话只讲云，俗话愚事莫愚人。
讲出来了有关系，真理面前头要低。
母舅有事只讲话，切莫含着舌头下。
如果今日声不做，明日水到第三丘。
不是地方起风波，为了唱夜热闹歌。
暂且邀请婆母党，满腹经纶好打讲。
唱完此句大人接，快是主人伶俐客。

赞孝家

时间不久要天光，夜歌不能日里唱。
东主哀堂铺了张，愚党在旁把耳张。
要我开言赞孝门，赞定孝家福满门。
合室孝眷都拢来，母舅有言听开怀。
昆仑山上三条龙，一条落在李尊庭。
堪舆先生有眼力，正是福人葬福地。
目前正是金鸡叫，同时龙也在开口。
良辰吉日把柩迎，迎着亡者上山林。
亡者一生得地理，正正葬在龙肚里。
后山乌龙来摆尾，前头狮象把水口。
前朱雀来后玄武，当中金线吊葫芦。
青龙白虎两边排，福禄寿喜一齐来。
两边沙水一样匀，金丝鲤鱼跳龙门。
亡者葬在龙行地，一定发阅就不细。
亡者九泉显神通，回光返照荫后昆。
荫佑老者多康宁，百岁期颐享霞龄。
德高望重寿年长，定有五代来同堂。
赞定孝家有能力，从此更加出运气。
三农经营得丰收，十岁调和曰玉烛。
兴家立业有希望，一帆风顺奔小康。
行船坐车乘飞机，出入平安事如意。
赞定生意大兴隆，五湖四海遇贵人。
五湖四海遇贵人，万事心想事就成。
生意兴隆收入大，万贯金银曰捆载。
回家起栋万谷仓，金银财宝用仓张。
前仓关了后仓存，后山黄土出金银。
赞定儿童书会读，个个都有大成就。
名牌大学来毕业，博士学位少不得。
都是国家栋梁材，党政领导重安排。
地位一定就不细，起码湖南当主席。

一人富贵全家荣，老老少少乐天伦。
赞定全体妇女们，早生贵子步青云。
聪明伶俐会读书，一举成名天下知。
人兴财旺发得大，胜过上朝八百载。
真心实意赞尊庭，荣华富贵万年兴。
东方已经天大明，东主安排送神明。

当母党唱完“就把歌场来谢起”时，就进入谢歌场的内容。就是谢天谢地辞谢各路大神。不管庙宇是否还存在，但只要神灵还在心中，就要辞谢一番，唱词大意为：

辞谢天地日月星，闪电雷霆雪与风。
玉皇王母守天宫，南曹北斗太白星。
辞谢天神归天宫，辞谢地神地府中。
辞谢水神归龙王，辞谢阳神归庙堂。
五德君星归五方，东南西北与中央。

天地水阳神四街，王灵官与马元帅。
包王吕齐四丞相，五岳圣帝金吾将。
关平关索关将军，儒释道祖三教宗。
塘坝窑桥四土地，慈王财神文昌帝。
县镇城隍省城隍，都总城隍定湘王。
坐镇湖南显威灵，安邦护国救万民。

枫林吴主黄峰尖，祖师岩前陈大仙。
石柱灵峰玉皇宫，杨塅谢市金台峰。
桥头道岩七娘山，石葫芦上金石山。
相公殿与皂角湾，麻衣孝仙洞庭滩。
永兴禅院关帝王，曹塅仰山观音堂。
社港莲溪登龙寺，成头下车与沙市。
大安华严普洛山，杨四将军石田湾。
龙伏药王金甲山，开山佛祖狮子滩。

仁寿七星大江傅，边山圣帝南普寺。

七郎八郎沈九郎，袁李沈姓海龙王。
焦桥珉显寄马市，坪上李家克龙寺。
西坑药王贺华轩，横塘普济陈大仙。
灵官赤马普化寺，白荆雷神雨福祠。
金盆垣上郑界神，王爷庙与白羊坪。
卢仙蛇嘴瑞庆宫，昙云秀水烂泥冲。
黄桥杨四与龙兴，八宝山上郑九公。
金甲将军柯树矾，清溪清泰石江陂。

谢了大神后，还要辞谢屋场内外的小神，唱词大意为：

多把钱财凭火化，家神土地应辞谢。
城隍大王得饯行，安邦护国保下民。
后山福主得饯行，六畜兴旺应担承。
家堂香火得饯行，奏请天公降福临。
九天东厨得饯行，隐恶扬善奏天庭。
屋檐童子得饯行，檐风不扫小孩童。
符头师主得饯行，兴工动土保安宁。
火炉哥哥得饯行，热汤热水不沾身。
扫帚姑娘得饯行，早扫金来晚扫银。
叫路亡者得饯行，回光返照荫后昆。
门神大王得饯行，人来有路鬼无门。
秦叔宝与尉迟恭，手拿金鞭打妖精。
……

谢完大小神社之后，就唱赞祝孝家：

钱财奉送转回程，留言祝福孝家们。
工商行政孝堂行，两袖清风得好评。
老人来到孝堂行，重添花甲享遐龄。

嫂子来到孝堂行，早生贵子跳龙门。
姑娘来到孝堂行，百年佳偶自天成。
学生来到孝堂行，龙虎金榜点头名。
小孩来到孝堂行，关煞消除易成人。

最后是谢歌场的尾声：

今日亡者还山后，寅葬卯发添富贵。
从此夜歌不再唱，锣鼓放在高楼上。
扬尘结得三尺厚，大风吹起两边跳。
每逢做寿与喜庆，方可上楼拿来用。
请来铁匠毛子中，打把铁刀八百斤。
先杀鼓来后杀锣，永世不唱闹丧歌。
丧锣丧鼓送些远，送到长江不看见。

当歌场辞谢完毕，锣鼓即连击几下，一脚把锣鼓踢到大门角落里。鸣炮，准备出柩送葬。孝子跪拜辞谢，手托条盘献给谢歌场的母大人，盘内有白红包一个、香烟两盒。

夜歌是歌，也是诗，有对仗，有诗意，有哲理，有感悟，大悲之中有大理，大哭之中有大爱。就以谢歌场而言，浏阳北乡地域特色凸显，唱到了许多浏阳北乡的老庙宇、小地名，蕴含着厚重的人文地理知识和风水知识，实为难得的民间记忆，非北乡本地人难以听懂。像“枫林吴主黄峰尖，祖师岩前陈大仙。石柱灵峰玉皇宫，杨塅谢市金台峰。桥头道岩七娘山，石葫芦上金石山。相公殿与皂角湾，麻衣孝仙洞庭滩。永兴禅院关帝王，曹塅仰山观音堂。社港莲溪登龙寺，成头下车与沙市。大安华严普洛山，杨四将军石田湾。龙伏药王金甲山，开山佛祖狮子滩。仁寿七星大江傅，边山圣帝南普寺”的唱词，均为当地的小地名接龙，地名套地名，巧妙联成唱词，并基本押韵，十分巧妙。

夜歌唱来唱去，还是回到了对美好生活的期待、对生命的敬畏上。像“请来铁匠毛国金，打把铁刀八百斤。先杀鼓来后杀锣，永世不唱闹丧歌。丧锣丧鼓送些远，送到长江不看见”，就十分形象地表明了不想再唱夜歌的强烈愿望，至于要用八百斤重的大铁刀，来杀死唱夜歌时使用的鼓和锣，纯属夸张的民间表达。

夜歌若哭，如泣如诉。夜歌一唱，通宵达旦。一宿夜歌之后，翌日便是亡者归山时辰，亲友故旧围坐灵堂，环绕灵柩。歌师用北乡方言演唱的夜歌不同于道士的作法吟唱，因有邻里乡亲参与唱和，亦唱亦答，亦庄亦谐，并不只限于哭哭啼啼、凄凄惨惨，而是上扯到天文、下扯到地理，左扯到柴米油盐、右扯到亲情友情，进而冲淡了丧事过分凝重的气氛，也显得更接地气。

浏阳北乡夜歌场景

同欣饒裕

美丽传说

关羽捞刀
捞刀河的传说

捞刀河，浏阳北乡的母亲河

说到浏阳，人们首先想到的是浏阳河，并视浏阳河为浏阳的母亲河。一曲婉转优美的《浏阳河》，确实成为浏阳独一无二的艺术名片。浏阳境内有 3 条河流，分别是浏阳河、捞刀河、南川河。浏阳河流经浏阳东乡、城区和西乡，全长 234.8 公里，流域面积 4665 平方公里，在长沙市开福区境内汇入湘江。捞刀河流经浏阳北乡全境，全长 141 公里，流域面积 2543 平方公里，在长沙市开福区捞刀河镇境内汇入湘江。南川河源于江西万载金钟湖，蜿蜒而下，流经浏阳南乡后入醴陵境，汇渌江而入湘江。南川河流经浏阳境内仅 75 公里。

浏阳北乡，东以浏阳城区附近的蕉溪岭为界，西与长沙县接壤，境内水系汇集于捞刀河，集雨面积覆盖社港、龙伏、沙市、北盛、永安以及淳口、洞阳、蕉溪等乡镇。因此，说捞刀河是浏阳北乡的母亲河一点也不为过。

捞刀河又名捞塘河、潦浒河，发源于浏阳市石柱峰北麓的社港镇周洛村，为湘江一级支流，有“长沙市第二大内河”之称。《清史稿 · 地理志》中，曾有描述：“湘江自湘潭、善化入，纳潦浒河及白沙河。”文中的潦浒河，所指就是捞刀河。若再往前追溯，可从明《一统志》中摘得一语：“河源出浏阳县石柱峰，名黄泥港，西流至长沙县北十二里西入湘江。”

河之源头，向为令人神往之地，捞刀河的源头也不例外。

捞刀河的源头为浏阳境内社港、龙伏、古港、沙市四镇交界处的石柱峰，海拔 1359.7 余米，高出南岳衡山 70 多米，是湖南省会长沙方圆 80 公里以内的制高点。石柱峰处于岩石复杂多变的古代造山运动大断层地带，悬崖峭壁，怪石嶙峋。清乾隆《长沙府志》中，称石柱峰“尖削如柱，壁立万仞”。浏阳旧志称之为“石柱峰祖山”。

捞刀河主源头源自石柱峰北麓的周洛洞。其西、南两麓名百岩洞、枫林洞，水亦流入捞刀河。石柱峰如一顶斗笠，水分四派，风来八方，苍苍莽莽，气象万千。

捞刀河风景

捞刀，原来捞的是关公的青龙偃月刀

山川形胜，总伴随着美丽的传说。

捞刀河的传说，与刀有关，与战事有关。捞的刀，不是切葱的菜刀、打樵的柴刀、割草的镰刀，传说是红脸关公关云长的青龙偃月刀。

相传，三国时关羽率兵攻打长沙，来到捞刀河一带后，屯兵缓进，以探虚实。有一天，关公与部属乘小船沿捞刀河进入湘江，想打探长沙城的河防情况。却见宽阔的湘江之上，战船密布，戒备森严。关公伫立船头，浓眉紧锁，面无表情，心想若从水路攻城，对于远道而来的北方兵而言，只怕是凶多吉少。江风凛冽，却吹不走关公的满怀愁闷。他下令部属倒桨回营，准备伺机再战。

天有不测风云。当载着关公的木船行至捞刀河汇入湘江的入口处时，天空顿时阴云密布，倏忽间，狂风大作，风卷黑云，天昏地暗，长沙城仿佛被铁桶合围，就连见惯了千军万马、烽火硝烟的关公也吃惊不小。说时迟那时快，一个冲天浊浪打来，差点将关公的小船打翻。关公长于策马扬鞭、一日千里，但逊于舟楫樯橹，眼见长风呼啸、浊浪排空，未免冷汗淋淋、心虚气短。关公气沉丹田，立住身子，但还是打了一个大趔趄，却见寒光一闪，平时连吃饭都要捎带在身边的青龙偃月刀，竟“哧溜”一声落入浑浊翻滚的江水。

兵器就是武将的命啊，何况这是在战事的最前方，而且还身处人地生疏的异域他乡。一向处变不惊的关公，此时也不免大惊失色，仰天长啸，悲叹诘问：“天将绝我乎？天将绝我乎？”

却说那青龙偃月刀，也不是普通的宝刀，颇有灵性。青龙偃月刀上镶嵌的青龙，竟入水而活，带着宝刀顺着一脉浊水逆流而上。关公手下福将周仓眼疾手快，命兵卒驾舟追赶那柄逆流而上的青龙偃月刀。这一追不打紧，竟整整追了七里之远，才见宝刀缓缓停了下来。

此时，雨过天晴、风平浪静，方才的黑云压顶仿佛只是一个噩梦。河水也变得清冽，河堤的垂柳、刺槐、香樟、梧桐等树木郁郁葱葱，远处村舍俨然、炊烟袅袅，好一派世外桃源的景象。关公命人在船头燃起三炷檀香和三叠纸钱，顿时，檀香味、木船的桐油味、河水中的鱼腥味交织在一起。

枯水期的捞刀河

周仓将燃尽的纸钱和檀香灰烬缓缓抛入河水，合掌胸前，口中念念有词。霎时，奇迹出现了，那柄沉甸甸的青龙偃月刀竟浮出水面，刀柄向上，靠近船舷，如同在向主人微笑招手。周仓稍一弯腰就将青龙偃月刀捞了起来，单膝跪下，将其举过头顶，呈给了关公。

接过失而复得的、还沾着捞刀河水珠的青龙偃月刀，关公双手颤抖，端详良久，继而老泪纵横，喜极而泣，向天作揖道："天意，天意啊！"

自此，关公落刀之处就叫落刀嘴，源自石柱峰的那条河流，就叫捞刀河了。

浏阳大地上的关公足迹

关公不仅在捞刀河留下了失刀捞刀的美丽传说，他的足迹遍布在浏阳大地的东、南、西、北四乡，留下了许多传说。浏阳境内曾有关公庙（关帝庙）多座，关公更多的则是与观世音、包公等同殿同庙，共受香火、共济苍生。

在浏阳东乡曾有关公庙，民间人士曾收藏清咸丰八年（1858）纪念关公的石刻拓片对联一副，曰：

生蒲州事豫州战徐州永镇荆州，千古名州有赫；
兄玄德弟翼德擒庞德不降孟德，万年至德无双。

上面这副纪念关公的对联，见诸全国许多的关公庙。

在浏阳南乡花炮重镇大瑶杨花、金刚镇南岳村等地，历史上都建有关公庙，至今香火鼎盛，成为地方一景。在浏阳西乡浏阳河中游的普迹镇，原有武圣庙，后毁于战火。相传关公战长沙时在普迹集镇附近丢失赤兔马一匹，便举行赛马会想找回心爱的坐骑。普迹八月会又名普迹狗会，牛马也多，盛极南方数省。经过普迹八月会赛马，关公果然在众多的马匹中找回了丢失的赤兔马。当地留下了跑马塘的地名，并建起了武圣庙。2016 年，普迹镇在浏阳河畔的跑马塘旧址斥资打造跑马塘文化公园，矗立高 6 米的手握青龙偃月刀、脚踏赤兔马的关公雕像。

在中国的民俗中，红脸的关公不仅是武圣人，也被视为财神爷广受供奉，是财富的象征。关羽捞刀的传说依旧流传，捞刀河的名称至今沿用，关公庙的兴盛，体现的是浏阳民间对英雄崇拜的传承。

捞刀河源头周洛的飞瀑流泉

麻衣孝子

浏阳麻衣老爷的传说

孝感云天

孝，是中华民族的传统美德，也是我国优秀传统文化。

在浏阳，有一位“孝”得出了名的人，叫杨孝子，孝而成神，并被后人建庙宇供奉，曰麻衣庙。

杨孝子姓杨名耀庭，出生于唐玄宗天宝年间，祖居浏阳县东邑关外演武场之左，世代务农。其父母望子成龙心切，虽家境贫寒，仍省吃俭用供其读书三载。年长时，杨耀庭遵父母之命学习医术，怀揣悬壶济世、救死扶伤之襟抱。因其医术超群、医德高尚、重义薄利，渐渐声名远播，慕名而来、扶老将幼请其治病者络绎不绝。

有一年，湘东大地瘟疫流行、哀鸿遍野，外地不断有人上门请杨耀庭去行医看病。杨耀庭不得已告别年迈的老母，踏上行医的路途。他心系黎民，走村串户疗民疾患，不知不觉竟已三月未归。归家时，却见老家阴云笼罩，黑白的招魂旗幡在老宅的小路两旁整齐肃立，悲伤的哀乐不时从低矮的瓦檐下飘出。杨耀庭见状悲从心起，三步并作两步奔向熟悉的堂屋。可此时，曾留下他童年欢笑、少年梦想的堂屋已变成了肃穆的灵堂。

杨耀庭的母亲不幸患病身亡！这晴天霹雳让其痛不欲生。身为医生，既没有为母治病，也没有为母尽孝，杨耀庭怎能不悲伤欲绝？他跪地匍匐，用额头重重地叩击着母亲的灵柩，声声呼唤，涕泪横流。

安葬好母亲后，杨耀庭饮食不思，郁郁寡欢。某日黄昏，身单力薄的杨耀庭在老宅右侧池塘徘徊良久，悲痛难抑，遂肩背三尺莲藕，纵身跃入碧水盈盈的池塘，殉老母亲而去。却说杨耀庭投水殉身以后，乡邻并不知情。六月初六那天，平日里从未栽种过荷花的池塘中竟长出了一朵鲜艳的荷花。邻人疑惑掘之，方才发现杨耀庭身裹麻衣，已驾鹤归仙。

乡人感其孝道，塑杨耀庭及其父母像于东堂，以全其孝心，故历代皆称其为麻衣神。清康熙初，浏阳知县韩燝始正其号曰“孝子庙”，并文告四乡。乾隆间，有人借麻衣神惑民渔利，知县赵嘉程查禁，毁其寺，改建文昌庙。但不久，来奉祭麻衣神的又照样如初，于是复建新祠，即今城东筱水埚“孝子庙”庙宇。据说，“水旱、疾病、兵灾，祷无不应”。乡邻为缅怀杨耀庭，将这块地方取名为“荷花”，将这口池塘取名为“藕塘”。这口池塘里生长的莲藕，比一般莲藕中间多一只眼，这只眼，人们称之为孝敬父母的“孝心眼”。“荷花”地名也沿用至今，现为浏阳市的荷花办事处。

传说清乾隆间，苍溪有一位叫彭文山的富翁重病缠身，百医无效、卧床不起。弥留之际，闻听杨耀庭医术高明，他抱着最后一线希望请人抬轿送往筱水塅救治。彭文山得知杨耀庭已经过世，遂拜“孝子庙”问签拿药，终得病愈。彭文山回家后捐地建庙三间，供奉杨孝子，后称麻衣庙。其后，麻衣庙慢慢遍布浏阳乡野、膏泽斯民。

据称，浏阳的白沙、山田、普迹、洞阳等地，都曾建有麻衣庙，邻近的萍乡、宜春、醴陵、平江等地，也有麻衣庙。醴陵的麻衣庙不下十座，仅北乡渌江沿岸就有五座之多。

晚清，醴陵县令卜世藩曾为县城南门外的麻衣庙撰联：

二十四孝外独占仙名，淮川浪转思亲泪；
愿百八境中都无病苦，渌水春涣活佛恩。

浏阳鹿角冲麻衣庙

鹿角冲里的青烟袅袅

浏阳区域范围内保存最完好、人气最旺盛的麻衣庙，是位于浏阳城区鹿角冲路的麻衣庙和大围山镇白沙的麻衣庙。

鹿角冲麻衣庙始建于清乾隆年间，为组合式建筑物，歇山顶、砖木结构、普通瓦面。庙宇分为三栋，前栋为正门，两边有横门，正门是牌坊式山门，上书“格天济人”四个大字，中为木质戏台。中栋为站亭，两边有酒楼，殿顶有垂莲八角藻井，屋柱有狮、象、鹿、马、凤凰雕刻图。上栋为大雄宝殿，横列二间。殿顶亦有垂莲八角藻井，绘有飞龙图。两边墙上有壁画，中立杨孝仙人塑像，悬挂“佑我烝黎”横匾，神台中央有“万岁牌”。

殿内悬挂铁质洪钟，高 1.1 米，口径为 0.77 米，钟上有铭文“帝道遐昌，皇图巩固，佛日增辉，大清乾隆四十冬”等，字迹清晰。大殿右侧有公母堂，堂上供奉杨孝仙人父母塑像。中殿右侧有住持房、抽签房，大殿后有朝房。

麻衣庙曾几经兴废。1962 年，麻衣庙原址为浏阳供销学校所用。1992 年，由地方信士 21 人募捐倡议重修麻衣庙。麻衣庙现占地 5 亩，仿古建筑 3500 平方米，庙宇主体为三进二横，塑有大小神像 16 尊。2000 年，麻衣庙在浏阳市宗教管理部门正式登记。

麻衣庙内信士

麻衣庙的兴衰演绎

麻衣庙并非一开始就是香火鼎盛，并得到政界认可的。在历史上几度被“禁毁”，并曾被打入“淫祠”之列。

据载，浏阳东郭麻衣庙，所祀麻衣之神。传说当地人挖掘莲花塘，发现枯骨一副，其夜晚枯骨托梦“以父母未葬，负尸死此”，众人遂立祀之。每年七月十二日，百姓不论老幼都“披麻衣、执麻引”，列队迎接麻衣之神。这种行为，在讲究人伦道德的儒家眼里，自然属于“非礼”之举。明代嘉靖年间，时任浏阳知县的苏志皋就认定麻衣庙为“淫祠”，禁止民间这种“非礼”的行为。按照史料的记载，当时浏阳被禁毁的还有南市的水南庙、北门外的东岳庙、南门内的玉池庙。

这次行动，需要联系当时大的历史背景来加以理解。根据民间信仰研究专家朱海滨的研究，明代中期朝廷的祭祀政策出现了儒教原理主义复活的态势。就嘉靖年间而言，以“大礼议”事件为标志，朝廷进行了大规模的礼制改革，改革的取向是企图向洪武三年（1370）的制度回归。而洪武三年的祭祀政策主要是由两个包含着浓重的原理主义意味的文件构成，即“神号改正诏”“禁淫祠制”。中央朝廷祭祀政策的变化，体现在浏阳就是对麻衣庙等的禁毁。

知县苏志皋对麻衣庙的禁毁，只取得短期效果，并未根治。很快，民间对麻衣之神的信仰又活跃起来。据同治《浏阳县志》载，顺治十八年（1661），江都人韩爆任浏阳知县。他在任三年，每至七月十二日，见百姓皆穿麻衣，遂“骇而询之”，有人告诉他说是因为麻衣之神的缘故。于是他“私心窃喜：百姓知有孝子，则教化易兴”，认为老百姓了解孝道，懂得祭祀孝子，那么在浏阳百姓中推行儒家的道德教化应该是很容易的。但他按礼推论，认为以披麻戴孝的方式来敬麻衣之神是不合乎礼制的。故“惜所以敬孝子者，适足累孝子，以非礼也”，即用这种方式来敬麻衣神（孝子）看似是敬重，其实是让神明担了非礼的罪名。同治《浏阳县志》卷二十二载其《祭杨孝子文》。在文中，他提出了对麻衣庙的整改意见，以素服易麻衣，改庙额为孝子庙，改麻衣之神为孝子之神。

至乾隆年间，麻衣庙（孝子庙）在当时俗称为孝仙庙。“孝子”与“孝仙”虽一字之差，却是“人”与“神”的天壤之别。乾隆五十一年（1786），赵嘉程由临湘回任浏阳，特别灵异的孝仙庙引起了他的注意。此时麻衣神（孝仙）的信仰崇拜已不限于东郭一隅，已传播到了县北，“是以邑东之庙焕然一新，北乡亦崇祠森立”。同时，麻衣神（孝子、孝仙）的崇拜已不仅仅局限于麻衣神本身，对其父母、子孙，甚至仆人都已塑像立身。更让赵嘉程深恶痛绝的是庙里的女巫神汉，“附神妇人称乾女，能通神”，他认为“更有乾女能医、愚夫降乩之事，乱风俗坏人心，莫为此最”。赵嘉程决定采取强硬手段打击麻衣神（孝仙）的信仰活动。“亟将降神之人械示庙门，并揭示晓谕，严禁香火。”即是对巫婆神汉进行抓捕，且在庙门口示众，并张贴文告严禁孝仙庙的崇拜活动。另外，为防止其死灰复燃，将孝仙庙改建为文昌宫，改祀文昌帝君，其原有的田产、香火等财产全数由文昌祠会管理，并刻石记载事情的来龙去脉。

对麻衣庙（孝仙庙）的禁毁，有赵嘉程个人作风强悍的原因，嘉庆《浏阳县志》称其：“性严正，有威，寡言笑，时人比之包公铁面。”另外，需要提及的是，恰在乾隆五十一年丙午（1786）科的湖南乡试中，浏阳士子刘运际中举，打破了自从乾隆三十年（1765）以来浏阳县二十余年无人考中举人的记录。这种巧合，绝妙地暗示了赵嘉程禁毁麻衣神、改祀掌管读书人功名禄位的文昌神做法的正确性。赵程嘉卸任之后，仍有人试图恢复麻衣庙，随即被当地绅士及官方所阻。乾隆五十七年（1792）的乡试，浏阳再有陶浔霍、黎中一两人中举，有关主张恢复麻衣庙的声音才逐渐消失。

浏阳东郭麻衣庙在明中期被禁、清初改为孝子庙、清中期改建为文昌宫的历史遭际，正是朝廷祭祀政策、地方官员、当地士绅、巫婆神汉、黎民百姓等各方利益博弈的结果。

归于宁静

历史总以不动声色的方式展现着固有的威严和宽容。尘埃落定之后，麻衣庙只是纪念一位民间孝子的民间庙宇而已。如杨耀庭那种自毁生命的所谓“尽孝”方式，更是误入孝道的歧途，是对生命的蔑视，是需要旗帜鲜明地予以谴责的。人们之所以记住杨耀庭，一为他的孝道，二为他的医道。

老县志中的《杨孝子传》是这样写的：“唐代玄宗天宝年间，医人杨姓，名耀庭，湘浏阳人。家贫，业医以济世，常外出行医，远离父母。因时疫流行，杨以为得其道不敢独善其身，而必以兼济天下。孜孜不倦，竭力医人。杨事母至孝，自远归，母已疫死，哭之恸！自憾救人死母死不能救，罪孰甚焉！

遂沉水以殉。”

而在今天的鹿角冲麻衣庙，则有了更多人神合一的色彩。细细吟哦、品读麻衣庙所刻的这些联语，我们看到的是教化的天下大同：

富贵不能淫，贫贱不能移，威武不能屈，大丈夫有如此者；
天地合其德，日月合其明，四时合其序，惟至诚庶乎近焉。

奉事思孝，秉乾坤之正气；
孝子行医，乘天地之大功。

殿宇重光，万民敬仰真孝子；
山河有幸，千古传颂活神仙。

缅威风之烈烈，万古欣崇；
仰庙貌之峨峨，千秋巩固。

泣血相思
浏阳大围山相思鸟的传说

海选为省鸟

湘东明珠——大围山，绵延300余里，又名首禅山。根据清嘉庆《一统志》记载，大围山“岗峦围绕，盘踞四县，因名大围”。大围山是浏阳河的发源地，其最高峰七星岭海拔1607.9米，为湘东第一高峰。1984年，始建大围山自然保护区。1992年，大围山被国家林业局批准为国家森林公园。

浏阳东部的大围山等地，在苍翠幽静的丛林中、五彩缤纷的山花间，有一种人们熟悉的鸟，叫“灵雀子”。这种鸟体型不大不小，体长约13—16厘米，红嘴红脚，羽色绚丽，声音悦耳，在丛林中跳跃，在山花间嬉戏，使人闻而忘忧、观而生喜、赏心悦目。

最初，人们以为它们像麻雀一样，总在山前山后，不离左右。后来才慢慢发现，他们其实像燕子一样秋去春来，是热情的外乡客。又后来，人们慢慢发现它们来头不小，是寄寓山林、隐匿乡间的鸟中贵族。2007年，在湖南省声势浩大的省鸟评选中，“灵雀子”竟是候选鸟类之一。此时，浏阳老百姓才知道，“灵雀子”就是大名鼎鼎的红嘴相思鸟。当时，与红嘴相思鸟竞争省鸟的还有黄腹角雉、家燕和喜鹊3种候选鸟。浏阳人也不含糊，网络投票，民间疾呼，最终，红嘴相思鸟当选省鸟。专家的评价是：“红嘴相思鸟犹如多情湘女，具有较强的人文性格特征和文化承载能力。”

红嘴相思鸟，中国珍稀候鸟。别名“红嘴鸟”“红嘴玉”“红嘴绿观音”。属雀形目，鹟科，画眉亚科。留居在长江流域以及广大的江南地区。它们总是雌雄相伴，结对成双，比翼双飞，故得此美称。它的第一故乡是海南岛，湖南浏阳等县市是它的第二故乡。每年清明时节，它们便按期北飞，在崇山峻岭的老树深林间聚居繁衍。

红嘴相思鸟生活在平原至海拔2000米的山地，常栖居于常绿阔叶林、常绿和落叶混交林的灌丛或竹林中，很少在林缘活动。它们不仅活动于树丛下层，也常到中层或树冠觅食，偶尔到地面寻找食物。性喜结群或与其他鸟混群，雌雄形影不离，动作敏捷。

情定大围山

浏阳地处罗霄山脉西侧，陡峻的山地和繁茂的森林，是众多鸟类天然的迁徙通道、越冬地和繁殖地。我国南方各省的亚热带山地森林是红嘴相思鸟最主要的原始分布区，而浏阳是该物种的典型自然分布区，尤以大围山数量最多。

浏阳市林业局野保科科长陈华介绍，浏阳境内的红嘴相思鸟野外种群资源相当丰富，曾经作为一种观赏鸟类，在20世纪70年代以前，浏阳境内每年均有数千只红嘴相思鸟被作为土特产品出口至国外。中南林业科技大学张志强博士的研究团队长期在大围山地区开展专题研究，张博士介绍，浏阳市的东北部山区是红嘴相思鸟优良的繁殖地，向西南延伸的低海拔区域则是红嘴相思鸟的越冬地。

红嘴相思鸟以毛虫、甲虫、蚂蚁等昆虫为食，也吃植物果实等植物性食物，在繁殖季，主要以昆虫为食。红嘴相思鸟性机警，喜啼叫，常站在灌木间高声鸣唱，并不断抖动着翅膀。

原湖南郴州卷烟厂曾生产一种叫“相思鸟”的香烟，红色的烟盒上有一对相依相偎的鸟儿，那就是红嘴相思鸟，曾成为一代烟民难忘的记忆。

目前，浏阳市已着手申报“中国红嘴相思鸟之乡”。

红嘴相思鸟

此鸟最相思

遇见翩跹的蝴蝶，人们会想起梁山伯与祝英台的“化蝶”；仰望天边翱翔的鸿雁，人们会想起云中的锦书；看到吉庆欢鸣的喜鹊，人们会想起牛郎织女七夕相会的鹊桥。同样的，美丽的红嘴相思鸟，一度被世人视为“爱情鸟”。

2006年，由湖南地图出版社出版的《浏阳名产》一书中，收录了在民间流传的一个关于红嘴相思鸟的感人至深的故事。

很久很久以前，在大围山居住着一对恩爱的年轻夫妻，男的叫伍林，女的叫相思，他们傍山为舍，依林为居。一天，寨主看到相思，垂涎三尺，命人抢来做压寨夫人。伍林没来得及和夫人见面便被投入水牢。从此，伍林和相思咫尺天涯，不能相见。相思不肯向寨主屈服，寨主恼羞成怒杀害了相思；伍林万念俱灰，撞死在水牢。寨主将年轻夫妻抛尸荒野，遭受日晒雨淋。

百鸟飞来凭吊，歌声格外哀怨。凤凰拔下自己的凤冠毛盖在伍林头上，孔雀拔掉屏羽盖在相思的胸前，百灵、斑鸠、黄莺……百鸟纷纷献上自己最漂亮的羽毛。伍林和相思全身被五彩缤纷的羽毛覆盖，圣洁安详。

经过冬天的孕育和春天的萌动，伍林和相思变成了一对美丽的小鸟，飞上高空。从此他们形影不离、双宿双飞，用美妙的歌声表达深情，过着自由自在的生活。人们为了纪念伍林和相思，就给它们取了一个美好的名字——相思鸟。

浏阳本土作家王雄文醉心民间文学，也将相思鸟的故事演绎得缱绻凄婉，只是他笔下的男主角叫“相相”、女主角叫“思思”，但故事是以悲剧而结尾，男女主角均为爱情殉身，化作了相思鸟。使这种物质之外、权贵之外的纯真爱情，有着化蝶般的悲怆。

据悉，浏阳共有鸟类132种，其中有10余种属国家重点保护动物，都是本地繁殖鸟，红嘴相思鸟主要集中在浏阳大围山，而大围山又是“天然动植物基因库、博物馆”。基于这种考虑，浏阳计划以大围山为中心，建立相思鸟保护区，一并保护白鹭、牛背鹭、白颈长尾雉、黄腹角雉、蓝翡翠、大杜鹃、黑卷尾、喜鹊、画眉、黄眉、柳莺等鸟类。

大围山风景

西湖烟雨
浏阳西湖山的传说

山中巨湖今不见

提起西湖，人们首先想到的便是杭州的西湖、扬州的瘦西湖。浏阳没有西湖，但在浏阳城西的山麓曾有一片湖泊，谓“巨湖”“西湖”，其山也叫作“巨湖山”“西湖山”。据明、清《浏阳县志》记载：“巨湖山，西城外。一名大湖，或作西湖。三峰鼎峙，中有巨湖，其深莫测，大旱不涸。”

古城浏阳不仅有浏阳河以及浏阳河的支流淮川河、筱水河、济川河、渭川河环伺，且有天马山、西湖山、蕉溪岭、道吾山环抱，山环水绕，重峦叠嶂。那一座座拔地而起的山峦，仿若苍碧的天然翠屏，使古老的县城如同世外桃源、山间盆地。县城西侧的西湖山，伫立在浏阳河西北岸，向为文人墨客心向往之的所在。

西湖山

春夏交替之际，云雾缭绕之时，登上西湖山，俯瞰浏阳城，却见山色空蒙，雾含微雨，变幻莫测，如海市蜃楼，故古人以“巨湖烟雨”名之，为浏阳八景之一。明人有诗赞曰：

危巅高峙隔龙津，斜锁岚光昼亦昏。
凝翠湿飞千万缕，酿寒轻洒两三番。
崖前隐约高低树，竹外溟蒙远近村。
欲请王维挥彩笔，画图描出伴吟轩。

此诗将“巨湖烟雨”描绘得惟妙惟肖、引人入胜，恰似一幅清秀绚丽的水墨画。

清乾隆举人周忠信也对西湖山钟爱有加，用生花妙笔展现了西湖山的美景。其《大湖烟雨》云：

烟雨暗层峦，西望漫漫。
村墟城阁雾中看。
气涌潮心肤寸引，酿就轻寒。
几缕向空翻，数点飘残。
潇湘彭蠡合奇现。
疑是南宫传笔意，水墨溪山。

好山总有好水相伴。樟树湾位于浏阳城西，经枫浦渔樵、滚钟潭、樟树潭，而至冷水坑，形成一个全长3公里的“几”字形，将西湖山环绕其中，山水相依，交相辉映。

由于地质、气候的变化，“三峰鼎峙”中的巨湖早已不见，后人寻寻觅觅，并未寻得其遗址，遂成为未解之谜。

多少庙宇烟雨中

西湖山位于浏阳县城西隅，海拔290.5米，茂林修竹，风景秀丽，可朝观日出，夜听泉鸣。

西湖山久负盛名，不仅明清县志上有诗文赞颂，其记载可追溯至更遥远的年代。易雄是东晋时人，少任县吏，“念无由自达”，遂挂冠县门而去，后举孝廉（当时朝廷规定，地方官要推选地方贤良人士入朝，称“举孝廉”）为州主簿（地方官参谋）。张昌作乱，州官万嗣被抓，将被杀，易雄出面力争曲直，才被释放。由是，易雄被任为春陵（今湖南宁远东北）县令。恰值大臣王敦反叛朝廷，易雄于是为首招募义兵讨伐，力屈城陷，易雄被俘并被押送至武昌见王敦。王敦劝易雄降服，易雄厉言骂贼，辞气慷慨，面无惧色，随后遇害。当他被害的消息传到其在西湖山下的家中后，其妻潘氏痛不欲生，率家人投西湖山下的樟树潭殉身。后人念及易雄忠烈，遂建祠于西湖山麓以示纪念。

南宋光宗绍熙四年（1193），李作乂之孙李之传在西湖山下迁建“遗经阁”，杨万里作的《重建遗经阁记》中记载：“厥址方正，厥庐高凉。

自地视阁，岿在天半。自阁视地，浚在谷底。湖鼎三峰，五山相望，排霄争高，摩肩并驰，后先低昂，互为崛奇。一邑之胜，无能出其右者。”而遗经阁之留名，还早在李作乂初建此阁于县南时，岳麓书院侍讲、著名学者张栻、朱熹等为阁题诗留字，一时传为美谈。

据统计，西湖山上的庙宇有包公祠、青阳山道观、江大仙人庙、观音庙、石洞庵等，至今香火缭绕，朝奉者络绎不绝。其中，包公祠为元代初建，几毁几修，2012 年再次重修，巍峨依旧。山麓有仙人石、老虎洞、别驾祠、遗经阁等诸多人文景观。浏阳名仕欧阳中鹄墓也于 2010 年 6 月因修建长浏高速公路而由佛岭迁建西湖山东麓山谷，2013 年被确定为长沙市级文物保护单位。欧阳中鹄官至四品，为谭嗣同、唐才常的老师，欧阳予倩的祖父。

西湖山包公庙

一方山水泽后人

20 世纪 90 年代初，随着人民生活水平的逐步提高和健身意识的不断增强，热心人士筹资在西湖山拓山道、铺石级、建凉亭，西湖山渐渐成为浏阳人民爬山健身的公园，并带动了一股爬山健身的全民运动热潮。西湖山山门的对联乃当代联家宋赛云先生所撰，联云：

晋立祠，宋设阁，元建庙，雅韵续明清，迈步登临，莫辜负西湖胜景；

凤栖竹，鹤踏松，石涌泉，多情岂花月，披荆呼啸，更迎来大岭朝阳。

西湖山于 2003 年前后被辟为老年公园，为休闲避暑、强身健体的好去处。2009 年前后，长沙市林业局将西湖山规划为森林公园，总用地面积 4.5 平方公里，三面环城，一面临水。公园主景区为 500 亩的杉、松、阔混交林，并补植了 5000 株枫香、栾树等色叶树种，新栽了杨梅、木荷、杜英、桂花 4800 株。

西湖山山顶有高 72 米的楚文塔，为八角重檐、九级阁楼，古色古香，鸟瞰全城。楚文塔初建于清嘉庆二十年（1815），在县治西南浦梓港山顶，由知县谢希闵率邑绅王良汲、良泮共建。岳麓书院山长、宁乡袁名曜撰有《楚文塔记》。楚文塔于 2003 年新建，2018 年修缮升级。当代文人宋燧文先生曾作《楚文塔记》，铭刻于塔基。

西湖山上建有半山亭、芳华亭、健寿亭、清风亭等多座凉亭，均悬挂今人撰写的对联，彰显历史文化气息。兹录对联两副：

其一：

烟雨楼台山外寺；巨湖城郭水中天。

其二：

彩虹飞堑锁天马；碧海扬波映西湖。

西湖山曾有“巨湖”一说，后人一直争论不休，关键是没有“湖”这个“实物”的佐证。难道史上的“巨湖”真的凭空消失了，连一点踪迹都没有了？

再或者，古人文中的“巨湖”实为烟雨浩渺、云遮雾罩中的湖泊景象，并非现实的湖泊。从文人们的诗词、联语中，我们似乎可以找到另一种抵到“答案”的路径。

登上西湖山的楚文塔，向南望去，浏阳河蜿蜒西去，河对岸为佛岭和浦梓港，河湾处（樟树潭）即为“枫浦渔樵”景点。唐大历四年（769），诗圣杜甫乘舟抵达潭州（今长沙），从望城铜官窑来到浏阳，在西湖山下的浏阳河畔小憩，写下了著名的五律《双枫浦》：

> 辍棹青枫浦，双枫旧已摧。自惊衰谢力，不道栋梁材。
> 浪足浮纱帽，皮须截锦苔。江边地有主，暂借上天回。

放眼西湖山西麓的滨水片区，在群山和田畴之间，确有水域数片，秀美隽永，但也未必就是历史上“巨湖”的缩影。

王雄文先生多方考证，西湖山历史上的“巨湖”可能为浏阳河的季节性汇聚湖泊，在今淮川河与浏阳河交汇处（通程商业广场附近）。明、清《浏阳县志》记载“三峰鼎峙，中有巨湖”，其中的“三峰”，推测为隔河相望的天马山、佛岭和西湖山本身。其时，浏阳城区面积很小，城区被山岭和农田包围，在淮川河与浏阳河交汇处的低洼地带形成河湖一体的一片湖泊。随着时间的推移，筑河堤、填低洼、辟良田、建城池，湖泊不见，确有可能。

2017 年，中南林业科技大学风景园林学院的专家孔瑞华、戴兴安专门对西湖山的植物进行了研究。研究表明，西湖山共有植物 131 种，分属于 63 科 116 属，其中百合科、豆科、禾本科、菊科、壳斗科、茜草科、蔷薇科、山茶科、樟科植物占优势，植物的多样性十分明显。

2018 年，随着浏阳城市开发再上台阶，西湖山被赋予了城市公园的功能，被定位为浏阳河风光带“一河两岸”的重要组成部分，整体规划于当年 8 月通过评审。公园集健身休闲、旅游观光、文化展示及生活疗养于一体，为市级城市公园。在空间结构上，西湖山公园将呈现一带（公园北入口引领的南北展示带）、两心（楚文塔、乡土植物园）、三园（森林康养园、原乡文脉园、艺术山林园）、三环（环峰、绕山、盘谷三条景观环）的布局。从“城中有山”到“山中有城”，是浏阳城的“蝶变”。

美食味蕾

白沙豆腐

浏阳白沙豆腐传统制作技艺的传承

黄豆与石膏的邂逅

浏阳人爱吃豆腐，浏阳人也擅长制作豆腐。

从一粒粒金黄色的豆子到白花花的豆腐，其间少不了石膏的神奇功效。浏阳北乡永安丰裕恰恰就出产石膏。制作豆腐时，石膏的作用主要是凝固豆浆和增加碱性。丰裕石膏，与浏阳四乡的豆腐有着千丝万缕的联系。

古代，大多数居民用笨重的手推石磨磨出几升黄豆，打出一箱豆腐，都是为了改善伙食、打打“牙祭”。在大围山下的白沙古镇，曾有家家做豆腐的习惯。他们顶着霜晨月，打开土灶炉，烧一大铁锅的山泉水，将磨好的豆浆倒进滚烫的开水，在蒸汽腾腾中开始了一天的劳作。白沙的水使白沙的豆腐，渐渐出了名。

白沙古镇风景

倚大溪河而建的白沙古镇已有1380年的历史。老桥、吊脚楼、麻石街、庙宇、宗祠与老式马头墙建筑相映成趣。白沙偏僻，翻山越岭即进入江西境内，曾为湘赣边陲的货物集散地，有“小南京”之誉。

浏阳河由发源于大围山北麓，它的两个源流大溪河、小溪河于双江口汇合，九曲十八弯，一路西行到湘江。大围山白沙古镇上游的浏河源村，应当就是白沙豆腐的发源地。为便于交通运输和市场销售，白沙豆腐的制作作坊逐渐向沿河集中集聚，并形成口碑。

在浏阳大大小小的超市、形形色色的菜市场中，大凡有卖豆腐的柜台或摊位，均可见到“白沙豆腐”的标识。白沙豆腐是尚未通过地理标志注册的豆类加工产品，泛指浏阳市大围山下、浏阳河上游白沙古镇一带（现辖大围山镇）村民加工的豆类制品。主要产品有白豆腐、油豆腐、霉豆腐（又称腐乳，猫乳）等。目前，白沙豆腐的核心产地在大围山镇白沙村，有10多个作坊，每天加工黄豆一两吨，产品除畅销浏阳城乡，还远销到江西、湖北、广东、浙江、上海等地区。

白沙豆腐既有散户小作坊生产的产品，也有正规厂家生产的产品，“白沙廖妈豆腐”为注册商标，在2006年中国湖南第八届（国际）农博会上获得过银奖。

豆腐冇得巧，全靠泉水好

消费者为何对白沙豆腐情有独钟？白沙豆腐为何名声在外？这还得从白沙豆腐的制作工艺说起。

加工豆腐，不仅要豆子好，还要水好。这跟喝茶要好茶、好水、好茶杯，是一个道理。白沙豆腐好吃的公开秘诀，乃加工豆腐使用的是白沙独有的山泉水——浏阳河发源地的水，没有任何污染，水质甘甜，富含矿物质。白沙豆腐传统制作技艺这一非物质文化遗产，没有固定的传承人，而是在白沙的民间，在祖祖辈辈村民的手中传承。

年近50的陈丙付做了23年的豆腐，现在是一个豆腐作坊的老板。他介绍说，白沙豆腐选用的豆子都是安徽或东北产的非转基因优质黄豆，全程使用白沙的山泉水进行加工，以手工为主，机械为辅。白豆腐是豆腐最主要的产品，加工豆腐是细活、慢活、技术活，其主要工艺流程为：

1. 浸泡（用新鲜的冷泉水将黄豆浸泡6—7个小时）；

2. 漂洗（把黄豆洗干净，全手工）；

3. 磨浆（古时用手工推石磨，现在用机械代替），不得添加任何添加剂；

4. 泡浆（手工，几分钟内完成）；

5. 摇浆（摇浆工具为土法制作的包巾布架子，包巾布架子用绳子悬在屋梁上，用手工轻柔而有节奏地前后左右摇晃，起到过滤的效果。摇浆之后，包巾布里的是豆渣，包巾布下面的是豆浆。好的豆浆，有纯正的豆浆气味）；

6. 点卤（将豆浆烧开，加适量的石膏水。选用上好的生石膏，在灶膛中将生石膏块烧透烧熟，烧熟的石膏用清水搅拌均匀，再在烧开的豆浆中加入石膏水，加多、加少都不行。加多了石膏水，豆腐会“老了”；加少了石膏水，豆腐会“嫩了”）；

7. 分离（将豆腐与水进行分离）；

8. 上箱（将点卤后的豆浆放入木箱、成型，成为豆腐胚子）。

至此，一块白白嫩嫩的豆腐就生产出来了。

白沙豆腐制作场景

一豆多味的白沙豆腐

白豆腐不便保存，如果不放在冰箱的话，最好现做现吃。好在白沙豆腐有固定的销售渠道，每天凌晨三四点钟刚刚做好的白豆腐，当天早上五六点钟就运到了浏阳城乡的超市、菜市场，白豆腐上还冒着热气呢。

白豆腐是豆腐最基本的品种，爽口鲜嫩，可煎着吃、蒸着吃。除此以外，还有油豆腐、香干子、霉豆腐等品种，都是在白豆腐的基础上进行加工升级。油豆腐、香干子、霉豆腐的基本加工方法如下：

油豆腐：将白豆腐切片，用烧开的大豆油进行油炸，待油炸至金黄色后，将豆腐捞出，沥油，就成为油豆腐的成品。油豆腐一般论斤卖，每斤零售价 7—8 元不等。

香干子：将白豆腐在专门的烤房进行烘烤后，成为香干子。视烘烤时间的长短、火力的大小，切片的厚度、形状（方形、条形）等，做成色泽

白豆腐切片场景

不一的香干子，供顾客选购。香干子一般论片卖，每片 0.5—2 元不等。

霉豆腐：将新鲜的白豆腐切成 3 厘米见方，放置六七天左右，待白豆腐发霉发酵。再将发酵好的豆腐块，加入辣椒粉、红曲（中药，用于染色）、桂皮粉、食盐、山茶油、味精，洒上适量的白酒，混合均匀后装进瓷质器皿或玻璃器皿，密封一段时间，待辣椒粉、桂皮粉、食盐、山茶油、味精等入味后，即可食用。

官渡嗍螺

浏阳官渡嗍螺传统制作技艺的传承

始于元代的田螺

浏阳人爱好美食，会做美食，以“浏阳蒸菜”为标志的美食，受到越来越多美食家的青睐。在浏阳东南西北四乡中，尤以东乡人做美食的手艺佳、名气大，是“舌尖上的浏阳”的代表。

在官渡古镇，一种以水稻田里的螺蛳为食材的美食，历经700余年的历史流传至今，并成为浏阳市级非物质文化遗产。

那么，水稻田里的螺蛳又是如何被端上餐桌的呢？民间传说，1271年，元朝政府在官渡设居陵郡，首任郡台为巴仁图谢。为宴请宾朋，巴仁图谢的夫人潘观英用泥狗（即田螺）为食材烹制了一道自创的菜肴。食客们两手并用，吃着这些又辣又香的美味，得知食材不过是水稻田里的螺蛳时，个个赞不绝口、啧啧称奇。居陵郡的首任郡台巴仁图谢为忽必烈的远房亲戚，其夫人潘观英为广东梅州迁入的客家人，心灵手巧，善做美食。因潘观英乳名叫阿螺，而这道田螺食用时必须手持田螺，用嘴嗍吸，故而这道美食就叫“嗍螺”，加上地名，几经演绎，就成了大名鼎鼎、闻之而生津的“官渡嗍螺”了。

官渡嗍螺

之前，官渡嗍螺还只是在官渡地界上，没有推向更多人的餐桌。二十世纪九十年代，随着生活水平的提高，吃夜宵、喝啤酒的人不断增加，官渡嗍螺大显身手，成为吃夜宵一族的最爱。

官渡镇在古镇原址依河建起了青砖瓦檐、古香古色的美食一条街，家家制作嗍螺，户户售卖嗍螺，加之伏羊冬狗，成为一大餐饮特色。长沙市区、浏阳城区等远远近近的食客也不惜车马之劳，前来品尝正宗的官渡嗍螺。美食一条街上生意红火，店内炉火通红、菜香扑鼻，店外餐桌沿河摆开，南来北往的食客大快朵颐、推杯论盏，看河景、吹河风、侃历史、品美味，堪称一绝。中央电视台4频道、12频道，曾专程采访官渡嗍螺的制作全过程，向全国观众介绍了嗍螺特色美食。

味中日月长

改革开放以来，热情、纯朴的官渡人办了两届嗍螺美食节，官渡有了“田螺小镇”的称号。官渡镇文化站站长孔昭谷爱吃嗍螺、关注嗍螺，走村串户、穿街走巷，收集整理了官渡嗍螺的制作方法。他认为，官渡嗍螺美在鲜香清脆、辣爽可口，符合大众口味，尤其适合喜好辣椒的湖南人食用。官渡嗍螺还有清热止渴、利尿通淋、明目、退黄、凉血补血等功效。官渡嗍螺的制作有传统和现代两种工艺。

传统工艺的做法：

1. 田螺吐杂。取官渡本地的田螺，放入装有山泉水的盆中。每100公斤泉水中倒入50克茶油并加30克即将生锈的生铁。将田螺养96小时左右（4天时间），让田螺中的泥土和杂质全部吐出。

2. 清洗田螺。从盆中取700克田螺（一菜碗左右），将螺壳洗刷干净，去掉螺帽、螺尾，再放入水中清洗干净。

3. 制作调料。将薄荷50克、紫苏50克、茴香50克、笔池（学名留兰香）50克、韭菜150克、野芹菜50克、野苦麦50克（可用莴笋叶替代）等香料剁碎，加上辣椒粉10克、茶油40克、味精2克、食盐10克、酱油10克和白酒5克进行搅拌调味。

4. 调料入壳。将调好味的大部分香料（80%）从螺口置入螺壳内，调味料敷平至田螺口，将田螺有序装碗，再将剩余香料敷于螺壳表面，并淋上10克液态猪油和30克山茶油。

5. 快蒸田螺。将装好田螺的菜碗置于已上汽的蒸笼中蒸 15 分钟，取出即可食用。

现代工艺的做法：

1. 清洗田螺。取官渡本地田螺 700 克，取出螺肉，将螺肉放入清水中冲洗干净后置入盆中，并将螺壳也洗刷干净。

2. 螺肉调味。用辣椒粉 10 克、茶油 40 克、味精 2 克、食盐 10 克、酱油 10 克和料酒 5 克（或啤酒适量），加入螺肉中搅拌入味（腌制 10 分钟）。

3. 调入香料。将薄荷 50 克、紫苏 50 克、茴香 50 克、笔池 50 克、韭菜 150 克、野芹菜 50 克、野苦麦 50 克（可用莴笋叶替代）等香料剁碎，将大部分香料放入螺肉中再次进行搅拌。

4. 肉料入壳。将入味后的螺肉和着调料逐个放回干净的螺壳中，调味料敷平田螺口，将预制好的田螺有序放入菜碗中，用剩余香料敷于螺壳表面，并洒上 20 克液态猪油和 30 克茶油。

5. 快蒸田螺。将装好田螺的菜碗置于已上汽的蒸笼中蒸 15 分钟，取出即可食用。

官渡啷螺，吃出的是乡土气息，吃出的是地域文化，吃出的是乡情缱绻。

制作官渡啷螺美食

乡里炒米

浏阳炒货传统制作技艺的传承

“旱茶”的民间记忆

炒米，浏阳人称之为“旱茶”，是一道来源于粮食又口味独特的零食。浏阳炒米常应用于婚嫁，以前的姑娘出嫁时，娘家人便以炒米及炒米制作成的冻米糖作为女儿出嫁的嫁妆之一。过大年的时候，炒炒米及打冻米糖是各家各户必不可少的过年物资。炒米及冻米糖不仅代表着年节的喜庆，而且炒炒米、打冻米糖还可增添过年的仪式感。

民间传说，清朝乾隆年间，一朝廷命官落难，流浪到了浏阳一处白鹭翩跹、风光秀美的村落。此处正是浏阳三口（今古港镇）白鹭村王家组。官员饥肠辘辘、奄奄一息，以为将会饿死，不想被有个叫“王才林”的村民施舍一袋炒米。该官员狼吞虎咽地吃下了从未吃过的炒米，感觉比宫廷里的山珍海味还要香甜可口、果腹解馋。他从死亡线上活过来，老脸上终于有了一丝血色，千恩万谢，用颤抖的双手赠予王才林一个金元宝以谢救命之恩。

王才林用这个金元宝做成本，将炒米这个小生意做成了大买卖，逐渐发家致富，富甲一方，更名为王拾万。

据王氏族人回忆，王才林宽宏大义、慈悲为怀，造桥修路，乐善好施。而炒米技艺也逐渐演化，由富人的独特零食，演化为用剩饭晒干后再制作炒米，使普通百姓也能品尝到难得的美味。

炒技传承已七代

炒米技艺从三口发源，逐渐流布于浏阳东南西北四乡，以东乡为盛，成为许多小孩的童年记忆、无数家庭的春节民俗记忆。家里有了剩饭，不能倒掉，先用宽大的篾盆盛上，端到屋外的矮墙或矮檐上，经一夜露水浸润，第二天晾干后，用沙子和着剩饭下锅炒熟，即可食用。为使炒米更加可口，有钱人家往往在炒米时加入南瓜子、黄豆、黑芝麻等，一米多味，极具特色。

王氏炒米从王才林算起，第二代为王应华，第三代为王显壁，第四代

炒米

为王扬衡，第五代为王英农，第六代为王贤湘，至开办“炒王食品厂”的王承祥，已逾七代，均以师承方式传承。

与时俱进，炒米味更美

现代的浏阳炒米，已不再是剩饭的加工品，而是浏阳风味的特色食品。最大的变化是直接用上好的大米甚至糯米加工，并已经摒弃之前的沙子炒制，改用食用油，方法可分为烘炒和油酥。具体制作步骤如下：

1. 浸泡大米。米的好坏，直接决定了炒米的质量。以选择浏阳本土上好的糯米为最佳，制作出来的炒米才会更松、更脆。首先，将大米进行筛选，去除碎米和杂质，清洗之后，使用山泉水浸泡。15 分钟后，将大米捞出，将大米的水分沥干。

2. 炒制。先用炒米帚沾上油将锅刷遍，米粒下锅，大火翻炒两分钟再转小火，炒制者可以根据自己的口味加入白糖或者少许盐，当米粒逐渐呈现金黄色，散发香味，便可出锅，这样炒制出来的炒米吃起来嘎嘣脆。

3. 油酥。锅里倒入半锅油，待油开始翻滚，便将沥干水分的米粒倒入锅中。米粒迅速膨胀之后，一粒粒泛着油光，煞是好看。油酥对于火候的控制也极其讲究，火势太大，米粒容易烧焦；火势太小，则米粒无法蓬松酥脆。根据锅的温度、锅里冒出的烟量和米的颜色，来控制火候和油温。

4. 再加工。简单质朴的炒米还可以做成米糕（冻米糖）和米锅巴。将白糖、饴糖、麦芽糖以合适的比例倒入锅中，搅拌至可以拉丝时或者比较黏稠时，再放入凉好的炒米，然后快速翻搅，改小火，搅拌均匀后放入模具，然后压紧，再从模具中倒出来，放到旁边凉一小会。最后用刀切成小块，即可食用。

炒米口感酥松，脆而不硬。轻嚼入味，吞咽后，口腔内香味饱满，对肠胃不适人群具有开口添味之功效。

炒米可延展生产其他类产品，如米糕、米锅巴等休闲食品，也可作为款待嘉宾之上品。

目前，浏阳有炒王、飘香、南方、第一道湾、国林、荣盛等一批食品厂在生产炒米，以及炒米糕、炒锅巴、冻米糕、灯芯糕、桂花糕、芝麻糕等特色食品，产品远销国内外。

素食点心
浏阳素食菜传统制作技艺的传承

板车摊子上的素食菜

素食菜，隐约在时光的深处，延续着童年的点滴记忆。

浏阳人对素食菜并不陌生。当年，县城的大街小巷，乡村集镇的街边檐下，随处可见特制的板车摊子，板车摊子上是一格一格的素食菜。有盐姜、酸枣糕、乌梅、桃仁、紫苏杨梅、酸刀豆、萝卜条、腌制鱼腥草、紫苏苦瓜皮等等。它们待在木格子里，上面撒着星星点点的细碎的干红辣椒粉，非常精致，让人食欲顿生、食之忘忧。它们不堪佐餐，不上大席，也非素宴，但“辣得叫”“酸得笑”，开胃爽口，为浏阳特色的乡村点心，也是馋嘴们的手抓式小吃。

浏阳素食菜以常见的野果、蔬菜、野菜为原料，突出一个“素”字，添加辣椒、甘草、紫苏、盐、白糖等配料，运用浸、蒸、煮、卤、晒各种工艺，精心制作而成。浏阳素食菜甜酸凉辣、口味纯正、风格独特、无防腐剂、无色素，为开胃健脾、延年益寿的绿色食品。它们作为副食品的补充，刺激着浏阳人的味蕾。

素食菜板车摊子

素食菜食品

浏阳老城区的东街口，曾是素食菜手工作坊最为集中的区域，随处可见贩卖素食菜、糖油粑粑、艾粑粑、糯米油糍的摊贩。随着光阴的流逝和人们生活节奏的加快，素食菜非但没有烟消云散，反而有了更为广阔的市场。

一颗酸枣的传奇

素食菜好吃、环保，制作也并不复杂，只要一包食盐、一个竹制的晒盘，几乎人人可制作。

在林林总总的素食菜中，有一种素食菜格外受欢迎，不仅老少皆宜，而且成为超市的宠儿，那就是酸枣系列素食菜。在浏阳，酸枣又被当地人称为五福果。因为酸枣核上有五个眼，寓意着给人们带来五福吉祥。“五福”分别代指：长寿、富贵、康宁、好德、善终。

精选产于深山野林的野生酸枣果，清洗后，再经蒸、煮、卤、晒（烘干）等工序，便成酸枣糕。历史上，浏阳东乡的古港、沿溪、永和、达浒、官渡、大围山为酸枣糕的主要产地，并传播到江西的万载、铜鼓等周边地区。

浏阳酸枣可制作出多种产品，比较有代表性的产品是酱果和酸枣糕。酸枣的制作技艺的区别主要体现在产品造型和口味上。

1. 造型上的区别。“酸枣饼”，使用酸枣泥做成饼的形状；“酸枣糕”，使用酸枣泥做成片状形状；“酸枣粒”，使用酸枣泥做成大颗粒圆球形状。酸枣泥的可塑性很强，造型也就具有很大的想象空间。

2. 口味上的区别。酸枣泥分别添加紫苏、椰子粉、辣椒粉、草莓干、芒果干、菠萝干等，可制成不同口味的酸枣糕。

酸枣糕可衍生出近 20 个品种，如原味酸枣糕、紫苏味酸枣糕、椰丝味酸枣糕、芒果味酸枣糕、草莓味酸枣糕、菠萝味酸枣糕、紫薯味酱果、陈皮味酱果等。

追根溯源，浏阳酸枣素食菜的制作历史已有 500 多年。古代的酸枣工艺传人因无历史记载而无法考证，中华人民共和国成立以来有较为清楚的传承谱系者，就汤氏家族而言，其传承谱系为：第一代传承人汤贤龙，第二代传承人汤呈树，第三代传承人汤良虎，第四代传承人汤杰奇，他们世代秉持“道道用心”的企业经营宗旨，使“九道湾”品牌渐入人心。

素宴斋饭

浏阳素宴传统制作技艺的传承

起源于宗教祭祀

中国向有食素传统。吕不韦的《吕氏春秋》最早提出素食的重要性，谓之“肥肉厚酒，务以自强，命之曰烂肠之食”。《黄帝内经》则强调饮食的合理搭配，讲得十分到位：“五谷为养，五果为助，五畜为益，五菜为充。”汉代之前的素食，以野菜为主，《诗经》中记载的荇菜、卷耳等均为野菜。汉代张骞出使西域归来，引进了芹菜、香菜、蚕豆、黄瓜、大蒜等素菜。

豆腐可上满汉全席，可满足普通百姓，荤素皆宜，老少皆宜，更是素宴必不可少的主要食材。每年大年初一，在中国许多地方都有吃素的习俗。“一日持斋，天下杀生无我份”，新年第一天吃素（吃斋），增添喜庆祥和，

寺庙中素食

预兆平安如意。而满席素宴，特指宗教祭祀时的全为素菜的美食。

佛教宣扬“因果报应”“生死轮回”“力戒杀生”的思想，儒家宣扬“君子之于禽兽也，见其生，不忍见其死，闻其声，而不忍食其肉”等观念，使“不杀生”成为佛家正统。寺庙中僧侣们受“菩萨戒”，禁食肉腥，全面食素。僧侣们将单一的食材做出花样繁多的美味，“变一瓜为数十种，食一菜为数十味”，而逐渐演变出素宴。

豆腐唱主角的传统美食

浏阳素宴，也叫斋席，主要为人们到寺庙参加祭祀活动时的菜品，形成于清朝初期。当时的素宴形式多样，还形成了寺院素食的完备体系。

素宴在浏阳分布较广，尤以浏阳西乡的镇头、官桥、普迹、柏加，浏阳东乡的高坪、古港、官渡、达浒，浏阳南乡的大瑶、澄潭江为最，城区的关口、荷花亦有分布，并辐射到湖南的株洲以及江西的万载、上栗等周边地区。

浏阳素宴的原材料多以蔬菜、瓜果、谷物、菌类、面粉、豆腐为主，并且加入韭菜、葱、姜、豆豉、蒜、胡椒、花椒，辣椒等。其中，又以豆腐做出来的菜品居多，可做出 30 个菜品，“一豆三十味，味味不相同”。据《调鼎集》记载，素食菜单中，就有 170 多道素菜食谱，并详细讲述了制作方法和技巧。如“素蛋”要用刀法将豆渣饼削成蛋的形状，再沾米粉或面粉后油炸，色香味俱全。

浏阳素宴不是大鱼大肉的“重口味”，风味独特，清爽适口，无肉食腥膻之气，也不会残杀生灵，还可减肥瘦身，一举多得。

豆腐是素宴的主要食材，豆腐的制作方法有 4 个步骤：

1. 磨浆：黄豆洗净水浸泡后，用石磨碾成豆浆。

2. 滤浆：将煮好的豆浆温度控制在 84℃左右，通过 100 目网滤布过滤，豆浆与豆渣分离，豆浆盛放在水缸内。

3. 点浆：用酸水（发酵后的黄泔水）沿缸内壁缓慢加入，并以“之”字形缓慢而有力地均匀搅拌直至大量的桂花胶凝状的豆腐花出现。

4. 上厢压榨成形：板厢堆放要平整，板厢内垫放干净纱布，将豆腐花放置厢内时，应轻起轻装，速度要快。装满拔平，中间稍高，四周厚薄均匀一致。将纱布收好后盖厢盖，压榨时逐步缓慢均匀增加压力。压榨后，厚薄均匀，无烂心，无气孔，表面光泽而有弹性的豆腐就出来了。

素宴中的“豆腐菜品”主要有“红薯叶煎豆腐”“西施豆腐”“黄金丸”“腊八豆煎豆腐”“荷包蛋烧豆腐”“红烧狮子头”“香辣排骨煲”“年年有鱼”“步步高升” “荷塘月色”等 30 个菜品。

浏阳素宴的历史已有 280 多年。古代的素宴传人因无历史记载而无法考证，中华人民共和国成立以来，浏阳镇头镇陈氏一家的素宴制作有较为清楚的传承谱系：第一代传承人为陈清颖，第二代传承人为陈民选，第三代传承人为陈自兴，第四代传承人为陈赢洲，第五代传承人为陈卫星。

卤味无穷

浏阳卤菜传统制作技艺的传承

井盐的出现与卤菜的兴起

卤菜是烹饪学上凉食菜肴的通称，是各地区耳熟能详的家常菜。卤菜共分为红卤系列、盐焗系列、麻辣系列、泡椒系列、烤鸭系列、酱香系列、五香系列、海鲜系列、凉拌系列9大系列。它经过腌制、风晒、煮焖或卤制后，经刀工处理即可食用。

卤菜的形成经历了从秦惠王统治巴蜀时期到明代的历史阶段，历时千余年。秦代蜀郡太守李冰率万余民工修建都江堰水利工程后，又派人“穿广都盐井”，生产出四川最早的井盐。西晋人常璩所著的《华阳国志》追述当时饮食习俗就有“尚滋味，好辛香”及“鱼盐、茶蜜、丹椒”的记载。从中可以看到，当时人们已经学会使用岩盐和花椒制造卤水。

西汉时，由于井盐的大量开采和使用，川人“尚滋味，好辛香”的饮食习惯已经初步形成。西汉人左思在《蜀都赋》中“调夫五味”的记载，讲的就是卤的调味方式。经过三国魏晋南北朝时期的铺垫，川卤在唐朝时又迈出了一大步。到了明代，较多的香料药物成为卤菜调料。

红卤与白卤

卤菜是将食物放入精心调制的卤汤中加工而成的，色、香、味、形兼具，且冷热皆宜。至明清时期，“卤水”的材料和配方基本固定。中国卤菜源远流长，种类繁多，风味各异，并同时存在于粤菜、湘菜、徽菜、川菜之中。

卤菜的制作不是单一的烹制，而是集烹制（加热）与调味二者于一身。和“卤”孪生的是“浸”，“卤”味重而“浸”味轻，中国菜系根据地域不同有所区分。中原之地气候变化大，需要在饮食之中补充热量来满足需求，故以“味重”“多油脂”为主；西南特别是巴蜀之地，因环境的优势，以“辛香”“麻辣”见长；岭南地区，特别是广东一带地处亚热带，气候温和，口味以“清淡”“爽口”为主，故有“南浸北卤”之说。

不同的流派所用的卤水主材料大致相同，但分量多少以及制作方法的不同则让它们味道迥异。但总的来说，卤水分为两大类，即红卤和白卤。红卤为加糖色卤制的食品，呈咖啡色（如卤牛肉）或金黄色（如卤肥肠等）。白卤为不加糖色卤制的食品，呈无色或者本色（白卤鸡，白卤牛肚、猪肚等）。

一壶“老卤”30年

在舌尖上的浏阳，卤味是一种不可或缺的美味。

浏阳民间有不少制作卤味的高手，甚至不少普通的家庭主妇都能露一手。唐氏兄弟以卤菜为事业，历30余年摸索打拼，使传统的卤菜制作技艺得以传承。

卤菜的重点在于卤水，卤水的核心在于卤药包，卤药有浓烈的芳香味，可去除食品原料的腥膻味，亦可增加食品的香味。把卤药放在卤锅中加水熬制就做成了卤水，不同的卤药配方可做成不同香型的卤水。唐氏卤味的卤水，是30多年不间断煮沸的老卤，老卤保存的时间越长，芳香物质越丰富，香味越浓，鲜味越足，煮制出的食物风味愈美。

唐氏自创的独家秘方卤药包，包含有30多种珍贵的草药，有桂皮、花椒、甘松、小茴香、白豆蔻、肉豆蔻、砂仁、香叶、公丁香、母丁香、山奈、南姜、香茅草、甘草、草果、陈皮、胡椒、紫云、罗汉果、红蔻、玉果、香菜籽、白芷、千里香、排草、灵草、辛夷花、桂枝、广木香、沉香、当归、枳壳、孜然、紫草、白果等。不同的药材有不同的滋补效果，且都有清热、祛火、开胃的功效。每种药材的比例也是经过反复调试才得到的黄金比例。

制作“老卤”要经过反复卤制、提炼、沉淀，将药材的精华和荤素的胶原蛋白全都融化进老卤汤里。

保存卤水是一种技术活。卤水每天用过之后要加盖子加热开锅，一些动物油尽量少留，油水分离，用纱布过滤一次，以滤掉卤水里的肉类残渣，中药料包要捞出来，不能放在汤里继续加热，加热完毕放在角落静置常温密封存放。第二次使用时要充分加水加料，重新加新药包，放入油、酒、盐、辣椒、酱油、少许葱和大蒜等。边加热，边不停搅拌，以防锅底糊底。日复一日、年复一年的反复操作，才慢慢沉淀出味道醇厚的卤水。

市场上的卤味

文火卤煮慢慢香

卤制，从清晨开始。

每天一大早，老师傅将肉类的新鲜食材逐一进行烧毛，把毛发清理干净。先用清水漂上至少半小时，去除部分血污和腥味，再焯水去除残留的血污，然后进行过水氽烫。过水时放入酒精去腥，接着拿出来自然冷却，最后将处理好的食材放入卤水里面。卤制的食材量不能太少，一般卤制的食材重量要保持在卤水重量的一半以上。卤制过程中，以文火慢慢熬制，随时翻转搅动，让食材上下受热均匀。熬制时间要到位，随着食材和卤水的混合翻滚，香味逐渐交融，食材吸收卤包内多样中药材的味道，逐渐获得丰富且和缓的细腻口感。

卤菜用的锅，应为铝锅或者不锈钢锅。不能用铁锅焯水或者卤制食材，因为用铁锅卤出的成品颜色很容易泛黑。

火候决定卤肉的口感，什么肉用什么火，都有严格的讲究。卤制油脂较重的卤菜，如猪头肉、五花肉一类的要用中火，以尽量多地让卤肉吐油，以免吃起来太油腻；瘦肉和小件类的，如鸡肉、牛肉、鸭脖、鸭脚等，以小火焖煮，防止食材因火大而脱水过多，使卤味吃起来又干又脆。

卤制时间的长短也很有讲究，不同食材的最佳卤制时长不同，食材的老嫩程度也会影响卤制时长，这些都只能在实践中去总结和把控。

20 世纪 90 年代，唐慧敏、唐伯祥兄弟开设门店，尝试将卤味推向市场，最终成就唐氏卤菜品牌。2016 年，第二代传人唐韬接手唐氏卤菜。目前，唐氏卤菜的种类已多达 80 余种。

浏阳谷酒

浏阳谷酒传统制作技艺的传承

好水好谷酿好酒

浏阳为山水名城，好山有好水，好水酿好酒，用粮食酿酒的历史源远流长。

浏阳有历史可考的酿酒记载始于明朝武宗正德元年（1506）。“江西女子浏阳郎，浙江药子蒸高粱。浏阳河水甜又亮，蒸出美酒百里香”的民谣曾广为传颂。

浏阳民间酿酒又以谷酒为最，谷酒在东南西北四乡广泛分布，活跃着许多蒸酒师傅。浓郁的谷酒清香伴随着浏阳人的红白喜事、好友相聚，陪伴他们度过了许多难忘的时光。古来粮食金贵，蒸谷酒要使用粮食，只有有钱的大户人家才经常蒸酒，一般的农户则要在年关才有可能蒸酒。在浏阳民间，蒸酒的计量单位是“桌”，就是蒸一桌酒、蒸两桌酒，蒸一桌酒大约需要稻谷 150 斤，产白酒 60 斤左右。

浏阳河畔沿溪镇沙龙村的古法酿酒历史悠久、方法正统，已传承至第四代。据有关资料记载，沿溪镇周氏宗族自江西来浏阳已有 600 余年历史，土法酿酒正源自周氏江西祖辈小酒甑蒸煮法。酿酒的材料以稻谷为主，高粱为辅，并用纯草本中草药制曲。制曲工艺为“三生三死”固态法，纯手工发酵，所用原料采用连云山山脉一带田间山野中的天然中草药。下曲三次匀和，使酿造出来的谷酒具有“口感丰富、香气清雅、饮后浓郁、回味悠长、稻香入脑”之特色。入口醇甜柔绵、口感绵长、酒体香味与之协调，饮后不口干、不上头，有心旷神怡之感。

清光绪十四年（1888），浏阳东乡酿酒名师董军凯靠酿酒、授徒为生，足迹遍布浏阳，在浏阳周边也曾收徒。其高徒谢万友自 16 岁起拜师董军凯，学艺 20 余载。中华人民共和国成立后公私合营，谢万友在沿溪大光荆冲茶厂酿酒，收周贤兵为徒，周贤兵出师后，在沿溪沙龙建立酿酒作坊，当时堪称东乡第一甑。2011 年，周贤兵又收周海兵、周凯为徒，使土法酿酒传承至年轻人一代。

酿造谷酒过程

方法土，谷酒香

浏阳谷酒以固态陈缸发酵，木甑蒸馏，有空杯隔夜留香之神奇，口感柔软绵长。其蒸酒的主要步骤为：

1. 土药制曲。用 10 余种本土地道中药材，用土法制作酒曲。
2. 山泉水泡谷。取山泉水，用陶制水缸浸泡稻谷。
3. 木甑蒸粮。烧柴火，用杉木甑蒸浸泡后的稻谷。
4. 碾槽粉曲。将酒曲放入碾槽，进行粉碎。

5. 篾制晒垫下曲。

6. 用稻草盖垫保温、培菌、使之糖化。

7. 陶制胚坛内做胚。

8. 山泉水加脚水。

9. 木甑蒸馏出酒。

10. 陶坛储酒。

传统酿酒器具有木制酒甑、陶制酒缸和胚坛，木制翻铲、木制粮食提桶、碾槽、蒸锅、篾制晒垫等。

桂花时节桂花曲

古有“吴刚捧出桂花酒”的美丽传说，浏阳谷酒也与桂花有关，就是既在桂花时节制作酒曲，又在酒曲中添加桂花。要保证谷酒的品质，好的酒曲很关键。周贤兵和其徒弟周海兵、周凯都较好地传承了酒曲的传统制作技艺。

其关键点有以下几个方面：一是时机要选准。要在开桂花的时节制作酒曲，这个时节因温度、湿度都很适宜，能保证酒曲的品质。二是配料要齐全。结合实际，根据当地中药材的蕴藏情况，精选辣料草、灯芯草、八月桂皮、丁香、牙皂、细芯等10多味传统中药材，共两斤左右，碾碎成粉。三是制作要精良。掺水、和料、晾干、成丸，并从较多的桂花曲中选出几颗最好的酒曲作为母曲，用于酿酒。

好酒讲究口感。为绝对保证谷酒的品质，在天太冷、太热的时候均不制作酒曲，也不蒸酒。天太冷的话，谷酒的产量不高、口感不好；天太热的话，谷酒容易酸化，影响品质。

80后的周海兵、周凯，在制作谷酒的同时，还谋划建设谷酒博物馆，并尝试洞藏谷酒。他们在沿溪镇栗田村一依山傍水处，开掘了一眼深30余米的石洞，冬暖夏凉，湿度适中，洞内有空气流动，在洞中以陶罐、陶缸珍藏自酿的谷酒若干，洞口悬对联一副：“泉香凭谁问；酒洌待君尝。”

在洞中存储谷酒

酒曲制作

浏阳酒曲传统制作技艺的传承

专做“酒药子”

酿酒离不开酒曲（浏阳俗称“酒药子”）。许多酿酒的老师傅自己制作酒曲，又用自己制作的酒曲酿酒。也有的师傅专门制作酒曲，浏阳金刚南岳村江山片的汤和明、汤世迪父子就专门制作酒曲，并将老祖宗留下的传统技艺传承了下来。

传统酒曲，完全采用天然接种微生物的方式。小曲的接种在宋代以前也不例外。但在《北山酒经》中则记载了一种人工接种的方式，即：“团成饼子，以旧曲末逐个为衣。”也就是说把新制成的曲团在陈曲粉末上滚动一下，陈曲末便粘在新曲团的表面，陈曲末中有大量的根霉孢子，可以在曲团上迅速繁殖，具有生长优势。由于可以人为地选择质量较好的陈曲作为曲种，就可以择优汰劣。通过年复一年的人工选育、自然淘汰，质量上乘的曲种（实际上是微生物菌种）就保留下来了。而天然接种的酒曲，酒曲中微生物的来源主要是水源，由原料本身所带入。性能优良的菌种无法代代相传，酒质也就无法恒定。

汤氏家族制作酒曲所选原料为早稻谷，晚稻谷、糯谷因更具韧性不适宜制作酒曲。制作酒曲时，先将早稻谷放入石碓（现改成碾米机）中碓成粉。每 100 斤稻谷加水 70 斤左右，再加入早已备好的酒饼草和桃叶，充分拌匀，做到干湿适度，手握能成形，放入框架内能压碾成饼。为了能更快地加速发酵，可在饼面上洒些老酒药末，再用刀割成条状，切成小块，然后放入发酵房内。

发酵房需要保温，因此设有保温床，一般是搭架铺上稻草，将酒饼放上后，用麻片、棉被盖上。最多两天，酒饼便现细小白绒毛，此时将覆盖的棉被掀去，将酒饼放至上层更通风透气处，待细小绒毛全消退完，再将其晒干。此时，酒饼方告制成。

土法上马

制作酒曲没有高大上的器具，像石磨、木制搅拌桶、碾槽、蒸锅、篾制圆盘等，均是农村常见的、不打眼的老物件。

制作酒曲的操作要点如下：

1. 下曲温度：32℃—36℃，确保“冬暖夏凉”。

2. 培菌：起始温度26℃—28℃，升温最高温度36℃—38℃（适时开场）。培菌时长20小时左右。

3. 糖化：进缸起始温度26℃—28℃，升温最高温度36℃—38℃（适时加水）。糖化时长冬季24小时左右，夏季6小时左右（随季节而变化）。

4. 发酵（加水后）：最高温度宜36℃—38℃，时长5天以上。

以上是南方普遍流行的“水作”操作法，北方流行的“旱作”操作法虽然工艺有别，但温度控制基本相符。

5. 保存：用后扎口，防止受潮，可保一年以上不变质。

汤氏酒曲第一代传承人汤家章，师出江西万载。第二代传承人汤和明，生于1952年。第三代传承人汤世迪，生于1981年。汤氏家族制作的酒曲用量小（0.3%~0.5%）、产量高（每100斤稻谷可产50度白酒50斤以上），质量稳定可靠，远销省内外，真乃“酒香不怕巷子深”也。

米酒飘香
浏阳米酒传统制作技艺的传承

一样的大米，不一样的酒

浏阳酿酒行业在明清时期被列入“十帖十行”，民国时期浏阳为全省22个重点产酒县之一。酿酒作坊多为前店后厂，自产自销。民国十四年（1925），浏阳成立酒酱业同业公会。

浏阳民间多用稻谷酿酒，称为谷酒。亦有用大米酿酒的，酿出的不是甜酒，而是馥郁清冽的白酒。浏阳荷花办事处古家村则家湾的曾氏一族就擅长大米酿白酒（俗称米酒），并已传承至第三代。第一代传承人是曾庆夫，第二代传承人是曾凡其，第三代传承人是曾祥华。据56岁的曾祥华介绍，酿制米酒与酿制甜酒有相同的地方，大米发酵后经过蒸馏就是白酒（米酒），未经蒸馏就是甜酒，这却是完全不同的两个品种，甜酒为饮料，而米酒刚出锅时酒精度数可高达70度，遇火可燃。

米饭与米酒的距离

曾祥华说，农历新年后的第一次蒸酒叫“开门酒”，要在鸡鸣时起床，一口气操作完毕。曾氏米酒的酿制工序为：

1. 浸泡大米（时长40分钟）；
2. 蒸成米饭；
3. 冷却（至20℃）；
4. 下酒曲（每100斤大米下2斤酒曲）；
5. 进缸发酵（糖化72小时）；
6. 加凉水（每100斤大米加40斤水）；
7. 封缸发酵（时长20天）；
8. 用木甑蒸馏（每100斤大米约酿酒35斤）。

这样酿出的白酒，属于小曲，为清香型，口感柔顺，还减少了稻谷的农药残留。

煤火、土灶、木甑、篾晒垫、竹箩筐、陶制大缸、大米和泉水，几经

鼓捣就酿出了可口的白酒。“蒸酒打豆腐，称不得老师傅”，酿酒的技艺就在于“度”的把握。为使古老的米酒酿出新意，曾祥华尝试用硒米酿制米酒，并使用上了反应釜等现代化的玩意儿，走出老作坊，实现了公司化运作。

米酒制作过程

民间文化

西乡戏影

浏阳西乡民间戏剧传统技艺的传承

西乡出小旦

说浏阳、道浏阳，古时说法各不同，但都离不开东南西北四乡的概念。说粮仓时，谓之“东有东盈仓，南有南丰仓，西有西满仓，北有北盛仓”，东南西北各有一个粮仓，福地也。说东南西北四乡的出产时，谓之“东乡出木炭，南乡出煤炭，西乡出小旦，北乡出布贩”，也所言不虚。东乡山多木材多，卖炭翁自然就多；南乡有澄潭江煤矿、文家市煤矿等，出煤炭是大实话；西乡是戏窝子，走南闯北的浏阳戏班子，一打听，都来自西乡，西乡出小旦，一点没错；北乡，出产北乡土布，挑担土布走四方，一问便是北乡人。

浏阳西乡在浏阳河中下游，是一片风光旖旎的神奇土地。西乡人讲西乡话，接近长沙口音，人称打“省腔”。也因其语言的特点，西乡人对花鼓戏情有独钟，“西乡出小旦”大约正缘于此。小旦，戏剧中的旦角，皆为绝色美女，成为戏剧的代名词。

有戏台子，就有戏班子，它们千百年来在乡野活跃着，让花鼓戏这种古老的湖湘剧种得以在浏阳传承，并打上了浏阳烙印。

戏台子往往与乡间庙宇有着千丝万缕的联系，而那些乡村庙宇又往往建在河畔、山麓，上风上水，并有一棵或几棵古老的樟树为之撑开一片浓荫。戏台子雕梁画栋、古色古香，庙宇里香火缭绕、紫气丰盈，台上锣鼓铿锵、粉墨登场，台下人气鼎沸、如醉如痴。不管是《刘海砍樵》还是《五女拜寿》，不管是《四姐下凡》还是《山伯访友》，都演绎得精彩异常。西乡的普迹老街上、河家湾、龙潭寺、魁山潭、大源地、金盆园等地，均有古戏台。

戏班子是乡间独有的文化使者，赶庙会，走屋场，生生不息。收罢了稻子，洗罢了脚上的泥迹，戏子们便有些喉咙痒痒、手痒痒。打开木质的戏箱子，翻出红红绿绿的戏袍子，找出尘封的唢呐、锣鼓，便想喊上几嗓子。唢呐声高亢悲凉，音域狭窄，仿若明晃晃的尖刀在风中划过，翻山越岭，穿村过寨。对于戏迷，那就是一声嘹亮的号角，撩拨着人们的心弦。戏子有戏骨，非凡人所及。唱戏的癫子，看戏的傻子，生旦净末丑，神仙老虎狗。

“西乡出小旦”之说，更具体的出处应该在普迹。普迹青龙头为著名戏剧大师欧阳予倩的故里，欧阳予倩攻京剧、话剧，成就斐然，有“南欧北梅”之称，这与普迹厚重的民间戏剧文化底蕴启蒙不无关系。同时，普迹乡下曾活跃着一群具有民间戏剧禀赋的道士，使民间戏剧得以凭借独特的方式薪火相传。民间道士善吹拉弹唱，除去其中封建糟粕的成分，也保留了一些纯正的民间鼓乐演奏技法和戏剧唱腔、唱词。普迹青龙头的欧阳岳生、普迹龙洲的唐满为中华人民共和国成立前后当地有名的道士，他们精通花鼓戏乐器，收徒甚众。中华人民共和国成立后，新组建的湘潭市花鼓戏剧团的鼓乐班子中（当时浏阳属湘潭市管辖，湘潭市时为省辖市），有多人为唐满弟子。

民间戏剧表演

竹马蚌壳灯

浏阳西乡为戏乡，重人情、好热闹。不仅爱好唱戏、看戏，逢年过节时也玩得疯狂。除了舞龙舞狮，还有气氛热烈、乡情浓郁的竹马蚌壳灯。

竹马一般用篾片扎成骨架，外面糊纸或布，分前后两截，系在舞者腰上如骑马状，表现骑马者徐行或疾驰、跳跃，欢快活泼、热烈奔放，是一种传统舞蹈形式，近似北方民间流行的“跑驴”。

除骑竹马者，另有二人扮小丑带马，一人饰小旦坐车，二人饰马夫推车，穿行于四盏牌灯之间。开始时唱《竹马歌》，接着唱《十转》《贺喜》《十盏灯》等，配上浏阳特有的八孔大唢呐和双钹、锣鼓，载歌载舞，欢快激昂。

蚌壳灯表演

春节之时，竹马舞之蹈之，祈祷来年国泰民安、五谷丰登。

竹马灯刚刚舞过，蚌壳灯又热闹登场。

大蚌壳也是用竹篾扎的，外面用绸布装饰，并画成蚌壳模样，俨然一只大河蚌。蚌壳灯主要由蚌壳精和渔夫组成。“蚌壳精”（又称“蚌精”）由貌美女童扮演，坐在小凳上，藏身硕大的蚌壳之中。随着鼓乐队中喇叭的尖啸声起，蚌壳缓缓张开，露出穿红着绿、描眉画眼的“蚌壳精”娇小魅惑的身影，她美目盼兮、巧笑倩兮、顾盼生姿、含情脉脉，在大红灯笼的映照下，做出一些手舞动作，迷倒众人。蚌壳张开时，戴着破草帽、趿着破雨靴、手持破渔网的年轻渔夫（小丑，西乡人称之为“三花子”）就跃跃欲试，欲将迷人的“蚌壳精”收入网中。渔夫与“蚌壳精”斗智斗勇、且娱且戏、滑稽诙谐，逐渐生出感情，“蚌壳精”欲拒还迎，最终成就美满姻缘。

蚌壳灯表演虽不着一言一语、没有一句唱词，但有男、有女，有凡人、有精怪，有高潮、有爱情，符合花鼓戏《刘海打樵》《天仙配》中凡间人物遇狐仙、配天仙的情节中体现的人们美好的意愿，老百姓看着十分过瘾。

竹马蚌壳灯将古老的竹马灯与有南方水乡特色的蚌壳灯融为一体，既热闹喜庆，又寓意美好希冀和幸福爱情，是迥异于舞龙舞狮的民间娱乐。竹马蚌壳灯集传统舞蹈、民间故事与传统鼓乐于一身，在鼓乐上相比耍锣鼓更长于使用唢呐，且竹马出场与蚌壳出场均有不同的鼓乐曲调，十分欢快。演绎竹马蚌壳灯的队伍，一般都有一定的戏剧舞台经验，尤其是扮演“蚌壳肉”和渔夫的人，均为乡村草台子戏的角儿，其表演功底和观众号召力不可小觑。

竹马茶灯地花鼓在浏阳西乡普迹镇一带颇为盛行。地花鼓舞蹈动作新颖，节奏明快，动态优美，舞蹈性强，有固定的步伐和造型。其特点是下沉、扣胸、稍屈膝、扭腰、晃肩、绕扇花等。表演不受场地限制，堂屋、稻场、屋场、阶檐均可演出。普迹镇龙洲村（现书院村）的竹马蚌壳灯已延续多年，并曾参加“欢乐浏阳河”广场文艺汇演，观众反响热烈。

“正月里来去拜年，送前双跪接岁钱……”欢天喜地过大年时的竹马蚌壳灯，有着太多戏乡的影子。

草台班子的蝶变

浏阳戏剧活动最早出现在北宋末年。《宋史》记载：杨时在绍圣元年（1094）担任浏阳县令时，下令“但凡酒肆食舆俳优戏剧之网民财者悉禁之”。清嘉庆年间（1796—1820），“一旦一丑”的地花鼓已经形成。1956年3月，时任湖南省文教办主任的华国锋特批成立浏阳县花鼓戏剧团。当时湖南省花鼓戏界流传着“三平四芳”名旦的说法，其中“三平”为浏阳籍花鼓戏名角王清平、徐瑞平、吴丽平，“四芳”中有“两芳”为浏阳名旦喻育芳、李惠芳。李炳煌为浏阳花鼓戏剧团筹备负责人，廖湘涛为首任团长，鲁丰良曾担任浏阳县花鼓戏剧团团长、副团长十余年之久。其时为浏阳花鼓戏的辉煌时期，戏剧团下乡演出时生意异常火爆，常常一票难求。在剧院演出时，座位上坐满了人，走廊里挤满了人，窗户上“挂”满了人。当时每张戏票为两毛钱的角票，因卖出的戏票实在太多，需要用箩筐装票子。在浏阳花鼓戏剧团60多年的发展生涯中，涌现了王霞生、谭秋生、唐济敏、王巨农、沈华金、吴丽平、喻育芳、王清平、李惠芳、肖远扬、徐瑞平、赵银华、张贤淦、陈健等表演、鼓乐、编剧、舞美等名家。

浏阳市花鼓戏剧团曾创造过不少的辉煌，其排演的花鼓戏《女人们的动心事》《蓓蕾的呼唤》《书记有本难念的经》曾进京演出。2019年，花鼓小戏《新打铜锣》获得文化和旅游部国家艺术基金资助立项。

农村是民间戏剧的肥沃土壤。在浏阳西乡，活跃着一批民间剧团，他们在以艺术创收、以艺术谋生的同时，也传承着古老的戏剧艺术。周永红是正宗的西乡人，家住普迹塘湾村。从小在戏窝子里的耳濡目染和本人天生的表演禀赋，使周永红投身已处于冷门的花鼓戏事业，成为小有名气的旦角。2016年9月，周永红筹资成立了浏阳市永红花鼓戏剧团。2018年11月20日，周永红和她的小伙伴们排演的花鼓戏《胡子将军》参加中国文联、中国剧协主办的全国民间职业剧团进京展演，开创了浏阳民间剧团进京演出的先河。

“锣鼓亭子”与“花鼓滚灯”

在浏阳西乡广袤的农村大地，在田间地头、庙宇屋场，曾活跃着一支支“忙时种田、闲时唱戏”的民间戏剧团体，人们谓之“草台班子”。正是这些班底，保留了“锣鼓亭子”“花鼓滚灯”等传统的表演样式。

“锣鼓亭子”，顾名思义就是由“锣鼓”和“亭子”组成，即在露天架设一个简陋的木质亭子，艺人们坐在亭子里面敲锣打鼓，亭子起到遮阳挡雨的作用。其锣鼓演奏方式起源于明永乐年间（1403—1424），自江西流入，木质亭子是在江西车子的基础上予以改进，这样就逐步形成了独具特色的锣鼓亭子表演形式，以浏阳方言进行说唱。锣鼓亭子古代为庙会等祭祀活动游行和行香时表演，现多出现在节日庆典、婚嫁喜庆等场合。

锣鼓亭子的表演为形式多样的音乐、曲牌，乐队由锣、鼓、笛子、锵等组成，制作包含了木工、纸扎、民间彩绘等内容，在音乐学、民俗学、舞蹈学等方面具有较高的学术研究价值。

“花鼓滚灯”，就是花鼓灯，俗称地花鼓，也叫滚灯。一台花鼓灯由10多人组成，其中旦角一人，丑角一至三人，锣鼓一堂，配有胡琴、唢呐、笛子等弦管乐器，一人执灯引路，称为领班。从春节的初一到十五，花鼓灯走村串户进行演出，锣鼓喧天，平添年味。花鼓灯节目有《贺新年》《送表妹》《捉蝴蝶》《送郎歌》等，曲调有“西湖调”“梁山调”“嫂子调”“采莲调”“木马调”“十字调”等。

花鼓滚灯表演

春锣闹春

浏阳春锣传统曲艺的传承

"站桌角"，打春锣

一鼓、一锣、一红色绸带、一鼓槌，就是打春锣艺人的全部行头。春节期间，打春锣艺人就是凭借着"三寸不烂之舌"，以现场奉承、赞美别人而换取"散碎银两"，这逐渐成为一门职业。后来，随着时代的变迁，打春锣慢慢演变为一种在乡村办红喜事时的祝贺形式，打春锣者往往不请自来，甚至三五成群，前往祝贺。客人在吆三喝四、喝酒吃菜，打春锣者则击鼓敲锣，哼唱着滔滔不绝、现编现唱的赞美之词，以哄托喜庆。

民国时期，浏阳县政府设有"春会"，管理全县打春锣的艺人，每年组织四十八副锣鼓下乡，他们被称作"春耕的号手""报春的使者"，是历史的见证。

称赞、赞美、点赞，是人与人之间交往必不可少的一种礼节形式，打春锣使这种形式且赞且歌，赋予其浓郁的民间文化色彩。但古时，打春锣的民间艺人难登大雅之堂，多少带有一些乞讨性质，常在别人嫁娶、华堂落成、老人做寿、小孩满月等喜庆场合出现。因此，打春锣者也有"站桌角"之说。

浏阳民间的打春锣习俗，传说为江西流入。相传，乾隆皇帝下江南，为体察民情，私下带了几个侍从，打扮成生意人来到了湖南长沙。临近大年三十，却见满街行人稀少、冷冷清清，大小店家关门闭户，一片凄凉景象。乾隆皇帝又饥又渴，走遍通街，也没有找到可以吃饭的店铺。转了半天，寻进一条小巷，只见一个小茶馆半开着门，看样子也好久没做生意。乾隆侧身进去，见屋内只有一位老倌，便向老人买饭吃。老倌见来者是外乡生意人，便把自己吃的红薯丝饭端给乾隆。

乾隆皇帝亲眼看到老倌家里一贫如洗，临走时，便在身上撕下一条长红带，题了几个字。并告诉老人，正月初二披着红带，到各衙门里去讨些钱粮。

初二那天，茶馆老人真的身披过膝长的红带，到各衙门乞讨去了。衙门里见老倌身上披的红带有当今皇上的题字，便拿出钱粮送给老人。这一下，老倌家里便发了。初四，老倌家里来了一位亲戚，见老人突然发了财，便问缘由。老倌也不相瞒，如实相告。亲戚听了，借了红带，也去衙门里乞讨，果然也讨了许多钱粮。于是，左邻右舍都来借红带，还有人仿造红带。衙门里见来的人多了，而且有真有假，于是便开始躲避。而行乞的人，为了让衙门里面的人听到乞讨之声，便配上小锣，唱起曲子，这便是打春锣了。

历史上，打春锣在江西萍乡、宜春一带很盛行。江西萍乡的打春锣集合了采茶戏的曲调，流传到浏阳以后，从曲调到唱词都有了较大改变，并糅合了浏阳方言。从打春锣可窥见人情冷暖、大千世界。

“七十二赞”与随机应变的“见赞”

在浏阳，称赞某人反应快、应变能力强时，往往称之为“这个人见赞快”。其实，“见赞”一词，就是指打春锣时的随机赞美。

打春锣者大部分的“赞”，还是有章可循的，即“有本章”。古有“七十二赞”之说，就是对木匠、砌匠、理发匠、漆匠、皮匠、棕匠、石匠、铁匠、铜匠、秤匠、染匠、篾匠、瓦匠、砖匠、纸扎匠、缝纫匠等“七十二行”，均有现成的赞美之词，锣鼓一敲，信口即来。但随着打春锣者日渐稀少，口口相传的“七十二赞”也有失传的风险。

除了有章可循的“七十二赞”，更多的是千变万化的“随赞”，即现场“见赞”，随机应变，见到什么赞什么，脱口而出、出口成章，并拿捏得贴切生动、恰到好处，使被赞者心里像被灌了蜜、脸上笑开了花。

赞者，夸奖也，是一门大学问。打春锣者就具有将奉承话说到极致的本事。兹记录一段互联网时代的打春锣的唱词，虽有夸张和牵强的成分，但听之不免会心一笑：

锣鼓（崽）打得响，
生的小宝宝又肯港（讲）；
地坪里走过一只鸡，
生的后班子蛮会读书哩。
大了职业蛮旺哩，
大了只怕还会开飞机。

我一赞，你知音。

你的运程走得好，
碰到石头都会变金宝。
时也通，运也通，
生的母鸡变鸡公。
发财又要发得快，
扯根丝草变海带。

敲一下锣，听一下音，
你一看就是发财人；
你的新房好朝向，
你是真银子不响，
真财主不扬，
秀才出门常带宝，
财运福运万年长，
交运顺畅喜洋洋。

我一赞，你知音，
晓得你手机又录音。
我唱得有点不受钦，
唱得有点像鸭公声。
鸭公叫，沙又沙，
我比鸭公更遮羞，
叫得不好你莫认真。
因为我又长得矮，
人在世上又不打采；
人又长得咯样子硕（“丑”的意思），
所以我又来打春锣。

东家起屋又收亲，
我叫花子来了又来捧场，
嘴巴子又会作痒。
包封打起四只郭（“角”的意思），

箱里柜里装不落。
包封打得有蛮校（“厚”的意思），
主东家前福后福、福上有福。

左边一棵摇钱树，
右边一个聚宝盆，
家里银子装不落，
外边还有一些进。
年年有余又有剩，
祝福全家老小都走好运。
……

打春锣的曲调很简单，就是“咚呛，咚呛，咚咚呛”，反复运用。人们被打春锣者乐得合不拢嘴的原因是打春锣唱词的幽默诙谐和随机应变。

打春锣的唱词具有以下一些特点：

1. 结尾押韵，抑扬顿挫。无论唱词长短，结尾处往往押韵，具有诗词般的韵律美，唱起来能抑扬顿挫、朗朗上口。听起来也能引人入胜、富有美感。有快板、三句半、顺口溜等民间杂艺的特点，又自成一派。

2. 巧妙夸张，形象生动。无论是揶揄自己还是奉承别人，都将夸张手法运用到极致，具有相声、小品般的喜剧效果。比如，称赞主东家富裕，绝不说“富裕”二字，而是赞为：堂屋四四方，金子银子用仓装；堂屋四四郭，金子银子用箩撮。

3. 随机应变，现唱现赞。熟练使用民间口头语言，尤其是将浏阳方言的口语运用得炉火纯青，并时时处处将人夸得天花乱坠，使被赞者笑逐颜开，甘愿送出一个个小红包。

4. 喜庆热闹，喜闻乐见。喜庆事，遇贺喜人；高兴时，遇赞美声。在嫁娶、华堂落成、老人做寿、小孩满月等喜庆时刻，人们都乐于看到打春锣者的满面笑容，乐于听到打春锣者的溢美之词。

春锣中的人生百态

打春锣也有很多规矩，从进入人家屋场开始就有讲究。比如“三步开锣，七步收锣”。浏阳普迹大毛港 76 岁的邱国初老人，打了 30 年的春锣，不仅春节打春锣，而且一年四季都打春锣，周边有谁家结婚、乔迁新居、做寿、生小孩等，他都会背上春锣欣然前往捧场。他不仅自己去打春锣，还会邀上熟识的打春锣同行，三个一群、五个一伙，一起去赶场子。而人家也乐于让这帮民间艺人来赶场子，就为了图个热闹、讨个吉利。

若是谁家在春节期间办结婚酒，邱国初打春锣的唱词是这样的：

华堂外面发锣鼓，
迎春道喜贵府亲；
新春迎到华堂内，
华堂宽阔好迎春。
华府涨起鸾凤酒，
特来提锣拜府亲。
新郎好似李旦主，
新妇好比凤娇身。
新贵人，新相公，
封你蛟龙做官身。
爷娘教你读书子，
七十二代做官身。
……

若是谁家乔迁新居，邱国初打春锣的唱词又有不同：

府上开起大发酒，
特来起锣拜府亲；
一步一步往上升，
随身来到贵府亲。
只见华堂起得好，
华堂宽阔好迎春。
前面来龙三千里，
后头落脉正乾坤。
昆仑山上发龙脉，

三支龙脉一样均。
一支落在圣天手，
二支落在杨午手，
三支落在贵府亲。
住在龙头生贵子，
住在龙尾出贤人。
积善之家有余庆，
发富发贵福为钦。
……

浏阳民间，不仅红喜事打春锣，白喜事也有打春锣的。邱国初老人介绍，白喜事打春锣是赞亡者，既是缅怀亡者先人，也是教育后辈晚生。若亡者为女性，要赞《十月怀胎》；若亡者为男性，要赞《二十四孝》。其形式有点类似浏阳北乡的夜歌，但为亡者打春锣为白天进行，且为艺人独唱，又与浏阳北乡夜歌有很多区别。

打春锣表演

赞《十月怀胎》的唱词比较经典，把做母亲的含辛茹苦、宽厚胸怀一一述说，把生命的萌芽生长用春锣唱词的形式恰到好处地进行了表现，令人扼腕而叹、潸然泪下。其唱词为：

养崽不知娘受苦，
养女才报父母恩。
十月怀胎娘辛苦，
从头一一说分明。

正月怀胎如露水，
桃花李花正逢春。
花如水上浮萍草，
飘来飘去到府亲。
二月怀胎不见时，
手酸脚软路难行。
一分不见穿针线，
放下针线懒去缝。

三月怀胎三月三，
三餐茶饭呷两餐。
三餐茶饭不思想，
只想酸辣口中尝。

四月怀胎渐渐生，
浑身节骨尽皆酸。
堂前扫地懒得理，
行路犹如上高山。
五月怀胎分男女，
七拱八翘长成人。
是男是女心中想，
不知何日得降生。

六月怀胎三伏天，
烧茶做饭懒向前。
为娘怀胎多辛苦，
面黄肌瘦眼难开。

七月怀胎正是秋，
好似梧桐挂金钩。
少年怀胎犹即可，
老来怀胎疾病多。

八月怀胎桂花香，
五谷上仓乱茫茫。
少年怀胎犹即可，
老来怀胎怕病魔。

九月怀胎重如山，
低头容易抬头难。
茶饭不敢呷得饱，
罗裙不敢紧系腰。

十月怀胎看个满，
鱼在水中团团转。
左手抓起娘的肉，
右手抓起娘的心。

十月怀胎儿当生，
好似钢刀扑娘心。
抓紧拳头咬紧齿，
阎王面前隔张纸。

是男是女生下地，
为娘才得放宽心。

喜起孩儿怀中抱，
屎片冇干又来尿。

小小孩童不知情，
每日吵得不安宁。
三病两痛就许神，
总怕儿女不成人。

辛辛苦苦亲是肉，
将儿带到十五六。
有时儿在外面走，
母娘想你你不晓。
望得天黑崽冇回，
母娘愁事有一堆。
怕儿患病走不得，
又怕恶人来打劫。

只见孩儿回来了，
为娘才得放宽心。
三五两天崽冇回，
呷食留得上绿霉。
……

在亡者面前，春锣响起，春词唱起，追忆往昔，教育晚生，如泣如诉，句句戳心。打春锣的这番演变，前人恐怕始料未及。

搬上舞台，未来可期

打春锣在浏阳南乡和西乡流传较广。大瑶镇的杨花冲，山狭路遥，民风古朴，曾活跃着曾氏老先生等多位打春锣的老艺人。杨花村人刘良洪眷恋乡土，对打春锣多有关注，并期待浏阳春锣也像江西萍乡的春锣一样能够通过改良而登上更大的舞台。通过努力，刘良洪改编并请民间艺人演出了《杨花红炮响当当》等春锣作品，在“欢乐浏阳河”之“家在杨花”的广场文艺演出中，令人耳目一新，备受欢迎。

刘良洪认为，保留和传承打春锣等民间习俗，对保护和传承浏阳方言、丰富南方曲艺的语言类节目等，具有积极意义。同时，将浏阳春锣与其他艺术门类进行嫁接、组合，使其与现代的舞美、灯光、音响、配器相融合，必将使浏阳春锣走向艺术的大舞台，从而枯木逢春、大放异彩。

打春锣表演

尚武精魂
浏阳民间武术民俗的传承

尚武有传统

浏阳人素有尚武传统，而尚武精神又往往与民众觉醒、抗暴图存紧密相连。

在波澜壮阔的历史长河中，浏阳曾多次爆发农民起义。从明朝隆庆二年（1568）间马保、李大銮（亦作李大蛮）在大围山石马洞的暴动，到清朝道光十四年（1834）间周国愚领导的征义堂起义；从清朝同治六年（1867）姜守东、张以喜领导的反清起义，到光绪三十二年（1906）龚春台、姜守旦领导的萍浏醴起义，其领头人均为侠肝义胆、武艺高强之士。

清朝末年的浏阳人、“戊戌六君子”之一的谭嗣同能文能武，曾是尚武奇才。谭嗣同 12 岁起曾跟随“通臂猿”胡七、家乡浏阳豪侠黄方舟及刘云田学剑习武。年岁渐长，谭嗣同又拜了一文一武两位师傅，习文的师傅是浏阳鸿儒欧阳中鹄，习武的师傅即是清朝末年十大奇侠之一的大刀王五。谭嗣同习文练武，骑射打猎，志存高远。25 岁时过六盘山，曾作诗言志：“策我马，曳我裳，天风终古吹琅琅。何当直上昆仑巅，旷观天下名山万叠来苍茫！”

谭嗣同青年时期随身携带“七星剑”，在湖南、甘肃之间往返游历，走南闯北，遍交天下豪杰。该剑镶嵌铜星 7 颗，呈北斗七星状布列。后人评价谭嗣同“善文章，好任侠，长于剑术”。

大刀王五，原名王正谊，生于著名的武术之乡——河北沧州，自幼拜师习武，曾为镖局镖师，走南闯北，名震江湖。王五比谭嗣同大 10 多岁，但相同的志向情趣，使他们成为忘年之交、生死之交。谭嗣同因变法图新被捕后，在《狱中题壁》一诗中慷慨悲歌，其侠肝义胆、笑傲江湖的气概令人感佩：

望门投止思张俭，
忍死须臾待杜根。
我自横刀向天笑，
去留肝胆两昆仑。

“两昆仑”所指有多种说法，梁启超认为意指康有为和大刀王五。此外，谭嗣同与中华第一保镖杜心武也是莫逆之交。

在浏阳的东南西北四乡民间，皆有尚武传统，尤以南乡的大瑶、金刚一带为盛，人们多在春节期间以舞龙舞狮集结，展演交流，强身健体，增进武艺。浏阳西乡普迹向为戏乡，但也有尚武传统。萍浏醴起义时，哥老会首领、普迹人冯乃古为武林高手，能徒手捏破楠竹，双手移动河埠头的千斤石狮，有弟子数百人，曾与龚春台联手起义。后在普迹酒馆被人从窗外揪住长辫子，遭伏击而遇难。普迹的大恶霸张梅村依仗自身武艺，招兵买马，滥杀无辜，恶贯满盈，他在1930年仅半年时间内就杀害共产党人及无辜群众380人。

浏阳传统武术有仓门、龙门、大圣等门派，南拳、王家拳、八拳、岳家拳、邬家拳、太极拳等拳种，技术套路98套。从春秋战国时期“楚地大人众……军民上下崇尚讲武”的记载算起，浏阳习武之风已有两千年之久。

2001年，浏阳被国家体委授予“武术之乡”称号。

武德有讲究

浏阳人习武以拳为主，以腿为辅，讲求章法，有板有眼，要求练好站桩等基本功，有“拳打卧牛之地”之说，意思是说，要步伐稳健，放得开、收得拢。站桩时，要求抬头、挺胸、收腹、翘臀、双手合十，双膝呈九十度，眼睛平视，为的是下盘稳重。民间称为练“屙屎桩”，十分形象。

浏阳境内主要流行南拳，也有五雷掌、乌家拳、长拳、太极拳等。在南拳中，常练的套路拳有“大练”“小练”“小卫”“龙门扣”“虎翻身”“五虎归宗”“猛虎下山”“十八反手”等。兼顾拳、掌、叠、肘、膝、爪、踢、踹、扫、头峰、臀峰等动作。拳中有直拳、半拳、摆拳、勾拳、造拳等，腿的踢法也有多种。南拳虽以拳为主，亦有“手是两扇门，全凭脚打人”的说法。在武术动作中，肘、膝的力量比较大，运用得法，可“一肘当三拳、一膝当三脚”。

练好了武术套路，也有练习刀、枪、剑、棍等武术器械的，还有就地取材以板凳、扁担为武器的。在浏阳南乡，曾有人专门研习以阳伞为随身武器的武术套路，非常实用。

浏阳人习武为强身健体，铸阳刚之气，养浩然之气。有以姓族会聘请武术教师的，也有聘请私塾教师的。清朝末年，黄兴、焦达峰等同盟会首领在普迹“牛马会”（亦称“八月会”）期间，召开授衔会，建立“中华山堂”，带动了青壮年习武之风。历代武术教师先授武德，后传武义，要求习武弟子习武强身、匡扶正义，严禁弟子仗势逞强，定出“老、小、病、弱、残、亲、朋、恩、理、场”10 种不准动武的情形。在习武的“江湖”上，有“伸手不打笑脸人”之说。

习武之人在坐姿、站姿及待人接物等方面，均有较严苛的讲究。坐姿为坐桩式，右膝微曲，为的是防止歹人从身后突然抽走板凳，以加快遭遇危险时防身反击的反应速度。端茶、端酒时，要微曲一指，表示谦恭、尊重，江湖中人也以此判断是否遇到了习武之人。此外，习武之人的打躬、作揖动作均有模有样，十分到位。

浏阳民间习武不称“习武”，而称“学打”，称某个人有功夫不说“有功夫”，而称“他有打，好厉害”。民间武术有拳脚的“硬功夫”，也有“软功夫”。“软功夫”就是点穴功，亦称“点打”，被描述得神乎其神。改革开放后逐渐放开武术、气功练习。1979 年热播的电影《少林寺》，曾为浏阳的武术热推波助澜。

浏阳的民间武术流派众多，其中，王绍钦传承的王家拳、沈岳武传承的内功、陈宗凡传承的五雷掌和彭勇传承的南乡特色武术，最为世人称道。

九代传承王家拳

王家拳以上升村为中心，分布在浏阳、醴陵和江西上栗等地，其中浏阳以大瑶、金刚、澄潭江、文家市等地较流行王家拳。

王家拳发源于北方，随宋南迁，逐步流行于江南，又与南方拳种交融共生，由王氏族人代代相传至今。王氏来浏始祖名谅公，字伪山，生于明洪武五年（1372）农历十月十六，明成祖年间从江西修水何家咀（即现在何市镇）迁浏东上洪黄石洞。伪山文武双全，擅长医术。年五十时，出家于萍乡上栗鸡冠山一石洞，创王家拳，兼行医治病。明天顺四年（1460）农历九月初九在洞内坐禅仙逝。明嘉靖年间一支王姓族人率部分子弟投奔戚继光麾下，现温州兴文里、康乐坊分别建有祠堂以示纪念。从此王家拳分为两支，一支在浙江、江苏传承下来。一支承“长子不出门”之家训固守湘赣边祖业，冬练三九，夏练三伏，闻鸡起舞，悬壶济世，行走江湖之中，

武术表演

闻名于桑梓之间，享数百年田园之乐。

清末，王氏族中王才学、王应兆、王显科等为乡中豪杰，身手非凡，广拜名师指点，创“挖牙斩”之独家技法，以“隔山打牛”点穴术独步天下。至王扬喜，又创独暗器，袖中常佩数十长钉，发之则百步穿杨，入墙三分。民国初，王英富广纳门徒，精授武艺。1958 年王贤成组织成立上升国术团。传承至王成法、王绍钦父子时已是八代行医，九代习武。1985 年湖南省体育局授予王成法、王绍钦父子“武术世家”荣誉称号。

传承至当代，王氏家族已成为浏阳南乡文武双修的名门望族。文以王正权、王人美父女为代表，王正权曾教毛泽东武术防身。武以王贤成、王成法、王绍钦祖孙三代为代表。

王贤成（1924—2002），国家一级武术裁判，著名老拳师，原牛石卫生院副院长、工会主席。1958 年创建上升国术团，任团长，将壮年时游走于湘赣边时所学，结合家传点穴、养生功、刀、枪、棍、拳等传于诸子弟及乡邻，开家传技艺外传之先河，弟子遍及湘鄂赣三省九市，达数千之众。王贤成曾代表湘潭地区参加各个省市武术比赛，获奖无数。其子王成法、长孙王绍钦得其真传。1984 年，王贤成、王成法、王绍钦祖孙三代同台参加在平江举办的湘鄂赣三省九市武术大赛，包揽了老、中、青三个组别的全能冠军。被湖南省体育总局授以“武术世家”称号。王氏一门八代行医、九代习武成为湘鄂赣佳话。随着时代发展，历代只传长子的王家阴阳养生功，在王绍钦门下更是打破了传统，被他倾其所能教于诸弟子。王绍钦并在上升村投资 200 余万元建设悦武堂，广交武术界朋友，研习武学，开门授业。在他的影响下，目前仅上升一村，每晚习武强身者就达 800 余人，因此上升村又被人称为“武术之村”。

王家拳套路上短小精悍，结构紧凑，动作朴实；手法上诡异多变，短手连打，步法稳健，攻击勇猛。练药手、点穴功、阴阳养生功等以意为神，以气催力，以意念与气相合的内家阴阳养生功、外家落地生根发力刚劲为特色。

王家拳发源于北方，随宋南迁，逐步流行于江南，又与南方拳种交融共生，由王氏族人代代相传至今，形成了自己的独有特色，虽总体上属南拳，但又与南拳有明显的区别。王家拳的产生和形成与湘赣边区的地理环境息息相关，研究和保护王家拳对于研究民族的迁移、融合有重要意义。王家拳已于 2018 年成为长沙市级非物质文化遗产。

“返还功”道长沈岳武

沈岳武，中国道教全真派第十八代传人，南宗内丹“返还功”的继承者，道号“悟真子”“终南散人”，又号“空空儿”。

沈岳武出生于民国十一年 (1922)，湖南湘潭韶山人，其家族为武学、医学世家。他自幼随父习武，8 岁时被送往南岳道观，拜于李玉峰道长门下，勤习内丹“返还功”及中草药、中医、针灸按摩、丹膏丸散等。1953 年，沈岳武调到浏阳，先后就职于浏阳农林水利局、城关医院、中医医院。1957 年，他参加全国武术比赛，获第三名的好成绩。

沈岳武为武林高手，又是中医名医，他继承研究的道家功法——内丹“返还功”，被越来越多的人所接受。

1938 年，周恩来、叶剑英到南岳拜访暮伽大师及李玉峰道长，号召僧道一起抗日，沈岳武从此参加了抗日。二十世纪四五十年代，沈岳武就是湖南武林中著名的“三武”之一。

沈岳武擅长北拳，尤以腿法、剑术、太极见长，集内丹、武术、医道于一身。

1983 年，退休后的沈岳武来到南岳衡山玄都观，担任湖南省道协秘书长达 8 年之久。

2015年9月13日晚，93岁高龄的沈岳武收自然门万籁声的嫡传弟子吴学光及湖南省武术协会副主席、衡山派传承人赵初冬为徒弟。见证人为湖南省武术协会主席陈正培、“八拳”掌门人羊定国及其徒黄建河等人。

吴学光、赵初冬恭敬立于众人前，由稍年长的吴学光宣读拜师帖：“尊敬的沈岳武师父：跪拜弟子吴学光、赵初冬今诚情拜门，学修道家南宗正宗功法‘返还功’……是日起，敬师为父，勤勉练功，守法守规，承业耀派，潜心承教，不弃不离，不杀生，不淫邪，不偷盗，不谤道，不毁道，不叛道。”立誓后，两位徒弟三拜师父沈岳武，并对各见证人三鞠躬致谢。

2018年12月，沈岳武病逝，享年96岁。

掌上雷霆五雷掌

五雷掌起源于道家正一派（江西龙虎山），由明朝晚期道家弟子郭吕光祖师所创，后辈在其基础上融合十字手、扑战手等南少林武术流派以及旧时军队实战技击套路功夫并发展至今，形成民间独特的武术派系。五雷掌以内家气功为主，融合道家法术，基础练习以符禁桩为主。每年开春响雷之时，摆上香案，跪地接雷；日出之时，面向太阳，默念口诀，吞吐阴阳换气，以吸纳天地之精华，以气逼力，集力于掌尖，辅以练习隔空灭灯火等练法，瞬间发力（即落尾力），大成之后可达到隔山打牛、精准点穴之功效。后其结合十字手、扑战手、二步战、九步传师、大扇庄等武术流派之精华，盛行于浏阳民间。

五雷掌第六代掌门人林又经（生殁不详，清嘉庆至道光年间人，道家弟子、民间郎中、著名武师）曾由广东游历至浏阳南乡，行医治病为生，其间收大瑶吴家屋场陈树声为衣钵弟子，将一生所学（道家法术、医术、点穴、五雷掌等独门功夫）尽数相传，并将本门派掌门信物五雷符印传给第七代掌门人陈树声。陈树声常年行走江湖，以武会友，将一生所学传与其堂弟陈树楷，并确定其为第八代掌门人。

陈树楷遍访名师，交流武学，先后拜著名武术名家徐江浩、武举人陈葆元为师，得其二位名师倾囊相授，融合众多武术流派之精华，逐步形成以十字手、扑战手等为主要散手功夫，以二步战和九步传师、丰山采果、硬气功大扇桩等为主要套路，以五雷掌为独门绝技的武术流派。晚年收本家少年陈守余为关门衣钵弟子，将毕生所学武术功夫悉数相传，并确定其为五雷掌第九代掌门人，掌门信物也一并相传。

第九代掌门人陈守馀接掌该门派后，凭着一身过硬的功夫游历江湖、交流武学、广收门徒，在萍、浏、醴一带颇具声望。抗日战争时期，他只身投入革命，加入中国国民党，积极从事抗日救国运动，担任教官并发动当地群众积极抗日。伪政府萍乡县县长、警察局局长（解放战争时期逃往台湾失去联系）等知名人士均拜其为师，本地成名弟子有其子陈宗凡以及女婿邱自有、施维辉、唐忠树、林祝生等人，萍乡等地有文国平、卜长松、叶继凡、孔盖、周曾、陈祖模等人。其往萍乡所传“九步传师”等拳术被列入萍乡上栗中学教科书。陈守馀离世前将所学功夫和掌门信物传与其子陈宗凡，并确定其为第十代五雷掌掌门人。

第十代掌门人陈宗凡至今健在，因秉承师训五雷掌独门功夫不外传，他虽掌握练习要领、十字手等功夫，桩法也基本掌握，但由于年轻时为生活所迫，忙于生计，错过最佳练习时期，未能练成五雷掌，历代掌门人记载的拳术图谱心得、医书等也在20世纪60年代被付之一炬，成为一大憾事。

五雷掌表演

龙狮武三结合彭勇

浏阳大瑶不仅是李畋故里、烟花的发源地，也是浏阳这个“武术之乡”中的“武术之乡”，尚武之风盛行。大瑶强盛村人彭勇出生在武术世家，其祖辈、父辈均研习南拳，并曾收徒传艺。彭勇 8 岁时，父亲送他到远在河南的少林寺武校学习武术，使其开阔眼界，突破传统南拳的局限。1997 年，18 岁的彭勇自筹资金组建大瑶功夫龙狮团，后更名浏阳市强盛龙狮队，靠着扎实的武术功底和劈叉、马步蹲桩、击沙袋等魔鬼式训练，于 2006 年斩获国际龙狮精英赛第三名。从少年到青年，从青年到中年，彭勇一直担任“狮子头”。在舞狮时，他将南狮与北狮的特点合二为一，在传统的基础上增加特用道具——梅花桩。

从 1997 年组建龙狮队算起，彭勇和他的龙狮队一路斩金夺银，并获得中国民间文艺最高奖——山花奖。目前，浏阳市强盛龙狮队有南狮、北狮表演队 3 个，舞龙队 2 个，并有一支专业女子舞龙队。

龙狮队表演之一

龙狮队表演之二

单刀表演

不管是舞龙还是舞狮，真正起作用的还是彭勇的武术功底。他曾系统学习少林功夫，但最擅长的还是祖传的南拳。浏阳南乡的南拳以手法为主，动作规范不花哨，彭勇对此加以传承和发扬。主要套路有："黄龙抢宝""二步战""猛虎下山""八门解锁""南阳大刀"；经典的单个动作有："龙头手""猛虎洗面""阴字手""阳字手""单边手""虎爪"。

在南乡的传统武术练习中，练习器械都是因陋就简、就地取材，比如石锁、石磨、石狮、石球、板凳等，平时还有跳高桌子、在板凳上打斗等武术练习。"练武不练功，到老一场空"，练习武术的基本功往往与务农相结合，例如背化肥、扛水泥、提水等。为使传统武术发扬光大，彭勇除组建龙狮队以外，还与其表弟彭劲松一起开办武术培训学校，每年收徒200余人，使传统武术的传承"从娃娃抓起"。

彭勇已成为"湖南武术百杰人物""湖南省武术推广先进个人"，并成为湖南省武术协会特邀副主席、湖南省龙狮运动专业委员会主任。

传统绘画

浏阳传统画技艺的传承

工笔画与农民画

美术起源于人类的劳动。人类最早的美术遗物，是旧石器时代晚期人类的一些装饰品，如我国山顶洞人的装饰品、欧洲的洞穴壁画以及一些小型雕刻。在中国传统绘画中，最具特色的有“中国画”和“民间美术”两大类。

“中国画”一般是指用毛笔、墨汁、宣纸、绢等中国特有的一些工具绘制而成的作品。中国画又包含工笔画和写意画两类。细分的话，它们又分别包含很多类别：工笔画，包括界画（可使用界尺的绘画）、工笔花鸟画、工笔山水画、工笔人物画、工笔动物画。写意画，包括写意花鸟画、写意山水画、写意人物画、写意动物画。进入近代，由于西画的影响，也有结合西画和中国画技法创作的“水墨画”“彩墨画”等，但严格来说这些并不是传统的中国画。

“民间美术”也包括很多的小类别，如年画、农民画、漆画、剪纸、刺绣、石雕（刻）、木雕（刻）、砖雕（刻）、纸扎等。“民间美术”是中国最具地域特色的艺术，五花八门，各有千秋。

在我国，许多地方都有自己的民间美术——传统画。比如年画、漆画、宗教祭祀画等。浏阳民间也曾经活跃着一批乡土画师。他们或是民间的漆匠，在漆器上画出花鸟、山水的图案；或是为庙宇绘画，雕梁画栋，为菩萨着色点睛；或是为经幡描摹各路神仙，绘出天宫妙境；或是为戏剧舞台写意泼墨，与戏剧演出相得益彰；或是在年关岁末，绘出寓意吉祥的年画。但浏阳民间的美术，往往无师无派，自生自灭，如同散兵游勇，没有形成体系。

浏阳书画家潘昌璜在作画

与花炮元素珠联璧合

浏阳为著名的花炮之乡，中华人民共和国成立以后，许多乡镇都有自己的花炮厂。这批血统正宗而又实力不俗的花炮厂，有的是国有企业，有的是乡镇企业，都曾“圈养”了一批花炮包装设计师。当时并无电脑等现代工具，花炮包装全凭手绘，这使浏阳的民间工笔画得以与花炮元素结缘并传承发扬。浏阳书画家潘昌璜就是其中的佼佼者。

历史上最早以烟花为主题的绘画作品，是明代的《明宪宗行乐图》，描绘了明朝皇宫内燃放烟花的喜庆场景。此后尚未发现类似作品，大约已经失传。潘昌璜，1970 年出生于浏阳，自小对花炮耳濡目染，对花炮和花炮人具有深厚感情，因而逐渐萌生了用浏阳传统画描绘花炮的想法。潘昌璜虽然也画山水、人物，甚至连环画也画得得心应手，但真正让他孜孜不倦，从而小有名气的，还是花炮题材的农民画。1991 年到 2015 年，历时 20 多年，他创作完成了世界首创的“烟花画”作品——花炮界的“清明上河图”。该画作为 50 米花炮绘画长卷，融汇工笔画、农民画与界画的特点，包括古代卷、近代卷、现代卷和当代卷，作品以长卷的形式，描绘了花炮制作的“七十二道”工序场景。作品人物众多、工序复杂、工程浩大，充分展示了潘昌璜的绘画功底和艺术造诣，开花炮题材长卷与农民画结合的先河，令人叹为观止。其“花炮系列”绘画作品，还于 2014 年申请得到了知识产权保护。此外，潘昌璜 1996 年的花炮题材画作《人美花炮美》获湖南省乡土艺术大联展银奖，2014 年的花炮题材画作《和谐盛世忙生产》获全国农民画展银奖。潘昌璜界画作品《刘少奇故居》还被某单位永久收藏。

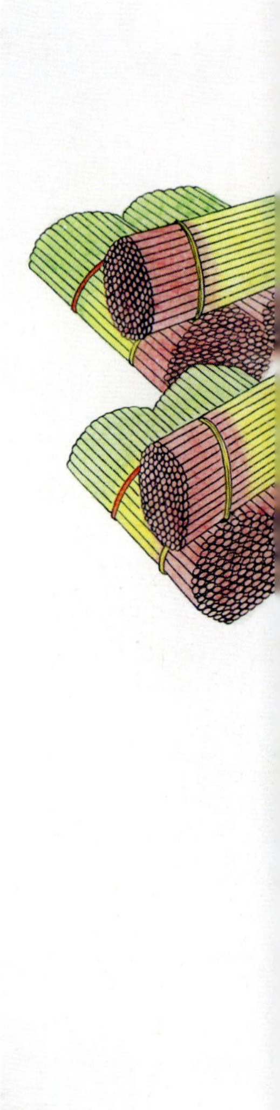

潘昌璜作品

传统剪纸

浏阳传统剪纸技艺的传承

窗花里的故事

现代人对剪纸比较陌生，认为它与现实生活相距太远。但在农村，只要是上了一定年岁的人，对过年时的贴窗花和结婚时窗户上的大红“囍”字，必定记忆犹新。大红的窗花、大红的“囍”字，就是最常见的剪纸了。

剪纸，是一种用剪刀或刻刀在纸上剪刻镂空花纹、图案的艺术，用于装点生活或配合其他民俗活动，历史悠久，流传广泛。其传承赓续的视觉形象和造型格式，蕴藏着丰富的历史文化信息，反映了广大民众的社会认知、道德观念、实践经验、生活理想和审美情趣，具有教化、表意、抒情、娱乐、交往等多重社会价值。

2006 年 5 月 20 日，剪纸艺术遗产经国务院批准列入第一批国家级非物质文化遗产名录。2009 年 9 月，我国申报的中国剪纸项目入选联合国教科文组织“人类非物质文化遗产代表作名录”。

浏阳剪纸手工艺术在清朝中期走向成熟，主要表现形式有折叠剪纸、剪影、撕纸三种，表现手法有阴刻、阳刻和阴阳结合，千剪不断，注重传神写意。浏阳剪纸作品既表现古拙雅朴、豪放雄健的特点，同时也讲究工整、秀丽、玲珑，具有浓郁的民俗特色和极强的地域特点。

剪纸，一般没有师承，而是在民间口口相传、手手相传。会剪“囍”字的人，往往能辐射一大片，每逢嫁娶，方圆数里的老百姓都会想起他们。而他们也会一一应承，乐呵呵地剪出一个又一个大红的“囍”字，成就一个又一个美满的姻缘。

红喜事，红彤彤。大红的“囍”字，不仅窗户上贴，门廊上也贴；不仅搁在新郎官的床铺上、新娘子的被褥上，而且贴在柜子、桌子、椅子、箱子，甚至脸盆、澡盆上，喜字成双，喜气连连。

至于窗花里的故事，往往是寻常祥和的，演绎着岁月的丰饶。剪一个倒着的“福”字，剪几只环绕“福”字的蝴蝶、燕子或剪些花花草草，把古典的、紫绛色的木格窗户装扮得红火富丽、喜气洋洋，将人们辞旧迎新、接福纳祥的愿望表现得淋漓尽致。鞭炮声中一岁除，隔着红窗花，看向黑

贴窗花

色的瓦檐、四方的天井、朱红的廊柱，乡愁便被牢牢定格。

剪纸题材的拓展

剪纸的题材很广泛，曾有人一时兴起剪出黑色的蜈蚣贴在墙壁，被以为是真的蜈蚣，竟被人操鞋底抽之，令人不禁莞尔。

浏阳东乡的官渡镇搞过民间的剪纸大赛，选手剪出的《美在官渡》《和谐官渡》两幅剪纸作品获得一等奖。在 2018 年狗年春节之际，浏阳举办了《浏阳春早》剪纸展览，赢得万众瞩目。浏阳还举办过全国剪纸大赛，长沙徐明星创作的长卷蓝色剪纸作品《花炮之源》获得一等奖。《花炮之源》剪纸作品长 3 米，历时 2 个月完成。作品的内容从李畋问世、彩药生辉、花炮起源，到花炮生产中的进筒、上引线、结鞭等过程，再到浏阳花炮给世界带来的影响等，这些都被作者以剪纸的独特艺术形式全面进行了展示，画面生动形象、栩栩如生。

一把剪刀、一把刻刀、一张薄纸，勾勒的是几千年的风雨变迁，呈现的是柴米油盐、知足常乐的花样人生。

64 岁的丁子文和 68 岁的周康渝，都是浏阳资深的剪纸爱好者。丁子文每年剪出的“平安是福”，能巧妙地将“马”“鸡”等生肖融入进去，使人爱不释手。2002 年，丁子文还编写了一本通俗易懂、图文并茂的《剪纸技法》；2006 年，丁子文带着学生创造的十幅剪纸作品来到香港，参加在香港举办的全国性剪纸大赛，获得特等奖，还捧回了 5 个金奖。周康渝剪纸在题材的选择上喜欢与时俱进，从《永安幸福屋场》《达浒书院》到《学习十九大》《秋收起义馆文化墙》等作品，无不彰显着浏阳特色正能量。浏阳市还成立了剪纸协会，会员已有 20 人。

丁子文在剪纸

珠算心算

浏阳珠心算传统技艺的传承

珠算始于汉代

珠算是我国劳动人民的伟大创造，是中华民族宝贵的文化遗产。中国珠算以算盘为工具，通过手指拨珠进行数学计算，是一种悠久的传统计算方法。珠算一词，最早见于东汉徐岳所著《数术记遗》，距今已有 1800 多年历史。

联合国教科文组织这样评价中国的珠算："中国珠算以算盘为工具，是一种历史悠久的传统运算方法。人们根据口诀，通过手指拨珠，便可以完成加、减、乘、除、乘方、开方以及解高次方程等数学计算。中国珠算在中国数学研究、运算实践和智力培养方面一直发挥着重要作用。珠算主要通过口传身授和自我习得的模式而得以世代相传。珠心算的训练能提高儿童的注意力、记忆力和思维力。今天珠算不仅在促进计算技术、认知图示、教育心理、智力启蒙等方面发挥着作用，而且对文化创造的诸多领域如民俗、语言、文学、雕刻及建筑等也产生了深远的影响。"

珠心算是在珠算基础上的创新发展，是把珠算运算的模型、珠码等内化在大脑中形成表象（珠象），通过操作珠象而实现的运算，俗称在"脑子里打算盘"。认知行为学和脑机制研究证明，珠心算学习和训练可以开发儿童智力潜能，显著地提高其注意力、记忆力、思维能力、创造能力、阅读速度等，有助于学习成绩的提高和综合素质的发展。

中国第一家新算学馆，诞生于浏阳

在浏阳城区圭斋路浏阳文庙（孔庙）后面的山坡上，古樟林立，环境清幽，一幢青砖黑瓦、重檐翘角的古典建筑掩映在苍翠墨绿之中，那就是在浏阳小有名气的"魁文阁"，为浏阳市文物保护单位。它虽不及浏阳文庙号称江南之最，但与文庙比邻使其更添书卷之气、高雅之风。

1894 年，中日甲午战争爆发，清军溃败。国内有识之士无不悲愤交加，为国家与民族的前途担忧。谭嗣同致信在浏阳的名仕欧阳中鹄，陈述自己忧国忧民的思想和开化民智的主张。在这封两万多字的长信中，谭嗣同认为中国所面临的深重的民族危机，其根本原因在于官、士、民各阶层的沉迷不醒：官则贪赃枉法，虐待百姓；士则空谈气节，虚骄无实；民则愚昧迷信，盲目排外。他认为要改变这种状况，就必须变西法、开风气、育人才。他认为，中国之积弱，首先在人才不济，而中国数千年的封建桎梏，尤其是唐以来的科举取士制度极大地限制了民智的开化，束缚了人才的成长。因此，他主张“议变法必先从士始，从士始则必先变科举，使人人自占一门，争自奋于实学”。他认为，当前保守势力占据上风，变法可“先小试于一县”，并提议从算学、格致开始。因为“算学为中国所本有”，而且“格致之理，亦杂见于古子书中”，实施过程中阻力要小一些；且经费来源有限，规模开始不可太大，可先立算学馆。

欧阳中鹄读到这封信之后，身心为之一振。立即加以批注，请人印成单行本广为传发，这就是著名的《兴算学议》。

光绪二十一年（1895），谭嗣同和唐才常回到了浏阳，与刘善涵一起会聚欧阳中鹄家中。他们彻夜商议，四处奔波，制定了算学馆《开创章程》《经常章程》和《原定章程》《增订章程》，选定了浏阳文庙后山奎文阁为社址，邀约了包括欧阳予倩父亲在内的十六人，每人出资五十缗（一千文为一缗），一所完全新型的学校、中国第一家数学馆——“算学社”终于开办。

浏阳算学馆旧址

算学馆的开创章程规定："能晓珠算者更佳。""如优者太多，难定去取，更面试珠算加减乘除诸法，取其最精熟者。"

"在脑子里打算盘"的浏阳"神算子"

1995 年 3 月，中国科学技术协会在长沙举办"纪念中国浏阳算学会成立 100 周年暨中国社团国际学术研讨会"，会议期间，参会代表专程赴浏阳算学馆旧址实地考察。香樟传情，清风和煦，人们款步在林荫之下，谈古论今，感慨万端。

为传承珠算文化，浏阳于 1982 年成立"浏阳市珠算协会"，1989 年起在学前班和小学全面开展珠心算教育。2006 年更名为"浏阳市珠算心算协会"。于 2002 年创建了浏阳珠心算培训学校。30 多年来，浏阳培训珠心算师资 3000 余人次，接受珠心算教育的学生达 40 余万人次，多次受到国家和省市的表彰奖励。2003 年 4 月，教育部部长周济视察浏阳珠心算工作，同年 10 月，全国珠心算经验交流会在浏阳召开。

珠算与算盘相伴而生，一千多年来，代代相传。在古代，即便目不识丁，平民百姓也能凭借珠算成为计算好手。20 世纪 70 年代，在计算机蓬勃发展的情况下，珠算依然有强大生命力，与时俱进，在珠算的基础上创新发展成珠心算，继续弘扬祖国珠算文化。当前，珠心算教育不仅在国内迅速推广，而且在新加坡、马来西亚、印度尼西亚、韩国、日本也风起云涌、遍地开花。

珠心算是以算盘为载体（工具），运用双手拨珠，通过眼、耳、口、手、脑的交替训练，逐步将运算过程过渡到大脑中，运用珠象进行计算的方法，俗称"在脑子里打算盘"。

珠心算的特点是：

1. 以算盘为计算工具，以算理算法为依据进行数学计算。

2. 通过反复训练形成脑印象，实现珠心算。

3. 双手拨珠，同时开发左右脑。

4. 数码、珠码在大脑中不断转换，增强逻辑思维与记忆力。

珠心算不仅能提高人的计算能力，还能开发人的脑潜能。对幼儿有开发智力，提高记忆力、注意力、逻辑思维能力和空间想象力的作用。对老年人亦有预防老年痴呆等辅助作用。

浏阳珠心算现有的代表性传承人有许先铁、李金凤等人。其中，许先铁为浏阳珠心算创始人，潜心珠心算30余年，为浏阳培养了不少“神算子”。“神算子”们速算功夫了得，几个毫无规律的四位数刚报完，答案就出来了，正确率更是惊人。

在浏阳市财政局、浏阳市教育局及浏阳市珠心算协会的共同努力下，浏阳珠心算教育注重传承保护、智力开发，通过课改、教研、实验试点等工作，取得丰硕成果，打造了享誉全国乃至世界的珠心算这张“浏阳名片”。浏阳市珠心算代表队先后57次参加地方性、全国性乃至世界性的比赛，共获团体奖114个。

浏阳珠算比赛

匠心传承

诗情花意
浏阳花木栽种传统技艺的传承

花木栽种历史过百年

世人皆知浏阳为声振寰宇的“花炮之乡”，但其实，浏阳也是大名鼎鼎的“花木之乡”。从绽放在绚丽夜空的灿烂烟花，到栽种在锦绣大地的美丽花木，可以一窥浏阳人高雅的精神世界和过人的商品意识。

在全国3000多个县城中，浏阳能脱颖而出、获得“花木之乡”的美誉，与位于浏阳西陲的柏加有直接的关系。可以说，浏阳能够获得“花木之乡”的金字招牌，人口不到3万的柏加功不可没。柏加的花木栽种历史已逾百年，但因种种原因，仅限房前屋后的零星栽种，只是作为闲情逸致的雅兴和品质生活的点缀。柏加的花木业真正成为富民产业，则兴于改革开放之后。

20世纪80年代中期，家庭联产承包责任制极大地解放了农村的生产力，

浏阳河旁村镇

改革开放的春风唤醒了柏加人沉睡的花木梦想，使柏加人早已生疏的花木栽种技艺在民间慢慢复苏。在人们对“庭院经济”一词还十分陌生的环境下，有了自己的责任田、自留地、责任山的柏加人跃跃欲试，在原柏加乡的渡头、铃泗等村率先开始了花木栽种。比水稻种植高出许多的经济效益、直接对接市场的土地产出模式，使敢为人先的柏加人尝到了甜头。不想这“试一试”的花木栽种，却有着“星火燎原”之势，通过“户带片、组带村、村带乡”，一时间花木栽种席卷整个柏加。据统计，1998 年柏加花木栽种面积达 1.8 万亩，占总耕地面积的 95%，形成了以柏加为核心，辐射浏阳市镇头、普迹、枨冲以及长沙县黄兴、跳马等镇乡的花木核心区，花木种植规模超 3 万亩，花木品种达 1200 多个，产品远销全国 31 个省、市、自治区，柏加业已成为中南六省最大的花木生产基地。

花木栽种改变了柏加以稻粮为主的传统农业的产业结构。规模化种植、市场化经营，拉近了苗圃与市场的距离，使“小而散”的庭院经济焕发出勃勃生机。1999 年以来，柏加相继被授予“全国花卉生产示范基地”“全国造林绿化百佳乡镇”“全国无检疫对象种苗繁育基地”等称号。也由于

浏阳柏加花木栽种

花木栽种，柏加一带的农村率先富裕起来，成为远近闻名的“小车村”“楼房村”“万元户村”。

2002年7月10日，时任湖南省委书记、省人大常委会主任的杨正午在视察柏加花木基地时，提出要建设以柏加为中心，辐射浏阳市镇头、普迹以及长沙县跳马、黄兴、洞井等多个乡镇在内的“百里花木走廊，万顷苗木基地”，形成公园式基地、园林式庭院、生态式村庄，带动生态农业和旅游产业的跨越式发展。在杨正午同志的亲自关注下，以浏阳X036县道为基础的“百里花木走廊”的道路建设正式启动。“百里花木走廊”仅在浏阳境内就使5个乡镇、20余万人受益。“百里花木走廊”有多个路段紧靠风景秀丽的浏阳河，依山傍水、依山就势，宛如一条精致的绿色丝带，串起一个个绿意盎然、多姿多彩的花木镇村，仿佛珍珠项链、百里画廊。

从苗圃到花木一条街

柏加早期栽种花木的村民中，有一个叫“易大猛”的农民为人所称道，原因是他敢闯敢试，在柏加第一个从农村信用社“巨额”贷款、大规模栽种观赏花木，“敢吃第一只螃蟹”。

随着时间的推移，空间受限的庭院栽种已不能满足花卉苗木的巨大市场。柏加人审时度势，再次展现了他们敢为人先的一面。当地农民自发开始了土地流转，打破责任田的政策局限，集中较多的土地，单独或者合伙建设苗圃，迈开了花木栽种产业化、规模化、信息化、品牌化的步伐。从猛打猛冲的“能人经济”，到适度规模的公司运作，标志着柏加的花木产业趋于成熟。柏加花木响当当，至2018年柏加镇存量苗木资产超过300亿元，从事花木种植、生产、销售的人员近2万，人均纯收入超4万元。柏加已成为全国最大的罗汉松、红檵木、香樟、桂花、银杏集散销售地，也是中南地区最大的花木集散地和种苗繁育基地、全国花卉苗木生产示范基地。全镇拥有园林绿化资质一级企业3家、二级企业17家、三级企业100余家。一些大型苗圃动辄就是几十上百亩，并形成了“公司＋农户”“基地＋散户”“二次移栽＋集中囤积＋集中培育”的集约化发展模式。

星罗棋布、因地制宜的苗圃，使无形的花木市场慢慢变成了有形的销售市场。柏加不仅在湖南花木市场上独领风骚，还引得江西、湖北、安徽、广东、广西等周边省区的花木商慕名而来。他们用大卡车运来了各自的特色花木，又买进柏加当地的独家花木品种，久而久之，竟然在柏加形成了以路为市的花木一条街，这成为远近闻名的花木集散地。当地政府因势利导，加强了对花木一条街的规范化管理，要求“明码标价，店内经营，不得影响市容市貌”，又引导投资商建设了花卉苗木大市场，以销售终端的完善促进了花木产业的健康成长。

花木栽种的绣花工夫

花木栽种看似简单，好像就是“挖个坑，栽棵树”，实则需要绣花之功，是一种传统手艺。

首先，是选址。不管是房前屋后还是专业的苗圃，都需要选择适合花卉苗木生长的土壤，同时要考虑交通运输的便利。柏加一带土壤以红壤为主，水田、旱土都适合花木生长。也有依山就势的，选择微丘坡地栽种花木。没有微丘坡地，也有将山地开垦成梯土的，一排一排错落栽种。

其次，是移栽。柏加的花木除了小苗以外，大苗均以二次移栽为主，经林业部门批准获得合法的手续后，广罗深山老林的大树、古树、奇树，移栽进苗圃，再待价而沽。因而柏加也几乎成了奇珍异木的陈列馆、中转站。

大树移栽技术难度大、成本费用高，从崇山峻岭中找到一棵合适的大树，要想移栽还得先用挖土机将简易路修进大山深处，再用大卡车将树木运出大山。为提高大树移栽的成活率，必须带土移栽，并用专业的草绳包裹树蔸，以避免伤及根系，树蔸所带的原生态土坯越大越好。同时，大树运输过程中需要剪枝打叶以减少水分蒸发，移栽时有时还需使用输液袋为大树“打点滴”。

无论是大树，还是一般的小苗，移栽填土后都必须浇坐蔸水，让苗木“吃饱喝足”，适应新的土壤环境。大树移栽时，除了挖坑以外，一般采取垒土的方式，让大树长在土堆上。其目的是防止树蔸浸水而致细菌感染，让大树清清爽爽。

再次，是养护。花木要生长良好，需要综合考虑土、肥、水、病、虫、光等，尤其是新移栽的大树，需要像对待婴儿一样小心呵护。要肥，但不宜过浓；要水，但不宜过湿；要光，但不宜过晒，夏天移栽还必须搭建遮阳棚。为防止土壤板结，有时候还需在土壤中留有气孔。植株栽好后，还需用木棍或竹竿三叉固定，以防止植株倒伏。按照花农的说法，经过二次甚至三次移栽的大树，其成活率更高，也更容易吸引到买家，卖出更好的价钱，主要原因是移栽的过程促进了植株须根的再生。

在柏加乃至浏阳西乡一带，花木的广泛栽种，催生了专门挖树、栽树的民工班子。苗木剪刀、苗木草绳、苗木铲等，是他们最常见的工具，更重要的是他们对大树生长习性非常熟悉并掌握了娴熟的移栽技术。他们相互配合，成为帮助大树进城安家的辛勤园丁。

体现花木栽种绣花之功的，除了大树移栽，还有成年树嫁接、高杆嫁接和幼苗扦插、大棚幼苗管护等。花木嫁接中，比较常见的是野生油茶树嫁接山茶花，老蔸红檵木嫁接新芽，还有高杆月季花、老桩紫薇等品种。

价格不菲的造型苗木

明朝的园艺大师计成在其著作《园冶》中，对植物构园、植物造景有很深的研究、独到的见解，他坚持“花木构园求画境”“相地择木寻幽静”“景因木显独成园”“花木续景循四季”“情景交融木有灵”的理念，追求植株的造型独特、高古与意境。这些理念和追求，在柏加的造型苗木中都有所体现。

在柏加，一棵树的价格相当于一台小轿车，已不是什么让人惊掉下巴的新闻。这样的树，往往是几经移栽、已生长了几十上百年的造型苗木，尤以罗汉松、老桩金弹子树、老桩红檵木、老桩紫薇、老桩榆树、龙柏、油松等居多。这些树木古朴典雅，别具一格，与亭台楼榭、曲廊幽径、荷塘驳岸搭配在一起，能达到意想不到的审美效果，符合中国人的审美意趣。或者作为高档别墅的庭院点缀，亦能为之增色不少，深受富豪的追捧。这些造型名贵的树木，作为稀缺资源，价格自是居高不下。

一般苗木的价值由其稀缺性、植株的树龄、植株的大小所决定。像桂花树等常见观赏树，不仅要看树干一米以上位置直径的大小，还要看树冠的大小以及树冠的美观程度和树叶的浓密程度。由于观赏花木具有多样性、差异性、特殊性，很难统一价格，加之还有地域历史、传统文化、经济基础、物价指数、价值观等的影响，因此收购、囤积、栽种大型造型苗木，就如赌石、炒石一样，兼具了美化环境的实用性和投资理财的投机性。

柏加的花木种类繁多，既有高大的乔木如香樟、玉兰、杜英、银杏，也有低矮的灌木如四季青、黄杨、栀子、杜鹃，还有较有特色的垂柳、棕榈、箬叶、从竹以及草皮类、绿篱类、草花类，无论是公园还是庭院，无论是街巷还是公路，均能在柏加找到适合其环境的花木。

在柏加林林总总多达1200余种的花木中，罗汉松、桂花树、红檵木是花木“三剑客”。在花木“三剑客”中，桂花树的适应性最强，也栽种最广，几乎成为柏加的“镇树”。桂花树从花色上分，有金桂、银桂、红桂（丹桂）三种，分别开金黄色、银白色、粉红色的细碎花朵；从开花的时节上分，则有八月桂、月月桂（又称四季桂）。月月桂虽四季开花，但不及八月桂的花香浓郁扑鼻。

花木产业为柏加带来了显著的经济效益，栽种一亩花木比栽种一亩水稻的经济效益要高出许多，因此柏加农户的大部分水田、旱土甚至低矮坡地，均因地制宜栽种了花木，只留出少量的口粮田。花木价格鼎盛时期，上万元甚至几万元一棵的大号桂花树，几万元甚至上十万元一棵的大规格造型罗汉松，已见怪不怪。有人戏言：“一棵罗汉松就顶得上一辆小轿车呀！”

一棵造型罗汉松的诞生

花木的造型，在罗汉松的身上得到了淋漓尽致的体现。造型后的罗汉松比没有造型的罗汉松，价格上要高出一倍以上，而且杆径越粗、造型越独特怪异的罗汉松，越受欢迎。罗汉松本就树形优美，不像一般用材林一样笔直生长，而是旁逸斜出，便于造型。其造型主要通过剪枝、压枝、扭茎来实现，工具也十分简单，只有木棍、竹棍、铁丝、麻绳等。罗汉松的造型没有统一的尺寸、标准和形态，全靠园艺师的独到眼光和娴熟技艺，因树而异，尽量夸张而不失自然，朴拙而不失神韵，犹如放大的盆景。

罗汉松造型讲究“因树造型”“因材施艺”，如美发师设计发型、时装师设计时装，需运用高超的艺术表现手法将看似普通的罗汉松树形创造出最高的艺术境界，从而提升其观赏性和附加值。罗汉松造型方法如下：

1.“剪”。利用罗汉松耐修剪和叶形小的特点，来进行造型。一般在新枝抽梢20—30厘米时修剪为宜，需多次修剪才能成型。

2.“扎”。扎法造型可选用结实的竹棍和强韧的麻绳，将竹棍和枝干用麻绳扎紧、绑实，再把竹棍的一端固定在主干上，从而通过调整竹棍的方向，使枝干按照造型者的意愿朝特定的方向生长，达到造型之目的。对罗汉松的造型具有持续性，在树龄较小时就开始，循序渐进，不可一蹴而就。

3.“压”。压法造型主要是通过将主干压弯、倾斜的方法，使树体在斜面上呈现出一种与直立层面完全不同的艺术美感，形成弯腰屈臂的迎宾之状，宛若迎客松。

4.“捆”。捆法造型可用铁丝、塑料带等，根据枝条粗细选用铁丝，将较粗的铁丝靠在枝条上，再用塑料带将铁丝和枝条一块捆住，然后用手将捆好的枝条按人的意图进行弯曲，约过半年或一年时将铁丝解下，这时枝条经过一年的生长也已定型。难度再大些的枝条可进行开刀，在要弯曲的主点上用刀割一个小口，这样能使枝条弯曲下来。弯好之后，伤口必须用苔藓或无菌土包好，使伤口愈合。

5.“吊”。吊法造型是通过悬吊重物的方法将部分枝干倾斜，以营造出一种斜面上的艺术美感。可将砖块、石头等重物，用麻绳绑紧并悬吊在枝

罗汉松造型

干下，然后通过控制重物的重量调整枝干的倾斜度，以达到造型的目的。

光阴荏苒，斗转星移。转眼到了 2018 年，伴随着改革开放而发展起来的柏加花木产业也走过了风雨辉煌的 40 年。从经营模式上来看，已由小敲小打、单打独斗，走向了集团化运作；从营销模式上来看，已由掰着指头讲价钱、骑着单车跑销售，走向了互联网营销；从产业转型上来看，已由单纯的栽树卖树的低端产业，走向了园林设计与施工的一体化、一条龙的高端产业。

在柏加，花木栽种技艺的传承者，不是特定的某一个人，甚至也不是特定的某一群人，而是那些从“一亩三分地”中解放出来的、手上满是老茧的普通农民。

砂罐制作
浏阳砂罐传统制作技艺的传承

宝庆府来的砂罐佬

清代咸丰年间，一位来自湖南宝庆府（今邵阳）的张姓师傅带着祖传的做砂罐手艺，来到浏阳，看中南区的一个叫红莲塘的地方，在这里安顿下来，带徒授艺、繁衍生息。一百多年前，和家村红莲片便有人制砂罐，二十世纪五六十年代，这一带几乎家家都做砂罐。据上辈人讲，这里制作砂罐的手艺均是这位邵阳张姓师傅传下来的。

澄潭江镇和家村红莲片，地处浏阳南区，罗霄山脉绵延至此，山脉下隐藏着丰富的石灰石和煤炭，北面不远处是清亮婉转的南川河，河两岸是一片平坦肥沃的土地。这里有适宜制作砂罐的特有黄泥，门前的山岭普遍为石灰石地貌，在石灰石与石灰石的夹层中有一种黏性泥土，是制作砂罐的重要材料，澄潭江镇又是煤炭之乡，取用炉渣方便，是制作砂罐的理想场所。得天独厚的地理环境，为制作砂罐提供了重要的三种原材料：黄泥、石灰石夹层中的黏性土和炉渣。

砂罐佬走四方

砂罐是用来煮粥、熬汤、煎药用的。用砂罐煮粥，口感特别好，这是其他铁制的锅子、炉子无可替代的。尤其是在冬天，用砂罐熬一罐土鸡汤，全家人围聚一桌，喝得全身暖暖的，更容易找到老家的感觉、妈妈的味道。用砂罐煎熬中药，文火慢熬，药香弥散，药效也最佳。

二十世纪六七十年代，在浏阳东南西北四乡，均可看到挑着砂罐的人游走在乡道田埂，走村串户推销砂罐。老百姓也乐意用少量的现金买一两只砂罐，放在家中，或煲汤，或熬药，这曾成为一种时尚。那些挑砂罐的人，都来自同一个地方，那就是澄潭江镇和家村。

砂罐，久远的记忆

砂罐，不是陶罐，也不是瓷罐。砂罐比它们更粗糙，也似乎更“原始”。砂罐是一个温馨的符号，一段温暖的记忆。

制作砂罐的原料很简单，制作的工艺也不复杂：取土、粉碎、配料、制作、晒干、烧制、转釉。制得好不好，主要靠经验和手感，一个人纯手工每天只能制作 30—40 个。一个砂罐主要由罐体、罐沿、罐耳（把手）组成，在黏合过程中要把握时机，太慢不行，太干也不行，但制作不是最难的，最关键的环节是烧制。

烧制过程需要用四个炉子。两个煤炭炉子，两个柴火炉子，炉子是圆形的，直径为 1.2 米左右，深度为 0.2 米左右，在炉子的旁边，还应有一个风箱，在烧制的过程中需要反复手拉风箱，以保持旺盛的炉火。中华人民共和国成立后，风箱改为电风箱，现在只要推上电闸，敞开的火炉里，红色的火苗便蹿了上来，呼呼作响，不到一分钟炉上的砂罐便遍体通红。煤火烧后用钩子取出再放入柴火，如此经过二三十分钟，就制作出一个可以使用的砂罐了。

烧制砂罐

待烧制的砂罐

曾一度放弃砂罐制作的李守平师傅又重新开启了他的作坊，不知不觉已有 30 余年。多年以前，李守平的祖辈李雄友正是拜师邵阳师傅，学会了这门做砂罐的手艺活。之后，李雄友又将这份手艺活传给儿子李景根。到李守平，已是七代相传。

夯土老墙

浏阳夯土墙传统技艺的传承

夯土墙历史久远

夯土成墙，最原始的夯筑土墙遮风挡雨，伴随着生生不息的民族走过漫长的岁月。

夯土墙早在殷商时代就已出现。从考古发掘来看，我国这种夯筑技术最早见于河南汤阴县白营子。商代以后，这种技术被广泛运用，许多规模宏大的宫廷和陵墓，都是用夯筑技术建造的。特别是夯筑台基，成为古代建造建筑物的必备工序。在4000多年前的大禹王时代，人们不仅利用这种技术建造城池宫殿，而且将它用于修堤筑坝、治理水患。现尚存于河南省安阳、郑州等地的3000余年前的城池宫殿遗址，均为夯筑技术建造。这种夯筑技术随着汉民族的迁徙，从黄河流域跨过长江，向南方地区传播，成为民居建造的主要形式。

从唐朝开始，福建、广东、江西的夯筑技术逐渐发达。到了明代，福建西南部山区的夯筑技术达到顶峰，不仅用夯筑技术建造平房，更向空中发展，建造的房子有三至四间正房，有的高达五六层，高度达20米。大名鼎鼎的福建土楼就是夯土墙技术的登峰造极之作，墙体高，墙体厚，外形如碉堡，具有抵御外敌侵犯的特殊功能，现已列入世界遗产目录。

夯土墙指利用夯土方法修筑的墙体。夯土墙的原料以当地黏质红壤为主，掺入适量的小石子和石灰，经反复捣碎、拌匀，由“生土”做成“熟土”。一些关键部位，还要掺入适量的糯米饭，以增加其黏性。夯筑时，要往土墙中间埋入杉木枝条或竹片，谓之“墙骨”或“墙筋”，以增加其张力。

浏阳，曾经遍地夯土墙

中华人民共和国成立之前，在浏阳农村的广袤土地上，除了少得可怜的青砖屋舍，老百姓的住宅几乎全为夯土墙加小青瓦的老房子，甚至还有茅草屋。青砖屋舍大多见于祠堂、庙宇。至改革开放后，人们才逐渐拆泥瓦屋而建红砖楼。在漫长的历史长河中，夯土墙曾给浏阳人留下了难忘的

夯土墙老房子之一

记忆。

在浏阳东南西北四乡，曾经遍地夯土墙房屋。农村夯筑房屋时，需要请一个筑墙师傅，这与砌匠师傅、木匠师傅一样，都是需要坐上席的大工，工价比帮工高。筑墙师傅一般都是由当地的高大健壮的汉子来担任，既是技术活，也是体力活。筑墙的主要工具是墙板、墙锤、木巴掌、扇板等。将墙板架好，由帮工将做熟的红壤或黄壤用撮箕一担一担挑到墙板内，由筑墙师傅用以笨重、结实的杂树木做成的墙锤，一下一下地将松软的红壤或黄壤压实，筑好一板墙，再筑另外一板墙，筑完一圈，再筑另外一圈。筑墙师傅移开墙板后，砌匠师傅紧随其后，弓着身子，用木巴掌将还有湿性、未收毛边的墙体，一下一下地拍紧压实。等墙体干透，就很坚硬了。一般新建的夯土墙房子要过一个夏天，墙体才会彻底干透。

浏阳农村最常见的夯土墙屋舍，一般由三间正屋加正屋后的杂屋构成，家境殷实一点的，则建五间正屋，外形如同一把老式的铜锁，农村人俗称“一把锁”。

白墙黑瓦的经典组合

随着生活水平的提高，个别有钱人家还会用石灰或三合土，将夯土墙前后内外粉刷一遍，以增强墙体的坚固度和美观度，由此出现“白墙黑瓦”的经典搭配。白色的墙，黑色的瓦，木格窗户和木质大门刷上朱红色的土漆，屋前有篱笆阡陌，屋后有高山流水，绿树掩映，鸡犬相闻，真有世外桃源之感。

浏阳农村夯土墙一般厚度为一尺一，建住宅的高度为一丈九或二丈一，要成单数，冬暖夏凉，十分实用。除了夯筑正屋，夯土墙也广泛运用于农村的围墙建筑，夯土围墙建至一人多高后，加盖就地取材的杉树木皮以防雨防晒。还有大户人家用夯土修建藏门的，就是在正屋之外一两丈远的地方修建一个小门厅，上面盖瓦，中间开藏门，美观实用，弥补了正屋没有任何遮拦的不足，增加了家园的纵深感和安全性，还可供路人歇息，一举多得。一般情况下，藏门与住宅的正门，不能完全门对门，要有一定角度的偏差。

浏阳农村的许多百年老屋都是用夯土墙夯筑，任凭风霜雨雪、岁月更迭，仍巍然屹立，见证了历史的沧桑。

在浏阳东乡张坊、小河、白沙等偏远山村，至今还可窥见少量的夯土墙老屋，它们即将成为一道远去的风景。张坊上洪社区的黄龙根等人，还将夯土墙申报为浏阳市级非物质文化遗产，期待着通过打造夯土墙这一文化体验项目来返璞归真。

夯土墙老房子之二

甜蜜“蜂人”

浏阳养蜂传统技艺的传承

勤劳的养蜂人

在湘东翠屏大围山西麓，有一个村，山高林密，溪流蜿蜒，它就是浏河源村，著名的浏阳河就发源于这个村子。村里有一位老人，叫李承庭，生于 1944 年 11 月，是远近闻名的养蜂人。

说起李承庭养蜂，时间要追溯到 1957 年 3 月。那年，刚刚 13 岁的李承庭就跟随过继的大伯李宾国，开始学习中华蜂的养蜂技术。穷人的孩子早当家。在大围山深处深一脚浅一脚地跋涉，并没有使李承庭退缩，但天生胆小的他，却对成片成堆的蜜蜂有着几分畏惧。李宾国看在眼里、放在心上，因材施教、因势利导，手把手将养蜂的“秘笈”传授给了李承庭。

花丛中间的养蜂人

蜜蜂是起源比人类更早的社会性昆虫，原为野生，筑巢在高树之上，采花酿蜜，繁衍生息。人类早在5000多年前就有人工饲养蜜蜂的实践，这在古埃及的庙宇和皇陵的壁画中都有体现。我国人工饲养蜜蜂始于东汉时期，当时出现了文献上记载的第一位养蜂先驱——姜岐。至清朝康熙年间，浏阳大围山一带养蜂业盛行，当地官员将蜂蜜作为贡品。其时，在大围山深处，有一位擅长养蜂的老者，叫李学利，能“听蜂知音”，人称“学老爷子”。李宾国正是“学老爷子”的长孙。等到祖传的养蜂技艺传到李承庭时，已是第四代了。几十年来，李承庭追随着大围山的四季蜜源，肩挑蜂箱和养蜂工具，爬坡过坳、翻山越岭，足迹遍布大围山的沟沟坎坎、角角落落，成了甜蜜的养蜂人。

蜜蜂的知心人

俗话说，近水识鱼性，近山识鸟音。蜜蜂自有蜜蜂的生活习性，侍弄好了，可取天然蜂蜜食用，还可将蜂蜜作为商品交换以养家糊口；侍弄不好，蜜蜂会“兵溃如山倒”——一夜跑得精光，甚至胡乱咬人、夺人性命。李承庭自小生活在群山环抱的小山村，这片森林覆盖率达82.79%、原始次森林与人工林浑然一体的绿色海洋，让他坚定了养蜂的决心。

大围山是植物的王国，有23个群系、2000多个种类，主要蜜源植物有山桂、半枫荷、栾树等。但是仅有丰富的蜜源植物还远远不够，李承庭认为，要把蜜蜂饲养好，必须熟练掌握蜜蜂的生活习性，把握规律、顺势而为，尤其要做蜜蜂的知心人——知冷知热、知根知底。他养蜂的“秘笈”主要有：

1.“听蜂知音”。隔着蜂箱的木板，侧耳细听，就能准确地判断出蜂箱内蜜蜂的密集程度、健康状况、食物状况、和谐状况等，从而及时做出是否分箱、是否添加食物、是否摇糖等决策。

2.“营造环境”。蜜蜂是爱干净的昆虫，也是懂得主动避开毒性的昆虫，所有有毒性的花源它们都不会采。因此，蜜蜂蜂箱放置地点的选择一定要十分讲究，一般是朝东或朝南，不能朝西、朝北，以避免太阳西晒、北风劲吹，最好是每天可以晒半天。条件允许的话，置于树荫之下比较理想，不宜温度过高、光线过亮、风量过大，不能有人畜粪便等的恶臭。要切实控制好蜂箱内的温度、密度，为蜜蜂营造舒适的生活环境。在蜜蜂防病方面，

取蜂蜜

最关键的是控制传染源，防病重于治病。蜜蜂对气味非常敏感，养蜜蜂的地方不能养羊。

3.“自制巢脾”。人工在蜂箱里面挂上一定数量的木框子作为蜂巢支撑，让蜜蜂在上面建造巢脾，这样拿取自如，就成为活动巢脾。

4.“人工育王”。人有首领，蜂有蜂王。培育蜂王，可在年前只有一群中华蜂的状态下，使蜜蜂数量在次年扩充发展到10倍以上。

5.“防止逃群”。通过提前预防，及时避免“躁动不安”的蜜蜂外逃，稳定蜂群。还能指挥远处野外的蜜蜂进入指定的蜂箱安家，稳定并扩大蜂群。

致富的带头人

蜂蜜是由蜜蜂采集植物蜜腺分泌的汁液酿成，是一种营养丰富的天然滋养食品，也是最常见的滋补品之一。蜂蜜含有多种与人体血清浓度相近的无机盐、维生素、铁、钙、铜、锰、钾、磷等有机酸和微量元素，易于吸收，具有滋养、润燥、解毒之功效。

养蜂不难，养好不易，要想产生好的经济效益并使养蜂成为老百姓家门口的富民产业尤其不易。进入21世纪以来，由于地理因素、环境因素发生变化，中华蜂受到了严重的威胁，其分布区域缩小75%以上，种群数量减少80%以上，黄河以北地区，只在山区保留了少量的中华蜂。浙江南部、湖南东南部、江西东部等地中华蜂处于易危和稀有状态。2006年，中华蜂被国家农业部列入国家级禽畜遗传资源保护品种。

为传承中华蜂的养蜂技术，带领老百姓共同致富，2009年，李承庭与儿子李宗易一起创办了浏阳市大围山蜂源养蜂专业合作社，自己担任技术负责人，注册了“围山蜂源”牌商标。依托大围山区域原始生态环境的优势，目前该合作社已放养中华蜂2700群，建有蜂巢养殖台3000多个，建有蜂蜜储藏冷库1个，产品远销省内外。小小中华蜂，致富一方人。

民间医药

浏阳肚脐贴、中药采集、木簪砭术传统技艺的传承

徐氏肚脐贴

中医外治法源远流长，最早记载在《黄帝内经》。其中，中药敷贴疗法的最早文字记载见于《五十二病方》：“蚖……以蓟印其中颠”，即用芥子泥敷贴百会穴，治疗毒蛇咬伤。《灵枢·经脉》记载：“颊筋有寒，则急，引颊移口，有热则筋缓，不胜收故僻。治之以马膏，膏其急者，以白酒和桂，以涂其缓者……”，被后世誉为膏药之始。晋代《肘后备急方》、唐代《千金方》《外台秘要》、宋代《太平圣惠方》、明代《本草纲目》，均有中药敷贴疗法的记载，敷贴疗法是祖国医学最宝贵的疗法之一。

敷贴疗法是以中医基本理论为指导，应用中草药制剂，施于皮肤、孔窍、腧穴及病变局部等部位的治病方法，属于中药外治法。敷贴疗法是中医治疗学的重要组成部分，并较内治法更为简便、实用，是我国劳动人民几千年来在同疾病的斗争中总结出来的一套独特的、行之有效的治疗方法。

肚脐贴是一种内病外治的药膏，贴在肚脐上，能有效缓解腹泻、治疗肠胃方面的疾病，对小儿的药效更佳。

浏阳龙伏镇石江村徐战国、徐旷父子按照传统方法制作的徐氏肚脐贴，传承于徐旷的老祖母刘奎秀。刘奎秀乃光绪年间的一位光头奇女子，她不仅武艺高强，更精通奇巧医术，专为穷人治病，深得百姓爱戴，被人们亲切地称为“奎保长”。如今，徐氏将这一药方传承并利用现代工艺进行改良，以公丁香、肉桂、木香、羌活等中药研末，细粉过筛，取新鲜叶下珍珠绞汁，陈醋等调和，用无纺布敷贴肚脐，有温中散寒、芳香化浊、行气止痛、开胃健脾和止泻等疗效。

2018 年 7 月，徐氏父子的小诊所来了一位特殊的病人——89 岁高龄的世界杂交水稻之父袁隆平老先生。此前，袁隆平先生因严重的腹泻等毛病，已在长沙某著名医院住院 40 多天。后经业内人士介绍，袁老与秘书一道慕名找到了徐氏父子的小诊所。徐旷为袁老把脉、观舌、听诊，并调剂好肚脐贴的用药和剂量，经过两个疗程，硬是用肚脐贴将袁老的病治好了。

中药铺

肚脐贴的主要优势为：

1. 途径直接，作用迅速。敷贴疗法通过药物直接作用于患处，并通过透皮吸收，使局部药物浓度明显高于其他部位，作用较为直接，直达病灶，直接发挥药效，作用较强。

2. 用药安全，适应证广。敷贴疗法是以透皮吸收发挥作用的药物，较其他给药途径较为安全，同时也增大了用药的范围。外用给药方法历经漫长岁月的临床验证，其方药组成已不计其数，其治疗范围已涉及内、外、妇、儿等多种学科多种疾病，具有较高的医疗和保健价值。

3. 使用简便，易于推广。敷贴药物的制作可简可繁，家庭多用较简单的药物配伍及制作，易学易用，经简单学习就可掌握要领，不需高、精、尖或特殊的医疗设备，无论是医生还是患者或者家属，都可兼学并用、随学随用。

4. 药源广泛，价廉效好。敷贴疗法的药物取材多较简单，甚至有一部分来自葱、姜、蒜等食材，可就地取材。

肚脐贴主要贴于神阙穴位。神阙，经穴名，出自《外台秘要》，别称脐中、气舍、气合。属任脉。在脐中部，脐中央。穴下为皮肤、结缔组织、壁腹膜。浅层主要有第十胸神经前支的前皮支和腹壁脐周静脉网。深层有第十一胸神经前支的分支。主治泻痢、绕脐腹痛、脱肛、五淋、妇人血冷不受胎、卒中脱证等。

刘氏中药采集

浏阳为湘东山区县，山地面积约占区域面积的八九成，有浏阳河、捞刀河、南川河以及大围山、连云山、九岭山的“三河三山”，山川秀美，山清水秀。湖南是全国的中药材资源大省，中药材资源在全国排第二位。浏阳因山高林密、气候温和、雨量适中，中药材的蕴藏量较为丰富，向来有以中草药采集为生的民间人士。他们跋山涉水、穿云钻雾，将足迹留在了浏阳的荒山野岭、深壑大丘，使中草药采集这一传统技艺得以传承。

其中，浏阳城区老淮川的刘氏家族采集中草药已传承至第六代，为浏阳中草药资源的见证者之一，他们也是浏阳中草药采集人士的一个缩影。

中药材，颇为神奇。它可能是一棵树，也可能是一根藤，还可能是一朵花或一株草，采集中药时，可能攫取其根、茎、叶、花、果、皮入药，非行家难以甄别。

俗话说“高山有好水”，高山也有好药。越是珍贵的中草药，越喜欢藏身于人迹罕至的悬崖峭壁、绝顶深沟。采集中草药，既要防止跌倒摔伤、山洪暴发、荆棘划伤，也要防止毒蛇侵袭、毒蜂攻击，可谓惊险刺激、充满艰辛。大围山树木葱茏，是中草药的宝库，但要将林林总总的、相似度极高的中草药辨别清楚，若是没有渊博的专业知识和长期积累的实践经验，显然寸步难行。中草药种类繁多，不少外形相似，但药性却千差万别，像断肠草等中草药甚至有剧毒。

据刘氏中草药采集的第六代传人刘亮介绍，石乳香、岩白菜、黄精、八角莲等，就生长在大围山潮湿的岩石上。采集这类中草药需要手脚并用地跋涉在长满青苔的岩石上，稍不留神就会跌落深渊。而有些中草药还需要爬到高高的树上去采集，非得有“孙猴子”的功夫不可。比如薜荔果、六角毛、一朵云等，就需要上树采摘。深山老林之中，采药人身背药篓子，在高树上荡来荡去，颇具野趣。

大山的馈赠是慷慨的。金银花像弯弯的小虫子；淮山果像串串风铃，一动就哗哗地响；野百合独自美丽，具清火、润肺、安神的功效，是一种药食兼用的花卉；野兰花有很高的观赏价值；葛藤在高树上攀爬缠绕，形似绿色的瀑布；金樱子像带刺的小葫芦。各色中草药形态各异，仪态万方，有些还有着传说和故事。

中草药加工

大山采药有规矩，有些规矩还是祖上留下来的，代代相传，颠扑不破。比如采大留小、采密留疏，就体现了对大山的敬畏，不是竭泽而渔、一网打尽，而是细水长流、和谐共生。在中草药采集的季节上，也很有讲究，也概括得十分到位。比如：含苞待放采花朵，树皮多在春夏剥，秋末冬初挖根茎，全草药物夏季割。

采药、制药，一脉相承、一体两面。刘氏宗族炮制药材的方法分为炒、炙、蒸、煮、焯、煨、煅七大类。其中，“炒”又分为“沙炒”“土炒”“酒炒”“醋炒”四种，分别以“沙粒”“泥土”“白酒”“白醋”为介质，炒出的中草药的药效也有微妙不同。而“沙炒”又分“文火炒”“武火炒”，火候的大小也决定了中草药药效的差异，确实非常细致与讲究。

比如炒制龙须藤，这味药需要用文火慢炒，炒十分钟左右时间等药材炒至深黄色的时候就倒入盐水，再继续用文火慢炒，如此反复三次，这味药就制好了。而黄精这味中草药则需要反复蒸九次药性才最佳，业内人士称之为“九蒸九晒老黄精”。

浏阳刘氏世代从医，从第十六世祖刘宗芳起，传承至今，已百年有余。刘宗芳初以采药为生，亲尝百草，因天资聪颖，后承名师，研习岐黄之术。至第十八世祖刘德钦，因求医问药者络绎不绝，刘德钦遂于 1918 年开办刘氏草药铺，坐堂问诊，造福乡里，他尤善用艾条、针灸穴位医治风湿、跌打损伤。今刘氏中草药采集已传承至第六代刘亮，浏阳的中药材宝库必将大放异彩。

汤氏木簪砭术

据《黄帝内经》记载，砭、针、灸、药是我国古代四种独立并存的医术，砭起源于新石器时代，东汉前逐渐消失，至今失传已两千年。砭消失了，可是用砭术刮痧、点穴，在民间却有深厚的基础，并得以延续几千年。木簪砭术在民间通过一代一代传承，得以保存。

外形似发簪的木簪，本是峨眉山上的秘密武器“峨眉刺”，之后却演变成为强身健体的医疗器械，在浏阳汤氏宗族得到了较好的传承。

木簪砭术以木簪为工具，运用中医砭术技法，刺激外部经络或人体反射区，以此达到治疗效果。木簪砭术经过浏阳汤氏家族的不断改良，结合了砭石、针灸、按摩的优点，在施术过程中，发力轻重适宜，补泻分明，可达到疏通经络、活血化瘀之目的，对于各种急、慢性病都有一定疗效。

1571年后，汤氏祖师汤之鳌求道峨眉山，得以传承天罡指穴法等绝技，经多年研习，将所学之法改良出一套偏于医术的太一导引按跷术，开创用手法调理内脏之先河。晚年，他以簪代指，自创木簪砭术。1771年后，汤氏杰出传人汤宗朝，贯通祖传之法，成为一方名医，经举荐入宫，成为太医院御医，任职期间，以木簪砭术与导引按跷术服务于宫廷。1822年，因朝廷动荡，退隐回乡。至汤家豪，已传承至第十七代。

木簪砭术以中医经络穴位理论为宗旨，不口服、不刺破皮肤、不用介质，可直接在皮肤上操作，也可隔着棉织物操作。在无痛苦的前提下，使用“刮、推、抹、摩、擦、缠、划、拔、点、按、振、拍、扣”，充分发挥“无形针”的作用，内病外治，以疏通经络调理气血为根本，排除经络中阻碍气血运行、特别是在皮肤深部经脉中的病理产物，标本兼治，在短时间内极大缓解临床症状，达到痊愈的目的。对治疗心脑血管病，心脏病，颈、肩、腰、腿病等，及对广大的亚健康状态的人群的保养都有良好的效果。

木簪根据不同木质，还可发挥木质药材的不同功效，如樟木有祛风散寒、温中理气、活血通络之功效，黄杨木有祛风除湿、行气活血的功效。

木簪主要有两大类造型，一为圆柱形，两头尖突，似纺锤；二为扁圆形，头边圆，尾扁尖，似桨。

木簪砭术

手艺匠心

浏阳北乡土布、戏剧盔帽、围鼓、钟表维修传统技艺的传承

不同于夏布的浏阳布——北乡土布

二十世纪七十年代前，浏阳农村的人们对造型像筒车的纺车并不陌生。纺纱（纺线）与绩麻一样，牵系着人们的衣着服饰，是中华人民共和国成立前浏阳老百姓服饰布料的主要来源。在岁月的更迭中，产生了浏阳夏布和浏阳北乡土布这两种极具浏阳地域色彩的浏阳布。

浏阳北乡土布，始于明代初期，在浏阳北区的沙市、淳口、北盛、蕉溪、龙伏、社港、永安等乡镇盛行数百年，后流布浏阳全域，并辐射至岳阳平江县、江西修水县等中部地区。浏阳北乡土布因受地域、历史、文化影响，在质地做工上自成一体、别具一格，具有绿色环保、透气吸汗、质地厚实、柔软舒适、冬暖夏凉和抗静电、不卷边、防螨止痒等特点。

浏阳北乡土布制作的工序包括轧棉、弹棉、手工搓成棉条、纺纱、拔纱、浆纱、绕纱、染纱、织布、染色等烦琐的手工工艺。二十世纪七八十年代，浏阳北乡 70% 的农户家里几乎处处可闻弹棉声、纺车声、机梭声。老人弹棉、女人织布、男人浆纱，呈现出一派繁忙景象，可谓“户户可闻机杼声”。北乡曾涌现北盛缫丝厂、沙市秧田织布厂、永安织布厂等数十家织布厂，从业人员过万人，年生产土布 20 万匹。

随着我国现代工业的不断发展和人民消费观念的不断更新，手工纺纱织布行业快速萎缩，市场份额微小。目前，仅剩浏阳沙市秧田织布厂还保留了整套手工织布的技艺和工具。

浏阳北乡土布的主要工艺有：

1. 弹棉花：将棉胎晒干，然后用踩压机进行踩压，棉籽和棉花自然分离，棉籽落在地上，棉花集在布袋里，然后把布袋里的棉花拿到弹衣机上去弹，把棉花弹好后，就用搓板把弹好的棉花搓成棉条，便完成了弹棉花。

2. 纺纱：手工做成棉条，粗约 5~6 厘米，长约 30 厘米，再进行手工纺纱，慢慢纺出数十个小个头纱团来，然后把这些小个头纱团集中起来，为拔纱做好准备。

3. 拔纱：把小个头纱团中的纱线连接起来，卷在网纱器中，成为大

北乡土布制作场景

的框纱圈，然后把这些框纱集起来，以便浆纱。

4. 浆纱：将这些框纱圈放进温度适当的米汤锅里去浆一下，浆好后放在竹竿上晒并拍打一段时间。

5. 理纱：把纱线圈装进机心后，再把隔纱器绕在机心上，然后再对机心上的竹竿、梳理器等进行整理，理纱的人把线头理好后递给勾线头的人，两根线头递一次勾一针。

6. 织布：理好的纱线放在织布机的后半部，把竹竿、梳理器、隔纱器等移到前半部，并对织布机的各个器件进行整理，安好穿梭器心的团纱。竹竿用以隔离公母纱线和控制上下线的松散，梳理器起到使布料平稳的作用，隔纱器使隔离的纱线上下梭动，穿纱器用纱线穿梭左右，是决定织布快慢的要件。土布以“匹”为单位，每匹长约 30 米，手工制作需耗时一个月左右。

7. 染色：采当地山岭上一种名叫大兰蛇的野草，清洗干净后，放大铁锅内煮。去掉野草后，下土布煮染，造蓝、青、灰等颜色的土布。

8. 晾布：将煮染好的土布挂在室内高处，自然风干。

浏阳北乡土布也用作麻衣（孝服），俗称“披麻戴孝”。“哀扶竹枝，泪洒麻衣”中的“麻衣”，指的就是土布。追根溯源，浏阳北乡土布的历史已逾 700 多年。在沙市罗氏一族，它已被传承至第四代罗建购等人，并从传统手工制作向半手工、半机械化过渡，产品也实现了外销。

舞台戏子的“头上功夫”——盔帽

人生如戏，戏如人生。红脸白脸，唱念做打，生旦净末丑的世界又总是“台上一分钟，台下十年功”。民间戏剧夸张而不失真实，源于生活又高于生活，不仅唱功做功有许多讲究，而且服装道具也自成一派。浏阳花鼓戏的戏剧盔帽制作，就颇有来头，渊源久远。

古时候，潘氏一族自河南荥阳迁入浏阳西乡的官桥之后，便自先祖传

制作盔帽

承下来一种制作戏剧盔帽的手艺，靠制作戏剧盔帽卖给民间艺人以解决温饱之需，后传承至潘南香。民间戏剧受政治经济的影响较大，只有老百姓安居乐业、衣食无忧时才可能唱戏娱乐。“皮之不存，毛将焉附？”民间戏剧受诸多因素的影响，其盔帽制作的兴衰也同样如此。潘南香虽有制作戏剧盔帽的好手艺，惜乎生不逢时，无有用武之地，只得将手艺传于儿子潘海洲。直到二十世纪七十年代末期，逐渐解禁后的民间戏剧开始复苏，潘氏一族又重操旧业，白天在生产队出工，晚上偷偷为民间戏剧团体制作盔帽。1979 年，浏阳民间的船湾花鼓戏剧团在西乡成立，其戏剧盔帽都出自潘海洲。

随着时代的进步和文艺事业的不断发展，戏剧对盔帽工艺的要求也越来越高，潘海洲不落窠臼，寻思着改用新型材质制作戏剧盔帽，以推陈出新。他从用布壳到改用纸壳，从用老漆到改用清漆，从用鸟毛点翠到改用缎料点翠，大大提高了戏剧盔帽的制作效率。经改良后制作出来的戏剧盔帽不仅外观不受影响，而且更轻捷、更耐用。潘海洲将戏剧盔帽制作的手艺传给了儿子潘烜。

为进一步完善、提升盔帽制作工艺，博采众长、精益求精，潘烜于 1992 年在父亲的介绍下，又参师盔帽制作老艺人周绍泉。之后的 20 多年里，潘烜集多方精华，既不失传统，又不失创意，掌握了一套全新的戏剧盔帽制作工艺。浏阳市花鼓戏剧团使用的盔帽基本上都是由潘烜一人制作。

浏阳戏剧盔帽的制作是一门古老的手工制作工艺，主要通过采用布壳或硬纸描花、凿花、镂空、藏筋、造型、刷胶、挤粉、装金、抛光、点翠等工艺流程，做出古代文武百官的盔帽。它的品类主要有太子盔、老旦凤、皇帽、花相刁等，形象生动，为浏阳花鼓戏走出山门、走向大众推波助澜、锦上添花。

“土味十足”的鼓——围鼓

鼓是我国传统的打击乐器，按《礼记·明堂位》的记载，在很早的传说中，“伊耆氏”之时就已有“土鼓”，即陶土做成的鼓。由于鼓有良好的共鸣作用，声音激越雄壮而传声很远，所以很早就被华夏祖先用于给军队助威。相传在黄帝征服蚩尤的涿鹿之战中，“黄帝杀夔，以其皮为鼓，声闻五百”。

上古时代的战鼓，皆由鳄鱼皮制成，而鼓皮选用鳄鱼皮，是取鳄鱼的

温和招在制作围鼓

凶猛习性以壮鼓声。到了周代，据《周礼·地官司徒》之载，已专门设置了“鼓人”来管理鼓制、击鼓等事。鼓人所管理的有各种用途的鼓，如祭祀用的雷鼓、灵鼓，乐队中的晋鼓等。

在远古时期，鼓被尊奉为通天的神器，主要作为祭祀器具。鼓作为乐器是从周代开始的。

从甘肃天水秦安大地湾遗址出土的陶鼓来看，鼓的历史在5000年以上。鼓的结构比较简单，是由鼓皮和鼓身两部分组成。鼓皮是鼓的发音体，通常是将动物的皮革蒙在鼓框上，经过敲击或拍打使之振动而发声的。

在浏阳市中和镇苍坊村一个叫燕子坡的山沟沟里，62岁的老木匠温和招正在赶制一只围鼓。他是手艺精湛的木匠，也是一个民间艺人，吹拉弹唱样样精通，尤其有一门祖传的老手艺——围鼓制作。

说到围鼓制作，平静的温和招一脸的自豪感。他家祖上是山西太原的，850多年前因朝廷血洗，被迫南迁，先辗转来到广东，后又借道江西逃往湖南。其祖上家族的南迁线路，具有客家人迁徙的典型特点。他祖上祖传制作围鼓，至今共有30多代，可以考证上溯的为4代。其老祖父温朝城、祖父温兴富、父亲温文清都是围鼓制作的高手。

围鼓是纯手工制作，其工艺主要分为制鼓腔、鞔皮（蒙皮）和整理等三部分，尤以前两者为关键。制作一只围鼓的鼓腔，就要经过断料、划线、锯板、理板、烘干、堆放、齐头、冲板、剥轮、箍腔、胶腔、刨腔、铣子口、上撑环和烫子口等十余道工序。如果从备料开始，一只围鼓需要耗费上十天的时间才能制成。

制作围鼓的木材以杉树、松树为主，也可以是其他杂树，以杉树、樟树为佳。蒙鼓的动物皮为牛皮，黄牛皮、水牛皮均可，以老黄牛皮为佳。

制作围鼓有两大技术要点。第一个技术要点是制皮。需用石灰、苏打等七八种药物制皮，削皮更是全手工活。削皮要厚薄均匀，制作出的围鼓音质、音色才好。削皮后，要压成膜形，待皮质全干后，方可制作围鼓。第二个技术要点是上桶调音。并不是只要在木桶子上蒙上一层牛皮就是鼓，那样的“鼓”虽然也可以敲击出声音来，但声音不脆、不洪亮，最关键的是没有声区的区别，敲到哪个位置都是一个声音。上桶调音的步骤有：

1. 用螺丝将全干的牛皮固定在鼓身；
2. 紧鼓皮子；
3. 试音；
4. 钉鼓钉子（声音调准后再钉鼓钉子）；
5. 用钢丝做鼓芯；
6. 做另一面的鼓面；
7. 打磨；
8. 上吊环；
9. 上油漆（红色油漆或清漆）；
10. 油漆风干后，成为成品。

看似一个圆圆的鼓，其实分 A、B、C、D、F 几个音区，A 是最高音，F 是最低音。在鼓上画几个圈，最中间点为中音，左右两侧为高音，敲击中音区时打击手法轻一点，就成为低音。鼓体中钢丝的作用非同小可，钢丝的大小、长短、位置，决定着鼓的声色。击鼓时，钢丝的震动能够产生颤音，使击鼓的声音不至于太单调。

温和招一年要制作出 200 多只各种各样的鼓，有的销往本地的剧团、庙宇，有的则通过中间商的网络渠道销往全国各地，有些特制的长鼓等，还销售到了少数民族地区，甚至漂洋过海，销售到了越南、泰国。温和招笑笑说，他制作过直径达两米的大鼓，也制作过直径不到五寸的小鼓，“鼓爷爷、鼓孙子都能做”。

在浏阳的部分农村，也有将出门做道场称为“打围鼓”的，小小一只鼓，似乎又回归了远古时祭祀的用途。但更多的时候，围鼓与铜钞、胡琴、唢呐、竹笛等，构成民间器乐的经典组合，代表的是喜庆、欢乐和吉祥。

民间关于围鼓的形容很多，有一种说法叫“钉鼓钉子”，意谓鼓钉子钉得很密。钉鼓钉子的常规做法是，一厘米距离内钉两颗鼓钉子。鼓钉子并非铁钉子、铜钉子，而为楠竹制作的竹钉子。一只鼓的制作，需要手工的地方太多了，温和招摩挲着刚削平的木板，手掌心的老茧很是显眼。

“不洋不土”的技艺——钟表维修

人们都知道钟表是用于计时的，但钟表的历史本身就是一部时间的历史。

早在 6000 多年前，古巴比伦人就根据朝阳东升、夕阳西沉的规律而发明了日晷用于计时；他们亦发现水的流动所需时间是固定的，因此发明了水钟。古代中国人既用太阳投射的影子来测量时刻，制作为日晷，又有以水来计时的工具——铜壶滴漏，还会以燃烧檀香来计时。

在浏阳，钟表曾经是奢侈品的代名词。新中国成立后的很长时间内，“上海牌”手表曾是多少人艳羡的物品，其地位远远胜过今天的手机。一块闪着金属与玻璃光泽的手表，俨然是成功人士的象征。单车、手表、缝纫机，在 20 世纪六七十年代，曾经作为结婚必备的“三大件”，被打上了时代的烙印。

有钟表，自然就催生了修理钟表的匠人。浏阳甘氏一族从事钟表维修

甘成荣正在修表

行业达110年，维修钟表的技艺已传承至第四代，在浏阳算是名副其实的“百年老店”了。第一代传承人甘联生，生于1891年7月。1906年，15岁的甘联生到湖北汉口市花楼街表哥焦治东开的店铺学习钟表维修，三年后的1909年，甘联生回到老浏阳县城关镇朝阳街41号，开了浏阳第一家钟表店，取名“甘万兴钟表行”。甘联生毕生从事钟表维修行业，一直干到80岁，享年87岁。第二代传承人甘先培，1921年3月出生，15岁随父亲甘联生学习钟表维修，1936年至1950年和父亲一起维修钟表，后在1950年自己单独开钟表店维修钟表，店址朝阳街41号，1979年至2000年在城关镇新文路73号维修钟表。第三代传承人甘成荣，1958年12月出生，在淮川嗣同路59号开钟表维修店；另一位第三代传承人甘承清，1960年7月出生，在嗣同路262号开钟表维修店。至2019年，已传承至第四代甘永良。

据甘成荣介绍，他们最初主要修理座钟、落地钟、挂钟、怀表，后来随着手表进入寻常百姓家，又修理起了手表。落地钟曾经红极一时，他修理过的落地钟，最高的超过2米。中华人民共和国成立后的第一块国产手表，是上海手表厂生产的“上海581”手表，在当时大多数人的月工资只有30多元的情况下，一块“上海581”手表的价格高达120~125元。甘成荣说，除了修理“上海牌”手表，他还修理过“东风”“首都”“红旗”“延安”“钟山”等牌子的手表，可惜后来那些手表品牌绝大部分都不生产了。随着时代的变迁，石英钟、石英表、电子钟、电子表与机械钟、机械表平分秋色，瑞士进口高档手表也慢慢成为新宠。甘成荣摩挲着修理钟表的工具——精致的钳子、镊子、锉子、放大镜，眼中满是时代感。

后 记

钩沉索隐觅浏阳

非物质文化遗产，是浏阳的另一扇窗口。

这个窗口，类似于木格窗，呈现的是远古的沧桑与原生态的人文风貌；呈现的是民间的喜怒哀乐、柴米油盐；呈现的是老百姓原汁原味的别样生活。有下里巴人，亦有阳春白雪；有庙堂之高，亦有江湖之远。

非遗，为我们展现了不一样的千年古县——浏阳。

撰写《浏阳非遗》（下册），是我遇到的最艰难的文字工作之一。盖因资料严重缺失而又散乱，数十项浏阳市级非物质文化遗产项目遍布东南西北四乡，只能照实记录、原貌呈现，不便延伸、不好发挥。有些非遗项目，没有具体的传承人（比如浏阳方言、北乡夜歌、浏阳民歌、白沙豆腐等）；有些非遗项目，其传承人不具唯一性；有些非遗项目，可视、可听、可玩、可赏，但难以用文字精准表述；有些非遗项目，全国各地大同小异，难见地域特色；有些非遗项目，是民间传说，出处成谜，难以找到文字记载，难免道听途说、不易取舍。

在谋篇布局时，我切实遵循中国人根深蒂固的阅读习惯，全部采用传统的四字标题。对林林总总的非遗内容进行分类、整合，力求更翔实、更清晰、更得体，并对章节的次序进行了大的调整。比如：在“乡俗民风”板块中将浏阳方言民俗摆在第一位，替换原先“不太吉利”的北乡夜歌民俗。同时，把花炮燃放民俗摆在第二位。再比如：将原先计划归拢在一起的“舌尖上的浏阳”章节，拆分为各自独立的章节，并配上工整的四字标题。还比如：增加了“民间文化”板块，将文化内容从“手艺”中拆分开来，似乎更合理。

在写作实践中，我力求文字平实、干净，删繁就简，不偏不倚，追求春秋史笔的严苛与说明文字的严谨，体现知识性、文史性、可读性、趣味性。至于文学性，不是我追求的主要方向。采访非遗项目或非遗传承人，车马之劳为其次，更难的是对非遗渊源的挖掘、对非遗项目本身的全方位再现。有些非遗传承人年事已高，对做了一辈子的手艺“知其然，不知其所以然”，可以将祖传的手艺做得炉火纯青，但说不出子丑寅卯。这使我不得不踏入一片又一片陌生的森林，去寻找、钩沉、提炼、勘误，体验了收集、编纂、考证之甘苦。

中国的文字工作者有一个习惯，面对地域文化历史的迷途，总喜欢翻看县志。县志也系古时学人所为，受诸多因素的影响，难免“记而不全”“记而偏颇”。很多“东西”，民间有、口头传，但没有文字记载。岌岌可危的非物质文化遗产、大量的民间习俗、地名的演变、人口的迁徙和地形地貌的改变等，往往在县志中难以找到只言片语。记录是一种责任，撰写《浏阳非遗》（下册），使我感到了这种责任的沉重，故以文字记录非遗、守望乡土。

本书主要收录浏阳市级非物质文化遗产项目（至2019年上半年）。需要说明的是，“王家拳”属于长沙市级非物质文化遗产项目，因沈岳武已离世，没有申报浏阳市级非物质文化遗产项目，为体现浏阳武术这一非物质文化遗产项目的完整性，故将相关内容纳入《尚武精魂》章节。

感谢浏阳市非物质文化遗产保护中心欧阳继勇先生的鼎力支持，感谢大瑶、沙市、普迹、官渡等诸多乡镇政协联络处的积极配合，感谢各界热心人士的慷慨赐教，使书稿得以完成。因本人学识水平所限，疏漏和粗糙之处在所难免，期望各位方家指正与海涵。

胡晓江

2019年12月

图书在版编目（CIP）数据

浏阳非遗 / 彭晓玲，胡晓江著．— 长沙：岳麓书社，2021.6
ISBN 978-7-5538-1501-5

Ⅰ．①浏… Ⅱ．①彭… ②胡… Ⅲ．①非物质文化遗产—介绍—浏阳
Ⅳ．①G127.644

中国版本图书馆 CIP 数据核字（2021）第 109716 号

书　　名	浏阳非遗 LIUYANG FEIYI
著　　者	彭晓玲 / 上册　　胡晓江 / 下册
摄影作者	赵爱兰　熊　剑　彭红霞　陈伏明 李锦荣　张伟华　李应忠　罗豪正　/ 上册 彭红霞　熊　剑　陈伏明　罗豪正 张伟华　李应忠　赵爱兰　/ 下册
责任编辑	王文西
特邀编辑	汤伟武 / 上册　　邱建明 / 下册
责任校对	舒　舍
书籍设计	绿光视觉艺术工作室
出版发行	岳麓书社
地　　址	湖南省长沙市爱民路 47 号
直销电话	0731-88804152　0731-88885616
邮　　编	410006
版　　次	2021 年 6 月第 1 版
印　　次	2021 年 6 月第 1 次印刷
开　　本	787mm × 1092mm　1/16
印　　张	34.75
字　　数	420 千字
书　　号	ISBN 978-7-5538-1501-5
定　　价	360.00 元
承　　印	雅昌文化（集团）有限公司

如有印装质量问题，请与本社印务部联系　电话：0731-88884129

浏阳历史文化丛书

浏阳非遗

上

彭晓玲 著

岳麓书社·长沙

浏阳历史文化丛书

序

黎春秋

在全面建成小康社会、实现第一个百年奋斗目标，迎接中国共产党成立100周年的前夕，中共浏阳市委决策、市政协主持编撰的“浏阳历史文化丛书”即将付梓，这是具有深远历史意义、重要现实意义的大事、好事。

浏阳地处湘东，位于吴头楚尾的湘赣边界。周边与铜鼓、万载、宜春、上栗、长沙、株洲、醴陵、平江等市县为邻。境内山丘绵亘，西、南稍平衍，东、北半山谷，浏阳河横贯其中，萦回百折，西流注入湘江。以城区为中心，浏阳自古被分为了东南西北四乡。东乡、西乡分别为浏阳河流域的上游和下游地区，捞刀河流域为北乡，南川河流域为南乡。全市面积5007平方公里，现有人口150万。

“江海狂澜尽东倒，却输浏水尚能西。”这里气候温和、雨量充沛、山川秀美，自古以来钟灵毓秀、物华天宝、人杰地灵。在远古时代，境内已有人类活动，他们留下了原始社会的踪迹。考古出土文物证明，距今约15万年前，浏阳土著居民已繁衍生息在这块土地上。《三国志》记载，东汉建安十四年（209），孙权拜周瑜为偏将军领南郡太守，以浏阳为其四俸邑之一。浏阳之名始见于此，千年古县从此启航。

建县以来，人文蔚起，人才辈出，薪火相传，弦歌不绝。晋代易雄，忠义千古；宋代汤璹，清风峻节；元代欧阳玄，文章道德卓然名世；明代张武，南征北战屡建奇功。清代自欧阳中鹄、刘人熙、涂启先三先生，尤其是从谭嗣同开始，浏阳人民参与了中国历史上追求解放和真理的每一个进步活动浪潮，涌现了一代又一代的杰出人物。从戊戌变法到自立军起义，从萍浏醴起义到辛亥革命，从土地革命到抗日战争，从社会主义革命到改革开放，浏阳人民始终站在时代发展的前列。谭嗣同、唐才常为探索救国救民的道路，不惜流血牺牲，肝胆相照，气壮昆仑；焦达峰、陈作新接过谭、唐的接力棒，“首应”武昌起义，“浏水堕泪”“十日千秋”；毛泽东同志三次踏上浏阳的土地，把革命的火种播撒在浏阳河两岸，无数浏阳儿女追随毛泽东同志走上了革命道路。在艰苦卓绝的革命战争年代，浏阳人口减少20万人，被追认为革命烈士的有2万人，一部分幸存者成长为党和国家的栋梁之材，如胡耀邦、王震、宋任穷、王首道、杨勇等。正如浏阳著名的特产烟花爆竹一样，浏阳以自己的牺牲和奉献，写进了中国近现代历史的长卷中，形成了“自强不息、敢为人先”的浏阳精神。

浏阳还是礼乐诗歌之邦，保存至今的浏阳祭礼雅乐被誉为“中国古代音乐的活化石”，举行祭祀的文庙至今享有盛名。一首《浏阳河》脍炙人口，唱遍全中国，传唱全世界。诸如浏阳文庙、文家市秋收起义旧址和大围山、浏阳河等名胜山川，以及众多的文物保护单位，都是浏阳享誉全国、走向世界的宝贵资源。

中华人民共和国成立以来，浏阳经济、社会、文化等各个领域蓬勃发展，成就骄人。在改革开放的伟大征程中，浏阳从实现“进百强、冠三湘”到“挺进三十强、再创新辉煌”，再到“建设两个中心、进军全国十强”，每走一步都创造了历史性的成功经验，走出了一条县域经济发展的特色之路。特别是近年来，我们坚持以习近平新时代中国特色社会主义思想为指导，认真贯彻中央、省、市决策部署，深入实施创新引领开放崛起战略，牢牢把握“在区域谋发展、在全国争地位、在全球引资源”战略定位，推动县域发展迈出新步伐。2020年，全市实现地区生产总值1493亿元，增长4.7%；地方一般公共预算收入93.4亿元，增长 5.33%。在全国百强县排名中，浏阳县域综合发展、县域经济基本竞争力、工业百强县、营商环境百强县分别跻身第 9 位、第 11 位、第 11 位、第 19 位。

抚今追昔，我们倍感先辈们留下的历史文化遗产无比厚重，中华人民共和国成立以来社会主义建设的成就无比辉煌。值此中国共产党成立一百周年之际，编辑出版一套全面、系统反映浏阳历史文化的丛书，既是全市开启建设现代化城市大局的需要，也是全市人民的期盼。浏阳文史工作者在浩如烟海的古籍文献中爬罗剔抉，在写满故事的浏阳大地掇菁撷华，耗时三年，终于编撰成一部“浏阳历史文化丛书”。丛书一共 10 册，约 300 万字，近千幅图片，内容包括简史、名人、名胜、非遗、文物、诗文和民俗七大类，从多方面揭示了浏阳悠久历史的渊源和深厚、独特的文化底蕴，让人从中感触到浏阳历尽沧桑而始终保持着青春活力的千年律动和文化之魂。全书以史为据，选材真实、准确，文字生动，可读性强，可说是一部知我浏阳、爱我浏阳的百科全书，更像一座谱写浏阳人民艰苦奋斗历史壮丽华章的里程碑。全市人民定能从中汲取力量，推动浏阳经济文化大发展大繁荣，在实现社会主义现代化的历史征程中阔步前进，走向新的辉煌。

是为序。

2021 年 6 月

作者系怀化市委副书记、市长，长沙市委原常委、浏阳市委原书记

序

朱东铁

“五十里水路到湘江”，《浏阳河》这句朴实却又意境深远的歌词，一下就抓住人心，给我们展示了浏阳河袅袅婷婷、不舍奔流的秀美和沉稳，以及源于历史、开拓未来的深度和力度。

它更大的惊喜在于，当我们去关注、了解这片古老土地时，一座华美的文化殿堂赫然山立，悠远深邃，步步皆景，让人流连忘返：吴楚交会，是为通达之地；三山纵横，写尽雄浑之姿；樟树遗址，见证文明滥觞；浏阳八景，凝聚厚重人文；变法志士，开启近代呼喊；红色记忆，留存历史风云……

在生生不息、守望传承中，我们的祖先历尽艰辛，寻找、开垦、建设这块乐土；历史恢宏的阵仗里，杰出的人物光彩熠熠，灿若星河。三国周瑜少年英雄，羽扇纶巾，谈笑破敌；东晋易雄力抗叛军，杀身成仁，忠义流传；明代邓巍忠于谏议，弹劾严嵩，直面廷杖；清代谭嗣同力主维新，以身殉国，警醒世人。这，是浏阳之刚烈。

“元四学士”，文章道德，卓然名世；邱之稑精研音律，大胆质疑，修正古乐；“浏阳三先生”严谨治学，各有大成，世人推崇。这，是浏阳之风雅。

工农大纛淬炼于秋收烽火，革命精神激扬于历史风云。因为小石头可以砸破大水缸的信念，无数浏阳人选择了跟党走，跟红旗走，在艰苦卓绝的革命斗争中，这片红色的土地涌现了党和国家领导人胡耀邦、王震，以及30位开国将军；江山多娇养育铮铮风骨，文史流芳结出累累硕果。在风起云涌的大背景下，浏阳人既能睁眼看世界，也能俯身做学问，欧阳予倩、王人美等一大批教科文卫名人在各自领域的成就令世人瞩目。这，是浏阳之风骨。

风云长啸，江山留痕。到铁岩关下，石霜寺前，找一个时空割不断古今的理由；入浏阳文庙，金江书院，倾听文化发轫的律动；在伟人故居，革命遗存，接受前赴后继革故鼎新的精神洗礼。因为眷恋，我们记录；因为热爱，我们歌颂。于是，礼乐诗歌成为了这片土地另一张亮丽的名片，成为了湖湘文化举足轻重的一极。

所以人们说，“一方水土养一方人”。沧海月明，蓝田日暖。在浏阳的山山水水之间，从久远走来，向深远迈进的一切，或沉吟于丘壑，或闪耀于典籍，或传播于街巷，或激荡于人心。凡此种种，都是历史对浏阳的眷顾，在这座山城的煌煌千年之旅中，烙下了深深的印痕。而古往今来的文化交汇，兼收并蓄的包容心境，胸怀天下的广阔视野，博采众长的学习能力，勇立潮头的担当精神，敢为人先的磅礴气度，成就了浏阳人文不可复制的个性和特质。

联合国教科文组织提出：“发展最终应以文化概念来定义，文化的繁荣是发展的最高目标。”浏阳的文化，扎根于围山之下、浏水之滨，从刀耕火种一路走来，裹满了历史的伤痕和荣光。而它不可遏抑的前行，又记录和推动了社会经济长足的进步。从国家级贫困县迈入全国百强县前列，从偏处湘东一隅到崛起为湘赣边重镇，是传承千年的浏阳文化，给我们筑好了瑰丽的精神家园，赋予了独特的思维方式，呵护了历次果敢的出征，激发了强大的创造能力。

《周易》有言：“观乎天文，以察时变；观乎人文，以化成天下。”我们由衷感谢“浏阳历史文化丛书”的编撰——长揖历史，仰望人文，朝圣的路上有了向导；抚今追昔，振奋精神，幸福的大业有了底气。组织编撰这套丛书，内容涵盖了山水风物，历史人文，民俗风情，文学艺术等方方面面；组织编撰这套丛书，深入挖掘了浏阳的历史文化资源，全面展现了浏阳绚烂的历史文化风貌。这是文化自觉和责任担当的体现，是梳理历史和整合文化资源的结晶。

2021 年是中国共产党成立 100 周年，是“十四五”规划的开局之年，浏阳发展将翻开崭新的篇章。积极融入省（长沙）市发展大局，践行“三高四新”战略，在新发展阶段和新发展格局下，充分发挥“自强不息，敢为人先”的精神，主动作为，创造作为，有力作为，这是浏阳的历史使命。“浏阳历史文化丛书”的出版，正当其时，它记录下浏阳色彩斑斓的千年征程，凝聚起千万人开拓进取的宏伟力量，必将为浏阳的城市建设和经济社会发展提供强有力的文化支撑。

是为序。

2021 年 6 月

作者系长沙市委常委、浏阳市委书记

前 言

据浏阳市非物质文化遗产保护中心统计，截至2018年10月23日，浏阳市共获批非物质文化遗产代表性项目75项，其中，进入国家级保护名录3项，湖南省级保护名录4项，长沙市级保护名录16项，浏阳市级52项。“浏阳历史文化丛书”之《浏阳非遗》（上册），主要收录浏阳市进入国家级、省级、长沙市级三级保护名录的非物质文化遗产代表性项目及11位代表性传承人。

非物质文化遗产，是祖先遗留下来的宝贵的文化遗产。随着全球化趋势的加强和现代化进程的加快，我国的文化生态发生巨大变化，非物质文化遗产受到冲击，加强非物质文化遗产保护迫在眉睫，大力倡行传承更是势在必行。事实上，非物质文化遗产的传承也就是手艺的传承，生活方式的传承；代表性传承人的生活、人生经历，就是一幅幅生动的民风、民情、民俗画卷。这些传承人的故事，他们传承的岁月积累及行业密语、传说等，隐藏着非物质文化遗产的奥秘，展示了生活的生动色彩，值得人们去深入探究。因此，这些内容成为书写《浏阳非遗》的重心所在。但要真正写好很难，既要讲究可读性、趣味性，还要兼顾知识性、史料性，思虑再三，觉得至少应该遵循以下几条原则：

一、科学地设置纲目。细究《浏阳非遗》需要书写的代表性项目及代表性传承人，大部分属于传统技艺，还有民间歌曲、民间舞蹈音乐、民间说唱和民间戏曲等民间音乐，另有民间武术，集中在这三大块。为了方便读者阅读，宜对所写项目进行科学归类，但传统技艺项目多，若都列入一大类，则纲目比例失调。在对传统技艺进行认真分析后，将所列代表性传承人的项目归于一类，全书分为《匠心传奇》（重在其独特的制作技艺）、《浏阳工匠》（重在展示传承及代表性传承人的风采）、《乡音不老》（皆为浏阳民间音乐）和《浏阳功夫》（为浏阳特色的医术及武术等）等四个篇章。在此基础上，根据各自的特色，拟定了文章标题，皆为四字标题。且全书23项非遗代表性项目、11位代表性传承人，按20万字的体量来核算，每项约6000字。但在行文过程中，根据其重要性及特色，宜多则多，笔力不必完全均衡。

二、采用文史结合的书写方式。如“浏阳文庙祭孔音乐”“浏阳花炮制作工艺”“浏阳菊花石雕刻工艺”，这些都是大题材，涉及面广，专业性强，要阅读大量文献，深入挖掘其历史渊源，以打开非物质文化遗产这扇特殊的窗口，展示千年古县浏阳深厚的历史文化底蕴。书写时宜采用广角视野，忠于史实，客观从容地叙写历史脉络，讲述重要历史节点的故事。

三、突出个性风采。非物质文化遗产，是生长在中华大地上的生生不息的灿烂文化之花，不仅需要保护，更需要传承。为此，在深入实地调研时，一是挖掘非遗代表性项目各自的特色。个性特色，是非遗的生命力，有独特的魅力，也是本书的写作重心。其独特的制作工艺、工序，演唱、演奏、表演等方式，更需要用质朴生动的文字展现出来。在写作过程中，不拘一格，既可由传承人口述，也可由笔者直接叙写，力求风格平实。二是展现代表性传承人各自的风采。传承人是非遗项目传承链条上非常重要和生动的一环，他们各自有精彩的从艺历程，也有鲜明的个性风采。因此，笔者赴实地进行了现场采访，力求采用简洁传神的笔墨展现其多姿多彩的人生经历，及其在传承路上的历练、感悟、成长和收获，特别是对传承非遗文化所做的贡献。本书的写作目的与价值，不仅仅在于展现非遗项目的技艺及其代表性传承人的风采，更在于从历史、人文、现实生活等更广阔的视野来展现这些非遗项目所蕴藏的文化价值。由此倡导人们敬重传统文化，敬重为传承传统技艺和文化而辛苦耕耘的浏阳手艺人，乃至自觉行动起来，保护和传承那些珍贵的非物质文化遗产。

目 录

匠心传承

火树银花

浏阳花炮制作技艺

一　爆业源流

人间巧艺夺天工，炼药燃灯清昼同。
柳絮飞残铺地白，桃花落尽满阶红。
纷纷灿烂如星陨，㸌㸌喧豗似火攻。
后夜再翻花上锦，不愁零乱向东风。

元代赵孟頫的《赠放烟火者》，描绘了一幅色彩缤纷的烟花画卷，自古以来就牵起人们对花炮的无限向往。

千余年来，大至国家庆典，小至民间婚丧喜庆，都会燃放花炮。伴随着清脆的爆响、鲜艳的色彩、芬芳的气味，一切悲欢离合皆得到了最尽情最酣畅的宣泄。

追溯花炮的起源，南朝梁宗懔撰写的《荆楚岁时记》最早记载：“正月一日，鸡鸣而起，先于庭前爆竹，以避山臊恶鬼。”由此看来，爆竹在

北京奥运会期间燃放的浏阳烟花

古代是一种驱瘟逐邪的工具。到了唐初，瘟疫四起，有个叫李畋的人，把硝石装在从山上砍伐而来的竹筒里，点燃后发出更大的声音和更为浓烈的烟雾，竟然驱散了山岚瘴气，制止了疫病流行。唐人撰写的《异闻录》中记载，李畋邻人仲叟家为山魈所祟。李畋建议他早晚于庭中用竹着火爆之，鬼乃惊遁。至民国二十四年（1935），湖南省经济调查所《湖南之鞭炮》记载："鞭炮为湖南之特产，尤以浏阳所产，具有历史之信誉。盖湘省鞭炮之制造，发源于浏阳也，后随该业发达，产地逐渐推广于邻县。然鞭炮究系何人所发明，又创造于何时，揆诸典籍，已难稽考。"而同一年编著的《中国实业志》则明确指出："湘省爆竹之制造，始于唐，盛于宋，发源于浏阳也。"

浏阳与鞭炮烟花能结下不解之缘，一是基于浏阳人那种勇于接受新鲜事物及大胆创造的精神，二是基于浏阳人特有的机遇与幸运。约在唐贞观年间，名医孙思邈曾在浏阳孙隐山隐居过。孙思邈还是炼丹家，他的医学著作《孙真人丹经》载入唐代《诸家神品丹法》中。他在炼丹中采用"伏火硫黄法"，发现了火药三成分。孙思邈发现的火药三成分对爆竹的产生有一定的促进作用。

我们推测，爆竹的发明者乃唐人李畋。李畋的籍贯却一直不明确，有人说他是湖南浏阳人，也有人说是江西万载人，还有人说是江西上栗人，

大瑶李畋雕像

但未能找到事实凭据。南宋时，浏阳县城东田家巷就建有李畋祖师庙，每年农历四月十八日为李畋生日，爆竹工人纷纷前往朝拜，杀猪宰羊，祭奠祖师。

元朝大部分时间处于战乱之中，编爆（鞭炮）生产停滞不前。明朝后期，资本主义开始萌芽，私人作坊比较盛行，浏阳编爆有了较快发展。根据确切的文字记载，至清康熙十九年（1680），浏阳编爆已具有相当的生产规模。清康熙十九年（1680）《浏阳县志》记载："后人卷纸作筒，实以硝磺，名曰爆竹，馈遗者，早曰春雷。往岁小除后，声响不绝，且有彼此竞爆以鸣豪举者，好事者又放花炮起火。"可见其生产、销售之盛。清雍正（1723—1735）年间，浏阳编爆烟花已成贡品，朝廷放的"架子焰火"即来自浏阳，浏阳编爆因而名声大振，从此大量进入市场。清乾隆四年（1739），编爆制作进入商品化生产阶段，浏阳开始成为"湖南爆竹制造之中心地"。清嘉庆（1796—1820）初年，东乡、南乡、西乡农闲时从事编爆制作者达20余万人，县城的生产作坊超过300余家，年产量在14万箱以上（一箱有20万响），值白银12.9万两。清咸丰五年（1855），县内爆商设庄于省内外重要口岸，并以湖北汉口为主要集散地，开始出口。

到清同治年间（1862—1875），浏阳编爆制作已成为拥有庞大队伍的手工行业，南乡的大瑶铺、金刚头、澄潭江、文家市、杨花及县城的南市街一带，80%的民户从事编爆生产，乃有"十家九爆"之说。编爆业工人达5000余人，年产量保持在25万箱左右。来自广东、福建、山西、山东等省客商，纷纷跨省采购贩运。有资料记载，"浏阳爆竹作坊，咸集于城市，制作日精，声誉远播。邻县醴陵、萍乡的编爆亦经浏阳运销，均以浏阳爆竹名之，故世人只知浏阳编爆"。从此，浏阳编爆不断发展，制造益精，声誉远播。

清光绪初年，浏阳鞭炮（编爆）、夏布、土纸、豆豉四大名特产已成气候，大量销往长沙、汉口、广州等地，浏阳鞭炮试销上海、南洋，颇受欢迎，销路益广。有关资料显示，"保生东"号经营汕头庄，从香港、澳门转运销往南洋；"绥丰永"号经营汉口庄，从汉口转运至上海出口；"培德厚"号设立香港庄，直接向海外销售浏阳鞭炮，为海外市场的第一个开拓者。到宣统末年，海外市场拓展到朝鲜、日本、俄国、美国、英国、埃及、巴拿马等20多个国家，每年销量约5万担，值白银90余万两。至民国八年（1919），浏阳鞭炮参加"中华国货展览会"，荣获一等奖。民国十二年（1923），应邀参加“美国芝加哥博览会”，又一次获一等奖。浏阳鞭炮从此驰名中外。

新中国成立后，浏阳鞭炮行业经过社会主义改造，创建花炮厂，实现了从分散到较为集中的工厂转变，产品也由单一的鞭炮类向烟花和鞭炮两大类并举，比较出名的有浏阳县出口花炮厂、城关出口花炮厂等，自花炮工艺美术大师曾培敢发明的产品“大地花开”上市以来，几十年长盛不衰，响遍全球。

20世纪60年代初，浏阳花炮加快与全国各省市的联系，到1983年底，浏阳县供销社与国内25个省市、自治区的273家花炮经营公司建立了经常性的业务联系。同时，随着生产规模的不断扩大，浏阳花炮外贸也有了飞速发展，到1985年，浏阳花炮出口到全球60多个国家和地区。1987年，全县生产花炮183.6万箱，产值2.13亿元，主要销往美国、德国、日本、瑞士和挪威等国。浏阳出口花炮所占市场份额一直为世界第一位，且逐年上升。

1997年，花炮行业全面推行企业产权制度改革，实行资产置换，全行业大力发展股份制企业、私营企业，取得了明显成效。从1998年开始，浏阳开始对花炮企业推行现代化、标准化工厂改造，到2003年，全市800多家花炮企业进行了厂房改造，投入扩建、改建资金6亿多元，全市花炮生产总值达25.62亿元。从2003年金生烟花集团成立以来，先后有东信、光远飞鹰、福祥、文华山、万乐、吉腾、河口等7家花炮集团成立，至2005年达浒艺术焰火燃放集团和官渡烟花集团成立，至此形成十大花炮集团，给浏阳花炮的发展又增添了新的推动力。2005年11月，浏阳召开“推进花炮‘三大革命’，加快机械化改造工作大会”，标志着一场从上到下、自内而外的花炮工业现代化革命在浏阳深入推进。之后，又坚持推进花炮产业“集约化、机械化、标准化、信息化”和“安全型、环保型”的“四化两型”进程，浏阳花炮产业实现了新的腾飞。

随后，浏阳大刀阔斧地开始了花炮产业落后产能的淘汰退出，并以此换来产业的“大步前进”：花炮企业数量大瘦身，从近千家缩减到2018年的557家；花炮产业集群产值规模大提质，从2008年的100.73亿元，增长到2017年的228.2亿元，增长了一倍有余。

2018年，浏阳全面启动振兴小产品计划，出台了《浏阳花炮传统小产品企业认定管理办法》，公布《第一批浏阳花炮传统小产品生产企业名录及保护产品》；新的商业模式逐渐出现，先后推出达伊达拉智能玩具烟花、烟花易购、浏阳花炮连锁、创意花火等等；2016年9月，全球首条组合烟花自动化生产线在浏阳市中洲烟花集团研发成功，掀起了新一轮烟花爆竹生产“机械化换人、自动化减人”的技术革命。在两年时间里，浏阳有70余家企业参与了烟花爆竹机械设备的研发，花炮生产企业均不同程度地实现了机械化生产，生产工序平均机械使用率达70%，鞭炮生产已全面实现机械化。东信、华冠两家生产企业被列入国家“机械化换人、机器人作业、自动化减人”试点示范企业。

可以说，爆竹的发明，是浏阳人对火药美的艺术性创造。浏阳人凭着特有的执着与坚定，硬是穿过重重险阻，不断改进花炮制作工艺，不断创新传统技巧，使得浏阳花炮最终响遍了天下。

二 鞭炮制作

鞭炮原名“编爆”，意为编结起来的爆竹。鞭炮的生产有“一纸二硝三手工”的说法，原材料主要有纸、硝、硫黄、炭末、黄泥、白泥、麻等。做鞭炮筒需要爆料纸，做引线依靠引皮纸，硝、硫黄、炭末则按照一定的比例混合成爆炸物。

浏阳鞭炮业在清末民初之所以获得巨大成功，与其细化分工有很大关系。从原料采集到鞭炮成品完工，总共有七十二道工序，相当繁杂。如果生产者独立完成这些工序，不仅耗时费力，且很难保障产品的质量。采取细化分工，就很好地解决了这一难题。光鞭炮炮身制造就被分解为十道主要工序：裁纸、扯筒、褙筒、洗筒、腰筒、上盘、钻孔、插引、扎引颈、结鞭。其中，腰筒、上盘、钻孔、结鞭四道工序较为复杂，需要雇请熟练工人来操作。其他六道工序则通过承包的办法，经过简单培训，老人、小孩甚至残疾人都可胜任。雇主在发包时，采取的是按量支付工价的办法，参与者在人数和时间上亦无限制，鞭炮业产量因此得到很大扩充。

大体说来，传统的鞭炮制作过程分为三部分：炮身制作、火药制作和引线制作。

（一）炮身制作：

裁纸：在传统作坊里，鞭炮炮身被称为“筒”。裁纸是按一定的规格，裁好制筒用的爆料纸，爆料纸就产于浏阳本地。

扯筒：将裁好的爆竹纸卷成一个空筒，扯筒得借助传统扯凳完成，传统扯凳用硬木做成。

褙筒：在空筒外表褙上一层彩纸，最初是为了防水，后来更多的是出于装饰作用。褙筒纸多用旧时宝庆（邵阳）产的红纸，或者广红纸、蜡光纸。

洗筒：将纸筒用麻绳扎成一个六角形的饼状，以便于计算筒的数目。

腰筒：扎好的纸筒很长，需要裁短。用阔刀从饼的腰上裁断，把一筒横切成两筒。

上盘：在切好的纸筒里先装土，再上硝。

钻孔：用铁钎将每个筒子筑紧，再给每个筒子钻孔，以便放引线。

插引：将每个引孔插入引线。

扎引颈：引线插入引孔后，将插引一头的筒子扎紧，以防引线松动。

结鞭：单个的鞭炮制成后，要用棉线将它们结成一挂。因为形状像鞭，鞭炮之称由此而来。

成封、成箱：将结好的鞭炮封装，并入箱，每箱都有固定数量。

（二）火药制作：

第一步为造硝：把硝从泥土里提炼出来。传统的造硝工具很简陋，只是一口大铁锅，原料就是含土硝的泥土。土硝系用旧屋墙砖敲碎后再煮熬而成，主要出产地为萍、浏、醴三县。熬硝厂绝大部分都设在浏阳，主要由湘乡人从事熬硝工作。据说，最好要用厨房里的泥土，因为经常做饭做菜，硝也沉淀得多。把泥土放进铁锅后，不断加入水，用慢火熬，一两天后，铁锅边上就会结一层白色的硝。

第二步为碾硝（或冲硝）：刚熬出来的土硝颗粒很大，需要放在碾槽中碾碎。碾轮很沉重，一开始采用牛力拉动，后来慢慢地改为水力，且有专门的碾坊、碾槽。简陋一点的方法，就是用舂米的工具把颗粒打碎，称为冲硝。

第三步为磨硝：碾碎后的硝依然不能直接采用，还需要像磨黄豆一样，将硝磨成细粉。制作好的硝，配上硫黄、炭末、泥土，就是制作鞭炮的火药了。土硝作为鞭炮炸药的原料，具有不易回潮、爆炸声洪亮、爆炸后有余香等特点。

（三）引线制作：

造纸：虽然制作鞭炮的纸是购买的，但做引线的纸却是自产的。作坊里都会有一个浆池，用木浆来造纸。

割引纸：把制作好的整张纸，割成一根根长纸条。随后，将长纸条的一端固定，纸展开，用一根铁棍沾上硝粉，手一抖，铁棍上的硝粉就会落在纸上，形成一长条。手一搓，一根引线就出来了。

浆引：这样的引线还是散的，工人要用手沾上湿米浆，手在引线上一捋，引线沾了米浆就不会散了。最后，还需把引线一根根地固定在像扇子一样的晾干器上，使之晾干。

裁纸

钻孔

结鞭

磨硝

浏阳鞭炮业的细化与分工，还反映在产品制作的地域分工上。浏阳生产的鞭炮种类繁多，有顿鞭、红绿鞭、加花鞭等。但是不同地方的生产侧重点各有不同，县城大多生产加花鞭，大瑶则以红绿鞭为主。此外，由于分工细化，每个生产步骤都能够制定单独的技术标准，如在硫黄的生产过程中，其色泽要黄，且须匀净，要现葱子眼，无黑点。

早期浏阳鞭炮业的发展处于无序状态，产品质量靠各个作坊自觉把握，随着鞭炮需求的扩大，运销机构从中牟利，鞭炮行业出现了很多问题。很多从事运销的机构，在封包过程中，私下减少鞭炮数量；不少作坊，在生产中刻意偷工减料；同行之间低价竞争。这些做法影响了浏阳鞭炮的声誉，导致浏阳鞭炮的销量锐减。为规范鞭炮业的发展，民国初期各方组织成立了鞭炮业公会。它分为三种：一是由鞭炮运销商人组成的编爆业公会，集中于浏阳县城，有六十二家之多；二是由乡村和县城的制作作坊组织的编爆业公会；三是由鞭炮业制造工人组织的爆业产业工会。上述同业公会建立以后，发挥了重要作用，禁止假冒伪劣产品的销售，防止同行间的恶性竞争。如：浏阳县城鞭炮运销商组成的维持会，专门制定规章，确定不同类型鞭炮的数量，规定不能任意偷换减少。南乡组织的庆余会，则对纸张和硝的质量等都进行了详尽的规定，将纸分为窄板纸、宽板纸、折表纸三种，并对纸张的长度、宽度、重量都做了详细的规定，还要求大纸张裁剪成鞭炮纸的份数也严格执行相关规程。

到了清朝，与鞭炮同步生长的还有灿烂的烟花。传说，清雍正登基时，为改元正朔，要在元年元宵佳节燃放响炮、花炮，传旨鞭炮行业创新花炮进京。其时，浏阳官吏诚惶诚恐，四处张贴告示，并指令鞭炮能手李泰限期创出新花进贡。李泰自是寝食不安，一日，他路过铁匠铺，见锤下火星四射，有长有短，有红有白，有粗有细，心有所动。随后，李泰扫了些铁屑，回到家中把这些铁屑锤得粉碎，再掺以火药和米汤一起搅拌。铁砂、火药拌和得大小粗细不等，再以黑硝作动力，装于底部导火线处，于是便造出了喷射的花朵，或梅或菊或兰，多姿多彩。待李泰的新花在紫禁城上空舒展绽放，落下缤纷的花雨，把雍正看得眼花缭乱。

从此，浏阳花炮天下闻名，后来还曾一度失传。到了 20 世纪 30 年代，才有李四美花炮坊崛起。李四美作坊为商人李熙雅所建，李熙雅恢复发展了李氏先祖失传的花炮制作技艺。初捣铁屑成末，和入黑硝及其他燃料，装入泥筒压紧，经反复燃试，终于创制出熠熠闪光的焰火，便取名“萝卜花”；后又到湘潭买回洋生铁做原料，改进药方配料，并将泥筒改为纸筒，“大叶兰花”“大叶菊花”等相继问世。接着又制出能喷射多次的“二梅花”和“连升三级”等烟花。民国七年（1918），他扩大作坊，取名为“李四美”，相继制作出“地老鼠”“天鹅抱蛋”“二龙戏珠”“滴滴金”等玩具型烟花。后又研制出大型组合烟花，燃放时，花木鸟兽和各类人物逐层腾空，蔚为奇观，轰动一时。“浏阳李四美烟花”从此声名远扬，产品销往南洋各地。

浏阳花炮响天下，天下花炮数浏阳。浏阳人敢为人先的精神，激励着浏阳人在研制花炮新品种的道路上不断前行。从1990年开始，时任达浒花炮厂厂长江木根找到国防科大邢佑明教授，开始了与之长达十多年的合作历程，先后进行了三次技术革命，从此迈进了浏阳花炮先行者行列。

1989年，江木根拿出30万元资金，投入到无烟烟花的研制中。1990年8月，无烟烟花成功问世，且经国家科委认定为国家科研成果，于当年10月17日获得国家专利。之后，吉祥蛋糕烟花、舞台烟花、室内烟花等无烟烟花相继诞生，上市后便供不应求。

1995年，江木根又和邢佑明教授达成了研发的协作，由邢教授亲自主持此项目的攻关。1997年，全中国第一个冷光烟花在浏阳诞生了。要知道，传统烟花燃放时温度高达1100 ~ 1300 ℃，而冷光烟花则只有86 ~ 89 ℃，温度大幅降低，既不会烧坏衣服，也不会烫伤人体。为此，冷光喷泉、字幕、光轮等系列产品一投入市场就引起了轰动，全国各大新闻媒体争相报道，赞誉其为“中国烟花行业史无前例的技术革命”。1999年5月30日，昆明世博会开幕式上，一场精彩纷呈的天地浪漫曲吸引了众人的目光，其间最为靓丽的风景，就是浏阳达浒花炮出口总厂燃放的冷光烟花。在如梦如幻的舞台上，身姿曼妙、色泽鲜艳的冷光瀑布、冷光喷泉、一束束冷光烟花花朵，伴随演员们精彩的表演一同翩然而起，全场观众无不如痴如醉，叹为观止。

古往今来，传统烟花都是在晚上才能看到，若要研制白天任何时候任何条件下都能看到的焰火，其难度就可想而知了。于是，国防科大503研究室与达浒花炮出口总厂科研室再次紧密合作，紧锣密鼓地研制日光烟花。2004年9月12日，在湖南省旅游节开幕式上，随着隆隆的礼炮声，蔚蓝的天空上，绽放着一朵朵鲜艳的焰火，沿浏阳河两岸的观众全被这与日争辉的日景烟花所陶醉。

整整十五年里，由无烟烟花、冷光烟花到日光烟花，浏阳烟花创造了三次技术革命的奇迹，浏阳烟花的世界更为璀璨夺目。

而纵观浏阳花炮种类，按燃放效果分，主要有十二大类、5000 多个品种：喷花类、旋转类、旋转升空类、火箭类、吐珠类、小礼花类、烟雾类、造型玩具类、组合烟花类、线香类、摩擦炮类、礼花弹等。具体又可分为冷光烟花、礼花弹、盆花、罗马烛光、火箭、电光花、舞台烟花、瞬间烟花、火炬烟花、玩具烟花、舞台喷泉、架子烟花、日景烟花等。另外，浏阳生产的大型烟花，主要为大型焰火晚会燃放而制造，其种类有“焰火字幕”“礼花弹”“盆花”“火箭”“大彩火轮”“架上烟花”6 种，每种都有数十至上百个品类、规格。

事实上，浏阳早已成为全国最大的花炮产销地，是全球烟花爆竹生产贸易基地、科研中心和国家命名的“中国烟花之乡”，对浏阳的经济起着

长沙橘子洲周末焰火

长沙橘子洲周末焰火

支撑作用。至2006年5月，浏阳花炮制作技艺经国务院批准列入第一批国家级非物质文化遗产名录。

浏阳人制作花炮之时，展现了其聪明才智、心灵手巧、胆大心细的一面。千百年来，浏阳人驯服了那说爆炸就爆炸的火药，使其能爆出美丽与奇特，且成功地规避了其不安全不确定的因素，书写了火药艺术的奇迹。若没有浏阳创造的安全的花炮，并严格规范安全生产秩序，也就没有今天璀璨的花炮文化与花炮艺术。

三 鞭炮销售

光绪初年，浏阳鞭炮开始出口到南洋各国。至清末浏阳鞭炮产业陆续形成了三个集散中心，一为浏阳县城，二为浏阳南乡金刚头（金刚镇），三为浏阳大瑶铺（大瑶镇）。湖南岳阳、长沙两个海关设立后，浏阳鞭炮作为出口的重要物资，短短十余年间，就成为湖南第三大出口土特产，主要销往东南亚地区和日本、朝鲜等地，甚至有些还远销英、美等国。光绪三十年（1904），鞭炮出口达到 1 万担之多，价值 7 万两关平银。宣统二年（1910），接近 5 万担，价值近 90 万两关平银。民国初期，浏阳的鞭炮业获得了更大发展。民国十四年（1925），鞭炮出口 11 万余担，价值 226 万两关平银，成为拉动湖南近代对外贸易发展的重要引擎之一。

当鞭炮生产慢慢成为一种行业，销售鞭炮的爆庄也就随之出现了。爆庄向鞭炮生产作坊收购鞭炮后，经过包装再运往外地销售。资本相对薄弱的爆庄，一般属于代客买进性质，接到外地客商的货单后，代替他们收购本地鞭炮，运到外地，收取一定的佣金。而另外一些资本雄厚的爆庄，一般自行收购鞭炮，运到外地后，设立专门的营销机构或者委托当地商户销售。因此，当时的爆庄分为总庄、分庄、支庄、代庄、子庄，县内规模较大的总庄，一般在外地的通商口岸设有分庄、支庄、代庄或子庄，名称不一，当时汉口的大夹街、小夹街几乎全是销售浏阳鞭炮的爆庄。据县志记载：清末，全县共有爆庄 15 家，其中县城 11 家，金刚头 4 家，同时在汉口设立支庄 12 家。到民国时期，增至 81 家，其中县城 62 家，金刚头 7 家，大瑶铺 2 家。不过，当时的爆庄只负责销售而不从事生产，鞭炮都是从鞭炮作坊中收购的。

过去，沿浏阳城原衙背街，至水门口，转西正街，那长溜溜的麻石街道上，便是繁华闹市。且不说那来往的行人，那四处逛逛的外地商人，“箩脚行”的汉子们势头最大，两人一组用一根碗口粗的竹杠抬起大大的鞭炮箱，吆喝着，且步履匆匆地赶往河边码头。而一架架“高车”，一副副皮篓挑担，满载着鞭炮，皆涌向街侧那一家家爆庄。高头大门前也是一片热闹，一箱一箱的鞭炮箱运出去，一车车、一挑挑鞭炮则候在爆庄前。家家爆庄门前，都有身穿长袍的管事，或指挥鞭炮箱运出去，或从高车上或皮篓里随意剪出 50 响，点燃后便赶紧丢进门口的竹编笼子，便有“噼里啪啦”声声声响起。过后，管事赶紧上前提起笼子瞧瞧散花率，如果是漂亮的“梅花散纸”便可达到九成五，收价便高，如果没有炸开的筒子太多，自是收价低。

宽阔的门面之后，便是并排的几个大厅，每个大厅里，皆依次排着几列宽大的案板，刚刚收进来的鞭炮，按规格、品种、质量等分门别类地摆放在案板上。一些手脚麻利的女子就在案板两边紧张地忙碌着，包装纸或为白贡纸印红字或为大红纸做金粉字或为蜡光纸做金粉字，可再紧张也捂不住其单纯的快乐，时有爽朗的笑声响起。

此时，浏阳河上，便是一片繁忙，那泊在码头上的楸船或乌江子，或已装上了满满鞭炮箱，或见“箩脚行”的汉子们正吃力地抬着一箱箱鞭炮，沿着踏板小心翼翼地上船。楸船可装四五千箱，乌江子也可装几百箱，四处洋溢着收获的喜悦。货装满了，便趁天气好上路。于是，秋高气爽之时，天气正好，水流也平缓，一路滔滔过湘江，至洞庭，越长江，直达汉口。商船往来如梭，沿途一片繁荣景象。而春夏两季天气多变，本不宜航行，不是货催得紧，各爆庄绝不会选择此时出行。

当然，吃鞭炮这碗饭，自有其艰辛和风险。可浏阳人却千百年地坚持下来，且将之扩展到全中国扩展到世界几大洲。很长一段时间，爆庄收购的鞭炮，大多运输到大口岸，再转轮船或者通过陆路运输到各地。粤汉铁路开通后，浏阳鞭炮外销则多通过铁路运输，鞭炮的流通速度加快，运输量大幅提高，浏阳鞭炮业获得了迅猛发展。民国初年，浏阳鞭炮占全国鞭炮出口的三成左右，而到民国十七年（1928），其出口比例增至一半左右，在全国鞭炮业的地位稳居前列。

当时，著名的爆庄，县城有培德厚、谦达利、元和利、永庆祥、益源祥、仁昌、祝多庆、公和庆等，金刚头有同吉、长记、德丰源、绥丰庆等。在这些爆庄中，设庄最早、贡献最大的首推培德厚、谦达利、元和利三家。正是这些爆庄不遗余力地推销浏阳鞭炮，使得浏阳鞭炮渐渐蜚声海内外。

培德厚最兴盛时期的老板为丁静庵，就是在他执掌时期，培德厚开启了爆庄的业务，先后在县内金刚头、澄潭江，醴陵白兔潭，江西上栗等地设立分庄。形势一片大好，遂于光绪初年在广东佛山八间楼开设鼎和元爆庄，一年后，又在香港设立分庄。培德厚之所以能兴旺发达，在于丁静庵精通行商之道，每逢淡季就大量进货，之后又薄利抛售，自是获利甚丰。丁静庵经常说，经营者要善观时变，人弃我取，人取我予，时人都称他为“商界特出人才”。至民国二十四年（1935）前后之所以衰败，在于培德厚未能随时代的发展而调整应对策略。

谦达利爆庄的经理人为丁静庵族弟丁开元，宣统末年以银圆5万为资本设立新庄。民国时期，谦达利爆庄在金刚头、大瑶铺设有支庄，在汉口设有分庄，并为首组织了“汉口市浏阳鞭炮同业公会”，以维护浏阳鞭炮的权益。谦达利爆庄对市场把握很透，往往能据其特点对症下药，其收购的牛口、寸金、加花、双料等品种，多运销汉口，时称“汉庄”，而收购的提尖、荆鞭等品种多运销厦门、汕头。自此，每年的营业额在 10 万银圆以上。

元和利（又称“元利”）鞭炮庄由商人吴子炳创立。吴子炳系文家市人，生于清同治十二年（1873）。起初，吴子炳与他人合伙经营南货斋馆，小有积蓄。民国二年（1913），吴子炳转行在县城设立元和利鞭炮庄，专营浏阳鞭炮，并在金刚头、大瑶铺设立分庄，大量收购鞭炮，加工封装，运销长沙、汉口等地。后又在厦门设立通利鞭炮庄，并通过通商口岸，将浏阳鞭炮销往海外。不到十年，资产达 10 万银圆以上，且有田租数百石，人称“吴财神”。

20 世纪 60 年代初，浏阳花炮加快与全国各省市的联系，销往全国各地。到 1983 年底，浏阳县供销社与国内 25 个省、自治区、直辖市的 273 家花炮经营公司，建立了经常性的业务联系。自此，浏阳花炮一年一个新台阶，迎来了真正的繁盛期，1995 年被授予“中国烟花之乡”。1999 年，当时浏阳市政府在全国设立了 24 个驻外办事处，派出了 73 名营销人员，专门进行花炮营销。2005 年，主要有辽宁本溪，湖北襄樊、武汉，山西晋南地区，河南原阳，山西太原、晋中等地买断了国内地区经营权。同年 8 月，浏阳市首家省际公司在武昌挂牌成立，首次实现了浏阳花炮产业的品牌输出，拉开了浏阳花炮成立省际公司的序幕。

浏阳一直重视花炮出口，不断地着力推动花炮外贸发展。一直以来，浏阳花炮出口所占份额稳居全国前列，占总出口量的 60% 以上。1985 年，浏阳花炮出口到全球 60 多个国家和地区，销售量较大的国家有美国、德国、日本、瑞士和挪威。且随着对外开放的扩大，浏阳花炮销售遍及全球 150 多个国家和地区，焰火燃放也纷纷走出国门，受到全世界各国人民的欢迎。

2019 年，浏阳烟花爆竹生产企业有 557 家，从业人员约有 30 万人，年创产值 246 亿元。内销总额占全国 50%，出口总额占全国 60%，形成了一个集生产、经营、科研、印刷、设计、包装、物流为一体的产业集群，对浏阳经济的整体贡献率达 50%，是湖南省政府重点支持发展的 50 大产业之一。

四 响彻天下

1966年，摩纳哥开始举办国际焰火大赛，每年一次，每次五个国家参赛，7月下旬到8月上旬举行。1984年，中国广东一家烟花厂首次代表中国参赛，但只取得末名的成绩。1985年1月，浏阳县花炮研究所受命代表中国出席第21届摩纳哥国际焰火大赛。

那是让许多中国人难以忘怀的时刻：1986年8月9日21点30分，在一阵优美动听的中国乐曲中，“轰轰”，六枚迎宾礼花弹腾空而起，蓝色的天幕上顿时云腾霞飞，花雨缤纷。紧接着，16枚礼花弹呼啸着直上九天，忽而红灯高挂玉宇琼宫，忽而彩灯徐徐飘飞，天空中飘落无数红绿蓝三色大小圆圈组成的精美图案。最后，四组花束和盆花、礼花弹相继升空，顿时万紫千红，五彩缤纷。

二十分钟绚丽多彩的燃放表演，浏阳人将烟花精灵的灿烂身影留在蒙特卡洛海湾轻风里，在摩纳哥天幕上绘出了美妙绝伦的图案，也将大写的“中国制造”深深地印在10万现场观众的脑海里，赢得了此次大赛第一名。

浏阳花炮真正名震天下，就从摩纳哥的“世界第一响”开始。此次夺魁，意义重大，重新给浏阳人注入了满满的自信，也预示着浏阳花炮从此走入一个全新的时代。此后，浏阳的爆竹烟花在国际上频频获奖：1992年，在加拿大蒙特利尔国际音乐焰火大赛中赢得第一，荣获金杯；1998年，浏阳花炮再次在加拿大国际焰火大赛中荣登榜首；2001年，在意大利桑莱姆第五届国际焰火大赛中名列前茅……

此后，浏阳烟花在国际上的身姿越来越绚丽，几乎没有错过任何一次重大的展示机会：2008年，浏阳花炮获得北京奥运会开闭幕式焰火燃放权；2014年，浏阳花炮成功承担北京APEC会议大型焰火燃放任务；2015年，承办“欢乐春节”美国纽约新年焰火晚会，浏阳花炮首次作为国家形象品牌亮相美国；2017年，浏阳花炮承担“一带一路”青年创意与遗产论坛大型焰火燃放任务；2018年，浏阳花炮承担上合组织青岛峰会大型焰火燃放任务；2019年，浏阳花炮承担北京世园会大型焰火燃放任务……毫无疑义，浏阳烟花已成为世界上各种重大喜庆活动中不可或缺的一道亮丽风景。

为致力于扩大浏阳经济发展的外向度，通过“文化搭台、经贸唱戏”，浏阳成功地组织了多届中国浏阳国际花炮节。1991年3月6日晚，首届浏

首届浏阳花炮艺术节花车

首届浏阳花炮艺术节街景

第十届浏阳国际花炮节夜景

阳花炮艺术节在浏阳河畔隆重举行，这是新世纪浏阳花炮人的大胆发言。当晚分别在浏阳师范学校和浏阳河滨唐家洲两处举办大型焰火晚会，来自国内外的2000多位客人在浏阳师范学校观赏，近10万城乡观众于浏阳河两岸观赏在唐家洲燃放的焰火。自此，花炮节不仅仅是一场焰火晚会，更是一场经贸文旅盛宴。

2019年5月10日晚，浏阳河畔，第十四届中国（浏阳）国际花炮文化节正式拉开帷幕。主会场设在花炮观礼台，河面“杜鹃花”栩栩如生，水上“菊花石”花开盛世，九曲“浏阳河”踏着“绿地毯”蜿蜒而来……在浏阳河城区段的分会场，风光桥上的三变色焰火瀑布，红、绿、银三色依次渐变，璀璨而壮观，在浏阳河上空描绘出灿烂诗画。近万名来自全球20多个国家和地区的客商和嘉宾，齐聚浏阳，满怀欣喜地参加了此次花炮文化节。

音乐焰火是一种将焰火燃放节奏与音乐旋律、意境有机融合的艺术表演形式，是一种艺术性和观赏性非常强的焰火表演形式。为更好地展示烟花之美，刷新花炮节的面貌，打造音乐焰火之都，浏阳决心在举办花炮节的同时，举办国际音乐焰火比赛。2005年10月19日晚，“第七届中国（浏阳）国际花炮节•首届国际音乐焰火比赛”在浏阳成功举办，代表世界一流水平的音乐焰火，将夜空装扮得无比瑰丽、壮观。参赛的有美国联合烟花公司、浏阳东信烟花集团有限公司、香港港星烟花制作有限公司、德国WE-CO公司等世界音乐焰火“四大王牌”。浏阳市东信烟花集团有限公司的焰火以新颖的烟花、精巧的编排、宏伟的气势获得由国内外花炮专家组成的评委会的一致好评，夺得了此次比赛的桂冠。

2019年5月，第九届中国（浏阳）国际音乐焰火大赛暨第二届浏阳焰火大会（LFC）在浏阳河畔举行。日本芳贺火工、意大利玛尔达莱洛有限公司（Martarello SRL）、韩国Fireart Fireworks Company、荷兰Caffero Event Fireworks四家公司参赛。比赛甚为激烈，意大利玛尔达莱洛有限公司焰火参赛队，以其独特的编排创意和优质的燃放效果，夺得了本届比赛冠军。

质量始终是烟花之重心，2001年10月，首届国际烟花安全质量技术论坛在浏阳热烈地开坛。来自全球11个国家和地区的花炮界代表，欢聚在浏阳河之畔，热烈地讨论。就在这次会议上，共同缔结了全球花炮工业史上的第一个共同行动纲领《浏阳宣言》。于是，联络的线路图标向欧洲，标向东南亚地区，再标向其他地区。

2003年10月30日，由中国、美国、德国、英国、荷兰、日本、法国、澳大利亚、意大利等国家的烟花界发起成立国际烟花协会，总部常设浏阳，当时就有会员 27 家。国际烟花协会的成立，进一步提升了浏阳花炮的国际品牌及其世界领袖地位。

由此，浏阳成为烟花爆竹行业标准制定和执行的先导区，先后获国家地理标志产品，注册为“中国驰名商标”，受 79 个《马德里条约》缔约国注册保护，并荣获中国烟花爆竹行业中唯一的“2009 最具竞争力地理标志商标”称号。

浏阳花炮的品牌史，更是令浏阳人心生骄傲。2001 年 8 月 28 日，浏阳花炮股份有限公司（代号 600599）在上海证券交易所成功上市；2004 年，浏阳花炮纳入国家地理标志产品保护标志和证明商标， 2007 年，国家工商行政管理总局认定浏阳花炮为中国驰名商标；2009 年，浏阳花炮被评为全球烟花行业最具影响力十大品牌，2011 年，浏阳花炮以 808.62 亿地标当量在全国地理标志中排名第五。一步一个脚印，一步一个台阶，“浏阳花炮”终于成为全球最具竞争力和最受欢迎的世界烟花知名品牌。

也就是说，自 20 世纪 80 年代以来，浏阳花炮一直就是浏阳经济发展的重要支柱产业，成为全球最大的烟花爆竹出口地：1983 年，全县鞭炮烟花厂发展到 326 家，年生产花炮 100 多万箱，产值达 8448 万余元，占全县工农业总产值 23%；1987 年，鞭炮烟花生产企业已达 669 家，年生产花炮 183.6 万箱，产值突破 2 亿元，品种已达 1200 个；1992 年，浏阳撤县设市之时，年产量已达 400 万箱，总产值达 4 亿元，品种发展到 3000 多个；2000 年，全年生产花炮 1227 万箱，产值 15.9 亿元，已占全年财政收入 40% 以上；2005 年，全市销售花炮 2950 万箱，实现销售额 37.52 亿元，占全市财政收入 50%；2009 年，浏阳花炮产业总产值 110.96 亿元，销售花炮 5020 万箱，实现销售总额 80.32 亿元，占国内外市场份额的 50% 以上； 2015 年，花炮产业总产值逾 220.1 亿元，销售花炮超过 5000 万箱，实现销售额 169.4 亿元，对市域经济的整体贡献率在 40% 以上；2018 年，花炮产业总产值达到 246.4 亿元……

五 匠心筑梦

千年传承，匠心筑梦。每一场烟花绽放的背后，都有着无数工匠技术的传承。而每一个优质的花炮产品背后，都是精雕细琢、精益求精的匠心追求，凝聚着一代代花炮人的心血和汗水。

黎仲畦，土生土长的浏阳人，1988年，步入中国工艺美术大师之列，2008年，获评亚太地区工艺美术大师。从事花炮行业技术工作50余年，他先后荣获各级重大科研成果奖15项；获得了国家有突出贡献专家、全国轻工业劳动模范等荣誉称号；主编了《烟花爆竹安全指南》《烟花爆竹质量与安全》等书，还负责起草了我国第一部《烟花爆竹——礼花弹》国家标准和《烟花爆竹安全与质量》国家标准，为花炮工业的发展做出了突出贡献。

1960年，黎仲畦成为浏阳县出口花炮厂一名工人，他勤奋好学，因陋就简反复进行试验，“电光花”“七彩灯”等20多个花炮新品种陆续在他那间土实验室里诞生。他还和研究所的其他同志一道研制出新的氧化剂，取代荧光、红光焰火中的氯酸钾，完成了对烟花六氯代苯和没食子酸的取代实验，提高了烟火色彩和安全系数。

更令人称颂的是，1986年8月9日，浏阳代表中国出征摩纳哥第二十一届国际烟花大赛，参赛品种以礼花弹和大型烟花为主，这恰恰是浏阳烟花的薄弱环节。黎仲畦勇敢地挑起了研制参赛礼花弹的重担，并担任攻关小组的技术负责人，不舍昼夜地投入到新产品研发之中。从焰火大赛的节奏、焰火覆盖面积、燃放时间、设计传统性与新颖性等，攻关小组一一破题。经过努力，研发出52种新产品、共2100发。1986年8月9日晚上，摩纳哥蒙特卡洛上空，浏阳花炮一举夺魁，从此浏阳花炮闻名天下。2008年北京奥运会开幕式、2009年国庆60周年庆典、2010年上海世博会开幕式焰火燃放，黎仲畦均受邀出任技术指导。

钟自奇，浏阳沿溪人，多年来一直致力于自主开发与研制浏阳花炮产品，为全国烟花爆竹标准技术委员会（SAC/TCl49）委员、烟花爆竹专业高级工艺美术师、焰火燃放专业高级燃放师、第三批“国家级非物质文化遗产项目传承人”，设计与研究的产品有多段笛音烟花（“金星闪闪”）获得国家专利。合作研制的产品名录有《Gx2006-A型音乐焰火燃放控制系统》《一种具定向尾翼的礼花弹》《一种具水平定向装置的礼花弹》《定向发射礼花》《定向礼花弹发射架》。

钟自奇创办的浏阳东信花炮厂主要做盆花类产品，于 1998 年费尽艰难拿到了生产礼花弹的“通行证”。1999 年 9 月，钟自奇奇迹般地中标了《财富》杂志 500 强论坛年会焰火燃放权。他立即带着新组建的烟花燃放团队奔赴上海外滩进行燃放表演，可燃放开始仅两分钟，点火器不来电了，点不上火了。钟自奇一咬牙，带着四个技术员，在规定的半个小时内，用烟头将 5000 多发礼花弹点燃放上去了。

这一次的意外，让钟自奇决心要研发电子烟花点火技术。2005 年首届国际烟花焰火比赛，东信烟花集团公司凭着自行研发的音乐焰火编排系统，使音乐和焰火的同步性精确到了以秒计算的程度，最后一举夺魁。在接下来的 5 年时间里，钟自奇投资达 600 余万元，终于使这一套微波接收电脑程控点火设备技术趋近成熟，其点火系统已经达到世界上同类产品的领先水平，是国内第一套拥有自主知识产权的点火系统。

2019 年国庆 70 周年焰火晚会前夕，钟自奇在天安门现场检查安装情况

钟自奇获颁的国家级非遗传承人徽标

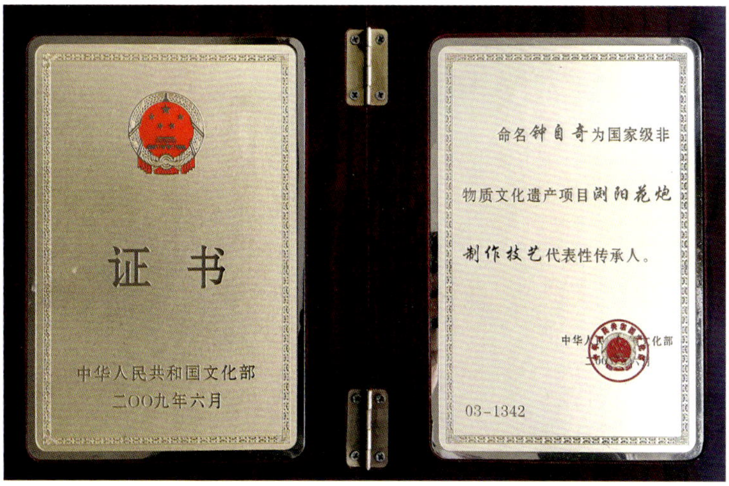

钟自奇获颁的国家级非遗传承人证书

自此，短短十余年间，东信烟花集团公司迅速成长，开发生产的花炮新产品，畅销全国各省市，远销亚、美、欧、澳数十个国家和地区，承担了以 2008 年北京奥运会、2009 年国庆 60 周年北京庆典、2010 年上海世博会等三大顶级盛事为代表的 500 余场国内外焰火燃放任务，场场取得圆满成功，受到国内外亿万观众的广泛赞誉。

正如礼花点燃了引线一样，一批批精英人物点燃了浏阳花炮的发展劲头，浏阳烟花产业和世界烟花活动迸发出光彩夺目、绚丽无比的壮丽图景。倘若你走进浏阳大地，便发现东南西北四乡那绿树丛中有着漂亮的门楼，有着整齐排列的建筑群，还圈着高高围墙的，大都便是花炮厂家。而花炮工人，大都为花炮姑娘或花炮大嫂，依然是日出而作，日落而息，却自得其乐。那栋栋车间里时常会飞出串串欢声笑语，乃至惊飞了窗外绿树上的小鸟。这些厂家都有着好听的名字，比如：颐和隆、中洲、东信、庆泰、金生、世纪红、牛石、山枣、金利、明义、复兴、银利达、棠花、庆典等等，就如绚丽夺目的礼花，在浏阳的绿水青山间娇美地绽放。

美酒佳酿

浏阳小曲古法酿造技艺

入了冬的浏阳，湿冷的风是入骨的。一到冬天，有些年老而又好酒的浏阳人，就会想念起“浏阳炸”来，也就是曾经的“浏阳河小曲”酒。现在市场上已经见不到了，偶尔找到一二瓶，以前四块五一瓶的“浏阳河”小曲，却已是几千元的高价。在回味浏阳河小曲时，他们纷纷感叹，可比现在几百块钱的白酒味道好多了。

一 昔日浏阳烧酒

宋代大理学家杨时担任浏阳县令时，曾写过一首《淮上独酌》描述其浏阳河上饮酒情景：“帘纤晚雨洗轻尘，天淡云浮夜色新。赖有曲生风味好，不须邀月作三人。”

由此推测，浏阳酿酒传统可追溯至唐宋时期。至明清时期，浏阳酿酒行业就被列为“十帖十行”之一，城镇均设有酒作坊，俗称“槽坊”。浏阳县志上有关酿酒业最早的记载在明朝武宗正德元年（1506），由私人酿酒作坊酿造，以醇香温雅、进口绵软享有盛名，俗称浏阳烧酒。民国时期，浏阳已成为湖南省23个重要产酒县之一。据《湖南实业志》统计，民国二十四年（1935），浏阳城内著名的烧酒作坊就有15家，多临浏阳河而设，年产白酒4520石。在浏阳城对面的南市街上，最有名的是“美利昌”“万利源”，南来北往的客商们在此上岸，总会打上一壶浏阳烧酒一解旅途的辛劳，也将浏阳烧酒带往远方。

说起浏阳烧酒，有这么一个传说：明朝年间，浏阳河畔，天马山下，住着一位名叫王发子的年轻人，以酿制水酒为业。后来，他娶了从江西来浏阳讨米的姑娘李霞秀为妻。一天，从浙江来了个买浏阳夏布的生意人，来到王发子家中买水酒喝。彼此攀谈起来，霞秀从生意人口中意外地打听到，被大水冲散后的母亲，竟然流落到了浙江绍兴，寄居在一户做酒的人家。夫妻俩非常高兴，便跟随这生意人前往绍兴，很顺利地找到了失散的娘。母女见面，又悲又喜。蒸酒师傅备酒席款待来客，发子喝了三小碗酒便醉了。醒来后，他惊奇地问道：“我在家喝三大碗都不醉，可你这酒只喝三小碗就醉了，这叫什么酒？”酒师傅答道：“这叫加饭酒。”发子询问其酿酒方法，酒师傅毫无保留地将配方及酿造工序全告诉了他。回家后，发子便酿造起加饭酒来了。

由于浏阳河的水清又甜，用之酿制出来的酒清澈透亮，香甜可口，酒味更浓，很快赢得浏阳当地人的喜爱。王发子喜出望外，便将加饭酒取名为浏阳烧酒。次年，浏阳遭了一场洪水，沿河两岸水稻被毁，人们只好改种高粱。发子买不到稻谷，只得试着采用高粱来酿酒。不想味道更好更香，从此干脆改酿高粱酒。于是，浙江的酒曲，加上浏阳河的水，在浏阳河两岸种植的高粱，成就了别有风味的浏阳烧酒。

在浏阳民间，一直保持着土法酿制谷酒的风俗，也称“浏阳烧酒”。每每冬至过后，浏阳乡村又到了酿制谷酒的好时节。说起这谷酒，还真是乡间一绝。蒸酒师傅一般都是上了年纪的长者，他们走进平日闲置的简易的蒸酒作坊，不慌不忙地忙碌起来：柴火燃了起来，大铁锅里水汽袅袅升起……

蒸制过程中，对火候的把握颇有讲究——火太猛了，烧出的酒会有焦味，苦涩得难以入口；火势跟不上，又失去了谷酒独有的烈味，淡得如水般没有醇劲。除此之外，还要保证出酒量，毕竟用来烧酒的粮食浪费不得。

蒸制师傅还要懂得品酒。每次酿出的头酒，都会有人用一个特制的漏

达浒乡村酒坊出甑润水工序

达浒乡村酒坊蒸谷

斗小心翼翼地接起来。先对着灶膛敬上一敬，作为孝敬灶神祖师的见面礼，再倒进炉灶里的熊熊火焰中——那窜腾起的火苗足以说明蒸酒的劲度。

紧接着，蒸制师傅再接上一碗新酒，趁着温热，端在唇边先用舌头轻轻地舔上一舔；再喝上一小口，含在嘴边反复品咂；直到额上的汗珠，沿着脸上的皱纹舒展开来。这时，主人便在桌上摆上一盘炒熟的花生，邀请隔壁邻居且饮且酌，权当庆祝这难得的好酒诞生。

谷酒的酿造工艺中，蒸谷很重要，一定要蒸至谷粒张嘴开花，饭粒熟透无生硬心。一般 100 公斤稻谷，出 50 度的酒 45 公斤左右。而蒸好的谷酒，贮存 1～3 月后，口味更佳。

每每听乡亲们说起“买饭不饱，打酒不醉”，可似乎只有自家酿的酒才能敞开肚皮喝。用稻谷制作的谷酒，在乡间常用来招待亲朋好友。除去味道自然醇厚、清冽甘甜外，更重要的是它喻示着丰衣足食、五谷丰登的幸福日子与祥瑞年运。

二 荣获国家银质奖章

中国的白酒因制造工艺的复杂程度不同，发酵时间长短不一，有大曲和小曲之分。大曲酒制造工艺复杂，发酵时间长，多数名优酒均以大曲酿成。小曲酒制造工艺稍微简单一些，发酵时间短一点。

1956 年公私合营时，原浏阳县人民政府在一日酒坊的基础上，组建成立国营“浏阳河酒厂”，选址在南市街。在继承传统老工艺的同时，加入勾兑调和技术，将“浏阳烧酒”更名为“浏阳河”牌小曲酒，有 38 度、52 度、57 度几款。

老浏阳河酒厂远眺

浏阳河水酿浏阳河酒

水好是出好酒的关键。也因此，清澈透亮的浏阳河水，加上百年烧酒工艺的传承，成就了独特的“浏阳河”小曲酒。加之用曲量少、发酵期短、出酒率高、口感不错、价格适中，浏阳河小曲酒在湖南省内各地深受欢迎。

计划经济时代，浏阳河小曲在当地几乎没有竞争对手，在省内颇有名气。1961 年，“浏阳河”小曲酒被列为湖南八大名酒之一，由省统一管理，原料由省专项安排，产品由省统一配发。1966 年被评为湖南省优质酒，1972 年荣获湖南省名酒称号。当时不允许私人开酒坊卖酒，浏阳县酒厂的酒供不应求，每年都脱销，还没有出厂就被预订了。

浏阳酒厂于 1963 年参加过全国评酒会，没有拿到名次，其时酒厂属于浏阳副食品公司管辖，对于名次并不在意。1979 年，浏阳河小曲酒又被推荐参加第三届全国评酒大赛。当时酒厂归到轻工业部，对获奖名次很关注，上下对浏阳河小曲获奖信心十足。然而结果却让人失望，浏阳河小曲败于象山牌桂林三花酒、湘山牌全州湘山酒及广东五华的长乐烧，位列小曲米香型类酒第四名，与国家银质奖章擦肩而过。

浏阳酒厂痛定思痛，要想创优夺牌，亟须技术创新，且将“创优夺牌”的横幅挂在了生产车间里。时罗立忠已经成长为酒厂技术厂长、湖南省的评酒员。她 1973 年进入酒厂后，就负责化验，检验酒和酒曲的成分。因经常参加省里的评酒会，罗立忠认识了第三届全国评酒会评委、常德酒厂工程师鲍沛生，他是当时湖南唯一一个国家级评酒师。在湘潭的一次评酒会上，罗立忠就寻找机会向他请教，为什么第三届评酒会浏阳河小曲没有获奖？鲍沛生倒是直言不讳：前三名都是大米酿造，属于米香型小曲，而浏阳河小曲是由高粱酿造，是清香型，口味不如大米酿造酒醇正。

于是，罗立忠向酒厂班子大胆建议，不如采用大米做酿酒原料。1980 年年初，浏阳酒厂迅速成立了以胡国南、黄会成、罗立忠、李武伟、李作佳、陈树民等为骨干的课题研发小组，专门负责研制以大米为原料的酿酒技术。作为一个全新的课题，研发小组花费了几个月的时间到衡东、广西、广东等地酒厂考察学习，还派罗立忠带队专程向自己的竞争对手三花酒、湘山酒秘密学习取经。

罗立忠带着两个制曲师、两个酿酒师，踏上了“偷师学艺”之路。当时商业气息没有那么浓，酒厂之间讲友谊第一。湘山酒厂非常热情，所有的车间都带着研发小组去参观，制曲车间也不保密。研发小组成员分工不同，白天各自跟着酒厂的工人上班，晚上集体开会总结。罗立忠负责全面学习，从品酒、化验、设备操作，到生产工艺，都没落下，甚至把湘山酒厂的管理制度也带回了浏阳酒厂。在湘山酒厂待了一个月后，接着前往三花酒厂。三花酒厂就相对严格，外人不能进入制曲车间，而且他们的酒采用洞藏，浏阳缺乏洞藏条件，三花酒的工艺学得不多。

考察归来就马不停蹄做实验，决定采用传统的酿制技艺，改用大米酿造属于自己的小曲酒。但是，酒厂的高粱、高粱酒如何处理就成了难题。罗立忠等研究发现，由于高粱壳上含有一种名为“单宁”的酵香前驱物质，发酵后能绵延酒的口感。虽单宁十分涩口，倘采用浸泡法，就能将单宁含量控制在一定数量内。

几番思考后，罗立忠决定创新性地将酿造出来的大米酒和高粱酒勾兑起来，大量大米酒配之少量高粱酒。大米酒香味优雅醇厚，充满蜜香，口感清冽，却短促单一，少了份丰满。而高粱酒含有单宁，闻起来清香阵阵，尝一口却酒味绵延悠长。如此一来，几经调试后，综合两者优点的浏阳河小曲，就有特有的淡淡蜜香，且酒味绵长。

水是酒的血液。为了得到优质的泉水，酒厂专门请402地质大队进行地质勘测，在老酒厂附近的龙泉坳打了一口深达60米的水井。水质竟然特别好，酿出来的酒格外地香，为浏阳河小曲酒的蜕变打下了良好的基础。曲是酒的骨骼。纯正的药曲能加速将谷物的淀粉、蛋白质等转变为糖、氨基酸，糖分在酵母的作用下分解出乙醇。之前的酒曲多为外地购进，此次酒厂课题研发小组明确专人学习制曲，全都掌握了用中药材制出纯正酒曲的技术，回来后培养出七八名制曲高手。在酿造关键环节，以大米和高粱两种原料，酒厂实行一人一灶模式，再加上全厂实行奖励评比措施，每个人都不敢有丝毫懈怠，精心操作。说到制酒时捞头去尾，目的还是为了提高优质度，将酒头（约占2%—5%）、酒尾（约占3%—8%）另行收集，酒味就更为纯正。品评出优，这个环节也非常重要，品酒师都经过了专业训练，每天都要评酒，并给出分析，以此作为课题研发小组不断改进酿酒工艺的依据。

如此一来，一年之后，浏阳河牌小曲酒终于成功转型。投入市场后，获得消费者的一致好评。

1984年5月，作为浏阳酒厂唯一委派参加评比大赛的代表，时厂长黄会成独自提着两件浏阳河小曲（当时的规格为24瓶/件），在湖南省原创优办主任郭凤梅女士的带领下，千里迢迢赴山西太原参加第四届全国评酒会白酒评比大赛。

全国白酒评比，首先检验物理化学指标，然后就是感官指标，最后就是在论证会上进行技术答疑。当时浏阳河牌小曲酒编号为101号，前面两个环节顺利过关，至当年8月进入到第三个环节，酒厂派时任技术厂长胡国南一人赴北京参加。胡国南时已在酒厂工作了21年，他毕业于哈尔滨军事工程学院化学专业，到酒厂工作后，有机化学、高分子化学、微生物学等专业知识派上了用场。当对手反驳浏阳酒厂是个小酒厂，产量不够时，他立即对评委说："这个评比究竟是产量评比，还是质量评比？若是产量评比，那我们浏阳县酒厂可以直接退出了。"经过最终审核，评委们一致认为：“101 号白酒蜜香清雅，入口柔绵，落口爽洌，回味怡畅。”由此，浏阳河牌小曲酒夺得了第一。

《经济日报》在 1984 年 9 月 7 日公布了此次大赛结果：“浏阳河”牌小曲酒一举打败三花酒、湘山酒、长乐烧，名列小曲类第一名，荣获了小曲酒类的最高奖项国家银质奖章。”随后，罗立忠作为浏阳酒厂代表到北京领奖，当时湖南获奖的还有德山酒厂和武陵酒厂，都是大曲酒。回来后，浏阳酒厂厂长到浏阳大礼堂做汇报，酒厂趁机扎了花车，做了一块大奖章，喇叭全城报喜。

浏阳河小曲获奖证书

浏阳河小曲获奖证书

罗立忠从北京捧回浏阳河小曲酒全国银质奖章

获奖后，浏阳县政府拨款300来万对酒厂进行扩建，“浏阳河”牌小曲的年产量从五六百吨一跃超过千吨，最高年产量达到了1800吨，产品畅销北京、上海、天津、广州、武汉等26个省市。此后，1985年—1988年，浏阳河牌小曲酒连续被评为湖南省优质产品；1988年，在第五届全国白酒评比大赛中，浏阳河牌小曲酒再次蝉联国家优质酒称号及银质奖章；1994年，浏阳河牌小曲酒被评为国家名牌产品。从此，浏阳河牌小曲酒成为中国小曲酒类的一面旗帜，书写着湖湘白酒的传奇。

业界专家普遍认为，生产工艺和酿制时间，决定了酒的品质。大曲酒中，酱香型从酿造到出厂平均时间需要5年，浓香型白酒需要3年。而清香型、米香型小曲酒只需要1年，发酵时间短，出厂快。小曲酒便不知不觉被贴上了“廉价”的标签，一直定位在中低价区域，浏阳河牌小曲酒在市场大潮中也遇到了发展危机。

但谁也没料到，第五届全国评酒会后，粮食供给制度发生变化，白酒不再供不应求，市场的厮杀真正开始了。

三 委托五粮液加工时代

至20世纪90年代，浏阳酒业由于此前发展过快，导致酒类市场的混乱。1991年，全县个体小酒厂增至421家，通过全面整顿清理，219家小酒厂停办。到1998年，是浏阳酒业震荡的一年。同年9月，浏阳县酒厂改制，湖南中商集团以1300多万元的价格买断“浏阳河”酒的商标使用权及所有权，成立浏阳河酒业有限公司。随后，酒厂遗存的瓶装酒和窖藏散酒被低价倾销，员工被整体安置，酒厂最终没能逃脱被改制的命运。那被摘下的招牌，那曾经热火朝天、酒香扑鼻的国营企业，那曾经享誉百年、香飘四海的浏阳河牌小曲酒，荡然无存……

此后，湖南中商集团与四川宜宾五粮液股份有限公司建立合作关系，却再也不生产小曲酒。而是依托宜宾五粮液酒厂生产，完全采用五粮液的基酒，以优质高粱、大米、糯米、小麦、玉米为主要原料，结合传统工艺与现代技术酿制而成。也因此，1998年以后的浏阳河酒，不是小曲酒，而是浓香型大曲。虽然经著名品酒专家鉴定，肯定浏阳河酒质量完全符合国家优级标准，具有国际流行的浓香型口味，却与浏阳传统的酿酒行业再无任何关系。

在浏阳河酒业公司广告的轮番轰炸下，浏阳河品牌一下子名声大噪。2008年，浏阳河酒业营销网络覆盖全国31个省、自治区、直辖市，年产销量突破16亿元，品牌无形资产价值高达80亿元。

五粮液集团开发研制了50多种品牌，“浏阳河”成了其中重点品牌，成了“名门之后，五粮新贵”。浏阳河酒先后开发了“金世纪”“红太阳”“喜洋洋”“红色经典”四大类系列产品、113个品种。在此基础上，又推出“红色经典”蓝色系列、陈酿系列、年份酒系列、和谐系列、红花瓷系列、地有缘系列。产品线包括高中低档，能适合不同客户和消费者需求，倒是秉承了“天下浓香是一家，东西南北味不同”的理念，开创了“柔雅浓香”的独特新香型，突出浏阳河酒其绵柔、淡雅、净爽，甘甜的独特风格。2013年1月，浏阳河酒制作工艺被认定为长沙市级非物质文化遗产项目。

浏阳河酒始终致力于发展浏阳河酒品牌，销售网络遍布全国，先后荣获“中国酒业十大影响力品牌”和“中国著名白酒品牌”；2001年，获“湖南省著名商标”；2006年，被认定为中国驰名商标、被评定为“中国白酒工业一大竞争力品牌”及中国糖酒业百佳畅销品牌；2007年，认定为“全国重点保护品牌”；2008年，被评为中国糖酒食品业畅销品牌、中国名优品牌。

从2003年开始，中商集团一直在数十个领域进行多元化投资，因此制约了浏阳河酒的发展。从2006年单独上市不成，到2014年已三次“借壳”未果，浏阳河酒业公司花了九年时间，仍未成功登陆资本市场 。鉴于五粮液不断提高原酒出厂价格，引起成本上升，浏阳河酒业公司开始着手谋划建设自己的现代化生产基地。为充分利用浏阳河品牌价值，重塑“湘酒”辉煌，实现浏阳河酒品牌与产地的统一，浏阳市政府抓住浏阳河酒厂建厂50周年的机遇，决定与湖南中商集团携手，实现了浏阳河酒品牌的回归。至2009年6月22日，浏阳河国际名酒城在浏阳永安正式奠基。2011年11月，浏阳河酒业成立独立公司，2012年一期工程建成竣工投产，年产白酒10万吨。至2015年5月正式停产，市场上所售产品均为库存产品。至2016年下半年，浏阳河酒发布新10年、15年两款新品，“低调”归来，继续采取“生产外包和代加工”的形式推进市场。

2017年10月20日，2017年浏阳河酒运营商及供应链联合大会在长沙普瑞温泉大酒店举行。浏阳河酒业公司在大会上宣布，浏阳河酒业将重新打造湖南本土专属单品，发力本土市场。这是自 2015 年“浏阳河停产”风波后，首次宣布回归本土市场。

四 手工浏阳河小曲

国营浏阳县酒厂改制以后，浏阳河小曲酒便退出了历史舞台。在浏阳河小曲酒退出市场的这段时间里，人们纷纷转向其他口味的白酒。此时，成立于 2006 年 11 月的湖南相台春酿酒有限公司，决定采用传统的纯手工工艺来酿造小曲酒，用老味道来吸引消费者的回归。

相台春酿酒公司将酿造作为重中之重，至 2012 年年初，为保持浏阳传统小曲酒的技术传承，为响应“振兴湘酒”的号召，公司董事长李杏义对原酒厂进行了大规模扩建改造，并聘请了原浏阳河小曲酒 “国家银质奖”创优夺牌项目负责人罗立忠担纲首席工程师，重新采用传统酿造工艺，酿制几乎要被人遗忘的浏阳河小曲酒。很快组建专家技术团队，在浏阳河传统小曲酒的基础上，推陈出新，精选五粮酿造，老坛恒温窖藏，成功研发了独具个性的“蜜香型”小曲工艺白酒，其品质全面超越了传统单粮小曲酒。当时公司新建了 3000 平方米地下酒窖，用于恒温窖藏原酒，可储存原酒 1500 吨。

当下白酒的主力消费群体越来越年轻化，销售并不单纯依赖线下，内容正成为赢得市场的关键要素。此时浏阳河酒业公司嗅到了市场新的气息，将眼光再次投到了浏阳河小曲酒的原产地，决心在坚守浏阳河小曲酒传统酿造技艺的同时，不断进行传统文化传播。简单地说来，就是回归手工酿造，坚守老味道。

经过两年的洽谈和协商，时至 2019 年 5 月 28 日，浏阳河酒业公司与相台春酿酒公司达成了战略合作，并宣布浏阳河小曲手工酒庄项目正式启动，从此踏上了寻味之旅。罗立忠带领技术人员便埋头复原 101 号浏阳河小曲酒的手工酿造工艺，采用“中药制曲、纯粮发酵、小灶蒸酒、大缸醇化”，所产出的小曲酒清雅柔绵、爽洌怡畅，成功地再现了浏阳河小曲酒的风采。

“粮为酒本，曲为酒骨”，酿酒的第一步便是选粮，粮食的好坏直接关系到酒的品质。罗立忠对粮食的把控十分严格，大米一定要选浏阳地区的富硒大米，玉米一定要选陕西山区的糯玉米，小麦一定要选河南的红小麦等。一方水土养育一方人，粮食亦是如此。不同风土产出的粮食，具有不同的风味。只有将小米的绵柔、玉米的甜糯，高粱的醇厚、大米的清淡、小麦的劲道糅合在一起，经过时间的孕育，才能造就酒的独特品质。

在手工酒庄的酿制车间里，挂着一块酿酒秘诀的牌子，“水必得其甘”。两个酿酒车间，一个酿米酒，一个酿五粮酒。把单纯的高粱改成五粮，香味更醇厚，算是罗立忠多年之后的又一次创新。大米纯净，五粮丰满，经时间酝酿，达到最佳融合的效果。两者在经过酒窖的存放后，会在勾兑时相遇，成为传统的浏阳小曲酒。

每个车间只有一个工人，每个人负责两个甑，一个蒸粮，一个蒸酒。米酒车间的大米蒸熟后，工人就把大米摊晾在水泥地板上，等待冷却。冷却到 30 度左右，才可以加曲，入缸。温度更多地依靠工人的经验把握，酒曲是用广西的散曲。拌曲入缸之后，密封两天再加入水，7 天左右就可以上甑蒸馏，前期固态糖化，后期液态发酵，在酿酒中叫作半固态发酵，是小曲酒的一种常见发酵方式。酿酒的师傅多用听的方式，来辨别酒醅是否发酵好，还在发酵的酒醅会有‘咕噜咕噜’的声音。

五粮酒和米酒的酿造工艺一样，操作起来却麻烦得多。五粮以高粱为主，加上带壳的大米、糯米、小麦和玉米，在蒸粮之前需要经过一天的浸泡，为了去除泥沙，也是为了去除一部分单宁。要保证每一颗粮食都蒸熟蒸透，

上甑

开剪出槽

翻槽

在蒸的过程中还要进行三次开喷。所谓开喷，就是在中途加水，让高粱吸收水分，发胀裂开，有利于蒸熟蒸透。五粮的摊晾在一张竹席上进行，竹席之下是有玄机的，一层布满裂缝的黄泥，黄泥之下还埋着青石，这是酒醅的“呼吸通道”。

于浏阳河小曲，罗立忠似乎永远是个探索创新者，不仅是原料在改变，

拌酒曲

发酵技术也在改变，不断实验采用多菌种发酵。酿造小曲酒，400 斤粮食才加两斤曲，摊晾的过程需要把菌种扩大，这个环节需要氧气，所以需要保持疏松透气。还需要渥堆发酵 24 个小时，将发酵升温的酒醅摊凉到 28 度，才能入缸。冬天需要两天，天气热一点，一天就可以加水了。

出酒的时刻，新酒有 70 度以上，入口辛辣微苦，味道并不好。随后，掐头去尾，最终的新酒保持在 56 度以上。新酒入酒窖存放一年以上，才好进行勾兑。放在酒窖，酒体同样会发生变化，要等它酒体稳定了，勾兑好，再存储一段时间才装瓶出厂。为了保证口感的卓越，罗立忠特别注重基酒的储存，酒厂选择用一吨重的陶缸封装，储存在其通风阴凉的 2000 平方米的地窖存储三年以上，让酒质缓慢地改变，变得越来越醇厚绵柔。

品酒勾兑也多半由罗立忠完成，勾兑对她来说，也是一件神奇的事情。在她看来，有的品质普通的酒，彼此勾兑，它们之间的微量元素、香气互补，可能会变成上好的酒。就像多年前，她把高粱酒与米酒勾兑，成就了浏阳河小曲酒。而现在用五粮酒跟米酒勾兑，浏阳小曲酒香味更醇厚。

2019 年 7 月 18 日，浏阳河酒业公司开放浏阳河小曲手工酒庄，并发布浏阳河小曲酒战略品系之一：浏阳河 · 小曲 101 产品。这是浏阳河酒业在 2019 年初提出正式回归湖南市场后，推出的重要标志性产品。浏阳河小曲 101 产品战略新品发布后，还将陆续布局和完善浏阳河小曲酒家族品系。

罗立忠与老技师一道检查酒醅的发酵情况

五 正德浏阳小曲酒

自1998年之后，浏阳河小曲酒除了原先在酒厂上班的工人回家后零星生产一点，市场上就再无踪迹。原浏阳县酒厂的酿酒师们，曾经想要复兴浏阳河小曲酒，却步履维艰。

没想到2008年5月，五福堂总经理吴丹，与原国营浏阳县酒厂厂长黄会成，原国营浏阳县酒厂技术总监、名酒车间主任李武伟、技术专家邓坚等浏阳有志之士，却毅然联手，达成共识：挽救浏阳河小曲酒制造工艺，打造浏阳标志性文化白酒。

经过四年多的筹备，于2010年下半年组建浏阳市五福堂酒业有限公司，随后在2010—2011年间陆续在龙伏、道吾山、沙市重建了浏阳小曲酒酿造基地，且完全复原了浏阳县酒厂的小曲酿造工艺，开始酿造和发展浏阳小曲酒。李武伟，这位原酒厂名酒车间主任，决心全力以赴恢复浏阳河小曲酒酿造工艺。于是，早在2010年，在李武伟的主持下，原浏阳县酒厂酿酒师肖敬业、何志龙、谭应成等人积极协助，成功以传统酿造技艺酿造浏阳河小曲酒。就在当年，酿制出浏阳小曲基酒44吨。至2013年上半年，五福堂共生产了300多吨酒。

他们完全复原浏阳县酒厂的小曲酒酿造工艺，采用浏阳天然山泉水、优质大米及高粱，以特制的浏阳草药小曲为糖化发酵剂，真正做到了采用“中药制曲、纯粮发酵、小灶蒸酒、大缸醇化”。然后，再用五福堂特制紫砂大酒缸，在仁寿地窖窖藏数年。为了保证酒的品质，每天从5公里外的蒿山下采水酿酒。并且考虑到现在人们的口感发生了变化，进行了技术攻关，尽量淡化小曲酒特有的苦味，以赢得更大的市场。

昔日浏阳河小曲酒一直畅销，主要原因是纯酿原浆，因此一直以来规模不大，但千金难求。当窖藏的酒面世后，令众人惊喜异常，酒液清亮无比，蜜香清雅纯正，入口醇甜爽净，余香回味怡畅，让人回味起当初清雅柔绵、爽洌怡畅的浏阳河小曲。因浏阳历史上有历史可考的酿酒记载，最早起源于明朝。浏阳县志上有关酿酒业最早的记载在明朝武宗正德元年（1506），为此将新酿造出来的酒定名为“正德小曲”，取正德壹伍零陆为浏阳小曲酒的商标。

浏阳小曲酒传承人李武伟（左）查看酒曲发酵情况

正德浏阳小曲酒再现了浏阳河小曲酒的风采。最难得的是，浏阳小曲酒的蜜香清香，蜜香源于米香，却高于米香，可以说是米香的最高境界。天赋蜜香是指小曲酒在自然酿造和窖藏醇化的过程中自然形成的一种独特香味，这是一代又一代的浏阳小曲酒酿造者不断努力而达到的小曲酒酿造最高境界。正德浏阳小曲于2013年5月18日正式面向社会销售。仅仅十天后，在成都举行的中南五省一市白酒评选会上，首次代表湘酒米香型参选的“正德浏阳小曲酒”，和中国米香型白酒代表桂林三花酒同场评比，浏阳小曲酒获胜，名列米香型白酒第一名，荣获金奖。

2013 年 7 月 19 日，湖南省酒业流通协会在长沙举办“湘鄂赣渝闽桂”白酒行业产品质量奖，正德浏阳小曲首次代表湘酒米香型白酒参评。正德浏阳小曲让现场210位专业评委赞不绝口，打破了桂林三花酒六连冠的局势，又一举拿下白酒小曲米香型的金奖。在参评中，桂林三花酒是 90 分，浏阳小曲是 90.5 分，虽只多了 0.5 分，却等于是金奖里面的第一名。

浏阳小曲酒所代表的不仅是浏阳的历史和文化，更体现了 140 多万浏阳人对于打造浏阳本土白酒品牌的殷切期望。2013 年 4 月，由浏阳市五福堂酒业有限公司申报的“浏阳小曲古法酿造技艺”被列入浏阳市非物质文化遗产名录，五福堂酒业公司的李武伟等三位酿造技师被命名为代表性传承人。至 2014 年 6 月，“浏阳小曲古法酿造技艺”又被列入长沙市非物质文化遗产名录。

蒸菜生香

浏阳蒸菜传统制作技艺

一

关于“蒸”的历史，据考证最早可追溯到炎黄时代。为甲骨文“蒸”，即以薪以蒸，说明蒸是烹饪方法的一种，就是把食材放在器皿中，再置入蒸笼，利用水蒸气使食物成熟或变热的过程。蒸之方法，最早的起源在新石器时代晚期，商代就已普遍推行。《诗·小雅》里有“以薪以蒸”，《笺》粗曰薪，细曰蒸。

自从我们的祖先发明了锅，先有“煮”，“蒸”随之诞生。蒸的工艺相对于其他烹饪方法，在加热过程中处于封闭状态，水分不会大量蒸发，更能保持食物营养和原汁原味，堪称夏日最适宜的健康饮食方式。各地吃食里均有蒸菜传统，大部分用于祭祀祖先、过年过节、婚嫁迎娶等民间大事。而各地对于蒸有着不同的阐释，到目前为止，中国蒸菜之乡由中国烹饪协会评选认定，全国已有湖北天门，湖南浏阳，江苏常熟被授予“中国蒸菜之乡”称号。

《周礼·天官·甸师》云：“帅其徒以薪蒸，役外内饔之事。”《疏》自然小者曰蒸也。祭祀大典仪式中使用蒸菜，是历史祭祀传统。相传，浏阳蒸菜起源于宋末明初年间的浏阳河发源地——大围山，此地因两次遭兵燹“血洗”，成为客家移民较为集中的地区。据《浏阳县志》记载，“宋德祐二年（1276），元兵破潭（潭州，今长沙），浏遭歼屠殆尽，奉诏招邻县民实其地。”于是，外地移民纷纷迁入大围山脚下插草为标，当时移民大都来自江西。至元末明初，因战事频繁，浏阳周边省份的人口再次大量迁徙到浏阳。至明嘉靖年间，一批福建人避倭寇乱，逃入江西宜春一带，广东人亦接踵而至，竟达数万。他们搭棚而居，被称为“棚民”。明亡后，“棚民”不断反清，遭清朝廷捕杀，被迫逃亡，部分潜入浏阳大围山的穷乡僻壤，在此垦地开荒。

如此，历经这几次大的人口迁徙，很多江西籍和广东籍、福建籍等地人口迁移到了浏阳。而这些历朝历代的迁入户内均有客家人，他们保持原籍客家方言，世代相承，被称为“客姓”。当时较平阔的地方均为江西移民居住，“客姓”只好进入山区定居。客家人离亲别祖，颠沛流离，历尽艰辛，来到浏阳繁衍生息，在浏阳东、南区几个乡镇形成了浏阳独特的客家文化圈。浏阳蒸菜也是源自迁徙而来的客家人的饮食习惯之一。

从秦始皇统一中国派遣大批军民到岭南开始，客家人经历了六次大迁徙。长期的迁徙流离及聚居地区经济发展滞后，客家人艰苦度日，就地取材，制备咸菜、菜干、萝卜干、腊肉等耐吃耐留的食物，日积月累，形成了坛子菜、干菜、腊制品的独特制作方法。清代嘉、道年间，湖南溆浦人严如熤常到川、陕、湘、鄂等省边界踏访，写下《三省边防备览》一书，称当时的移民“不由大路，不下客寓，夜在沿途之祠庙、岩屋，或密林之中住宿，取石支锅，拾柴做饭。遇有乡贯，便寄住。写地开垦，伐木支椽，上覆茅草，仅蔽风雨……”

广东等地客家人自古就有用砂锅将饭菜“一锅熟”制作“游盘饭”（即煲仔饭的前身）的习惯。每天早上，客家人为了长途跋涉或躲避抓丁至少得准备一天的饭菜，在蒸饭的时候整好几个菜碗放到饭甑里一起蒸，只要饭蒸熟了，菜也就熟了，端起饭甑就可以吃饭。这样节省了做饭时间，也尽量少见炊烟。这种饮食习惯和浏阳本地山区土菜的食材制作和木甑、竹蒸笼等器材制作相结合，就逐步形成了一种新的饮食方式——浏阳蒸菜，同时具备了粤菜的清淡和湘菜的香辣等特点。

童大娘为家人做饭蒸菜

久而久之，蒸菜不再是客家人独有的饮食方式，渐渐地影响了浏阳各地。过去，浏阳农村家庭人口较多，农活也多，通常早上就一次性将三餐的米饭都做好。用大锅烧水，烧开后把米倒入锅中，煮至六七分熟，然后再捞起来放入饭甑蒸熟，米汤则倒入潲桶拌上米糠喂猪。聪明的客家人自然不会浪费时间，在煮饭的间隙，就会把菜配好，盛放入碗，待蒸饭时一起放入饭甑，最后饭熟菜熟。既节省时间又能做出美味，是一种简单又实用的生活智慧。时间一长，便成习惯，倍感顺意，甚为方便。那时的菜肴主要是时令鲜菜和干菜、腊菜、坛子菜、腌菜等，日子安稳时以时令鲜菜为主。

浏阳自古商贸交易发达，陆路四通八达，通往周边上栗、修水、平江、醴陵、长沙等地，水运更是因浏阳河而相当发达。浏阳河上至东门，下通湘江，中下游水道宽深，适宜行船，当年就有载重十余吨的船只航行通畅。浏阳蒸菜在那些卖苦力的船工、排客的支撑和传播之下，两岸饭铺经营昌盛，浏阳城区的“城南客栈”、普迹集市的“汤合盛”饭铺便是当年名店。“城南客栈”于1944年开办，老掌柜宋斯贵擅长清蒸脚鱼、蒸黄鸭叫、蒸腊肉、蒸羊肉等。“汤合盛”饭铺最为突出的是蒸制当天早上上市的浏阳河新鲜鱼虾，以鲜鱼为主，蒸法多样，令食者无不称赞。还有就是从普迹集市往上游行走四公里有个“大水市”（现普迹镇新府村），有个“杨仁美饭铺”，当年那里建有官方的粮运码头，几乎是粮运码头的接待站。该铺的蒸菜以蒸鸡著名，有“清蒸整鸡”“蒸鸡块”“蒸药膳鸡”等菜品。

浏阳在历史上是“县大城小”，因地处湘东边境山区，山高路崎，经济发展缓慢。解放初期，民间曾有这样的一首方言顺口溜：“沿溪山坳竹业桥，五十五里到滩头。滩头有个沙光壁，再过五里有饭呷”，可见沿途饭铺之稀少。直到20世纪70年代，县城人口还不足3万，但全县人口已过百万之多。

浏阳蒸菜在几百年的历史时期内，都是浏阳百姓家中餐桌上的家常菜，很少进入餐饮市场。直到1987年9月，浏阳三口江桂英等“江氏五姊妹”为谋生计，在浏阳城嗣同路99号开饭店，取名“99号饮食店”，首次将浏阳蒸菜推入餐饮市场。毕竟蒸菜便捷，提前蒸好，一路辛劳的客人坐下来，就可扶起筷子吃；不管人多人少，爱吃啥选啥，一桌菜里都有各人喜欢的菜品；蒸菜制作简单省时，价格相对便宜，且品种丰富。如此价廉物美，又方便快捷，又干净卫生，自然深受顾客欢迎。渐渐地，嗣同路的蒸菜店如雨后春笋，其他街口巷道也争相仿效。

到了20世纪90年代，浏阳蒸菜市场发展更快，当时都取名“某某浏阳土菜馆”。同时，浏阳蒸菜也大举进入酒店、宾馆，为首的是焦国防、潘定国、黄庆春、曾秀清等。跨入21世纪，浏阳蒸菜已进入省会长沙城，当时在长沙就有100多家“浏阳蒸菜店”或“浏阳土菜馆”。据当时餐饮界人士统计，1991年，浏阳有蒸菜馆8～9家，1994～1998年，发展到20多家，并逐渐形成了嗣同路蒸菜一条街的态势。

2011年8月11—12日，由中国烹饪协会副会长卢永良、许菊云带队的评审团来到浏阳，对浏阳申报“中国蒸菜之乡”工作进行评定。经过为期2周的公示后，浏阳毫无争议地被正式授予“中国蒸菜之乡”，浏阳蒸菜在产权保护、品牌建设上迈出了历史性的一步。2013年1月，浏阳蒸菜获得“中国地理标志集体商标”荣誉。随后，浏阳制定出版了100道菜的《浏阳蒸菜制作标准》，浏阳蒸菜从原材料的挑选和使用到制作过程和商标的使用都全部有了要求。非但如此，凡是授权使用“浏阳蒸菜”国家地理标志集体商标的企业，都需申请使用专属于浏阳蒸菜产业协会的VIS（企业视觉形象）识别系统。

自此，浏阳蒸菜更是以其经济快捷、营养卫生、种类丰富而受到老百姓的青睐。2013年，在长沙经营浏阳蒸菜的店铺有4800多家，长株潭共有10000多家，在北京、湖北、江西、广东等地都有浏阳蒸菜的“身影”。2017年2月，浏阳蒸菜传统制作技艺等列入第五批长沙市非物质文化遗产代表性项目名录。

二

蒸菜的特点是保持了菜肴的原形、原汁、原味，能在很大程度上保存食材的各种营养素。蒸菜的口味鲜香，嫩烂清爽，形美色艳，而且原汁损失较少，又不混味和散乱，因而蒸菜适用面广，品种多。

“巧妇难为无米之炊”，做蒸菜也是同样的道理，没有好食材、好调料，也是做不出蒸菜的原汁原味。蒸菜不同于炒菜，炒菜对于食材以及调料要求没那么严格，炒菜可以通过调料及颜色来掩盖食材的瑕疵。而蒸菜追求原汁原味，食材是主料，调料是辅料，食材的好坏直接影响菜品的口味，调料只是为了衬托菜品口感。

浏阳蒸菜制作方法有36种之多，最重要的一个环节是“蒸”。无论是

蒸菜手艺代代相传

简蒸、繁蒸和广蒸，还是清蒸、混蒸、艺术蒸和保健蒸，也无论闪蒸、快蒸、普通蒸或者深度蒸……总而言之，都离不开一个“蒸”字。做蒸菜也讲究颇多，大多数浏阳蒸菜店老板都是早早起床，购买新鲜菜，或准备特制菜，然后打开竹蒸笼，细细慢慢地蒸。有的菜还要一蒸二蒸三蒸。蒸菜的碗，多为磨砂的粗瓷器，或者干脆从山上砍来竹子，把蒸菜置于竹筒内。蒸之鲜，加上竹之香，更为美味。

在浏阳随处可见蒸菜馆，渐渐地，蒸菜馆已开到全国各地。一般来说，蒸菜馆店面并不大，餐馆的门口摆着几口大锅，锅里放置着高达五六层高的竹篾蒸笼，锅里的水保持着沸腾的状态。而每一层蒸笼都整齐地放置着一碗碗爽心悦目的蒸菜，每当有客人到店，就会被领来挑选自己喜欢的蒸菜。蒸菜的品种很多，荤的如竹筒蒸排骨、干豆角蒸肉、腊鱼腊肉合蒸、蒸香肠等，素的有蒸毛豆、蒸萝卜片、蒸芋头、蒸南瓜、蒸青辣椒等。尽管品种花色各异，但有一点是相同的，就是无论是蒸什么，大都盖了层或红艳或碧绿的辣椒，再加上几颗黑黑的浏阳豆豉。蒸菜辣椒是少不了，用的辣椒分很多种，剁辣椒、鲜红辣椒、鲜青辣椒、浸酸辣椒、浸朝天椒、浸野山椒、晒青椒等等。不同的菜，入不同的辣椒，放不同的调料，味道自然不同。蒸菜色泽丰富，虽多以辣为主，但因蒸汽去火，倒可清火润肺。

浏阳蒸菜品类丰富，很多菜都可以派生出不同的品种。如“蒸火焙鱼”一菜有 22 个不同的品种，“蒸肉丸”有 12 个不同的品种。据统计，目前市场上出现的浏阳蒸菜有1000多个品种。著名的蒸菜有：“蒸浏阳黑山羊”“剁辣椒蒸鱼头”“蒸开胃肉”“蒸官渡嗦螺”“蒸浏阳火焙鱼”“蒸伏菜系列”（伏肉、伏鸡、伏鸭、伏鱼等）“醋蒸鸡”“蒸乡里肉丸”“盐菜蒸五花肉”“蒸黄菜”“蒸酸菜”“素菜合蒸”“白沙豆腐干蒸油渣”“蒸五香肉”“紫苏蒸鱼”“蒸刀豆干”“土泥鳅蒸蛋”“蒸腊洋鸭”“蒸盐豆腐干”“蒸南瓜”“蒸花豆”“蒸开胃肉”“蒸笋丝”“五元整鸡”等。而吃浏阳蒸菜，得佐上一两个汤。佐什么都不是美味，唯独佐水豆腐最好。水豆腐用连夜熬的肉汤冲煮，出锅前撒上一层荽芫菜（即香菜）、青葱，放上几片空心菜叶子，火候恰到好处，柔润爽口，汤尤鲜美，令人时常惦记。

根据蒸制菜品的具体方法及风味特色分类，分为清蒸、粉蒸及旱蒸，但大体方式是一样的：将食材加工整理后，加入调料，或再加入汤（或水），放入器皿中，使之加热成熟。具体说来，有以下四个步骤：一是原料的选择及加工：菜肴的食材要求新鲜，例如鸡、猪肉、海鲜等。初加工时必须将食材清洗干净，清蒸前一般要进行焯水处理。对于大块食材，清蒸时采用旺火沸水长时间蒸制；而对于丝、丁等小体积食材，则采用旺火沸水迅速蒸的方法。二是调味：菜肴以咸鲜味为主，常用的调味品有精盐、味精、胡椒粉、姜、葱等，调味以清淡为佳。三是装盘：菜肴的装盘分为明定盘和暗定盘两种。明定盘是指将食材按一定形态顺序装盘，蒸制后原器皿上桌；暗定盘则换盘后，再上桌。四是成菜特点：此类蒸法的菜具有呈原色、汤汁清澈、质地细嫩软熟的特点。

多年来，不光浏阳人爱吃蒸菜，就是外地人也对浏阳蒸菜情有独钟，主要在于浏阳蒸菜食材独特、味道鲜美、营养健康、原汁原味，看上去清爽怡人，且安全方便。浏阳蒸菜含油脂少、热量低，易于消化吸收。蒸制过程中以水渗热、阴阳共济，吃了不易上火，所用调料量少，清淡养胃，有利于消费者的保健养生。怎么做蒸菜最健康呢？

原料要新鲜：因为蒸制时食材中的蛋白质不易溶解于水，调味品也不易渗透到食材中，故食物质地要嫩、多汁，像牛蹄筋等干硬的东西，不适合做蒸菜。浏阳独特的气候、地理环境培植出的天然食材，含有丰富的蛋白质、微量元素、维生素等营养物质，味道更为鲜美。为此，浏阳蒸菜对食材要求非常讲究，采用传统调味技法，突出食材本味。且浏阳蒸菜根据食药同源原理，科学使用食材，合理配伍，有利调节人体机能，对改善亚健康有重要作用。

原料要入味：在蒸制菜肴的过程中，食材不宜与调味料相结合，尤其当蒸笼中汽体饱和时，菜肴本身的汁液不易渗出，调味料更难以进入食材中。所以，蒸菜主要依靠加热前的调味，而且要一次调准。浸渍加味的时间要长，而且不能用辛辣味重的调味品，否则会抑制食材本身的鲜味。或者在蒸熟后加入芡汁，芡汁要咸淡适宜，不可太浓。

要掌握火候：浏阳蒸菜在蒸制过程中，温度控制在102摄氏度左右，能最大限度地保持食材的原汁原味和营养，避免了煎、炸造成有效成分的破坏和有害物质的产生。蒸菜要根据烹调要求和食材老嫩来掌握火候：用旺火沸水速蒸，适用于质地鲜嫩的菜肴，如鱼类、蔬菜类等，要蒸熟不要蒸烂，加热时间5—20分钟不等，以断生为度。对质地粗老、体形大而又需要蒸得酥烂的菜肴，应采取用旺火沸水，蒸制1—4小时不等，如香酥鸭、粉蒸肉等。食材质地较嫩，或经过较细致的加工，要求保持鲜嫩的质感或完整形态的，则最好用中等小火沸水慢慢蒸。

要注意分层摆放：蒸的器具很多，有木制蒸笼、竹制蒸笼，形状可大可小，层次可多可少，根据食材多少调节。蒸菜时，注意原料在蒸笼中的摆放位置。汤水少的菜放在上面，汤水多的菜放在下面；淡色菜放在上面，深色菜放在下面；不易熟的菜放在上面，易熟的菜放在下面。正确的使用火候，是蒸制菜肴成功的关键。不同的菜肴，要求使用不同的火力和时间来加热。

重要菜品的制作方法还有一定秘诀。比如，一个简单的蒸鸡蛋，蒸清水鸡蛋，用煮开的水冷却后冲鸡蛋，蒸出来是黄澄澄的嫩水鸡蛋，吃时须用调羹盛起。蒸夹鸡蛋，鸡蛋直接搅开，放好作料后，在蛋黄上放上些新鲜的碎辣椒末。出笼的时候，用筷子直接夹便可。盐水鸡蛋，用紫苏泡过的盐水鸡蛋，打入竹碗中，撒上碎辣椒，和夹鸡蛋同样做法，但多了种味道。

浏阳山清水秀，所生产的蒸菜食材绿色无污染，菜肴在蒸制过程中，能最大程度消除食材中的有害成分，餐具也得到蒸汽的消毒。菜品多为先蒸后卖，随堂点菜，即点即食，方便快捷，非常适合现代人的快节奏生活。

三

浏阳蒸菜是老百姓喜爱的家常菜，起源于民间，根在民间，传承也是在民间。每一个浏阳人都是浏阳蒸菜的传承人。一代又一代的浏阳人默默地承载这一地域特色美食的传承，浏阳蒸菜在民间盛行，经久不衰。

浏阳蒸菜菜品种类与地方传统有着千丝万缕的联系。在婚嫁、三朝、寿庆、乔迁等喜庆宴席和丧事哀宴上，浏阳蒸菜得到充分展现。在老浏阳，宴席“四扣”和“八大碗”都是以浏阳蒸菜为主打，有北乡“四扣”、西乡“四扣”、东乡“八大碗”和南乡“八大碗”之分。浏阳现今流行的则是东乡“八大碗”中的四碗蒸菜与北乡“四扣”中的四碗蒸菜为最佳组合。

浏阳的习俗是宴席要设有八大碗、四炒盘、四小碟。“八大碗”依序为全家福（又叫和菜，分海鲜类与蹄筋类不同规格食材配伍）、乡里肉丸（又叫糯米肉丸或茴香肉丸）、清蒸鸡（鸭）、扣肉、清蒸虾（明虾）、煨笋丝、豆豉蒸鱼、八宝果饭；四炒盘为动物类卤、腊菜和豆类制品小炒；“四小碟”为剁辣椒、霉豆腐、鹌鹑蛋、酸萝卜等。近几十年，随着生活水平的提高和人们口味的变化，宴席模式也有所改变，过去上不了正席的“王八”（甲鱼）、狗肉、鳝鱼也被列入主打菜、上品菜，于是“八大碗”演变成“十大碗”“十二大碗”的大规模。丧席则以东乡“八大碗”为基础，以全家福、蒸肉丸、蒸鸡、蒸鱼、煨笋丝作为基本架构，其余菜式任意增减，每席有5个以上蒸菜。

厚重的蒸菜文化积淀，陶冶出一大批具有浏阳地方特色的名菜名品。如出自浏阳东区的名菜：蒸官渡嗦螺、蒸白沙香干、蒸大围山红壳笋、蒸冬笋丝、豆豉蒸鱼、蒸南瓜、蒸酸菜、蒸水蛋等；出自浏阳南区的名菜：蒸白豆腐、蒸腊鱼、蒸扣肉、蒸肉丸子、蒸鲜茄子（完整茄子）；出自浏

农家喜席蒸扣肉

阳西区的名菜：蒸狗肉、醋蒸鸡、饺子蒸蛋、腊味合蒸等；出自浏阳北区的名菜：粉蒸伏鱼、扣蒸乡里肉丸、醋蒸火焙鱼、蒸发肉、蒸扣肉、扣蒸肝肺片、扣蒸瘦肉片、蒸黄菜、蒸五香肉等。除清蒸、粉蒸、广蒸和保健蒸外，所有蒸菜均放豆豉、辣椒，荤菜放小茶籽茶油、素菜放猪油。

农家喜席蒸鱼

2010年8月16日，经过4个月的评选，从300多个浏阳蒸菜中评选出来了浏阳蒸菜“十二大碗”。评出的“十二大碗”有剁椒蒸有机鱼、五花肉蒸水鸭、鸡汁萝卜 、蒸腊螺头、开味肉 、蒸腊河蚌、干椒蒸土鸡 、酱椒蒸回鱼翅、镇头黄鸭叫、官渡嗦螺 、大围山小笋、普迹腊狗肉。这“十二大碗”各有特色，如蒸腊河蚌是将天然的河蚌洗净，用纯碱腌制后再过水，晾干，用传统的方法熏制好。然后切丝，加适量的干椒、浏阳豆豉、猪油及少许盐和味精，再蒸熟食用。腊河蚌肉质鲜嫩香浓，而且营养丰富，是下饭下酒的佳肴。

在平常日子里，腊味合蒸是最常见的蒸菜，也是最有讲究的蒸菜。比如霉干菜蒸腊鱼、腊肉，其堆放次序，一定是霉干菜放在最下面，腊鱼在中间，腊肉在最上面，而且肥的那头还要叠放在腊肉靠圆心的地方。这并不完全是一种传统，而是从味道方面的考虑。霉干菜放在最下，霉干菜遇热后酸味向上散发，能被上面的腊鱼、腊肉吸收；腊肉放在最上，肥的那头朝里，一旦开蒸，油脂能顺着空隙向下渗透，使腊鱼尤其是霉干菜充分吸收油脂。这样蒸出来的菜，不同食材之间相互吸纳，最终给人们呈现出单品本身无法达到的口感。

豆豉蒸排骨：排骨先以腌料腌15分钟，再加入豆豉酱搅拌均匀；将豆腐从中间剖开，铺在盘底，上面撒点盐、味精，再将已腌好的排骨铺排在上面；盖上保鲜膜，放入蒸锅中蒸1小时至排骨熟烂；取出去除保鲜膜，撒上葱花即可上桌。

粉蒸肉：五花肉留皮切薄片；将五花肉片放入碗中，依次倒入甜面酱、辣酱、酱油、白糖、料酒、鸡精和葱姜蒜，搅拌拌匀，腌制半个小时；腌好后，用筷子清除掉葱、姜、蒜，倒入蒸肉粉，如果太干，可以加入适量清水，确保每片五花肉都穿上“粉粉装”；南瓜切厚片平铺在盘子里，把裹好米粉的五花肉一片片地夹到盘子里摆好，大火蒸30分钟即可。

蒸排骨：排骨斩成匀称的一块块，用适量盐拌匀，然后把蒜头和姜拍成蓉泥，均匀撒在上面，上锅蒸时再下酱油，一般蒸10 ~ 15分钟就好了。

蒸黑山羊：浏阳黑山羊是全国少有的纯黑山羊品种，原名湘东黑山羊。古为当地祭孔用“三牲”（即牛、羊、猪）之一，因核心产区在浏阳，1985年正式定名为浏阳黑山羊。香港、澳门、东南亚等国家和地区将黑山羊称作“补羊”，羊肉也一直是浏阳人乃至湖南人秋冬进补的佳品。而浏阳黑山羊肉质细嫩，味道鲜美，温热无膻，补气滋阴，营养价值极高，其

乡村农家喜宴后厨蒸菜现场

含铁量比牛肉、猪肉高出 1 倍、4 倍。号称百菜皆可蒸的浏阳蒸菜，蒸浏阳特有的黑山羊，自然不在话下，选新鲜的羊肉切成大小匀称的条形块，放上党参、枸杞等药材，再加上适量泉水，隔水一蒸。蒸出来的汤微红，看上去清澈而浓酽，涌动着一股清香，喝一口原汁原汤清润回甘。

浏阳各地的乡厨（业余厨师）和酒店厨师在创新和发展浏阳蒸菜过程中起着巨大的推动作用，是浏阳蒸菜传承和创新的杰出代表。2010 年，在衡东县举办的全国首届乡土菜大赛上，陈义、李友平、朱国武等制作的浏阳蒸菜菜品夺得金奖。2011 年，在广州举办的全国烹饪大赛上，秦飞来、陈义等制作的浏阳蒸菜菜品夺得金奖。2013 年 10 月，在湖南长沙举办的中国第23届厨师节上，浏阳制作的“浏阳蒸菜大展台”荣获“地方湘菜一等奖”。

在“第五届全国中餐技能创新大赛”和“欣和味达美杯”中华湘菜厨王争霸赛中，厨师秦飞来制作的浏阳蒸菜菜品荣获特金奖。2014 年 5月，在中国烟台举办的第 24 届厨师节上，秦飞来制作的浏阳蒸菜一举夺得特金奖，并荣获全国厨师金厨奖。2015 年 5月，在上海举行的中国餐饮产业大会暨博览会上，李友平和陈义制作的浏阳蒸菜一举夺得金奖。2015 年 9 月，在广州举办的二十五届厨师节、全国第六届创新菜品大赛上，杨敬伟制作的“浏阳豆豉蒸方肉”荣获“创新成就奖”和“中华金厨奖”。2016 年 7 月初，在“中国祁东黄花菜节黄花杯创新烹饪大赛”中，刘继制作的浏阳蒸菜荣获大赛特金奖，潘志刚、余江制作的浏阳蒸菜荣获金奖。2017 年 9 月，在江西婺源举办的全国蒸菜大赛上，由陈义、刘世许、徐金锡、鲁召平、黎林组成的浏阳代表队制作的“浏阳蒸菜全蒸宴”一举夺得宴席组比赛特金奖。

2014 年 11 月 28 日，第九届中国湘菜美食文化节在浏阳市浏阳河广场开幕，创世界上迄今为止最大的单体蒸笼，也是迄今为止世界上同时蒸出的最大盘蒸菜，同时开蒸的 188 道菜。该蒸笼外径达 5.38 米，高 1.7 米，面积为 18.08 平方米，同蒸 188 道浏阳蒸菜。此大蒸笼采用传统竹篾制作，由 6 名手工匠花费一个月时间编制而成。蒸菜用的大锅同样特制，灶台全部用土砖搭砌而成。188 道菜品食材全部采自浏阳当地，全都是绿色食品，并采用乡间土茶油蒸制。20 位最优秀的浏阳蒸菜名师集体献艺，菜品由红、绿、褐、黑、白、紫、橙、黄八种颜色构成了一幅巨大的“浏阳新城图”画卷，“百菜同蒸”堪比精美艺术品。至 2018 年，全浏阳市有 40 多个浏阳蒸菜餐饮品牌，有“何爹”“浏水蒸香”和“蒸浏记”3 个浏阳蒸菜品牌通过商务部特许经营备案。

1990 年代以来，浏阳蒸菜走出浏阳，开始在长沙生根发芽。创立“浏水蒸香”的鲁承伟，出生于大围山脚下，出身厨师世家，祖辈父辈均是浏阳蒸菜厨师，自幼便跟随其学习蒸菜，且对蒸菜有着浓厚的兴趣。1991 年高中毕业后，鲁承伟到长沙饮食公司学习厨师，在此期间得到了许菊云大师和王墨泉大师的指点，厨艺得到快速提升，先后在长沙华天大酒店和武汉蓝天宾馆担任湘菜总厨。

说起来，他是鲁家厨艺第四代传承人。第一代鲁隆田，为一方名厨，浏阳达浒滩头孔氏家庙和浏阳文庙祭祀大典祭祀菜品的制作总厨，光绪年间在东门镇上开设“裕楼东”酒家。第二代鲁忠计，为浏阳蒸菜老手艺传承人，从厨 50 余年，研究和传承浏阳蒸菜菜系，经营着他师祖鲁隆田遗留下的裕楼东客栈。第三代鲁阳华，为浏阳蒸菜老手艺传承人，蒸菜大师。

鲁承伟于2000年回到浏阳创业，开设浏阳蒸菜夫妻店，同时进行浏阳蒸菜技术传授。2014年创立“浏水蒸香”浏阳蒸菜品牌，并一直致力于浏阳蒸菜文化的传承和传播。

为严把蒸菜原料关、配料关，他在浏阳河源头大围山建立了绿色生态食材基地和腊制品生产基地，实现了从田间到餐桌全程监控，形成了浏阳蒸菜的产业链。至2017年，他已经开设直营连锁门店30余家，教授浏阳蒸菜技术学员300余人，学员均在全国各地开设正宗浏阳蒸菜店。这为浏阳蒸菜的传播起到了非常大的作用和影响。

“蒸浏记”创始人彭诚及其团队与浏阳蒸菜的缘分，来自一次浏阳蒸菜集体商标设计征集活动。彭诚是一名80后，毕业于北京服装学院艺术设计专业。创办“蒸浏记”之前，他是一位互联网从业者，至2012年他回到浏阳继续创业，成立了“诚人文化”。

就在浏阳蒸菜品牌标徽征集活动时，由“诚人文化”设计的“浏阳蒸菜”国家地理商标，以蒸汽元素为发散点，巧妙融入象形字“蒸”、辣椒元素、浏阳河元素构成的图形，获得一等奖。彭诚由此看到了浏阳蒸菜作为中式快餐的优势，也看到了浏阳蒸菜在形象、品质乃至管理思维方式等各方面，还有很大的提升空间。

通过深入接触，他看好浏阳蒸菜产业发展的前景，决心以自己的方式为振兴浏阳蒸菜产业出力，创办了“蒸浏记”。作为艺术设计专业出身的彭诚，尝试着将美学理念引入浏阳蒸菜，提出每一道菜不仅要把香和味做到极致，“色”也要做到极致，让人赏心悦目。正是这种对美和创意的极致追求，无形中让“蒸浏记”形成了一个鲜活的蒸菜加盟店品牌，率先实现了浏阳蒸菜品牌化。

从一开始，他就把浏阳蒸菜标准化视为企业核心竞争力所在，不断完善自身产业链建设。作为浏阳蒸菜标准示范品牌，“蒸浏记”所有食材，皆取自于浏阳。一开始，“蒸浏记”就在浏阳狮岩村及古港镇、沿溪镇等多地建立了种养基地，并与当地合作社合作，按标准化品控要求进行种养殖。

2017年，“蒸浏记”在浏阳经开区建立了浏阳蒸菜产业规模最大、最具现代化的中央厨房，在浏阳两型产业园布局了万余平方米的浏阳蒸菜优质食材生产基地，打通了从“田间到餐桌”的全产业链“闭环”。也因此，“蒸浏记”所有门店餐饮全部采用中央厨房统一配送，“零厨师、零服务、零采购、零油烟、零明火”的“五零”餐厅模式。

“蒸浏记”的中央厨房负责食材采购，清洗切剁，调料配置与打包配送等环节，待配送员将食材送至店内，店员只需撕包、摆盘、电脑蒸柜定时蒸制，即可为食客提供口味标准化但又新鲜出炉的美食。

“生鲜、冷链、日配、到店”是“蒸浏记”供应链的关键词。每天凌晨3点左右，中央厨房统一派出冷链配送车，供应所有门店当日所需的食材。且“蒸浏记”所有连锁店，均采用了智能蒸柜，使浏阳蒸菜能够达到营养与口感的平衡，既无油烟和油炸遗留有害物质，又保持了原汁原味。

当“蒸浏记”完成了浏阳蒸菜标准化建设之后，彭诚又提出了建设“餐饮新零售”。中央厨房连接门店餐厅，除了每天冷链车的配送，还有大数据的反馈。顾客在“蒸浏记”所有连锁店吃到的每一道浏阳蒸菜，都可以根据编码溯源，获悉食材是哪里种养的，谁把关切配的，什么时候从中央厨房配送。不仅如此，通过大数据分析，中央厨房不仅能够掌握每一家“蒸浏记”连锁店的配送菜品的比例，甚至能够分析出具体门店消费者的就餐特点，对门店菜品供应提出指导意见。在此基础上，“蒸浏记”将门店大数据分析，增强至用户大数据分析，根据不同区域的消费者特点，丰富“蒸浏记”门店的内涵。

蒸浏记蒸菜保温台

同时，彭诚对于蒸菜的载体也格外上心，他特意与民间手艺人合作设计了一款榫卯结构的小杉木蒸笼，一个蒸笼一碗菜，保持菜品良好的口感。此外，对于菜品的摆盘，他将点线面黑白灰的美学理念融入至蒸菜的制作过程中。比如一道“百合扣南瓜”的蒸菜，他要求店员把南瓜切成大小均等、四四方方的小方块，并在其上点缀蜜枣和百合，赏心悦目。自 2015 年进入浏阳蒸菜产业以来，至 2017 年 11 月，在第十一届中国高成长连锁行业峰会暨 2018 年度中国高成长连锁品牌颁奖盛典上，蒸浏记荣膺“中国最具潜力连锁之星”称号，彭诚获评 2018 年度湘菜十大人物，成为浏阳蒸菜产业首位获此殊荣的企业家。2018 年 11 月 14 日，“湘菜香飘联合国”活动在美国纽约联合国总部外交厅成功举行，蒸浏记在现场制作展示了浏阳火焙鱼、乡里腊肉两道经典浏阳蒸菜。浏阳蒸菜首次亮相联合国总部，向全世界展示了浏阳蒸菜的魅力。

蒸浏记菜品

浏阳蒸菜已从原来的小店小铺、背街小巷的民间快餐，进化成五大板块——传统蒸菜板块、现代快餐板块、食堂板块、酒店宾馆板块、养生板块并驾齐驱的新格局，特别是现代快餐（简餐）板块发展迅速，迎来了发展的春天。

浏阳蒸菜产业协会

蒸浏记菜品

南有牛胶

浏阳牛胶传统制作技艺

一

提起阿胶，大家都知道，是用驴皮熬制而成的养生佳品。相比之下，以牛皮为原料制作的“牛胶”却鲜为人知。

牛胶能滋阴养元、祛湿保暖，其起源可以追溯到春秋战国时代，但期间因为战乱，熬制历史曾一度断链。南方普遍较湿，生活在此地的人们体内的湿气较重，而牛胶相比于阿胶来说具有明显的去湿作用。经过长时间的食用验证，牛胶更适合生活在南方的人食用。浏阳因地处偏远边境，战争波及较小，又因山区牛作为耕种工具不可或缺，材料充盈，牛胶的古法熬制才得以流传下来。

相传在三国时期，浏阳西乡历来商贾往来频繁，普迹“八月牛马会”最为繁荣热闹，民间牛、驴、骡交易活跃，为熬煮牛胶提供了丰富的原材料。每到八月中秋之后，天气渐凉，就会有富裕人家杀牛祭祀，且着手熬制牛胶。某年浏阳镇头一带不少百姓染上了瘟疫，面黄肌瘦，四肢无力。有人试着用农家牛皮、牛骨、牛筋，经慢火熬三天三晚制成“牛胶”，然后蒸蛋食用。没想到吃了牛胶后，瘟疫不治而愈，且病患者身体慢慢好转，继而精力旺盛。这一发现也让牛胶在浏阳广为传播，成为西乡一带的传统民间滋补方法，乃至辐射到醴陵、株洲、平江、铜鼓、上栗、万载、萍乡等周边地区。

懂得熬胶的人，被称为牛胶师傅。冬季是养生滋补的佳时，每到立冬后，那些乡村里富裕人家就张罗着杀牛，就会邀请牛胶师傅上门熬胶。这是一种传统，也是为了家人的身体着想。这些师傅都是农人，平日忙农活或手艺活，只有到了入冬，地里的活都干完了，才有时间熬制牛胶。熬胶没有工钱，主家直接给两至三斤的牛胶作为酬劳。牛胶作为滋补圣品，一般家庭吃不上，因此有些男丁兴旺又家境一般的人家，就会让孩子学习熬制牛胶的手艺，以此获得薪酬。那些熬胶方法都是由前人手把手教会的，一代代就这么传承下来了。

熬煮场所一般在人家老式构造的厨房，有烟囱、柴火灶及大锅。开始熬牛胶了，牛胶师傅先将大铁锅洗干净，将柴火烧得旺旺的，将早已洗干净的牛骨头等，放在大铁锅里熬煮。连续不断地熬煮，升腾的水汽，从锅盖缝隙间连绵不断地冒出来。不时往锅里加水，不时往灶里添柴，保持火均匀地燃烧，如此熬上大半天后，就将牛骨头捞出来。细心地将骨头上的肉剔除之后，再重新放进锅里去熬，灶里的火依然不停。又得熬上大半天，到晚边将牛骨头捞出来，将铁锅里的水倒出来留存好。

镇头老人自制牛胶，牛骨入锅

用于熬制牛胶的牛皮

接下来熬牛皮了，或者连夜不停火地继续接着熬制，或者第二天早上接着熬制。可不能一时火大一时火小，不能火急火燎、毛毛糙糙。放上满满一大锅新鲜的泉水，将牛骨头架好，再将已经清理、洗净及切成块状的牛皮放上去，将锅盖盖上，将火烧旺。牛皮最难熬制，要不时地加水，火不能停，均匀地烧着，且不能太大。一天一夜，或者连续两个白天，直到牛皮全部融入那锅清水里，其间还会将牛脑髓、牛鞭等放进去一起熬制。且在熬煮过程中，不时将牛油浇出来。

接着，将前后两锅水，一起倒进大铁锅，这次可得文火慢慢熬了。也是熬煮到了最后阶段。将几次熬出的牛胶水，一起置于锅中熬煮，直至水分完全熬干，牛皮已熬融了，异常黏稠。此时不得再加水，将牛骨头捞出来，只需不断搅拌，才能确保不粘锅、不烧糊。入锅四五个小时后开始放药材，根据药材药性的挥发，先后投入天麻、黄芪、当归、党参、熟地、桂皮等。如此忙碌一天之后，经验丰富的师傅边搅拌边观察成色，认为时间差不多了，就加入五斤冰糖，又搅拌至完全融化，就收火，任胶汁自然冷却。将略微冷却的牛胶，盛放至干净的木条盆里，用刀划成一小块一小块，便成牛胶。完全风干后，就可以贮藏起来，随取随用了。可以作零食吃，也可蒸蛋吃。

牛胶切片

牛胶试味

熬胶需要三天时间，是门耗时耗力的活，所以太穷的人家耗不起，太富的人家又不愿意吃这个苦，只有勤勤恳恳、子嗣丰盈的人家才会接下这门手艺。千百余年来，熬制牛胶风俗一直在浏阳延续，于 2018 年 11 月成功申报为长沙市级非物质文化遗产代表性项目名录。

二

一方水土养一方人，用牛胶蒸蛋食用，是浏阳西乡历来吃牛胶滋补身体的习俗。这门熬煮牛胶的手艺，经民间牛胶师傅代代流传了下来，乃至浏阳牛胶行业人才辈出。牛胶在浏阳西乡镇头被俗称为“牛皮膏”。

随着时代的变迁，近年来，很多年轻人对传统制作技艺不感兴趣。熬制牛胶的方法之所以能传承至今，除了家族前辈手把手地传授技术，以身作则外，还需熬胶者有一颗不怕苦、有毅力的恒心。镇头镇金田社区张家至少追溯到张瑞文的高祖父，也就是张太富时代，就有“牛胶师傅”的头衔，如今到张瑞文的儿子张冬一代，已经是五代传承——张太富、张尚明、张宝如、张瑞文、张冬。张冬及其祖辈始终秉承工匠精神，将熬制牛胶的工艺和精神一代代传承下来。

张瑞文就是家族传承下来的“牛胶师傅”，至2019年他已57岁了。在他小时候，牛胶熬制方法还没有改进，熬出来的牛胶并不好吃。一到冬至后，父亲总是将刚刚熬出来的牛胶送到他嘴边，说伢子吃了能长高。二十多岁，张瑞文有了孩子，便决定自己来熬制牛胶，让孩子也吃上牛胶。张瑞文的叔叔便站在一旁指点，他很快掌握了牛胶制作的全套技术：熬煮牛胶非常耗时，不能离开厨房，也不能冷了灶火，三天三晚的时间内需要6次放水。每次熬煮出来的胶水都要分开存放，然后再一起倒进大锅内去熬煮，不时放下药材。到最后，牛胶异常黏稠，此时需要不断搅拌，才能确保不粘锅、不烧糊。

在儿子张冬接手之前，张瑞文仅仅是每年冬天熬制一两次牛胶，给家人及亲戚提高身体免疫力。张冬于1986年出生，曾从事过媒体工作，也开过餐馆。2015年底，张冬的妻子刘巧荣生了一场大病。刘巧荣出院后，身体还很虚弱，张冬便决定遵循传统方法，为她熬牛胶补身体，便认真地向父亲张瑞文请教。

张瑞文把从祖上传承下来的手艺，一五一十教给他，每个细节每个程序都不放过。张冬学得很用心，成功地掌握了熬制牛胶的技术。但他遗憾地发现，这种传统的“牛胶”口感不佳，牛腥味很重，妻子根本吃不下。刘巧荣曾开过药店，对药材非常了解，想到了阿胶糕的做法。在她的提议下，张冬再熬时，便在牛胶里加入父辈留下的传统四五道药材，又加入了核桃、枸杞、红枣、蜂蜜、香油、黄酒等辅料，增加至十五道药材。等牛胶成型后，冷却切成片，做成了点心状的养生牛胶糕，刘巧荣这才每天坚持吃上两三片。

看着妻子吃得开心，身体也逐渐康复，张冬忍不住在朋友圈晒了一把自己的手艺。刚一晒，就有人纷纷询问起牛胶糕的功效，还有不少人直接求购。从刚开始的几斤到十几斤，改良创新的牛胶糕“火”了，张冬便专心做起了这门生意，有时一天就能卖出上百斤。张冬大受鼓舞，且由此“嗅”到了商机，决定走出自家的作坊，开辟规模化生产线，开始批量生产牛胶糕，要让“牛胶师傅”广为人知。

现代牛胶制作原料

现代牛胶

正式投产前，张冬踏上了去往山东省东阿县的旅程。他想去对比一下阿胶和牛胶的制作工艺，并学习当地的阿胶产业运作经验。回到镇头后，为了追溯镇头熬制牛胶的历史文化，张冬走访了当地多位长者。他惊讶地发现，熬制牛胶的文字资料几乎没有，会做牛胶的人也大都是50岁以上了。张冬下决心加快开发这一传统养生佳品，以免失传。

由于驴子早已不是北方农村的主要交通工具，驴的数目减少，驴皮随之紧缺。至2018年阿胶价格猛涨，冬令做膏方，医生面临无胶作膏的窘境。在古代因老黄牛是重要劳动工具而珍贵，而驴子漫山遍野易得，所以驴皮胶代表了牛皮胶。现今情况正好转个180度的弯，是到了让“退居二线”的黄明胶重新焕发青春的时候了，正如清代医著《得配本草》说的“如无真阿胶，不若以黄明胶代之”。

张冬开发牛胶的决心更坚定了，他翻遍《本草纲目》《齐民要术》等中医经典著作，寻找关于阿胶和牛胶的记录，寻找其发展演变过程，及阿胶、牛胶的共性及差异性。他还耐心地反复与顾客沟通，一次次调整食材比例、配方，既讲求口感好，又讲求养生效果，达到完美地结合。

2016年5月，张冬购置了现代化生产设备，在益阳建厂投产批量生产。他坚持古法熬制牛胶，但将传统牛胶制作技艺进行了改良，口味大为改观。但是真正做起来，并不是那么容易，一片小小的牛胶糕，包含了整皮、化皮、熬汁、浓缩、凝胶、晾胶、配料、切片、杀菌、真空包装等数十道工序，制作起来十分麻烦。好在成型时断面光亮，香气浓郁。创建工厂之时，张冬还组建了专业的运营团队，通过微电商渠道销售。短短数月，公司营业额已超过百万，发展全国代理商300多个。至2017年，张家上百年传承的“熬制牛胶”传统技艺，被列入浏阳非物质文化遗产代表性项目。至2018年10月，牛胶传统制作技艺被列入长沙市第六批市级非物质文化遗产代表性项目名录。

生意做得如火如荼，由于牛胶糕含有水分，又没有防腐剂，竟有一批产品发霉了。一下子退回来200万元的货，张冬整个人都快崩溃了。将产品全部收回后，张冬背负着巨大的压力，加紧改进牛胶糕的配方。最终，他研制出不含水分的新产品供代理商调换，刚刚起步的事业才化险为夷。随后，历经一年半，打磨出牛胶糕的标准化产品后，张冬将目标锁定为热爱运动健身的都市人，开发出牛胶代餐棒、能量棒等系列产品。2018年，张冬旗下产品的销售总额达2400万元。至2019年，张冬创立的品牌在中国各地拥有1200多位代理，产品通过旅游特产店、网络平台和个人卖家等多种渠道销售。

为了保证牛胶的生产，张冬在浏阳贫困山区建起了生态养牛基地。于是，小小的牛胶零食，拉通了从牧草种植、黄牛养殖、熬制牛胶，到市场营销的产业链，成为带动当地近百位村民就业致富的“幸福胶”。张冬不敢松懈，带着非物质文化遗产代表性传承人的使命感，行走于浏阳的山山水水，拜访中医和习惯食胶的乡亲，收集整理出各地的熬胶古方。在未来的日子里，张冬希望牛胶产业能够在他的带动下蓬勃发展，使得“北有阿胶，南有牛胶”家喻户晓。

现代牛胶成品

现代牛胶新包装

百年茴饼

德胜斋浏阳茴饼制作技艺

每每读嵇康的《怀香赋序》，就有一种亲切感："仰眺崇冈，俯察幽坂，及睹怀香生蒙楚之间。曾见斯草植于广厦之庭，或被帝王之囿。" 北人呼为茴香，声相近为怀香，文中的"怀香"就是"茴香"。茴香始载于《唐本草》，《唐本草》中记载："茴香善主一切渚气，为温中散寒、立行渚气之要品。"

小茴香原产于地中海一带，后传入我国新疆安原县，从汉代开始传入中原。浏阳茴香为"小茴香"，系多年生草本植物，有浓郁清香，叶子碧绿，分裂呈丝状，夏天开黄花，茎和叶子可以食用。成熟时，细碎的果实呈长椭圆，可以充当调味香科，也可以榨油。浏阳茴香茶，便是在茶叶中加川芎和小茴香，饮后有祛寒止痛、健胃祛风之功。小茴香在浏阳北乡，特别受欢迎。浏阳北乡人家素有以小茴香泡茶的习俗，常常用茴香茶招待贵宾，当地农家庭院门前屋后均遍种茴香。

浏阳还有一种著名的传统特产——浏阳茴饼，与小茴香密切相关，就是在饼的馅料中以适当比例加入小茴香籽。茴香特有的香味和油饼中茶油的香味结合，使饼的味道更加奇特，饼也就称之为茴饼。

老字号德胜斋茴饼时尚包装

—

浏阳茴饼是著名的传统小吃，与浏阳花炮、夏布、菊花石、豆豉一起，构成浏阳五大特产，久负盛名。

浏阳茴饼松脆酥香，内馅丰满，有茴香独特风味，是饼中奇珍。茴香的主要成分茴香油能刺激胃肠神经血管，促进消化液分泌，在饼的馅料中以适当比例加入茴香，不但使口味更有特色，而且有益于身心健康。

据史料记载，浏阳茴饼始于清代初期（1710），起源于枨冲集镇的硬壳饼。19 世纪，先后出现了杨元生、杨梓油等代表性传承人。鸦片战争后，由于战乱和经济萧条，浏阳茴饼生产凋零，传统制作技艺甚至失传，直到光绪年间才得以恢复和兴盛，距今已有 300 多年的历史。大体说来，浏阳茴饼主要采用面粉、饴糖（麦芽糖）、茶油、花生、芝麻、熟豆粉、蜂蜜、金橘花、桂枝油、小茴香等为原料，经过和皮子、和芯子、擦油酥、包酥、开皮灌芯、成型烘烤等十多道工序精制而成。模样形态美观，面圆微凸，色泽金黄光亮，边缘牙白，底色深黄，里皮燥脆，内馅丰满，松泡爽口，油甜不腻。具有小茴、桂子、芝麻等天然芳香，享誉八方。

制作茴饼的原料

光绪末年，浏阳制作硬壳饼发展到42家，从业人员达100多人。因业内竞争，质量提高很快。民国初期，茴饼多由南货业自设作坊生产，一般都是前店后作坊的模式。浏阳境内有采芳斋等18家，仅采芳斋一家年销量就达20吨。到民国二十六年（1937）增至24家，农村集镇的斋铺亦有发展。20世纪50年代起，国营商业和供销合作社以前店后厂形式，沿用土法加工茴饼。70年代，开始采用部分小型机器代替手工操作，茴饼等糕点产值规模逐渐扩大。1981年，茴饼被评湖南省和商业部优质产品，当年年产量达66吨。1985年，浏阳有加工厂8家，总产量312.5吨，产值达至顶峰，产品销至长、株、潭、平江和江西铜鼓、万载、萍乡等地。

浏阳茴饼已经深深扎根于浏阳人的心中，每逢父母做寿，餐桌上必定摆上一大盘寿桃寿饼，寓意是祝福老人福如东海、寿比南山，而寿桃寿饼大都直接采用茴饼。随着时代的发展，人们生活水平显著提高，市场上的食品更是琳琅满目，浏阳茴饼也获得持续发展。老传统手工工艺，对原材料及生产的各个环节都有非常严格的要求，导致产品成本相对较高，利润较少，也使浏阳茴饼生产遇到了艰难险阻，坚持做茴饼的人相对较少。好在浏阳茴饼的传承一直在延续，先后出现了诸如以杨裔春、杨斌、李漠初、杨月红等为代表的传承者。

二

一方水土一方饼，云南鲜花饼，山西太谷饼，金华酥饼，黄山烧饼，鼓浪屿馅饼，江西茶饼等等，有几个已有上百亿产业的规模。随着近些年工业化大潮、机械化等因素的冲击，浏阳茴饼逐渐走向低迷，生产浏阳茴饼的厂家仅剩浏阳市德胜斋食品厂等几家。

古代茴饼传人因无历史记载而无法考证，新中国成立以来，浏阳茴饼制作工艺有较为清楚的传承谱系，就古港镇来说形成了以杨元生等为代表的第一代传承人，杨梓油等为代表的第二代传承人，杨庆周等为代表的第三代传承人，杨裔春为代表的第四代传承人，杨斌、李谟初、杨月如、杨金华等为代表的第五代传承人。

光绪四年（1878），德胜斋的创始人杨元生生于浏阳古港镇。其时，杨家在当地捐资兴学，是当地声望颇高的家族。其曾祖父杨登亮是太学生，登仕郎，光绪初年在当地捐资兴学，德高望重。族谱有诗赞曰：“有威有仪，有兴有则，瘦骨天成，独尊齿德。身修家齐，敦尚简实，点额孙曾，族中之特。”其祖父也是修职郎，大学生。其父亲是优贡生，深受家风家训的影响，秉承“修身如执玉，积德胜遗金”的家训。光绪二十四年（1898），19 岁的杨元生在古港最为繁华的德胜街创建斋坊，专做浏阳茴饼等各式糕点。因其店面位于德胜街，乃取名德胜斋。德胜斋制作棋子糕、云片糕、桃酥、茴饼等几十种糕点，因用料好，制作讲究，口感颇佳，德胜斋的名气很快就传开了，茴饼更是成为杨家当家产品。

德胜斋以做茴饼而闻名，德胜斋的茴饼也与浏阳花炮、夏布一起远销海内外，获利颇丰。民国五年（1916），杨元生已经将德胜斋经营得风生水起，除了教儿子杨子尤学会茴饼等糕点制作技艺外，还决定正式对外收徒授业，但只传杨姓同宗，曾收过杨锡德为徒。此时，德胜斋的茴饼成为人们争先抢购的抢手货。

后来，杨子尤接过了生意，他不仅手艺好，做生意也很灵活。周围邻里拿不出钱的，也可以拿米来兑换，太穷的赊几个饼走亲戚干脆就抹账了。当时家里用来兑饼的米，常常都得用好几个桶装。

杨子尤将手艺传授给了儿子杨庆祝，生意依然兴旺。1956 年实行社会主义公私合营后，德胜斋被收至当地古港供销社的名下，杨子尤成为供销社副食品师傅。1971 年，孙子杨裔春刚刚 19 岁，因从小便跟随祖父杨子尤学习做饼，做得一手好饼，被招入供销社，成了一名做饼师傅。

德胜斋茴饼第四代传承人杨裔春

德胜斋的茴饼分为福饼、寿饼等，场合不同，上面盖的印章也不同。至杨裔春这一代，已经是德胜斋第四代传承人了。那些年他一直在供销社做饼，做饼手艺特别好，深受人们称赞。1999 年 12 月，供销社改制，杨裔春干脆买下古港供销社食品厂。在众人疑惑的眼神中，杨裔春重操祖业，兴办浏阳市古港德胜食品厂，专做茴饼，并在浏阳城区开设了茴饼专卖店。由于产品质量过硬，味道独特精美，多次应邀参加湖南省名优特新博览会，并在 2000 年、2002 年获得金奖，成为浏阳旅游向外推介的产品之一。

2004 年，杨裔春注册了“德胜斋”商标。随后，凭着多年的手艺，杨裔春研发生产了“蜂蜜茴饼”，并于 2006 年取得国家发明专利证书。2008 年底，“德胜斋”蜂蜜茴饼市场销售量为 150 万元，是 2006 年获得国家发明专利授权前的两倍。凭借独特的风味，重新出现在浏阳人眼里的德胜斋茴饼，唤醒了许多人的味觉，赢得了人们的喜爱。

意识到老字号的担子要人来挑，延续了几代人的茴饼制作工艺不能就这样丢了，2016 年，原本已经在外地上班的杨斌回到了浏阳，担任德胜斋的总经理，成为第五代传承人。

德胜斋茴饼第五代传承人杨裔春

在制作技艺传承和发展面前，和老一辈的坚守不一样，杨斌开始注重茴饼产品体系的开发、文化的注入、销售体系的重建，提出“中式糕点复兴”的思路。随后，他着力改良原材料，与专家合作研发小茴香香料，大胆引进策划、设计、电商等人才……慢慢地，德胜斋的茴饼开始在湖南各大旅游景点、大型商场、车站、机场等地销售。线上，则在淘宝、天猫、京东都有自己的销售渠道。德胜斋于 2017 年进驻浏阳河文化产业园，坚信慢工细活出精品，始终坚守匠心做产品，推出“德胜斋茴饼”“回乡饼”系列产品。至 2018 年，德胜斋茴饼年产值突破 2000 万元，荣获湖南省商务厅认定“湖南老字号”名号，并成功入选第六批长沙市级非物质文化遗产代表性项目。

三

浏阳德胜斋茴饼、油饼，都在原浏阳茴饼基础上，经杨氏结合传统特色秘方和手工工艺，研制而成。浏阳茴饼的传统制作工艺十分独特且复杂，有发酵老面、制皮料、制酥、皮料成型、馅料成型、小包酥成型、包馅、饼成型、烘烤、包装十几道工序。德胜斋茴饼则得益于祖传的传统秘方，其选料考究，手工制作严格，因此有了更加独特的味道。而其口感、形状，每只饼都略有区别，则全凭师傅们的拿捏手艺。

至于制作技艺，普通茴饼大都以面粉、茶油、白糖、饴糖作主料，金橘花、小茴香、熟芝麻、桂子油、碎冰糖等为辅料，采用糖皮包酥、缸隔炉烤的方法制作而成。德胜斋油饼却采用本地小籽菜油，将原来的白糖馅心改为蜂蜜馅心。专家如此评价德胜斋茴饼：一是用真正的山泉水来制作，二是全靠手工制作，加上用木炭来烘烤，所以它独有的工艺现在也只有那么几个人掌握了。

制皮是第一道工序。师傅们将面粉与老面加入温水调和，放置在容器内保温发酵。等到第二天，将面粉摊成了圆圈，将发酵的老面和饴糖倒入面粉圈内，搅拌均匀；之后，缓缓加入食用碱，加茶油搅匀；再将面粉，拌入搅和均匀，即成皮料。

制酥是第二道重要工序。浏阳茴饼中所含的酥，由上等金橘花、花生仁、茴香、桂枝、芝麻、麦芽糖等十多种材料精制而成。须用古港镇特有的小籽茶油将它们精心熬熟，待其冷却后，与面粉糅合，这样就能更好地保持浏阳茴饼独有的浓郁酥香。

在整个茴饼制作中，最为关键、最具特色的便是“小包酥成型”。须由熟练的做饼师傅，以适宜的力道，先将制好的皮料掐成一小块一小块；然后摊平皮料，将酥面包入皮内；再捏平卷成柱状，使皮料与酥料融合。待小包酥成型后，再一次将成型的皮料捏平，包上馅料，再锤成大小一致的饼坯，使馅料与酥适度融合。成型后的茴饼坯，打好气孔以备烘烤。随后，采用隧道式远红外线烤炉，炉温 170—180 ℃，烘烤时间 13—15 分钟，才成为真正意义上的茴饼。待饼面色泽金黄即成最后，便是冷却包装。

制作茴饼盖商标

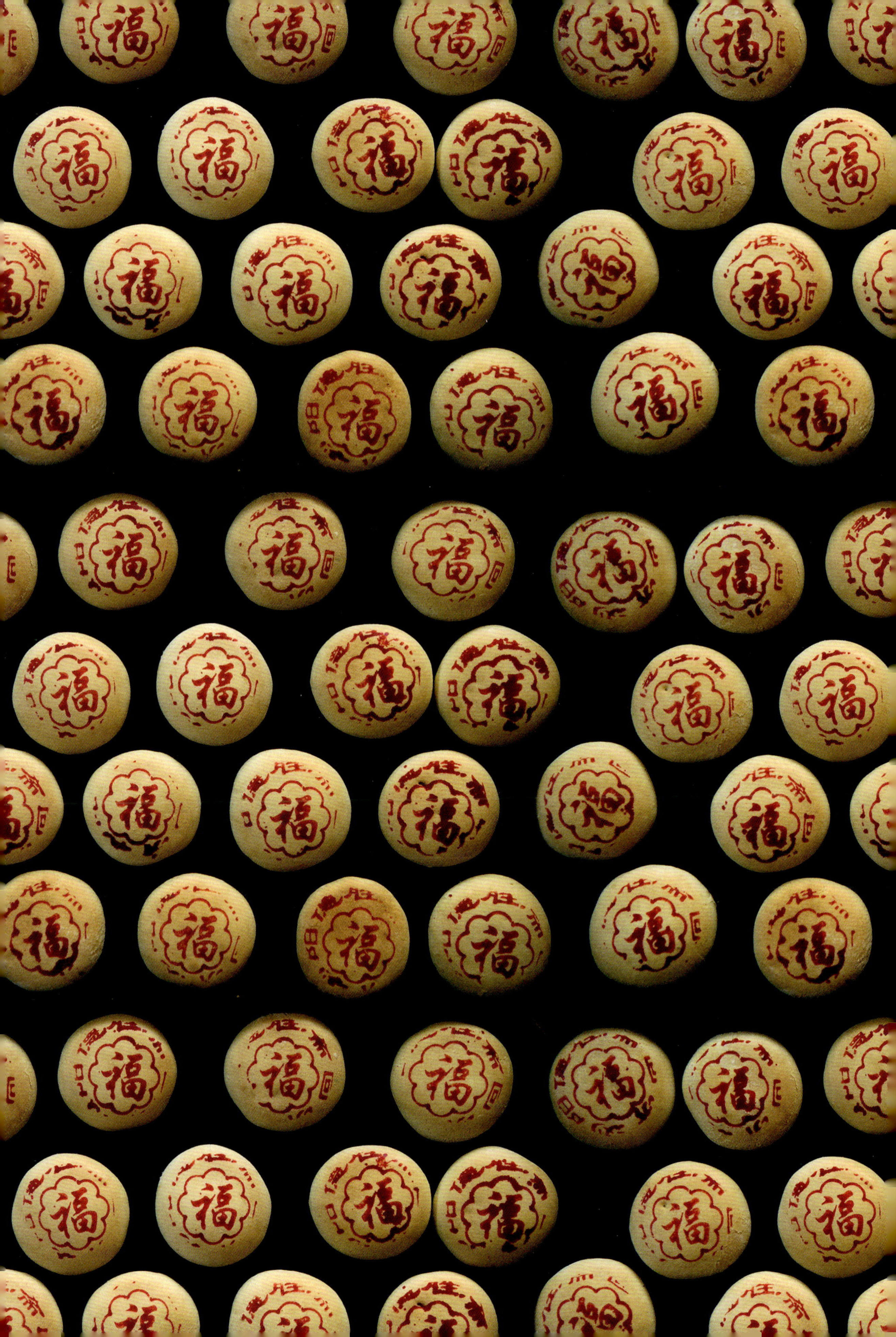

1、在选料上，讲究选取健康绿色的用材。代表性产品为蜜蜂茴饼，特色在于所采用的蜂蜜为土蜂蜜，在饼的馅料中加入适当比例的茴香，不但使口味更有特色，而且有益于身心健康。近年来又增加了水晶茴饼、杏仁茴饼、叉烧茴饼、什锦茴饼、鲜花茴饼等。浏阳茴饼绿色健康，独具东方传统糕点魅力，及独特的营养价值和人文价值。

2、在制作技艺上，讲究手工技艺的完整性和传承性。茴饼制作这一传承了三百多年的手工技艺，至今一直保持了“小包酥”特别的工艺，须由熟练的师傅以适宜的力道操作，无法由机器代替，本身就是一种文化一种艺术。

3、在烘烤过程中，讲究古老的方式方法。坚持采用古老土炉、燃烧木炭的高温炙烤方式，使茴饼兼具柴火之香。在持续烘烤 13—15 分钟之后，茴饼饼面色泽呈现金黄色，由蜂蜜、茴香、芝麻等天然佐料汇聚而成的自然芳香，更加沁人心脾。每咬上一口都是酥脆，品尝过后，余香绕口。

数百年来，浏阳茴饼深深扎根在湘东这片热土上，广泛流传。在新时代，浏阳茴饼传统制作技艺与浏阳地方历史文化相结合，更具有文化传承的历史价值，必将焕发新的青春，经久不衰。

杨斌做饼察看饼烤得如何

工匠传奇

石菊花开

浏阳菊花石雕刻工艺及其传承人

清同治《浏阳县志》如此描述菊花石："菊花石，俗呼石菊花，在县东永和市侧。大溪水过永和市，中流石亘如洲，无甚草卉。一望如旋涡堆积，凸凹万状，如镂如刲，色苍然可爱，有纹而晶莹作菊花状，跗萼宛然，其中或含苞，或半吐，殊极天趣。每秋高水落，益玲珑可喜。"

一

发源于大围山的大溪河，缓缓流至永和集镇，并沿集镇一带静静地拐了一个弯，留下了一湾墨绿，人称金鸡潭。就在这一泓墨绿之下，在集镇西街尾蝴蝶山下的河底，蕴藏着奇异的菊花石。

昔日沿老永和集镇河段，一到春夏季节，河水就上涨，淹没了沿岸的农田和民房。有人决定趁河水下落时节，拦河砌起一道堤坝。砌堤坝当然得用石头，上山采运太远了，干脆用河里的大青石吧。堤坝修好后，有细心者猛然发现，不少光溜溜的大青石之上，绽放着星星点点的形如菊花的白色花纹，非常漂亮。于是，有好奇者将有白色花纹的大青石搬回了家。

其时乃清乾隆朝，有人送了一块青石给当地秀才欧阳锡藩。欧阳秀才爱好古董且善雕刻，见石上有天然的菊花，甚以为奇，且爱不释手。琢磨再三，将之琢成了一方砚台，砚台清淡秀丽，且磨出的墨汁久润不干。一时间，亲友闻讯纷纷前来索求菊花石砚，甚喜其"奇石质润，色紧而声清"。欧阳锡蕃便与木雕艺人程维达合作，成立了菊花石雕作坊，开采河石，成批生产，开启了浏阳菊花石雕的初制阶段，且自此一发不可收。不过，当时的菊花石雕并未超出文人案头的用品如笔筒、笔架、砚台等，且菊花石雕的雕琢完全沿袭普通石雕的手法。据有关资料记载："清代内府中藏有菊花石砚多方，其大者近尺半，小者约七八寸不等。"

关于菊花石的来历，当地有不同版本的美丽传说，不过主人翁一律为菊花与石坚，且大都与凄美的爱情有关。很久很久以前，永和集镇附近，有一位美丽的少女菊花，与石坚心心相依，两人山盟海誓永不相负。可惜遇到来自家族的阻力，这对恋人在绝望之余，相约投河自杀了。其真挚的爱情感动了上天，上天便让菊花和石坚化为一朵朵美丽的菊花，绽放于河底的大青石上。1959 年，本土剧作家张文清到永和体验生活，走过金鸡潭时，看到当地人正在围坝采石。忙下去瞧瞧，便看到了一朵朵形态各异的菊花灿烂于大青石上，洁白如玉，晶莹剔透。这奇异的一幕触动了他的灵感，他随之走访一家家菊花石雕作坊，很快就创作出大型花鼓戏《菊花魂》。其剧情融现实与浪漫于一体，一上演就好评如潮。

传说清朝嘉庆年间，在永和镇大溪河畔，住着一对恩爱的年轻夫妇。丈夫石坚是个做碗的窑工，做碗技术好，爱打抱不平。妻子菊花美貌出众，聪明贤淑，是个百里挑一的绣花能手。夫妻俩因不满欧姓窑主的凶狠毒辣，便邀集众窑工和乡邻，巧妙用计，救出窑主准备祭窑的一对童男童女。窑主愤怒至极，便带领打手抓获了石坚和菊花，押到河边，遂将他们抵数祭窑示众。石坚、菊花宁死不屈，拥抱着一起投入河中自尽了。顿时天空雷声隆隆，山洪暴发，河水猛涨……石坚、菊花则化为清清河水中的菊花石，石为大青石，花为清雅的菊花。翌日清晨，大溪河底青石爆裂，洪水消退，水清如镜，河床的石头上绽开出一朵朵美丽的菊花。此后，此传说便成为菊花石经典的传说。此戏在湖南、江西等地上演了 400 多场，荣获了湖南省戏剧会演优秀剧本奖。

传说，有一年境内有一位秀才出外赶考，从永和集镇过渡。船到河心，忽然一侧，秀才失足落入水里。待他爬上船来，手里却抓着一块从水底摸来的石头，并发现石头上有白色花纹。细观之，酷似菊花，即视为宝石收藏。继而，在枯水季节，人们发现河底铺着层大青石，石上竟然不时绽放着朵朵白色的菊花。

探究天然菊花石形成的真正缘由，可知它是世界上独一无二的名贵奇石，是一种灰质粘板石。大青石中，含凸镜状灰岩，经数亿年地质演变而成。其之所以能结为花形，是因为里面渗透放射状排列的大青石或方解石集晶。当数亿年前方解石结合时，其质由散而聚，即聚即凝，愈往中心愈紧密，余溢则迸流四射，同时即刻坚结。这样一来，在黑色的岩石中，就出现了或大或小、宛若菊花形状的图景。

据推算，菊花石约形成于两亿年前，是异常珍贵的石材，已被国家地质矿产部命名为“玉叠妃”，列入宝石类。因其蕴量稀少，如珠玉宝石一般珍贵，故又被称为“全球一”，具有极高的收藏价值。乳白色的天然花纹可谓千姿百态，皆酷似盛开的朵朵菊花，纹理清晰，界线分明，质地坚实，蔚为奇观：花小者不足 5 毫米，大者不超过 200 毫米；有含苞待放者，娇羞半吐者，全绽盛开者；有竹叶菊、蟹爪菊、绣球龙葵菊、金钱菊和蒲叶菊之分；亦有单蕊、双蕊、三蕊与无蕊之别。雕刻艺人在雕刻时，均依据花纹特征，寻觅花团，理清脉络，添枝加叶，并伴以虫鱼鸟兽或人物，使之相得益彰，生趣盎然。或置于室内案头，或放于茶楼酒肆，皆古朴典雅，

工人在雕刻菊花石作品

工人在雕刻菊花石作品

熠熠生辉。

菊花石河石蕴藏地就集中在永和大溪河金鸡潭一带，却贮量有限。后来，人们在离此地不远的柳家湾山中也发现了菊花石，但一直没有开采。2000年以来，随着河石料的减少，开采的难度增加，人们转而开采山上的菊花石。采出的原石块论重量出售，大致是4立方米为一吨。山石虽没有河石细腻与坚韧，但依然不减风采。在藏有菊花石的山头，开凿出防空洞大小的洞口，进入洞内，挖掉表层的泥土，就能掘起一块块深灰色的石板。每一硕大的石块内，都疏疏密密地生长着晶莹洁白、形如秋菊的花朵。这些菊花在泥尘的掩映下，显得羞羞涩涩，甚是娇柔可爱。

二

大凡大江大河都是自西流向东，浏阳河却甚特别，自东流向西，注入滔滔湘江。浏阳人既有山地人的特性，粗犷朴实，反叛执着，个人英雄主义；同时又继承了平原儒家农耕传统的基因，崇尚知识，重视伦理亲情；还因为水的滋润，思维敏捷，热情友善。体现在艺术的追求上，便拥有一种心无旁骛的执着，每每不乏杰出的代表人物出现。浏阳菊花石雕工艺历史悠久，但时至今日，真正将菊花石雕发扬光大的还是醉心于雕刻艺术的民间艺人，在于民间艺人对艺术执着的追求。经过多年的传承和民间艺人的努力，浏阳菊花石雕刻技艺于2008年5月列入国家第二批非物质文化遗产名录，永和镇更以“湖南菊花石之乡”“中国民间艺术之乡”的美誉闻名国内外。

清光绪年间，当地阳长厚正式开设“补天石”菊花石雕作坊，产品主要为浅刻和平面雕刻的砚台、镜屏等。相传到第三代，到清末民初，便增加了花瓶、笔筒、笔洗、帽筒等新品种，虽仍没有脱离实用价值，但已开始重视花纹的雕琢，还偶然配有菊叶。此时还发展为浮雕、半浮雕、镂空和圆雕的茶具、酒杯、茶几、桌面、假山、花瓶等，花形由简到繁，如梅兰竹菊“四君子”、蝴蝶采菊、蜜蜂采花、金鸡采菊等作品，成为装饰珍品。

给菊花石带来盛名的当为第四代戴清升大师。戴清升（1889—1987），出生于浏阳永和菜花洲一个佃农家庭，仅读过一年半私塾，十三岁就师从当地名匠黄家传学习菊花石雕。因吃苦耐劳，勤奋好学，不到半年，他石雕技艺就超过了师父，乃自立门户刻石为生。清宣统二年（1910），戴清升21岁时所雕刻的《仿古假山》，在民国二年（1913）参加南洋劝业会展出，获两枚奖牌。1915年前后，戴清升与秀才李佩秋、画师刘贤生等合手，根据天然菊花石料的形状、花形及分布进行构思，创作了“映雪”花瓶、“梅兰竹菊”屏风等一系列菊花石雕作品。梅兰竹菊富有层次的变化，运用横屏构成整体，其艺术水准首屈一指，作品很快被选送至巴拿马万国博览会。据《浏阳县志》记载：民国四年（1915），巴拿马万国博览会，我国工艺大师戴清升之绝创“映雪”花瓶、“梅兰竹菊”屏风参展，一举获得金奖，被誉为“全球第一”，令世人瞠目，拍案惊奇“石头能开花”。

戴清升一心扑在菊花石雕上，潜心于雕刻艺术，将菊花石雕推至前所未有的高峰。为了雕刻，他养了不少虾蟹鱼蛙，还喂养两只大冠花公鸡，几条小嘴大尾巴的黑色金鱼。他爱如珍宝，有空就要去观赏、喂养，由此获得创作灵感。

民国十四年（1925），浏阳菊花石雕艺人已发展到50多人，有阳长厚、戴清升等人开设的6家作坊，年总产值15000银圆，产品远销国内各大城市和香港、俄罗斯、日本、欧美等地。民国十七年（1928），戴清升与饶国福、戴杭炎等三人合伙在长沙城药王街开设了“全球一菊花石”商号，自产自销菊花石雕作品，至次年因被枪兵洗劫而破产。之后，菊花石雕一蹶不振，至抗日战争前后，因无法采料生产，永和菊花石雕作坊又遭洗劫，都先后破产，艺人弃艺改行。可戴清升从未放下手中的凿刀，他辗转于长沙、

菊花石雕刻大师戴清升

浏阳城乡，乃至栖身于戴氏祠堂门角，以种菜养猪糊口。仍从改行艺人中收得些许原料，始终坚持雕刻，保存了浏阳乃至全国这一独特的工艺。

1953年4月，在浏阳传教的英国传教士雷德轴回国前夕，曾多次劝说戴清升同去国外从事雕刻，承诺他的成名和富有。却每次都被戴清升谢绝了："雷先生，菊花石产在中国，我是中国人，我愿留在永和和菊花石共命运。"语气淡淡的几句语，却令雷教士大为震撼，他算是见识了这位浏阳人的执着与倔强了。

新中国成立以后，菊花石雕业喜获生机，戴清升更是一心扑在菊花石雕上。1956年他参加了湖南省手工业局召开的工艺美术艺人座谈会后，以极大的热情在浏阳邀集了汤耀彩、李光发、朱有才、饶明亮、饶国松、戴杭炎等七名艺人，于当年11月成立了"浏阳县全球一菊花石生产合作小组"。他亲自担任技术指导，迅速恢复了菊花石雕生产，半年内就生产了80多件富有民族特色的菊花石工艺品。

1961年，戴清升调至湖南省工艺美术研究所，他不断创新菊花石雕技艺，形成了自己精细而豪放的风格。20世纪60年代，工艺美术研究所已处于一片瘫痪状态，可他依然天天跑到湘绣大楼内的工作室，关起门来雕他的菊花石。后来，省工艺美术研究所撤销了，戴清升只得黯然回到浏阳，继续雕他的菊花石。据说，戴清升有一本记事本，每件新作品都有编号登记，从1928年到1965年，他一共制作了1215件作品。

机会来了，1971年周恩来同志在审查中国送阿尔巴尼亚工艺品礼单时问："为什么没有湖南的菊花石和湘绣呢？"湖南省轻工业局便迅速组织恢复菊花石雕生产，戴清升不顾八旬高龄，欣然应邀，再次来到省工艺美术研究室。与此同时，省轻工业局拨款让浏阳县外贸局新建了浏阳县菊花石工艺厂，请回了李光发、朱有才、饶明亮等七名老艺人，招收了30多名青年徒工。戴清升在长沙、浏阳两地来回跑，传授技艺，培养接班人，指导生产。1973年工艺厂出口菊花石雕成品173件，远销日本、东南亚和西欧等地。此后，每年经外贸收购出口创汇2万多美元。

1979年8月，戴清升出席了全国工艺美术艺人代表大会，被授予"中国工艺美术家"的荣誉称号，当选为中国工艺美术学会副理事长。后来，戴清升进一步完善了圆雕和立体多层雕琢工艺，创作了《孙悟空三打白骨精》《仙女散花》《乒坛盛开友谊花》等珍品。1985年，他的《菊溪帆影》盆景，获全国盆景展览三等奖；1987年，他的《春风又绿浏阳河》盆景，获中国首届花卉博览会盆景佳作奖。

戴清升毕生从事菊花石雕刻，在传统的浮雕技法上开创圆雕、镂雕，他擅于相石寻花，因材施艺，推动了菊花石雕技艺的发展。在理论上，他有所创新，主张相石取材要坚持三为主原则：即构思以花为主，因材施艺；造型以形为主，借形下势；去杂以质为主，化瑕为瑜。在技法上，他改变了以往菊花石雕的花平、粗茎、叶板的平面雕刻技术，创制了尖平、斜平二凿，以克服石质硬脆难以精雕的困难，提升为圆雕和立体镂空雕刻的新工艺新手法。更重要的，在菊花石艺术品类上，他淘汰了壶、碗、酒觞等粗放的实用品，保留了砚台、笔洗等欣赏和实用相结合的文房用品，发展了多姿多彩的以欣赏陈设为主的装饰品——石菊假山、盆景、花瓶、花篮等，使菊花石雕成为中国一项独具特色的艺术精品。

纵观戴清升85年从艺生涯，他至诚治艺，共刻菊花石1600余件，情趣生动，各具神态。他创作的《和平花》《蟹藻花》《秋菊傲霜》等作品在全国展出，《石菊假山》《争艳》先后长期陈列在北京人民大会堂湖南厅里，《金鸡踩菊》《石菊吐艳》等作品曾在数十个国家展出。1982年93岁高龄时，他创作的《金凤拂菊引彩蝶》获中国工艺美术百花奖的优秀创作设计奖。

三

自1990年代初期以来，浏阳菊花石雕更是百花齐放，在永和集镇、浏阳城区才常路、金沙北路等处，一家家菊花石雕店如雨后春笋冒了出来，那一尊尊或大或小或粗犷或精巧的菊花石雕工艺品吸引了众多的菊花石雕爱好者纷至沓来。比如，全球一、精石斋、奇石庐、傲霜阁等等。

此时，一位年轻的菊花石雕艺人陈继武走进了人们的视野，他以清醒的头脑和创新的胆识，开创了菊花石雕的新天地。陈继武，官渡人，生在河边长在河边。1990年，陈继武考进了县菊花石厂，成了一名菊花石雕的学徒，且很快脱颖而出。他的第二件作品《龙瓶》很是精彩，一条栩栩如生的龙缠绕在花瓶上，点缀着五六朵洁白的菊花。当时省外贸局一眼相中，并借到香港去参展。进厂后不久，他独自跑到永和镇，花两个月工资买了一块山石坯，长80厘米宽40厘米，便靠窗放着。可谁想石坯因日晒雨淋，便裂成了两半。后来，花了整整两个月业余时间，他雕出了一块龙砚，且出手不凡，竟卖了2000元。他信心大增，用这笔钱又买了一批石坯，所有晚上和休息时间，他都在家里雕菊花石。

菊花石雕是项技术活，可当时厂里只求产量高，只求生产速度，产品雕得粗陋。而在陈继武看来，真正的艺术品，就得精雕细琢。他于1994年离开菊花石厂后，一直在家雕刻菊花石。他雕了整整10个月，才雕了件五龙玉花瓶，一条精致的石链随意地串在花瓶与瓶盖之间。当时有人想以3万元的价格买走花瓶，但陈继武想了想，没有答应。这只五龙玉花瓶竟一举夺得了1996年浏阳首届民间菊花石雕展特等奖，随之，又获得了浏阳市第二届花卉盆景展一等奖，后让香港一位曾姓老板以4万多元的高价买走了。自此，陈继武声名大振。

1998年，陈继武办起了一家菊花石雕厂，还正式在县城才常广场之侧开了家陈继武菊花石工艺馆。他听说有人在古港附近山上找到了菊花石，便赶紧前往实地找寻，惊喜地发现此处的菊花石呈浅土黄色，大都为一块块的大原石，石上缀上一二朵立体感很强的菊花，花形大，层次强。陈继武搬了几块回家，这才得知除了花纹部分之外，石头的质地松软，不适宜雕刻。于是，一番思索后，他仔细将菊花打理出来，配上红木底座。再看整块原石，竟有一种粗犷质朴的味道，国画的意蕴汩汩流淌。不久，一位台湾商人二话没说便以高价买走了。之后，又有一位姓谢的台商来找他，

陈继武菊花石雕作品《石上浏阳城》

并约定陈继武有多少原石他销多少，原本不为人所重视的古港菊花石在浏阳迅速热起来。

其时，陈继武在山上发现还有一种原石，不光花形漂亮，且坚硬度高，以大朵、丰富的花形自成一种风格。于是，他抛却常用的浮雕、半圆雕的手法，采用镂空雕，且融合玉雕、寿石雕、象牙雕等雕刻手法，创立了自成风格的硬石雕刻手法。其作品《傲霜图》立式屏风一出手，就在2002年浏阳市第二届特产文化艺术节菊花石雕展获得了金奖。

陈继武在硬石雕刻成熟的基础上，以永和河石为原材，发展精雕细琢的大件作品。当浏阳仿古步行街落成之时，他那件花了8个月时间才完成的力作牌楼式菊花石雕《四海欢腾》被摆在了进街口，其上巧妙地分布100朵菊花和9条龙，创意奇特，布局和谐。2003年9月，人民大会堂湖南厅进行翻修，需以菊花石雕为陈列的几架，与醴陵陶瓷进行搭配，陈继武便被推为设计者及主要雕刻者。到了年底，其12件菊花石雕刻品与醴陵瓷器便光彩熠熠地呈现在人民大会堂。

2008年，陈继武被认定为省级非物质文化遗产代表性传承人，并被评为“湖南省工艺美术大师”，他坚持不懈地钻研雕刻艺术，且技艺不断精进。2015年10月，陈继武花了整整五年时间雕刻的《万佛朝宗》终于完工了，这幅菊花石雕壁画，很快通过了中国大世界吉尼斯世界纪录的认证。作品以浏阳永和菊花石材为原材，雕有99朵悠然盛开的菊花和99尊神态各异的佛。庄严的释迦牟尼居于最正中的位置，正右手持说法印，头顶华丽的伞盖，两边坐着大势至菩萨和观音菩萨，另外96尊佛在莲花座下围绕着，听取释迦牟尼讲佛法。99尊佛，或站或坐或卧，神态细腻如真人。每一尊佛像都栩栩如生，有的手持法器，有的凝神静气，各显庄严，寓意天长地久、万佛（福）归一，自是令人由衷赞叹。

在陈继武看来，菊花石不仅是一个产业，更是一种文化。而这种传统文化，不应该只是在行内交流，应该让更多人知道。他于2017年建成了菊花石公馆，馆内陈列着他从艺三十年来不同时期的获奖作品和有影响力的精美菊花石雕艺术珍品，让人饱尝一场精神、视觉、美学与文化的盛宴！

浏阳菊花石雕省级传承人陈继武在雕刻

陈继武策划及主持创作的大型菊花石雕《万佛朝宗》

四

很长一段时间，浏阳菊花石雕的手艺人们使用浮雕、深浮雕的雕刻技法，结合菊花石本身的纹路，雕刻出朵朵精美绝伦的菊花。这些精美的艺术品，让人不由赞叹大自然的鬼斧神工得以与匠人的手艺完美地结合。

1990 年以来，不仅在古港古城村发现了新的菊花石料，且菊花石雕雕刻技艺有了新进展，在大型国际节会展上屡获金奖。1999 年袁耀初创作的菊花石雕《龙球》，作为礼品展现在澳门回归纪念馆。2000 年 10 月，在第二届中国特产文化节上，刘少峰创作的《回归颂》获得金奖，朱国义创作的《石菊引蝶》、杨楚锡创作的《国之魂》、贝先华创作的《国之重器》获得银奖。2005 年 5 月，曹明珠的作品《岁岁平安》被当时省委书记杨正午馈赠给台湾亲民党主席宋楚瑜。

在浏阳，曹明珠是一位家喻户晓的工艺美术大师，1949 年 11 月 17 日出生在浏阳一个木雕工艺世家，祖父和父亲都是当地颇有名气的木雕艺人。在抗日战争前期，全家搬迁到浏阳城关镇老柴家巷（新文路），那时整条街全部是以做家具为主的木工作坊。他们家开了一个木雕作坊，雇用木工多人。1938 年 9 月，浏阳城惨遭日军侵袭轰炸，他祖父在这次轰炸中不幸丧生。无奈之下，他父亲又只得拖儿带女，来到浏东古港镇，租用周姓一栋房屋重操旧业维持生计，悬牌“曹柏福木雕坊”，直至新中国成立后成立手工艺合作社。

受家庭环境的影响，曹明珠从小耳濡目染，喜爱上了雕刻，十三岁时便学习各种木雕技艺，并深深地爱上了这个行当。当他一听说附近永和有罕见的菊花石，出于好奇心，他去找来几块石头试着雕刻。虽然雕刻简单，没想到雕出的一方《丹凤朝阳》砚台，竟引起了人们的注意，他从此爱上了菊花石雕刻。当时许多雕刻手艺人纷纷转行，曹明珠却默默坚守着他的雕刻作坊。改革开放后，浏阳菊花石开始受到人们的热捧，从最早的纯手工雕刻到后来的机械与手工结合作业，曹明珠深刻地感受到科技的创新让菊花石雕艺术不断有新的突破。

菊花石雕，石料开采十分困难，雕刻工艺难度很大，制作工期长，见效很慢。因此，有人认为，搞菊花石雕，不如经商或从事其他行业来钱快，效益好。菊花石雕作品一般由采石、设计器型及雕刻三个步骤完成。由于菊花石雕在浏阳已成了一项产业，有专门的采石人，且衍生出了一项获取石料的有趣途径——赌石。从永和等地开采来的菊花石，个头大品相好的石头动辄上万，而菊花石的形状又往往藏在石头内部，需要慢慢凿开才能看到具体的“开花”大小及品相。多年的“赌石”经验让曹明珠有了一双仿佛能看穿石头内部的火眼金睛，他可以从石头外表的突起或者纹路，大概判断出石头内部的菊花形状和品相。

开石也是一项至关重要的技术活，凿得太浅的话，半天找不到花，凿得太深的话容易破坏石头中的天然纹路。从哪个角度切开石头更是技术活，这会影响到后续的作品造型。因此每次买到原石，曹明珠都会在一旁紧张地指引着熟悉的开石师傅，慢慢凿开石料，将原石开凿成自己想要的大致形状。之后，他才正式开始创作。

菊花石雕艺人，既要根据石料的大小及形状判断，更要结合石头上“花”的数量和位置，来精心地设计作品。由于菊花石石料的稀缺，艺人在对待这样珍贵的原料时自是万分慎重。1990 年，曹明珠在山上发现一块品相极好的菊花石，运回家后，却迟迟不敢下刀。每天拿着笔墨在原石上画了洗，洗了画，光是设计稿就有 150 多份。后来，这块珍贵的石料被曹明珠雕刻为一只精美的鱼缸，在 1991 年广州展览交易会上大放光彩，有商家出资 5 万美金收购。5 万美金，在当时可是一笔极其诱人的巨款。但是曹明珠犹豫再三，最终还是将第一件自己满意的菊花石雕作品留在身边。

很长一段时间，菊花石雕艺人，都是使用锤子、凿子等传统敲凿工具进行创作。由于石料硬且脆，雕刻工艺被限制在浮雕等只能浮于表面的雕刻技艺上。曹明珠接触过各种木雕技艺，一心想采用各种雕刻技艺来提高菊花石雕的观赏性及艺术价值，镂空雕是他最想实现、也是最难的一种方式。可之前，已经有很多经验丰富的菊花石雕老艺人尝试过镂空雕刻，却无一成功。但曹明珠没有放弃，他常常把自己关在工作室里，一干就是一整天，不断探索着这一业界难题。不到两年时间，曹明珠就将家中囤积的所有石料用尽，却依然没有进展。家里的石料耗尽了，曹明珠就接着找。

此时，永和菊花石资源已临近枯竭，石料越卖越贵了。曹明珠想到了自己住的古港距离永和不过十多华里，水路是一系的，永和既然有菊花石，古港一带也应该有，于是他将目光锁定在了古港镇附近的磊石山和狮子山上。1988 年秋季，曹明珠只身一人，身背挎包，装着锤子、凿子，每日都外出寻找菊花石料。经历一年多的时间，于 1990 年 3 月 26 日，他终于在狮子山发现了新的大花型菊花石矿源。这处新矿藏让无数艺人重燃起了对菊花石雕刻行业的信心，古港镇政府更是大力支持，当年八月中旬就在集镇桐坑烈园路开办了菊花石工艺厂，并聘请曹明珠为厂里的师傅。曹明珠相继选录的五六十名学徒，在他的言传身教和耐心培养下，很快都能够单独创作。

自此，因有了充足的原石来源，曹明珠继续钻研菊花石镂空雕刻技艺。但菊花石的材质又硬又脆，有些硬度竟然达到了七点多，且极易崩裂，加上菊花石雕又没有专门的工具，无疑更加大了工作的难度。在经历了多次失败之后，曹明珠联想到了跟菊花石材质更接近的玉石雕刻。借鉴玉石雕刻的各种技艺，曹明珠才找准问题的关键。至 1999 年，曹明珠刚满 50 岁，他终于成功打破菊花石雕刻百年来的桎梏——这一年，菊花石雕刻历史上的第一件镂空、圆雕、透雕作品《岁岁平安》诞生了。《岁岁平安》以圆形花瓶为主体，四周及瓶内全部镂空，瓶身两侧各有一个祥云图案瓶耳，悬挂着从一整块石头中剥离出来的 50 个石链，上连瓶盖可以打开。他并没有保守自己的圆雕技术，谁来请教他都倾心传授。从此，一件件透雕、圆雕、镂空雕的精品相继问世，镂空雕刻新技法为菊花石雕刻行业带来新的生机，菊花石雕的艺术空间再次得到拓展。

之后，曹明珠还自制了一系列适合于石雕创作的大小钻头，很大程度上避免了石料断裂，且自此迎来菊花石雕刻工具的改革创新。1994 年，吊

曹明珠老师在雕琢菊花石作品

磨机引进，大大解放了匠人双手的工作压力；2003年，韩国电子笔的引进，带来了更精细的雕刻技艺；2005年，开始推广借鉴玉器的抛光工艺，菊花石雕成品光泽度上了一个台阶……

正是百年的传承和创新，浏阳涌现了一代代菊花石雕良匠，在新世纪让菊花石雕在国内外重新响亮起来，曹明珠的艺术生涯也迎来了新的春天：1997年10月，作品《紫荆花》《菊魁》《古松恋菊》荣获湖南林木、石类名特优产品银质奖；1998年，作品《石中缘》荣获第二届中国国际园林花卉博览会二等奖；2000年，作品《岁岁平安》荣获湖南省首届民间工艺美术品大奖赛暨精品展金奖，《野溪趣》《花瓶》获银奖；2001 年，作品《石中缘》荣获第五届中国花卉博览会银奖，作品《岁岁平安》荣获第二届中国特产文化艺术展金奖；2006 年，作品《竹报平安》被授予“全国工艺美术优秀创作奖”；2007 年，他被授予“湖南省民间文化杰出传承人”。

2008 年，曹明珠被评为“湖南省工艺美术大师”，并被认定为省级非物质文化遗产项目代表性项目石雕（菊花石雕）的代表性传承人”。至 2018 年 5 月，他又被认定为第五批国家级非遗代表性项目石雕（菊花石雕）的代表性传承人，至此，他精湛而高超的雕刻技艺得到了充分肯定。

曹明珠老师在雕琢

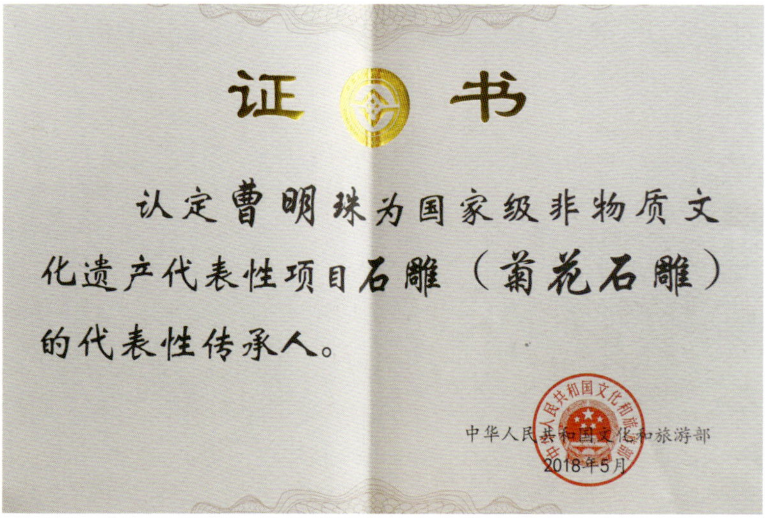

证书

认定曹明珠为国家级非物质文化遗产代表性项目石雕（菊花石雕）的代表性传承人。

中华人民共和国文化和旅游部
2018年5月

曹明珠获颁的国家级非遗项目菊花石雕传承人证书

油饼飘香

浏阳油饼制作技艺及其传承人

一

在浏阳文家市，出产一种油饼，是浏阳的传统产品，久负盛名。但其形成产业，据《文家市镇志》记载，“域内油饼的兴起，始于清雍正年间”，约有300年历史。其时，并不叫“油饼”，而是称“二八酥”，因为一斤饼里面含二两“酥”，八两面粉、麦芽糖、香料等，故称此饼为“二八酥”。制作时，将文家市当地产的小籽茶油熬熟冷却，与面粉糅合，为此“二八酥”饼已初具油饼的特质和口感，香酥可口，渐渐赢得了人们的喜爱。

在当地流传着这么一个故事：传说乾隆皇帝游江南时，从江西省万载县微服来到文家市。乾隆帝品尝到“二八酥”后，禁不住啧啧称好，他让饼铺老板拿来文房四宝，挥毫题写了“朱门两扇八字开，吾欲长请上膳台”两行大字。乾隆帝离开后，老板左猜右猜不解其意，找来当地文人破解这个哑谜。当地的文人们都觉诧异，从字面上猜出，题字的人非同寻常，所题的头一行字既暗喻“二八酥”，也明指官衙；第二行字则表示了题字者想经常吃到“二八酥”的心愿。此人究竟是谁呢？谁也猜不透，只得作罢。这事传开后，文家市“二八酥”从此名声大振，做饼的师傅们受到极大鼓舞，当地官府干脆将“二八酥”列为“贡品”。

鸦片战争后，由于战乱和经济萧条，文家市“二八酥”生产凋零，其制作技艺甚至失传。直到清光绪末年，文家市人专程去江西省安福县请来绰号“斋公”的刘师傅，前来文家市做饼，才重振“二八酥”名声。当时，刘斋公带过来年方13岁的学徒李务立，以后师徒二人就一直在文家市做酥饼。见文家市盛产小籽茶油，刘、李二人不断创新工艺和配料，尝试着将烘烤出炉的酥饼，趁热投入已熬熟冷却的小籽茶油中，待浸至饼子沉底，再捞上晾干，饼子更添香味。品尝起来，其色、香、味明显好于原先的酥饼，于是人们便将“二八酥”改称为“油饼”。

民国年间，文家市街上有三家斋铺，商号分别是：元康利（上街）、集庆祥（中街）、恒利祥（下街）。斋铺老板分别为彭家良、彭家训、龚隆兴，平日做些杀猪、扯面、做饼、做糕点、卖南杂等生意，生意红火。民国六

从油桶里捞起已浸好的油饼

年（1917）冬天，毛泽东来文家市做社会调查，他在湖南省立一师同窗好友陈绍休等陪同下，游览了文家市街。当问及文家市的土产时，陈绍休等将毛泽东领到了位于中街的集庆祥斋铺。毛泽东一边仔细观察做饼的过程，一边询问做饼师傅们做工的状况，还问了彭老板油饼的配料、特色、历史、销路等情况。彭老板边回答边从油缸里夹出几个油饼，请毛泽东品尝。毛泽东才尝了一口，便跷起拇指赞叹："咦，味道真好！又甜又香，又脆又爽，虽浸过茶油，可是吃来不腻口，耐人回味。"

之前，文家市那三家斋铺分别请江西黄茅、慈化、桐木等地师傅来做饼。做饼师傅对制作技术十分保守，其中的绝技只单传最信得过的男性，文家市本地并没有好的做饼师傅。后来，林朝兴为躲抓壮丁，从江西慈化迁来文家市居住，在恒利祥龚家做饼，自此文家市有了本地的做饼师傅。

解放初期，油饼仍由私营老板制作。1956 年公私合营后，成立文家市区供销社时，供销社建起了油饼厂。林朝兴师傅在供销社做饼，地点在中街彭家祠堂。为了满足市场需要，供销社里安排林师傅带了一批学徒，文家市的做饼技术由此得到了传承与发展，油饼味道一如既往地好。1959 年，新中国迎来建国十周年大庆，时任文家市人民公社社长、党委副书记的杨庆湘应邀代表文家市人民赴北京参加国庆观礼活动，听说还将见到毛主席等中央领导。送什么礼物给毛主席呢？大家一致认为就送文市油饼。于是杨庆湘向中共中央办公厅送去一箱文家市油饼，特别写明“请转呈毛泽东主席”。听说当毛主席再一次品尝文家市油饼时，还乐呵呵地对身边工作人员说道：“文家市油饼比以前更好吃了！”

改革开放后，刘连维、彭长林、林邦族、林邦赞、周政文等先后在文家市境内开起了食品厂，除做油饼外，还兼做茴饼、麻饼、发饼等。进入新时代，文市油饼在传统技术的基础上，结合现代技术，制作更加严格，选料更加考究。不光各项技术指标均达到国家标准，口感更是又酥又脆又香又甜，多吃不腻，回味无穷。

近年来，文家市镇有规模、上档次的仅有长林油饼厂和福文油饼厂两家，皆精心研制原材料配方，改进了油饼传统制作工艺和包装，使得文市油饼更加适合现代人的口味，产销量逐年提高。

二

文市油饼，小巧精致，面圆微凸，色泽金黄，表面起酥，边缘牙白，令人一见就心生喜欢。平日里，文家市本地人家中都会备一罐放在家中，想念那股浓香酥脆时，就拿出一个来吃。小小的一个，放入嘴中慢慢咀嚼，里皮燥脆，内馅丰满，松泡爽口，油甜而不腻，且有茴香、桂子、芝麻等天然芳香在唇齿间不停游走，味道真是好极了。即使在炎热的夏天，只要用保鲜膜包好冷藏，风味更是别具一格。也因此，在浏阳南乡许多地方，长期以来，人家父母寿诞餐桌上必不可少的寿桃寿饼，大都采用好滋味的文市油饼。

文市油饼是浏阳茴饼的分支品种，油饼的起始就是“二八酥”。在传承的过程中，文市油饼制作工艺越来越精细，且日臻成熟。特别是，文家市油饼坚守传统手工生产，采用当地红土地特有的小籽茶油，保证了产品的原汁原味。而小籽茶油香气四溢，没有任何污染，是油中翘楚。每年十月，收油茶的季节是最忙的时节，文家市本地人到山林中采摘颗粒饱满的小粒茶籽，晾干之后就可直接榨油。而文家市镇域内多为丘陵地貌，茶树种植广泛，是我国小籽茶油产量、质量最高的区域之一。所产优质茶油，为制作油饼提供了源源不断的优良原料，也使得文家市油饼独领风骚。

做饼坯要用到的木锤

油饼初坯

油饼成品

做文家市油饼，来不得半点马虎。具体说来，跟其他酥饼的区别在于：制酥必须全用熬熟冷却的小籽茶油来和，不能掺一丁点水。以面粉、茶油、饴糖为原料，馅心则须用上等金橘花、花生仁、八角、茴香、桂枝、芝麻、香料、麦芽糖等十来种材料。有人甚至说，必须做足36道纯手工工序，才能将油饼做得酥脆且不油腻。主要步骤如下：

第一步，制皮。将上等面粉与老面，加入温水调和，揉捏成面团，置于容器内保温发酵。次日，将发酵的老面与饴糖倒入搅匀，缓慢加入碳酸钠，加油，搅匀。再将面粉拌入，和匀，即成皮料。第二步，制酥。用文家市产的小籽茶油熬熟冷却后，与面粉糅合而成酥料，放置待用。和料非得全部用熬熟冷却后的小籽茶油，不能掺一丁点儿水。第三步，包酥成型。这是制作油饼中最关键、最复杂的一道工序。先是分料，把一整块酥料均匀分成一小块一小块；接着是包酥，包酥工艺更讲究了，把分好的小块酥，包到分好的皮料之中；再就是开酥，把包好酥的皮料滚平，使酥均匀分布。随后，把开好酥的皮料卷成柱装，再一次竖着压平后，包好酥的皮料便成型了。正是通过这个过程，才能使浏阳油饼外皮色泽金黄光亮、里皮酥脆、口感纯正。第四步，包馅。再一次把小包酥的成型皮料捏平，将预先做好的馅料，包裹进酥皮中，反复揉捏，包圆，再用木锤将两面轻压成型，呈饼状。做饼师傅的双手上下翻飞，动作如行云流水，不到3秒钟就可做成一个饼坯。第五步，烘烤。做成的饼坯，必须一个个地贴在用陶瓷板特制的高炉里烘热，采用由上至下的环形木炭土炉，炉温170—180℃，烘烤时间13—15分钟，待饼面色泽金黄即成。或者，将一盘盘的面饼送进烤箱，18—20分钟后，黄澄澄的饼就出炉了。第六步，浸油。出炉后的饼，放进熬熟冷却后的小茶籽油锅里浸泡。随着轻轻的嗞嗞声，饼子渐渐沉底，再捞出后，沥油冷却，汪着油、透着香的油饼就做好了。

油饼的制作选料特别讲究，最佳产品非得用特级面粉、广西莲花牌白砂糖、文家市土产的小籽茶油不可。

三

油饼的制作工艺十分严格，且有秘传。正宗的油饼加工技术，现在文家市只剩下两名老艺人会做，一个是“福文油饼”的刘连维，另一个就是彭长林。

因父亲刘大道长期担任文家市区供销社采购员，与林姓师傅关系友好，刘连维将正宗的油饼制作技艺学到了手，才得以成为真传弟子。20世纪80年代，在湖南省副食品评选中，刘连维制作的文家市油饼连获两次一等奖。供销社改制后，刘连维自办厂子，为不负师恩，刘连维取师籍安福之“福”字，文家市之“文”字连缀，将自家的企业命名为福文食品厂。刘连维将文市油饼制作技艺单传给了儿子刘文龙，父子俩在传承的基础上创新，精益求精，做出的油饼更有特质，更加可口，名声越来越大。“福文油饼”曾荣获湖南省第三届农博会银奖，成为正宗的湖南省名优特产。

彭长林也在集镇上开办了长林食品厂，他家的门店就在文家市镇最热闹的街上，坚持地道正宗的老手艺，生产及经营文市油饼，先后荣获湖南省第二届名优特新博览会金奖、湖南省著名商标、长沙市科技示范户、浏阳十大特色小吃等等称号。至2017年9月，其油饼制作技艺列入长沙市非物质文化遗产代表性项目行列，彭长林则被认定为长沙市非物质文化遗产代表性传承人，他的干劲更足。

彭长林18岁就跟随师父彭传苗学做油饼，至今已有30余年。出于对文市油饼制作技艺的传承，他曾花工夫查找了自己的传承谱系，且深深为之感动：第一代：彭声栋，清乾隆十三年（1748）出生。他从10多岁起学

文家市油饼传承人彭长林（中）在做饼

彭长林端起一盘已做好的油饼

习做传统糕点“粑粑”，通过自身努力与机缘巧合，而研究出“二八酥”的制作技艺。其时，文市油饼已成为朝廷贡品。第二代：李高，清嘉庆五年（1800）出生，江西黄茅人。他从小跟随师父学习做油饼，将文市油饼与本地特有小籽茶油结合，味道更香更脆。第三代：高政怀，清道光十八年（1838）出生，江西株潭人。他中年时才从师学艺。在他这一代，文市油饼制作技艺进一步得到提升。第四代：林朝兴，清宣统二年（1910）出生，文家市人。自他这一代开始，文市油饼在文家市集镇扎下了深厚的根基，且名气越来越大。第五代：彭传苗，民国三十二年（1943）出生，他跟随师父林朝兴学艺，做油饼三十余年。第六代：彭长林，1963 年 5 月出生，他 18 岁跟随师父彭传苗学艺，是大弟子，也是师父的爱徒。

彭长林熟练掌握了油饼制作技艺之后，于 1985 年在文家市集镇开了家油饼小作坊，自产自销。于 1993 年创办浏阳市长林食品厂，专门生产和经营文市油饼系列产品，产品种类多了，销量更好了。至 1997 年，他将厂里的油饼注册为了“文家市商标”。一直以来，彭长林将传统技艺看得重，坚持纯手工制作方法，保留了文家市油饼最传统的味道。在他看来，这小小的一个油饼不仅承载着这一方土地的文化，更有几代人的时代记忆。

彭长林有一个儿子两个女儿。2010年时，彭长林将食品厂交给儿子经营。但因压力太大，儿子在接手后的第三年突然撒手不管了，彭长林拿儿子没辙。小女儿彭双不忍心看父亲再继续操劳，大学刚毕业后就回到厂里，顶替了父亲和哥哥的职务。一年后，她结婚了，厂里的事情又全部交给了她丈夫戴永红。戴永红是湖南怀化人，大学学的是市场营销，踏实肯干，长林食品厂稳定下来了，发展形势好。

彭长林家的门店就在文家市集镇中心地带，保持着前店后厂的格局，店后面便是油饼加工厂。加工厂不大，右边是连排的平房，左边地坪种满了树，银杏树、桂花树、杨梅树、枇杷树等，长势良好。在戴永红看来，这种油饼带有明显地方性口味，名气大，销量小。油饼只有中秋节时在当地热销，其他时间的销售都靠来秋收起义纪念馆参观的游客购买，以及镇上的老人做寿。一个寿诞，就可接到七八百斤的油饼订单。

厂里的员工并不多，但各司其职，产量稳定。负责做油饼的师傅张海平是文家市本地人，2006 年来到长林食品厂打工，从师于彭长林。出师后，干脆留在厂里，对做饼的工艺流程了然于心，技术非常娴熟。每天一坐到案板前，就开始做饼，熟练地从案板上的一大块面团上揪下一小块，揉、捏、压、搓，从容地操作，再用擀面杖将小面团做成两头尖的圆柱状。这道最重要的工序叫“小包酥”，只有这个步骤完成好了，才能保证油饼会有酥脆的口感。

事实上，坚持老手法并不等于守旧，彭长林也在坚守中创新。他也知道，文家市油饼的种类和口味相对单一，既吸引不到省外的客户，也满足不了年轻人多变的口味。经过他这些年的探索与开发，新增了蜂蜜、紫薯、香芋和豆沙等口味，设计了时尚的包装，还延伸出了锣酥、酥饺等产品。市场销售的油饼分两类：一类是仍然浸泡在熟油缸中，随买随取随吃；另一类是从油缸里，取出晾干后，包装出售，适应于作馈赠礼品或保存。

在经济发展迅速的年代，竞争日益激烈。很多油饼制作厂，都已经放弃了费时又费工的小包酥成型这道传统制作工艺了，而文家市镇长林食品厂一直还使用着这种最传统的制作工艺。2018 年，彭长林启动了工厂的改造升级，打造了无尘车间。他相信借助标准化、无尘的生产环境，文市油饼会将走向更大的市场。

黄澄澄的油饼

乡土夏布

浏阳夏布及其传承人

一

在春秋时期，男女老少种麻、浸麻、漂麻是很普遍的现象。自秦汉至唐，麻的种植、初加工、纺绩和织造技术已发展到相当高的水平。麻的发展使得人们对葛纤维的利用逐步减少，在衣着和日用方面，以苎麻和大麻为主，亚麻、黄麻则在较晚时期才出现。秦汉时，苎麻在湖南和四川地区广泛种植和利用，到了东汉苎麻的种植和加工技术开始大力传播。据考古发现，1972年在长沙市马王堆汉墓出土的素纱禅衣，其领、袖部位均为工艺精细的苎麻织物，而这些麻织品距今已有2700多年历史。

有苎麻的地方，就有出夏布。浏阳夏布具有轻薄细软、凉爽透气、易洗易干、越洗越白和经久耐用等特点，是夏季制作衣料、蚊帐的理想布料。浏阳历来四乡皆织造，东乡出帐料，西乡出细布，“家家可闻机杼声”。据地方志记载，浏阳夏布有着悠久的历史，自唐宋始，成熟于明代，发展于清代和近代，曾以织工精巧、质地特别细腻称雄于世。

北宋《元丰九域志》记载，湖南当时向朝廷进贡精品苎布的有袁州、筠州等五处，属浏阳等地的白苎布数量大，且质量好，誉满京华。明清时期，苎麻的种植已遍及湖南各府县，逐渐形成了浏阳夏布生产及贸易中心，产品远销国内外。明嘉靖年间，“浏阳夏布”作为贡品选入宫廷，自此扬名。更有记载：“苎布，一名夏布……浏阳、湘乡、攸县、茶陵皆出苎布，世称浏阳最佳。”

清朝初期，浏阳夏布织造在浏阳已经普及，但老百姓编织夏布只是为了自给自足。他们自种麻，自织布，并没有在市场上买卖夏布的现象。清嘉庆时，市场上开始出现夏布交易，但是经营者比较少，产品没有严格的规定。嘉庆九年（1804），商民王甲首次领帖，开设夏布行。据嘉庆十二年（1807）《长沙府志·食货纪》载：“岁选四光素、三色纻丝340匹，浏阳46匹。浏阳出绢，湘乡、攸县、茶陵四县出苎麻，今浏阳者多。”康熙十九年（1680）《浏阳县志·物产篇》也明确标注：“凡出于工织可以庇民之体者，为布帛之品。”至道光年间，浏阳夏布逐渐扩大商品生产，夏布成品初有品名，规格有京庄布（500头、1000根经线），二细布（600头、1200根）两种，经山西客商的贩运，开始远销全国各地。

《中国实业志》载："明末清初，浏阳夏布畅销各埠，年可销万筒（18万匹）。"可见浏阳夏布生产的盛况，且已畅行各地。清咸丰年间，山东"谦益祥"商号在浏阳设庄，收购夏布，年均3500筒，合7万多匹，总价30至40万银圆。当时，浏阳在京、沪、粤、汉等地设立的编爆庄，均兼营浏阳夏布。如南京怡和布庄，每年坐地收购夏布2500筒，合5万多匹，总价20至30万银圆。其所收夏布大部分远销朝鲜、日本和南洋群岛等地。

光绪年间，浏阳各乡遍地种植苎麻，妇女绩麻、绕麻芋子，男人刷布、整经，夏布生产日趋兴盛，品种增加了六八、七二、八百、九百和一千头5种，连同以前的京庄布、二细布共有7个品种，并对夏布的长度、宽度也有了较统一的规格。浏阳夏布品种的增多，使其开始成为各地客商争相采购的商品，逐渐发展成为浏阳颇负盛名的土特产品。清末民初，浏阳粗夏布用本色麻线进行染色，织成各种样花，用作衣服或床单。细夏布则用来漂白，用来做衣服，在那时漂白夏布衣服比绸子还要名贵。

夏布

由于浏阳夏布最有名，故江西、醴陵所产夏布多由布贩从民间采购，转手贩给浏阳商人，漂白后，再成捆外销。谭嗣同在《浏阳麻利述》中称：“自昔吾浏阳以麻布战天下商务，未尝遇敌，车牛远贾，南北奔凑，岁售银百十万。……浏阳以素所植麻，拔而植茶，麻布既不足供售，乃自转购于江西，运载出口，谬称浏阳产。江西布商亦乐人代其冒之，皆自称浏阳产。”可见，当时浏阳夏布的品质在全国著名，所以历来有“杭州府绸换浏阳夏布之说”。《浏阳乡土志》（1967年台湾印本）详记浏阳棉布、夏布、菊花石、豆豉、鞭炮等土特产外销情况。其中记载：“夏布水运销售汉口，近岁调查（编者注：修志前调查），约一年可外销341100匹。”

浏阳夏布开始销往日本、朝鲜、南洋等地时，被称为“中国草”。至清宣统二年（1910）南洋劝业会上，浏阳夏布力挫群雄，捧得嘉奖。解放初期，线装版《湖南土特产》一书记载：过去的湖南夏布，久已驰名国内并闻名东亚诸邦的有“浏阳夏布”。民国二年（1913）夏布输出朝鲜1.07余万担，值银958万两。

据统计，民国初年，浏阳从事夏布生产者不下1万人，全县有夏布织机1500多部。在浏阳城，有较大的夏布庄20多家，年产15万匹，销往汉口、南京、上海等地，国外最远销到朝鲜、芬兰等国，旺市每日上市量有600多匹。浏阳夏布在民国十八年（1929）国货展览会上获得特等奖。除了在产地设有夏布庄专事收购，还在南京、上海、广州、汉口等地设庄推销，各地编爆庄内亦设营销处，外地商人直接来浏收购的也很多。

中华人民共和国成立后，当地政府积极扶持浏阳夏布生产，情况渐渐好转：1952年年产夏布57800匹；1953年以后由于人手和原料等问题，生产力稍有下降，年产68000匹；1957年至1958年维持在2万～4万匹的水平。外贸出口时，浏阳普通夏布均打成捆，每捆21匹，内以20匹已漂白或者已染色的夏布捆中间，外用1匹皂生夏布包捆，以免破损。优质夏布则不打捆，每一匹夏布用玻璃纸包卷封装，或用纸盒包装，并于布角扎以红丝绸，甚是美观。

20世纪80年代至90年代初，是浏阳夏布最为繁盛的时期，当时高坪镇80%的村民织夏布，太坪、马鞍、新建、向阳等村几乎家家可闻机杼声。老人绩麻，男人梳布，女人织布，一片繁忙景象。全镇每年生产各类夏布10万匹，年产值超过2500万元，畅销于日本、韩国、缅甸等国。夏布生产厂家有浏阳河工艺夏布厂、经纬夏布厂、淮青夏布厂、明益夏布厂、泰和

夏布家庭作坊

夏布厂等6家，从业人员900余名。

20世纪90年代末，亚洲金融危机爆发，恶性通货膨胀的狂潮席卷全国，苎麻原料来源中断，浏阳夏布生产萎缩，商铺歇业，夏布工厂倒闭，使夏布产业发展陷入低潮。

21世纪以来，生态环境的恶化使人们开始关注保护自然环境，开始注重绿色、健康及舒适的生活方式，对天然纺织品浏阳夏布等的需求日益增大。2008年，夏布织造技艺由江西省万载县申报为国家级非物质文化遗产代表性项目。到2017年，浏阳夏布才入选长沙市级非物质文化遗产代表性项目，产品研发跟上了时代步伐，已开发出服装、服饰、家饰、其他工艺品等系列文化创意产品，可巧可拙，被称为“会呼吸的乡愁”。

二

浏阳夏布之所以享有盛誉，主要在于夏布洁白如雪，质地特别细腻轻便，穿着凉爽透汗，经久耐用，深受国内外顾客欢迎。在两尺左右的纬纱上，经纱的排列多达 1300 余根。且一匹 19 米长的帐布卷成筒，其直径仅寸许。唯其质细且轻，费时费工，故造价昂贵。至光绪二十年（1894），据相关记载：“浏阳的苎麻布佳，值二、三银一尺者，工细不减湘纱。”

浏阳夏布与其他材料的性能比较：一是透气性。浏阳夏布的透气性比棉高 3 倍，夏天可以使人体体表温度降低约 2.5 ℃，亚麻的凉爽感和吸湿、散湿性不如苎麻。二是色泽美。浏阳夏布色泽洁白，有丝一样的光泽感。三是纤维强力。浏阳夏布的强力是天然纤维中最高的，湿强度较干强度高 20%—30%。四是手感。浏阳夏布手感硬挺，但褶皱回复性差，容易皱，且不易回复。五是耐酸碱性。浏阳夏布耐碱性，抗霉和防蛀性能较好，有抑菌作用。六是纤维质量。浏阳夏布是麻纤维产品最好的，质感比较精细，可纯纺，也可混纺，所以常用来做细布、帆布和绳索，尤其适宜织制夏令时节的服装。相比于亚麻、大麻等材料而言，浏阳夏布的性能最优质。

昔日浏阳夏布制作，像浏阳鞭炮制作一样，是境内农家的一大副业，有“夏布之乡”的美誉。织布成匹前的某些工序，均由农户妇孺操作，故浏阳素有“七岁麻篮八岁车”之说。夏布在浏阳的产生和盛行，是由以下条件所决定：

一是地理位置。夏布是以苎麻为原料编织而成的麻布，苎麻喜欢温暖而湿润的气候。苎麻的茎叶生长期间适宜温度为 18 ~ 30 ℃，在这个范围内，温度愈高，茎的生长速度愈快。生长期间内，需要空气相对湿度在 70% 以上，且要求土壤中有充足的水分。浏阳地处秦岭淮河一线以南的长沙流域，气候温和，四季分明，雨量充沛，土壤肥沃，自然植被丰富，为苎麻生长提供良好的先决条件。

二是适宜的环境。一方水土一方人，浏阳的自然环境里，饱含着许多自然神奇的力量。浏阳由大围山、连云山、九岭山三山环绕，浏阳河、捞刀河、南川河三川贯流，温暖湿润，水量充沛，水陆交通发达。浏阳人民因地制宜，利用独创的地理气候环境，推动了农业、手工业的发展，就地取材，创造了柔软舒适、质量上乘的浏阳夏布。

三是拥有“老麻种”。浏阳拥有珍贵的老麻种，名叫“鸡骨白”。这种苎麻的纤维纤长且坚韧，晒干后呈现素雅高洁的色泽，仿佛鸡骨头一般白净。湖南土特产展览交流大会上，各地收购的“苎麻”标准，“鸡骨白”无论从长度、颜色、纤维等方面，都是甲等。

纺织夏布就是驯服苎麻的过程，需要先用手工把它揉搓成线，再织成布。苎麻由植物胶和纤维组成，为使纤维更柔软，《诗经》记录了许多古人“脱胶”的场景和方法。浏阳夏布的原色是由芝麻纤维本身所固有的颜色决定的，未经加工的苎麻纤维从苎麻植物中提取出来，大都色泽偏黄，有深褐色、浅褐色和浅棕色三种。浏阳夏布在制作过程中，经过沤麻、煮麻、晾晒等工艺的处理，改变苎麻的本色，使浏阳夏布变得色泽洁白。

浏阳的河水清澈偏碱性，是麻纤维脱胶漂白变软的利器，浏阳夏布经河水漂洗越洗越白。因此，用浏阳河水漂洗之后，晾干在河滩上，夏布就具有轻薄细软、凉爽透气、易洗易干、越洗越白、经久耐用等特点。浏阳河边家家户户做夏布，太阳热辣辣时，河边曝晒的布匹仿佛一层霜雪，乃有“十里浏河，夏布皑皑”的场景。

有一个美丽的传说：相传明嘉靖年间，浏阳河畔天马山脚下，住着一位姓唐的机匠。他织的夏布细腻轻柔，白里透着兰花，千姿百态。可是，这花色不是印的，也不是织的，竟是他的儿子唐花子在白沙洲上漂出来的。唐花子 12 岁起，就帮着他父亲漂布。这是一项十分劳累的活计。将织好的夏布和土石灰粉蒸煮后，晾在竹篙上晒太阳。不能让它晒干，干了就泼水。一天要泼几十次，唐花子累得晚上吃饭拿筷子的力气也没有了。

他便想了一个懒主意，将长长的夏布摊在浏阳河状元洲河洲的沙滩上，人站在河里一瓢一瓢地往布上泼水。经过十来天的漂晒，布底下的小青石片已烙印在布上，成了美观的图案。表面看是白色，细心观赏便会见到白底上的蓝色花纹。唐机匠接过儿子漂好的布一看，雪白里透着兰花，越看越好看，喜出望外，连忙拿到街上去卖。买布的人争着要，结果比以往多卖了一倍的钱，不少店家还争着订货。唐机匠高兴坏了，跑回家来问儿子这布是怎么漂出来的。唐花子便一五一十地告诉了父亲，唐机匠想了想，恍然大悟。

从此，唐花子长期在河滩上漂布，并好心地将这法子教给同行。于是，织布的人都学着唐花子在浏阳河上状元洲、白沙洲上等处漂夏布。后来，浏阳夏布远销日本、美国等国，连醴陵、江西等地织的夏布也都送到浏阳来漂。

三

浏阳夏布如此特别，朴实低调，精细柔软，经久耐穿，有“贡品”之誉，上至贵族下至平民，皆对其爱不释手。据1951年由湖南省土特产交流指导委员会编辑出版的《湖南的土特产》一书介绍：夏布又名苎布，按色泽分为糙生、漂白、染色三种，质地有浏萝、帐料之分。它轻薄柔软，用来缝制衣衫、蚊帐，凉爽舒适，经久耐用。浏萝即浏阳所产的上等夏布，内分三丝萝、五丝萝、七丝萝三种，丝愈多布越细密，价值愈高。夏布每匹长五丈，宽一尺五寸（均市尺），浏萝幅长五丈七尺，宽一尺五寸。据悉，用浏阳夏布做一件衣裳，用料一丈八尺，仅重三两余。浏阳人的精细手艺可见一斑。

种麻、打麻、漂白、绩麻、绕麻、挽麻芋子、牵经纱、穿扣、上浆、梳麻、架羊角、织布、脱胶、上色等……从麻到布，老传统制作工艺十分复杂，细算起来，有60多道工序。如果要全手工制作出一匹特细夏布，需耗时长达6个多月。而一匹24.6米长的夏布，要70多个工时才能完成，光上浆，一次只能刷2米，要反复上3次，如果上浆时遇上大雨，丝线就会报废。从麻到布，夏布制作有20多道工艺流程，全过程都是手工操作，难以用机器来进行生产。每一道都极其复杂，每个步骤都马虎不得，也极耗时间。浏阳人已熟练地掌握了编织夏布的三个关键技术。

一是脱胶。苎麻每年收割两次。民间流传这么一种说法：头麻二麻根至叶半，变黑即刮；立夏长齐，小满扯皮；三麻开花，及时刮下。这说明苎麻收割的季节性很强，宁失于早，不失于晚。如果错过了收割的最佳时节，麻胶质就会变多，影响麻纤维的质量。

沤麻是利用水中微生物分泌的果胶酶，分解苎麻韧皮和茎叶中的胶质，使纤维分散而柔软。这种沤麻的方法起源很早，是经过长期实践而总结的经验，是纺麻前必经的加工工序。夏至后20天是最佳沤麻时节，苎麻纤维较长，在沤麻的时候水质要清，水量要足，时间要适中。沤浸后的苎麻洁白、纤细，柔软程度类似蚕丝，适宜制作较好的产品。

二是纺麻。苎麻的纤维比较长而强，多用绩麻成纱的方法。劈麻和绩麻是手工纺麻的特有工艺，操作过程辛苦、缓慢，并且对技术要求很高。苎麻沤煮之后，一般仍是粘连成片，要用指甲劈分成粗细不均的纤维条，将其中一端用指甲劈细，将用来与之绩接的纤维条与其中的一束以“Z”字形首尾捻转，以手搓之，连成一根。然后，就是绩麻，绩麻要求头尾搭配均匀，线条粗细一致，接口紧实。最后，将绩出的长麻线，挽成一个一个的麻线团。苎麻纱线的粗细是衡量纺纱技术水平的重要标志之一。

三是编织。编织夏布分为准备和交织两步，具体又分为整经、穿经、开口、引纬和打纬5个小步。整经，是为了保持经丝片的张力，使各根经纱的首尾整齐排列，使各根经线之间建立局部固定的横向联系；穿经，是更进一步使经纱在排列的次序、宽度和密度方面完全地固定下来；开口，是通过各组经纱在上下方向暂时相对运动，为经纱左右方向固定做准备；引纬是在织口中穿入纬纱，为纬纱前后方向固定做准备；打纬，是把纬纱打入应处的位置，实现两个方向上的固定。开口、引纬和打纬互相配合，周而复始，相辅相成，从而形成浏阳破布稳定的纵横取向的结构。

夏布的主要生产工具有织布机、骨梭、刷把、羊角、竹扣、刷布架等。机房一般会有织布机，小型工具如刷把、布衬、布刀等。机房工种分络芋、刷布、织布三种。络芋的多是妇女或老人，专门负责将浆过纱的麻线挽成麻芋子，做夏布纬线。刷布工要求有较强的劳动力，基本上是男人来做，专做配线、牵经、浆经及穿梳、织扣。织布工只负责挽绉、织布与整布。

浏阳夏布工匠将麻纤维经过捶打、织造、重组，或“麻衣如雪”，或“薄如蝉翼”，或“飘飘如烟气轻动”，或“通行四方，商贾辐辏”，独步天下，一时无二。浏阳夏布制作最为关键之处在于漂洗，越漂越白。昔日其漂染方法尤为独特，只用石灰水加碱蒸煮，在浏阳河中反复漂洗后，晾于河滩之上。旧时普迹的“八月会”，是浏阳境内最为有名的贩卖和收购夏布的集散地，逢会时汉口、长沙在墟上小住的夏布商就有30余家。他们在收到夏布之后，旋即用船将其运往浏阳县城。浏阳河河水清澈明净，河滩宽阔，遍布鹅卵石，是漂洗夏布的天然场所。天气暖和或炎热之时，漂工将蒸制后的夏布搬下河中漂洗，然后就晾在河滩上暴晒。晒时，需注意浇水，使之干了又湿，湿了又干。这样反复循环，晾晒数日之后，就成了洁白如雪的夏布。然后再染色、印花、踩石，于是便有了各色漂亮的花夏布。

至于后来的靛蓝色夏布，是经过漂布加染，酸液处理而成的。染料为土靛、洋靛两种，初期多用土靛，后因洋靛出色力较强，改用洋靛，但洋靛容易变色，所以之后仍用土靛。彩色夏布与靛蓝色夏布的漂染工艺类似，根据客户的需求，用不同颜色的染料进行印染。

浏阳夏布的生产方式和生产环境比较轻松、自由，家庭作坊式的生产方式是最基本的生产方式。绩接麻线的主要是妇女，农忙的时候从事农业生产，农闲的时候则去市场上买麻，在家绩麻、绕麻芋子。她们随时随地都可以投入到麻线生产中，时间上的灵活性，使她们在照顾好家庭的同时，还能够做一些简单的夏布纺织工作，赚取额外的收入。浏阳夏布形成商品交易后，生产与经营形成了密不可分的关系，互为依存，互为兴衰。夏布商再以稳定的价格，根据麻线的数量和质量收购她们手中的麻线。妇女们编织夏布的时间有很大的不确定性和不稳定性，她们一边编织夏布，一边闲扯家常，寓工作于娱乐，互帮互助，交流手艺技巧。但是，对时间的约束不强也造成了生产进度缓慢，成为制约浏阳夏布发展的重要因素。

最早从事夏布经营的商贩，大致分为原麻商贩、麻线商贩和夏布商贩三种。原麻商贩把原麻贩卖给绩麻农户，而每逢早集，就会有从各地来收买麻线的商贩，久而久之形成了一定的规模。浏阳县开始有专门收购、贩卖夏布的商铺，外省也常常有客商来收购夏布外销，大大提高了生产的积极性，提高了产品的产量和质量，使浏阳夏布的品种不断丰富，促进了浏阳夏布的繁荣发展。

如今，随着浏阳夏布产业化的发展，对产品品种和质量的要求不断提高，一些眼光比较长远的浏阳夏布企业开始为浏阳夏布的发展探索一条工业化生产道路。

四

目前，手工夏布主要产地在江西、浏阳、重庆等地，其中浏阳高坪镇夏布曾以“织工精巧、质地特别细腻”名闻天下。且因浏阳夏布良好的耐磨性和独特的风格特征，不仅广泛运用到家居饰品中，比如门帘、桌布、坐垫、杯垫、床上用品等，还运用到服装及服装配饰中，是非常重要的夏季服装用料。

特细手工夏布最珍贵，其所用的苎麻纱堪比蚕丝，打麻、绩麻十分烦琐。一匹 60 厘米特细手工夏布，需要 1.5 公斤的特细苎麻纱，熟练的捻纱工一天才能制作出几克。这种特细手工夏布，一英寸经纬纱达到 130 根，且必须是在天气湿润、气温合适的时候才能织，很是娇贵。

在浏阳市高坪镇，几乎人人都能说上一段夏布的家族渊源史。但一匹 25 米长，60 厘米宽的胚布需要用 6 斤苎麻纱。哪怕是熟练的捻纱妇人，也需要两个月才能捻成一匹夏布所需的纱线，实在是辛苦异常。但经过纯手工纺织出的这种品质最优夏布，市场能给出的价格仅 1000 元 / 匹，单人力成本就占了 800 元，利润微薄又过于辛苦，渐渐地有人改行了。

现在浏阳能织夏布的约有六七十人，能制作这种特细手工夏布的就只有谭智祥了，他于 2017 年 9 月被认定为长沙市第三批市级非物质文化遗产代表性传承人。谭智祥皮肤稍黑，身形偏瘦。他出生于 1967 年，从 14 岁开始学习织布，几十年来的辛勤耕耘让他对全套工艺流程都了然于心。他一直保持保着 5 点起床、晚上 10 点睡觉的作息习惯，四十年如一日围着夏布“转”。如遇到合适的天气，夫妻二人就轮流吃饭，以免错过上浆的最佳时机。热爱、专注，这才是浏阳夏布最终成名的缘由，这才是浏阳夏布最内里的精髓，这才是浏阳夏布人谭智祥的风采。

谭智祥在采麻

谭智祥在割麻

谭智祥在梳麻

谭志祥在整经

谭志祥在给夏布上浆

谭智祥在晒布

在种麻之后，5 月、7 月、11 月都是收麻的好时节。谭智祥左手拇指上戴着麻筒，右手拿着特制卷皮刀，“刺溜”一声，就在刀从麻筒之间经过时，麻皮刮离出来。刮离的麻皮，需要尽快摊在草皮上，泼水脱胶和漂白。阳光烘烤着麻皮，使其很快萎缩变白。然后他会将这些麻纤维，按照“晒一道”“晒二道”等做好标注，细心地晾在屋内房梁上。

经年从事着体力劳动，谭智祥有着一双灵活的手。晒干后的麻皮需要将纤维一丝丝分开，谭智祥和妻子进行的下一道工序，就是“绩麻”。身下放着一盘水，用大拇指轻掐着纤维，手臂挥开，一根根麻丝就脱落下来；将其泡在水中，再使之首尾相接。此时，一条条纤细的麻丝，如同女子长发一般，考验着眼力、手力和耐力。

最让人称奇的是织布的工序。只见谭智祥坐在织机前，手脚配合，右手投梭，穿过经线，交给左手；右手拉动经板，拍打纬线，脚踩踏板……一块手工织布就慢慢展现在面前，丝缕尽现。

2015 年，受北京服装学院邀请，谭智祥走上大学讲台讲述浏阳夏布的发源和制作技艺。他家那栋依山傍水的二层楼房，看上去虽普通，却是他平日麻绩、织布的生产基地，也被列为北京服装学院的实习基地和浏阳夏布研究基地。

晴天时，谭智祥前去寻找浏阳土地上最适宜做夏布的工具。镰刀、卷皮刀、引水管、葫芦勺、木盆、芦竹根、刷把、麻芋子、竹竿、竹扣、稻草、石磨、早稻米、羊角架、牵架、织布机、草木灰、棒槌等，这些夏布生产工具一一摆在谭智祥家的木架上。虽然如今很多工具都有现代制品，但他仍然沿用旧时制作夏布的工具：芦竹根制成的刷把，不发霉不烂根，上百年干净如一；楠竹做成的竹扣，65 厘米可制成 1400 多道齿，麻丝通过扣孔，不断根、不起毛。只有手艺人才更懂大自然的馈赠，哪怕夏布上多一个结，经纱上多一处凸起，都是刻板的机器加工无法攀比的艺术。

但他清楚地记得 20 世纪 80 年代末到 90 年代初，他一年要织上万匹布，现在每年只有 2000 匹左右订单，其中多亏日本的桥本先生每年的固定订单。日本人非常讲究，他们懂得最好的夏布就在浏阳，他们将夏布用来做衣服、门帘、茶席，甚至装饰屋顶。桥本先生请谭智祥去日本参观由夏布制作成的成品，非常柔软。当他听说是很早从中国传过去的，而浏阳夏布手艺人却丢了传统时，谭智祥感慨万分，更强烈地意识到坚守传统工艺的重要性。

进入新世纪，高坪镇当地坚守夏布织造的传统家庭作坊仅剩寥寥十余户。眼看着从事夏布行业的人员越来越少，高坪镇政府成立了夏布生产工艺传承保护协会，梁长进是协会副会长。2013 年上半年，梁长进把家中老宅腾出来，建起了浏阳夏布文化展示中心，展厅里摆放着各类夏布工艺品，定期接待前来了解夏布的外地游客。

在他看来，夏布产业要重新振兴，光卖布肯定不是最佳出路，增加夏布产品附加值才是关键。为此，近年来，梁长进在传统的平纹布的基础上，研发出 400 余种花色花样、规格不一的现代工艺夏布。他的作坊每年生产近 2000 匹夏布，是全村产量最高的一户，他也于 2017 年 9 月被认定为长沙市第三批市级非物质文化遗产代表性传承人。女儿梁定华在 2000 年大学毕业后，放弃在大城市工作生活的机会，回到了高坪镇与父亲梁长进一起开发夏布产品。2015 年，梁定华获评为长沙文创十大工匠首届“金手指”传人之一。2016 年，梁定华成立了“国夏源文化创意有限公司”，并在长沙市雨花非遗馆开设了“浏阳夏布”门店，传承和推广父辈的手艺，用夏布做成手工包、扇子、茶席等文化产品，销量可观。

一块普通的夏布也许还停留在手工织布的价格上，但将其打造成文创产品，比如包、伞，或用夏布作画、写诗等，价格将不可同日而语。这或许是浏阳夏布的未来出路亦未可知。

为了让传统技艺焕发新活力，浏阳成立了浏阳夏布文创中心。2018 年 11 月，中心正式对外开放，现已入驻“心之夏”“浏夏”“夏予和”多家企业，生产多样化的文创产品，受到消费者欢迎。同时，将夏布文创品牌积极推荐至纽约时装周、海峡两岸文创博览会、深圳文博会等平台进行品牌展演，推进夏布产业实现了突破性的跨越，成为代表浏阳河流域的气质文化名片。

2020年湖南非遗购物节浏阳夏布直播间

豉香四溢

浏阳豆豉传统制作技艺及其传承人

豆豉起源

豆豉是中国传统特色发酵豆制品。豆豉以黑豆或黄豆为主要原料，利用毛霉、曲霉或者细菌蛋白酶的作用，分解大豆蛋白质，达到一定程度时，采用加盐、加酒、干燥等方法，抑制酶的活力，延缓发酵过程而制成。豆豉的种类较多，按加工原料分为黑豆豉和黄豆豉，按口味可分为咸豆豉、淡豆豉、干豆豉和水豆豉。

古代称豆豉为“幽菽”，也叫“嗜”。最早的记载见于《史记·货殖列传》“蘖曲盐豉千荅”，说在交通便利的大都市，当时要卖出酒曲、盐、豆豉上千瓨。瓨，是一种“受斗六升合”的瓦制容器，如今日之瓮、坛。汉代刘熙《释名·释饮食》一书中，曰：“豉，嗜也。五味调和，须之而成，乃可甘嗜也。”意思是说，要放了豆豉，才五味调和，有美味。在《世说新语·言语》中，陆机曾道：“有千里莼羹，但未下盐豉耳。”是说千里送来的好菜羹，可惜没放盐和豆豉。2至5世纪的《食经》一书中还有“作豉法”的记载。古人不但把豆豉用于调味，而且用于入药，对它极为看重。《汉书》《齐民要术》《本草纲目》都有记载，其制作历史可以追溯到先秦时期。

豆豉约创制于春秋、战国之际。《楚辞·招魂》中有“大苦醎酸”，东汉王逸注释，大苦即为豆豉。另有一种说法认为，先秦文献无豆豉，当是秦汉之际出现，《史记·货殖列传》始见豆豉记述。

《齐民要术》载有制作豆豉的技法，说：“大釜煮之，申舒如饲牛豆，掐软便止，伤熟则豉烂。”意谓作豆豉，先要用大锅把豆子煮得很熟。东汉开始用作药物，以后历代食籍、药籍均有关于豆豉的记述。

据宋周密《齐东野语·配盐幽菽》：昔传江西一士人，求见杨诚斋（杨万里），颇以该洽自负。越数日，诚斋简之云：“闻公自江西来，配盐幽菽，欲求少许。”士人茫然莫晓，亟往谢曰：“某读书不多，实不知为何物？”诚斋徐检《礼部韵略》“豉”字示之，注云：“配盐幽菽也。”然其义亦未可深晓。明杨慎《丹铅杂录·解字之妙》：“盖豉本豆也，以盐配之，幽闭于瓮盎中所成，故曰幽菽。” 所谓“配盐幽菽”，是指制作豆豉时，需在室内一定温度下，将大豆发酵，再配盐、辣椒、香料等。

渐渐地，豆豉成为人们所喜爱的调味佳品，而且传到海外。我国台湾人称豆豉为“荫豉”，日本人称豆豉为“纳豉”，东南亚各国也普遍食用豆豉。

浏阳香豆豉

在浏阳人看来，豆豉是百搭的，煮鱼放些豆豉去腥，蒸排骨撒几颗豆豉增味，做蘑菇汤用豆豉提鲜，炒大白菜加几颗豆豉显色。没什么可配时，那就用豆豉炒辣椒当下饭菜，诱人的香也可让人吃三大碗白米饭。浏阳豆豉，这一湖南人的家常小食，从西汉长沙国时代至今，跨越了几千年时光，仍在调和着人们的口味。越是素朴，越不容易被遗忘，一直以来都是旅居外地湘人探亲返回时必购的土特产之一。

浏阳以产淡豆豉著称，由泥豆（大豆之一）或小黑豆为原料，经过微生物发酵而制成。成品豆豉为黑褐色或酱红色，皮皱肉干，质地柔软，颗粒饱满。它营养丰富，含有糖类、蛋白质、氨基酸、脂肪、酶、烟酸、维生素 B1、B2 等，且久贮不发霉变质。浏阳豆豉加水泡胀后，汁浓味鲜，气味芳香，有酱油、味精所不及的鲜味，是烹饪菜肴的调味佳品。湘菜中的“腊味合蒸”名菜，即是以豆豉作佐料。浏阳豆豉同样具有药用功效，能治疗感冒。以少量豆豉加老姜或葱白、胡椒煎服，可祛寒解表。九芝堂使用浏阳豆豉，研制出银翘解毒丸，使之成为一剂有名的中成药。

马王堆汉墓出土物中的豆豉姜与浏阳豆豉相似，距今已 2000 余年。远在唐代，浏阳道吾山兴华禅寺、金刚石霜寺等大刹香火旺盛，八方僧侣来朝，挂单于此。他们在斋菜中尝到豆豉的鲜美芳香，味道独特，食欲顿开，不禁交口称赞。有的甚至带之云游四方，于是浏阳豆豉名扬天下，至今不衰。由此，浏阳豆豉至少可以追溯到唐朝中叶，曾有“吾山风光好，浏阳豆豉香，僧侣悠游处，美名传四方”之诗赞誉浏阳豆豉。

民间的这些说法已经足够说明浏阳豆豉的历史久远。明朝浏阳豆豉被列为贡品，规定逢端阳、重阳两节进贡皇室。尤其到了清代，浏阳豆豉经过发展，已有相当大的名气，也具有了比较大的生产规模，涌现出了许多有名的豆豉老字号，如杨福和等。据传，杨福和作坊创建于清道光年间，为浏阳最早开设的豆豉作坊，随后便有裕康、舒同肖两家开业。至清同治

豆豉制作技艺传承人王金山在察看豆豉质量

浏阳豆豉

年间（1862—1874），又有朱晋升开设作坊。到光绪年间（1875—1908），豆豉作坊已有十余家，而后浏阳豆豉产销逐步兴旺。据史料记载，清光绪十一年（1885），浏阳城有“无豉不成店，处处豆豉香”之称。浏阳县城和浏阳沿岸集镇，到处有豆豉作坊，年产豆豉四千担，浏阳河两岸豆豉作坊工人挑着豆豉去河里洗酶的场景很是壮观。当时经营豆豉的有培德厚、谦达利两大巨商，在天津、上海、广州、厦门、香港、南洋群岛等地都有爆庄和货栈。一时间，浏阳豆豉以其色、香、味、形俱佳而饮誉三湘，驰名中外，与浏阳鞭炮一样远销各地，有“鞭炮响，豆豉香，一对兄弟走四方”的美誉。

清末民初，虽社会动荡不安，商品生产却逐步发展，豆豉作坊逐渐增加。辛亥革命前后，杨福和商号依然兴旺，当时浏阳豆豉年出口量一万多担，远销日本及东南亚等地。民国十年（1921）浏阳豆豉业发展较快，全城已有20家作坊。民国十九年（1930）达36家，产量达17000余担，此乃浏阳豆豉业发展时期，以后销路日广，作坊纷迁长沙。据《中国实业志》载："民国二十四年（1935）止，全城二十五家，产量四千四百四十担。"以后又继续发展，到民国二十七年（1938）日军飞机轰炸时止，全城33家作坊，年产豆豉18000余担，此为浏阳豆豉鼎盛时期。这年九月，浏阳县城惨遭日机轰炸，从西至东几条主要街道，几乎全部毁尽，豆豉作坊也未幸免。民国三十三年（1944），浏阳沦陷后，豆豉业一蹶不振，生意萧条。民国三十四年（1945）抗战胜利，市场逐步恢复。

新中国成立前后，浏阳城恢复了32家作坊，年产量达13000余担，此为豆豉业恢复时期。1954年国家实行粮食统购统销政策，由于原料来源的限制，除少数作坊为国营供销、商业部门承包来料加工外，其余作坊均转入南货、杂货、陶瓷等其他行业。

"一品香"豆豉

昔日豆豉行业敬奉"宾梅祖师"（即灵官大帝），此人姓钟，名宾梅，据传为浏阳原牛石乡人。为了船运途中安全和制作中豆豉不臭烂，以寄托希望，作坊都设有"宾梅祖师"神位。每年农历九月二十八日为宾梅祖师生日，豆豉作坊都焚香烛敬之，店中打"牙祭"。清末民初，未成立同业公会之前，曾有"崇新祀"为豆豉行业团体组织，以九月二十八日为集会期，同行业均来参加，待以酒席，商议简单行业规约。

传说清道光年间，本县南乡人舒金美从江西学习制作豆豉技艺归来后，在浏阳县城开设了豆豉作坊。他潜心研制制豉技术，多次改进工艺，制作技艺日趋成熟，制成了淡豆豉，使得浏阳豆豉色香味俱佳，超过了江西、广东等地的豆豉。他家的豆豉就是比别家香，味道好，但他的制作技术从来不传外姓人。民国初年，豆豉业发展，舒金美的后裔舒邦镇才将制作技术传授给自己的亲戚易、陈两姓人，以后才逐步传开。

浏阳"一品香"豆豉是浏阳有名的豆豉，据传其创始人为舒邦镇、李秋声两岳婿。舒邦镇，清同治六年（1867）生。清末民国初，继承祖业，在浏阳县城规模元兴长豆豉作坊，重质量守信誉，豆豉供不应求，声誉颇佳。他乃增设鼎兴和、鼎兴祥二商号，扩大豆豉生产规模。邻近县市及浏阳境内南杂店，均争销其豆豉，以招揽生意。

李秋声，清光绪十二年（1886）生。少时在浏阳县城小本经商，后在舒邦镇豆豉作坊帮工多年。舒邦镇喜欢他忠实能干，遂招赘为女婿，视同亲子，悉心传授制豉工艺，将商号全部交他经营。李秋声得其制作豆豉真传，且有所创新。他改变四季制豉的传统，抓住夏秋大晴天气，日夜生产，使制作周期缩短，易干易藏，避免霉烂。他还改煮制为蒸制，变咸豆豉为淡豆豉，使产品更加汁浓味鲜，且有纯香，居同城豆豉行业之首。

民国十四年（1925），舒邦镇病故，终年58岁。李秋声将“元兴长”的招牌改为“一品香”，于次年大胆地到长沙市碧湘街租店开业，以批发为主，兼营来料加工。李秋声讲究经营策略，对批发商热情招待食宿，对长期顾客实行信用赊销，于生产淡季派人带样品出省洽谈订货。因此“一品香”豆豉畅销国内各大中城市，还出口南洋。

民国二十七年（1938），长沙发生“文夕大火”，“一品香”商号及作坊均被烧毁。李秋声便回浏，在县城南正街建厂复业。不到半年时间，增设门面三处，作坊几乎占了南门半边街。

浏阳解放后，“一品香”豆豉仍保持品牌。1951年，李秋声的儿子接替经营，后来转入公私合营。因泥豆原料缺乏，豆豉生产一度衰落。1962年李秋声病故，终年76岁。至1970年代后期，浏阳恢复了豆豉这一传统土特产，“一品香”第五代传人李金林恢复了“一品香”豆豉品牌。1982年，浏阳除建成县国营粉酱厂外，又先后开办了永安、太平桥豆豉厂。1983年，

一品香豆豉厂老式霉房

一品香豆豉制作技艺代代相传

“一品香”生产370吨豆豉投放市场，浏阳豆豉得以继续传承，并迅速发展。

至20世纪80年代中后期，浏阳豆豉生产厂家增至30多家，豆豉产销量逐年直线上升，产品系列有巢心豆豉、美味豆豉、麻辣豆豉、香辣豆豉四大类，在国内各项产品质量评比和大赛中屡获殊荣。1988年全国首届食品博览会大赛中，浏阳“乐意牌”豆豉获金奖，“天马山”牌豆豉荣获铜奖。随后，天马山牌豆豉日渐畅销，先后获湖南第二届名优特新博览会银奖、湖南省第四届国际农博会银奖及湖南省著名商标等奖项。至21世纪初，全市豆豉业有生产厂家30余家，年产豆豉1000余吨，太平桥豆豉厂年产豆豉达到300余吨，该厂的“天马山”牌窠心豆豉畅销全国20多个省市、自治区及港澳地区，并打入沃尔玛、平和堂、北京华联等超市，供不应求，出口到了新加坡、马来西亚及欧美一些华人较多的国家和地区。

豆豉重生

浏阳豆豉千年风味依旧，除了制作工艺的原因，讲究原材料是秘诀之一。浏阳解放前，浏阳豆豉的原料是一种叫作“拖泥豆”的豆子。拖泥豆是浏阳当地土生土长的小黑豆，形状小而扁，豆子皮质厚、油脂少、淀粉细，可以发酵彻底，最适合做浏阳豆豉。那时还没有种植双季稻，农民在河边滩头或者“冷浸田”种植这种“拖泥豆”。所谓“冷浸田”，是因浏阳地处湘东丘陵山区，除少有的几处平川外，耕地大都分布在山冲、陡坡上，易长期受到冷水浸渍。历史上“冷浸田”长期种植单季“红粘米”，随着水稻逐渐成熟，禾蔸开始泛黄色，那时就可以把豆种撒在田里，然后往田里注水，让水浸没种子。

拖泥豆种子吸水飞快，隔日，将注入的水退去，种子就已经发芽。十天半月之后，稻谷迎来收割季节，就任豆苗尽情生长。留下在田里的豆苗。当水从豆田里漫过后，豆荚上就留下薄薄一层泥，到了九、十月份也可以收了。

和许多物种的消失一样，在 20 世纪 60 年代，“拖泥豆”遭遇了一场灭顶之灾。因泥豆不适宜于山坡和田坎上种植，只能占用稻田，从播种到收获，又正逢晚稻生长季节。因此，随着水稻耕作制度的改革，泥豆产量急剧下降，豆豉生产也一落千丈。在“以粮为纲”思想的指导下，1956 年，全县大面积推广双季稻，泥豆种植面积由 1949 年的 1.5 万多亩下降到 2600 多亩，产量由 1.2 万担减少到 1800 多担。1958 年县里建起了一家豆豉厂，但因缺原料，生产跟不上来。随后，社队大力开展水利建设，“排田”被改造，“拖泥豆”也因此失去了生长的土壤。1962 年以后，浏阳境内几乎不生产泥豆了，只能用黄豆代替泥豆。但因黄豆皮薄、油脂多、淀粉粗，做豆豉远不及泥豆质量好，产品已经失去浏阳豆豉的风味。很快随之而来的是豆豉生产停顿，浏阳豆豉厂只得改为粉酱厂，浏阳豆豉传统工艺因此曾断代几十年，差点丢了这门手艺。

党的十一届三中全会召开后，不少品尝过浏阳豆豉的老人，特别是，一些远在美国、加拿大和东南亚的华侨，及在外地工作的浏阳籍老同志，都纷纷致信浏阳商业主管部门和湖南日报社，要求恢复浏阳豆豉的生产。香港伍丰行彭经理，几十年前靠浏阳豆豉发家致富，1979 年也专程来浏阳，希望能重操旧业。一位侨居美国的湖南老乡在信中真切地说：“人老了，非常想再尝尝家乡特产浏阳豆豉，期盼能在美国市场上买到。”收到此信的第二天，《湖南日报》就派饶长根到浏阳采访。《湖南日报》很快于1980年7月20日发表了这次采访的成果《浏阳豆豉几时香》，文章建议从价格机制入手，研究措施，恢复浏阳豆豉生产。

文章见报后，浏阳县委、县政府开始专题研究浏阳豆豉生产的恢复，不少热心人为浏阳豆豉恢复生产献计献策，信件如雪片飞来。就在当年，县科委把抢救和继承传统技术与原料取代研究列为重点项目。1982年，时浏阳县科委和蔬菜公司一起恢复浏阳豆豉工艺，组织年逾古稀的豆豉老技师陈代国及彭贤希等着手在太平桥豆豉厂试点。

“拖泥豆”的种子已绝迹，再想种植困难重重。根据一位在湖南工作的河南籍同志提供的线索，在黄河上游河南洛阳一带栽种有一种专门喂马和驴子的“马拉扁”小黑豆，与“拖泥豆”十分相似。于是，已是太平桥豆豉厂业务员的黄迪全随同陈代国等人一起北上河南，找到了“马拉扁”小黑豆后，便带回来试验生产，用“马拉扁”做出来的豆豉，竟也保持了用“拖泥豆”做出来的浏阳豆豉的色香味和形状。欣喜之余，太平桥豆豉厂就一次性调回来两万多斤，还特地试种了三亩马拉扁，却只收获了一千来斤小黑豆。为了恢复浏阳当地小黑豆种植，蔬菜公司也从河南引进一万多斤种子，组织了“北豆南移”的试种、推广，结果几百亩田中豆苗长得比人高，却不长豆，产量太低。原来，浏阳潮湿多雨的气候并不适宜“马拉扁”的生长，北豆在南方水土不服。

因此，尽管失去了浏阳本地的拖泥豆，研发人员仍从小黑豆里挑出适合制作浏阳豆豉的原材料。小黑豆的挑选非常有讲究，小黑豆没选好，接下来的制曲发酵都会受到影响，豆豉的口感也会打折扣。所以，学做豆豉，需练眼力——挑豆。有经验的手艺人一般会从形状和豆的内里来挑选，豆子要扁，做出来的豆豉才会窠心、好看。还要看内里，做浏阳豆豉的小黑豆肉体要选择黄色的，这样的豆子蛋白质含量高，发酵时间更短，更彻底。而偏白的豆子淀粉含量更高，不适合发酵。

从此，浏阳豆豉重新香起来，年产量迅速上升到数万吨，产品远销到100多个国家与地区。在美国、英国、澳大利亚等国家的超市，也能买到浏阳豆豉。20世纪90年代，由于生活条件改善，河南洛阳的“马拉扁”小黑豆也鲜少有人种植了。只好再到更北的地方碰碰运气，找到了宁夏和内蒙古的小黑豆。现在几乎都是用这两地的小黑豆，它们适合制作浏阳豆豉。

豆豉制作关键

豆豉的制作方法，以《博物志》所载《作豉法》为最早：“以古酒为泄，豆暴令燥，以麻油蒸，蒸干复暴，三过而止。”传统的浏阳豆豉制作工艺相当复杂，是以泥豆为主，每一粒黑豆都得经过筛选、浸泡、蒸煮、制曲、摊潮、洗霉、发酵、进水围子、转作、出晒、囤堆发酵等 20 多道工序制成，这与《博物志 · 作豉法》所叙方法大同小异。发酵后需置于烈日下充分晾晒，才能获得醇香和独特的口感。而以前豆豉业的制作技术是不传外人的，技术好的师傅各个作坊都争着请。

工人给豆豉加盐

洗霉之后的豆豉

晒豆豉

手艺人凭借娴熟的经验，调动着空气、水、温度、阳光，让豆子达到最佳状态。他们不依靠现代化加工技术，而是遵循古法，将一切拿捏得恰到好处。

小黑豆挑好，就是手上功夫了。小黑豆要蒸制两遍：第一遍，先蒸干豆，蒸至半熟。下甑后，再将蒸过的豆子浸泡一段时间，等它们喝饱水，再上甑蒸第二遍。这第二遍，豆子要蒸透才能下甑。怎样才算蒸透？最直接的就是吃豆子来检验，可以当饭吃，豆子绵了香了才行。

制曲，是豆子变成豆豉的关键一步，也是极难操作的一步。温度和湿度都影响着制曲的效果，得时时察看，半点都不能马虎。也因此，如何把握最佳的制曲环境，不单要掌握技术，更要"凭着感觉走"。

制曲的目的，是使煮熟的豆粒，在霉菌的作用下，产生相应的霉系，在酿造过程中产生丰富的代谢产物，使豆豉具有鲜美的滋味和独特风味。制曲时的温度控制，是考验师傅技术的重要步骤。豆子长出黄色曲霉，一般需要 3 ~ 7 天的时间。在这个过程中，需要随时随地关注霉房内的温度变化，越潮湿酶丝就会越长。温度略高，就将屋顶上方的天窗打开散热；到了夜里天气转凉，就闭紧门窗；更冷的时候，还需添火升温。

于是，蒸制完成的豆子冷却后，一般装入圆形篾盘，工人们端着篾盘，小心翼翼将其送进霉房，关好房门，像进行某种仪式。自从装豆子的篾盘送进霉房后，制曲师傅们不能走开，他们要根据室内室外温度来调整霉房温度，若是脸上感知的温度太低，就要用炭火升温。霉房温度太高也不行，这时又要开点门缝来散热。由于一天中的气温也会变化，师傅们每天都要去霉房看两次，他们小心翼翼地打开门，将脸探入室内，去感觉室内的温度。保证环境是制曲最佳状态，“脸感”就是霉房的温度计，经验越丰富的师傅感受越准确。

霉房里的豆子每天都在变化，它的速度和颜色都跟当地的季节、气候密切相关。每个季节长霉的速度不同：冬天的霉房一般两三天还没开始长霉，而夏天，第二天早上探头进去就能看到豆子上有一层白色的霉。每到春冬两季，霉房里的豆子长出黑色的霉，但又不完全是黑色，它还有白色的霉做点缀。而农历四至八月，是做豆豉最好的时节，这时候霉房里的豆豉长出黄色的霉。而当小黑豆表面的绒毛长到大概一厘米高的时候，豆豉师傅再次根据“脸感”将温度调低，适时把门打开一点，让霉变老。制曲最高温度不能超过 42 度，热天在 35 度左右最好发霉。

制曲的完成没有绝对的标准，不同的师傅会有不同的说法。长霉的时候豆子是湿的，当豆豉成块翘起来，并且上面有裂纹出现，这意味着制曲工序完成，可以进入洗霉阶段了。制曲环节之后需要洗霉，在过去很长一段时间里，在没有引进洗霉设备之前，豆豉厂工人们挑着已经制好曲的豆子，去附近的河里或者小溪洗净才行。洗霉是制作豆豉不可逾越的一环，很多时候做豆豉的作坊也会选择靠近水流的地方。

20 世纪末，河里的水非常干净，工人们经常四个人一组去完成洗霉。他们四人一组，经常有一人要轮着蒸豆豉，其余三人打赤脚穿着草鞋去河里洗霉。制好曲的豆子霉灰很大，经常呛得他们眼泪水都流出来了。洗霉需要技术，洗霉工人带着特制的双耳箩筐防止摔跤，人站在箩筐中，不能将脚垂直下去踩，而是要换成“八”字形斜着搅拌。不然，稍微掌握不好，不小心一捽，豆子就跑了，功亏一篑。只有这样在溪水里反复踩洗，豆子才干净、好看。

洗霉是极辛苦极累的工作，一年四季都要做豆豉，就是寒冬也要去河里洗霉。南方的冬天，寒冷刺骨，水里温度更是极低，工人们打着赤脚，套鞋都没有，脚被冻得通红。好在，现在的豆豉厂在没有改变传统工艺的前提下引进了洗霉机器，制曲完成后，豆子直接通过机器就能完成洗霉。这样更省力，豆子也更卫生。

一般而言，一粒小黑豆到一颗豆豉成型至少半个月以上，如果碰上恶劣天气，需要更久。豆豉在经历制曲和洗霉环节后，它们散发出来的大多是“霉”味。如何将其转化成浓郁的酱香味，豆豉师傅们使出“秘密武器”——两次发酵。

第一次是在洗霉之后，将豆子放在大簸箕里，用围子围起来发酵，一般耗时三天。在此过程中，需要适当加水，让豆子既不至于太干，又不至于过分潮湿。对于豆豉手艺人来说，这是极难的一步，只有经验丰富的师傅才能判断好加不加水，加多少水。此时那些黑豆囤堆在一块，自内向外冒出阵阵清香。把手伸到里面，会有微热感，有经验的师傅就会知道此时的温度。

在大簸箕中放了三天后，豆子饱满而不过分湿润，再将豆子转至大木桶进行第二次发酵。这时，撒一些盐，既充当防腐剂，又可以用来调味。老木桶里发酵大概十天左右就能完成了。在大木桶里发酵的三天里，味道最美的豆豉会在桶的最中间的部分产生——这种窠心豆豉只需在汤中搁上几粒，整碗汤都是香的。

现在，木桶换成了大型发酵池。第一次发酵直接在洗酶后静置一晚上，让它保有温度和湿度，再放到池子里进行第二次发酵。虽然改变了容器，甚至还减短了第一次发酵的时间，但是第二次发酵时间延长，豆豉的酱香随着时间的磨炼愈加浓郁。发酵仍然分季节，若是夏天，豆豉 20 天完成发酵，到了冬天，时间要延长，有时候一个月之久。第二次发酵放了丁点盐，温度会更低，豆子里的成分转化更慢。

是否发酵好了，完全凭熟练的豆豉制作师傅的感觉。倘里面的豆豉已经发酵好了，就从工具房取过专门用来挖豆豉的锄头，在一堆黑如煤炭的豆豉堆里挖几锄头，豆豉便分成了块状。这时，老师傅拾起一块闻一闻，豆豉的酱香便溢出来了。还不放心，又拾起一块，再用手指摩挲了几下，豆豉已经化芯，用力一磨，一整粒豆豉就这样摊散在手指上。如此一来，就知道发酵很彻底，就等有太阳晾晒了。

经历了蒸豆、制曲、洗霉、发酵的小黑豆，已经变得粒小皮皱，软糯飘香。但最后要变成美味的浏阳豆豉，还需要逾越障碍，把握机缘。它第二次蜕变，是在太阳底下完成的，豆豉师傅将其形容成“靠天吃饭”“和太阳赛跑”。只有在大太阳底下经过不停翻晒，小黑豆才能散发浓郁的酱香。也因此，最为关键的一道工序，就是晒豆。一定要挑太阳好的天气，晾在篾制的竹簟上，一天晒干，再回放到大木桶里贮存半个月，就能进行包装上市。

在室外晾晒，就意味着不是每天都能制作豆豉，特别到了多雨水的季节，需要等上好几天有太阳的日子工作。倘所有池子里发酵好的豆豉都需要晾晒了，太阳却迟迟不肯出来，就只能慢慢等。有太阳的时候，豆豉师傅们会将黑漆漆的豆豉铺满整个院坪，时不时用耙翻一翻，让它们被太阳充分烘烤。晒豆豉时，技艺高超的师傅能保证每一粒小豆豉都能晒过太阳，使得外皮干爽。

老手艺同大自然总是有些许隐秘的联结。豆豉被阳光烘烤了几天后，老师傅用手抓一抓，小黑豆不再软糯，而是变得坚实有力，一粒一粒颗粒分明，这时候浓郁的酱香就会从晒场飘到外面。但这时候豆豉到餐桌还需半个月的等待，它们需要一个缓冲，来囤积香味。待这个过程完成，它就可以打包卖出了。

一颗小小的豆豉，征服了整个美食界，人们被浏阳豆豉激发出了无穷灵感。豆豉加花生油或菜油爆炒，再加上胡椒、辣椒等调料即为油豆豉；若与新鲜土猪肉同炒，味道甜香，生津开胃；豆豉在美食中的运用还创造出豆豉姜、豆豉蒸鱼头、豆豉排骨等名菜。豆豉本身不光可以调味，还能生产出调味的“副产品”，有的人不吃市面上的酱油，嫌里面有添加剂，就买很多豆豉回去蒸，蒸出来的汁收集起来就能当作酱油，它是纯天然的。

浏阳豆豉老匠人黄迪全，出生于1942年。三十多年前，浏阳恢复豆豉工艺时，他北上河南参与寻找浏阳豆豉的原材料——小黑豆，并成功找回来了。从太平桥豆豉厂退休后，他在隔壁开设了新的太平桥食品豆豉厂，继续传授豆豉制作技艺，于2017年9月被认定为长沙市级非物质文化遗产代表性传承人。他沿用浏阳豆豉的古法技艺做豆豉，遵循蒸豆、制曲、洗霉、发酵、晒制等工序。他带出了两个徒弟，基本都掌握了所有的制作技艺。

王金山出生于1963年，是太平桥豆豉厂的前生产厂长，是恢复浏阳豆豉的老匠人陈代国的关门弟子，于2017年9月被认定为长沙市非物质文化遗产代表性传承人。做了近四十年豆豉，豆豉于他而言不仅仅是技艺，而是深入骨髓的责任。他带过几任徒弟，将传统的豆豉制作技艺传授给他们，但大家都因为家中有田土需要照料，只在厂里打临工。

在制曲环节，他的“脸感”非常敏锐，他还借此改善了霉房装备。在他的霉房里，为了让长霉的豆豉更好地保有温度和湿度，装豆子的篾制簸箕装上了纤维袋底盘。以前篾制的簸箕，长霉的豆子容易坏，现在用纤维袋的底盘，保湿效果好，豆子更容易制曲。

王金山去过很多地方找寻浏阳豆豉的出路，浏阳豆豉属于干豆豉，半边的豆豉不要，脱皮的豆豉不要，要求太严苛。浏阳豆豉现在几乎都是调味专用，属于豆豉半成品。接下来，王金山想尝试深加工，研发新口味，做出年轻人喜欢的浏阳豆豉。深加工之后的豆豉，将可以直接食用，符合年轻人快速简单的生活方式。

“湘潭木屐益阳伞，浏阳豆豉架碗赶。”这是一句称赞湖南三处土特产优异的谚语。浏阳豆豉浓郁诱人的特殊风味，是湖南人餐桌上必不可少的一道美味。它既能单吃，又能配搭。在浏阳当地，从1982年恢复浏阳豆豉工艺后，豆豉销量逐年增加，到2018年底豆豉年度总销量已有一千多吨。这些豆豉绝大部分销售到长沙，只有小部分出省，销往湖北和江西。

浏阳豆豉展柜

浏阳豆豉制作技艺传承人王金山在察看豆豉质量

浏阳豆豉制作技艺传承人王金山在晒豆豉

花样年华

浏阳油纸伞制作工艺及其传承人

一

伞到底是谁发明的呢？传说最早的伞由鲁班的妻子云氏发明。据南宋《玉屑》记载：春秋末年，木匠先师鲁班常在野外干活，若遇下雨，常被淋得浑身透湿。鲁班的妻子云氏心疼丈夫，路边避雨的亭子给了她灵感，她将竹子劈成细条，在细条上蒙上兽皮，样子颇像“亭子”。自此，它不仅成功地为鲁班遮风挡雨，而且收拢如棍，张开如盖。这就是世界上最早的雨伞。

东汉蔡伦发明纸以后，便出现了油纸伞，以手工削制的竹条做伞架，以涂刷桐油的皮棉纸做伞面。人们在伞纸上刷桐油用来防水，文人雅士却在上油前在伞面上题诗作画，以遣情怀。宋时称绿油纸伞，以后历代均有改进，有纸伞、油伞、蝙式伞，最后形成今天的大众用品，使用至今已1000多年。

油纸伞是大江南北普遍使用的传统雨具。从前的油伞作坊就像裁缝铺、铁匠铺一样，遍地开花，随着尼龙折叠伞的兴起，完全依靠手工精雕细琢的油纸伞渐渐退出了人们的视线。短短一二十年间，江南地区手工油纸伞生产厂家纷纷关门停产。除了在滇黔等地作为实用雨具和民族风情饰物外，油纸伞早已成为都市人群的艺术装饰和收藏品。

目前国内传承较好的油纸伞作坊，如秦风汉月油纸伞、若水堂油纸伞等，仍然以传统古法制造油纸伞。所有工序全手工操作，从削竹到绘制图案都是全手工，材质也固守传统，以保持其古法天成的韵味。比如伞托，必须是从大山里砍伐下来的通木。制作工具也历史悠久，品质控制严格，要求“四沟”平整不露接头、“牙子”不露口，“胚子”“托子”不露“猪鼻孔”。涂桐油也要求均匀，伞面绘制也很讲究，由专业画师完成，主要取材于传统国画。

近四百多年来，油纸伞由单一的遮雨遮阳用具，演变成为婚丧嫁娶、观赏装饰的艺术品和旅游产品，油纸伞的品牌也经历了从无品牌到有注册商标的过程。中国现仅有安徽泾县、婺源甲路、四川泸州、浙江杭州、湖南浏阳等地，还有就是日本美浓，生产油纸伞。现已被列入国家级“非遗”保护的有泸州纸伞、杭州绸伞和婺源甲路纸伞。

二

浏阳油纸伞的制作工艺，于明朝初期从江浙、福建等地传入。生产工匠多以师徒传承的方式进行技艺传授，经过代代相授，浏阳油纸伞几乎毫无遗漏地承袭了祖辈们流传下来的制伞技艺。油纸伞制作过程非常烦琐，需经过七十二道工序加工而成，油纸伞制作艺人口中有句俗语“工序七十二道半，搬进搬出不上算（计数）”，道出了油纸伞制作的不易。

19世纪90年代，浏阳县城就有10家纸伞作坊，古港、永和、达浒、张坊、镇头、普迹等集镇也相继发展。全县从业者140多人，年产明油纸伞7万多把。清宣统二年（1910），又有官渡、东门、白沙、大瑶、澄潭江、文家市、枨冲、永安、沙市、社港等地发展了纸伞生产。全县从业者310余人，年产纸伞22万多把，销往江西、河南、山西、河北等省。民国二十二年（1933），浏阳成立纸伞业同业公会，会员32人。此后，直至浏阳解放前夕，油纸伞质量下降，销路大减。

1956年，浏阳城关、古港、达浒、张坊等地先后建立了10个雨伞生产合作社，有从业人员410多人，当年制伞28万多把。国营浏阳伞厂从1952年开办至1958年停办，共产纸伞91.5万把。20世纪70年代，由于布伞、塑料伞与尼龙伞的发展，纸伞基本被淘汰，仅生产明油花纸伞出口。1973年起，社港、官渡、张坊等地伞厂，根据外商要求，采用印花、喷花、绘画工艺，生产0.5～2米纸伞，出口马来西亚、新加坡、日本等10多个国家，至1985年共出口89万多把。

由此看来，在浏阳县城、官渡、达浒、张坊等地一直都有纸伞作坊，尤以张坊、达浒油纸伞坚持最久。张坊地处湘东罗霄山下，为客家人聚居地，这里竹林密布，长年雨水较多。据明确记载，至清宣统二年（1910），张坊域内开始有正式作坊生产纸伞，产品销往省内外。民国二十二年（1933）至浏阳解放前，产品质量下降，销路大减，张坊镇陶万记伞店仍惨淡经营。1956年，张坊成立雨伞生产合作社，1957—1980年共生产纸伞150483把。20世纪70年代以来，由于布伞、塑料伞和尼龙伞的发展，仅生产明油花纸伞出口。据外商要求，采用印花、喷花、绘画工艺，生产直径0.5—2米纸伞。直到现在，张坊镇仍有制作油纸伞的传统作坊，以三泰工艺品厂（原张坊福利伞厂）和五星工艺伞厂为代表，制作的浏阳油纸伞畅销海内外，多次参与巴西圣保罗、马来西亚等地交易会，已遍布美国、日本、欧洲、东南亚等国

浏阳油纸伞

家及地区。

三

浏阳张坊油纸伞取材于天然，主要有楠竹、桐木、皮纸和桐油。简陋而奇特的原始制作器具，古法天成的手工操作技艺，堪称“中华绝技”。传统油纸伞的制作过程非常烦琐，全部依赖手工完成，周期较长，但制作技术古朴科学。大体说来，制作一把油纸伞，需要完成号竹（选竹）、泡竹（水浸）、蒸竹（水煮）、晒竹、刨竹、刻竹、钻孔、拼架、穿线、串联、裱伞（把裁好的纸粘上骨架后修边并定型、曝晒、翰花（于伞面绘上图案后晒干）、油伞（在伞面刷上熟桐油）、晒伞等 70 多道手工工序，使用上百种工具，经历 15 天左右的制作周期才可完成。从竹、木、纸、棉线、桐油、油墨等天然材料的选择，到做骨架、上伞面、绘花、上油，每道工序都是细致活，凝聚着工匠的智慧和辛勤。大致说来，有以下主要工序：

一、备料： 备料是制作油纸伞的基础。做伞骨的批子与衬子，常选用海拔 800 米以上、至少已生长三年、且向阳的楠竹。这样的竹子柔韧性强。制作手柄、木顶和伞托，则选用桐木和杉木。

二、批子： 批子要经过划线、刨槽、钻眼、穿线等工序，选用材料为竹子。划线，其实是在为后面的工序做记号。在经过刨槽加工后，这些竹条还要拼接在一起，划线得起作用，先对好横线，然后再找齐斜线。经过钻眼和穿线后，几乎可以看到它们没有被拆分时的样子，也保证了伞面最终合拢后的紧密状态。

三、撑子： 撑子的制作与批子的制作几乎一致，只是撑子的长度大约为批子长度的一半左右。批子与撑子的制作工序，总共多达 20 道，选用的材料全部为竹子。

四、伞杆： 伞杆是一把伞的主干，选材非常重要，一般选用产自张坊本地的水竹。这种竹子，竹身细长，材质柔韧，富于弹性，制成的伞杆不易折断。

五、跳子： 跳子是油纸伞中最小的部件，用来支撑几乎整个伞骨和伞面的重量。它运用的是最简单的力学原理，靠竹子自身的韧性，借力反弹。

六、伞骨： 一把油纸伞的基本骨架材料都准备齐全后，就到了组装这一工序，组装对工匠的技术要求很高。批子与衬子需要相互支撑，才能构成伞骨。一把普通油纸伞，需要 28 个批子，并可根据油纸伞的大小，增加或减少批子的数量。但是每次要以四批的数量，来增加或减少，主要是为了达到整个伞面受力均匀。

另外，批子的数量，还决定了一把油纸伞的工艺复杂性。批子的数量越多，相对应的撑子也就越多，后期穿线的难度也就越大，但穿出来的效果就会越好。

七、网伞：将组装好的伞架撑开后，就可进行网伞了。工匠手中两边微弯的工具叫折子，主要用来调整批子间的距离。工匠在给批子缠线的时候，并不是只缠一道，而是要缠五道以上。在固定批子间距的同时，也在为后面的糊伞做准备。缠好线后，一把伞的基本雏形就出来了。

八、切纸：切纸这道工序非常考验工匠的手劲，刀上要沾油，切的时候要一次切到底。一直以来，伞面选择的依然是传统工艺制作的手工皮纸。在蔡伦发明造纸术之前，伞面一般以丝帛为主，造价昂贵。油纸伞的出现，改变了伞的历史，让更多的寻常百姓也可拥有自己的一把雨伞。

九、伞面：最早的油纸伞对用纸很普通，随着后期皇室贵族对油纸伞的喜爱，油纸伞的伞面选料也更加讲究。经过不断改良后，逐渐发展成为今天的手工皮纸。手工皮纸选用的原料是以楮树皮为主，这样制出的皮纸，质地细柔，富有韧性，吸油性强，非常适合制作油纸伞的伞面。

十、印花：油纸伞出现后的很长一段时间里，颜色单一，虽然曾有一些能工巧匠对伞面做过一些改进，增加了些图案和花色，但都无法形成规模。直到 19 世纪初期，石印技术的传入，才真正促进了伞面图案和花色的大规模改进，很多代表着中国传统文化的图片被大批量地印刷在伞面上。石印是平版印刷的一种技术，伞面的图案，虽然样式繁多，但即使是最复杂的图案最多也只能套用红、黑、绿、蓝四种颜色。

十一、糊伞：糊伞是油纸伞的制作中最重要的一道工序。整个伞的纸面，贴得是否干净漂亮，都要看工匠们的巧手。且纸和竹子的黏合，胶水上得厚薄，都会直接影响到伞的成型。

十二、晾伞：晾伞比较耗时，而且还得看天气，太阳大了不行，阴雨绵绵也不行。需要阴干，阳光不能直射。因为阳光的直射，会导致伞面的开裂，及伞面图案褪色。而被阴干的胶水，可以比较均匀地附着在伞纸上。晾干后，用扎签插入到伞面折叠的缝隙中，防止伞面的粘连。

十三、烘烤：晾干后的纸伞还需要再进入烤箱烘烤，炉子的温度一般要控制在七八十度。对于温度的控制，全靠工匠们长年积累的经验来判断。炉火将水泥地板烤热，水泥地板的热量，再传递到烤箱内，将纸伞烘干。

十四、上桐油：在经过糊顶和裹顶后，就可以上桐油了。早在一千多年以前，桐油就被用到了油纸伞的制作中，油纸伞也因此而得名。上油之前，要把生桐油熬熟，熟桐油具有祛湿、防水、防腐、防蛀等特点。桐油在伞的正反两面都要各上一道，这样既增强纸的强度，又可起到防雨的作用。

十五、穿线：上完桐油的纸伞，还有最后一道工序——“穿线”。这道工序，是所有工序中最有特色、最烦琐的一道工序。将事先编好的五色丝线，按照顺序，穿渡在伞骨之间，每一层的颜色图案都不相同，穿渡的针法也各不相同。

由此，从开料起到制作完毕，一把油纸伞经历道道工序，使用上百种工具，至少历时半个月，才算大功告成。一把油纸伞，要反复撑收 3000 次不损坏，清水浸泡 24 小时不脱骨，伞顶五级风中行走不变形，才是一把真正的浏阳油纸伞。

达浒李家作坊穿伞架

达浒李家作坊装裱伞皮

达浒李家作坊网伞

张坊镇梁家作坊穿线

四

20世纪七八十年代，浏阳有3家油纸伞厂，分别位于浏阳城关、官渡、张坊。其时张坊油纸伞生产达到鼎盛时期，全镇有近300余人从事油纸伞制作，产品畅销海内外，遍布美国、日本、欧洲、东南亚等国家及地区。可以说，张坊油纸伞几乎毫无遗漏地承袭了祖辈们流传下来的制伞技艺，且现在仍有制作油纸伞的传统作坊。

尽管有不少人从事制伞，家庭作坊也多改为工厂生产。但据三泰工艺伞厂梁源根厂长了解，由于制作工艺极为复杂，很长一段时间来，整个张坊极少有人能单独完整地制作出一把油纸伞。70多道工序，历时半个月，低廉的收入和密集的劳动，四处散放着竹片和木头的车间，这一状态自1984年梁源根开办制伞厂就少有改变。梁源根依然坚守纸伞行业，至2017年9月，被评定为长沙市非物质文化遗产项目代表性传承人。

清末民初时，罗时标是浏阳洞溪（现张坊）家庭作坊式油纸伞的主要从业者。20世纪20年代，梁源根祖父梁定玉从广西桂林迁徙至浏阳洞溪乡沙家冲（茶林）这个偏僻的山村，在当地学会了制作油纸伞的手艺。到20世纪40年代，梁耀发子承父业，也成为一位精通油纸伞制作技艺的工匠。出生于1949年的梁源根打小就成了父亲的好帮工，稍大就掌握了做伞的全套工艺。他初中毕业后，在当地小学、供销社干过四年。1978年重新回到沙家冲务农，一有时间就跟着父亲做油纸伞，手艺越来越好。当时纸伞在农村还是主要的遮阳遮雨工具，一把纸伞得一块二到一块五元钱，倘是不小心弄破了，都会拿到伞匠家里修补，一般小补丁二角钱一个，大补丁五角钱一个，梁源根参加劳动之余，就忙于做伞修伞。

1975年初，张坊公社在集镇建起了张坊伞厂，陈金枝任厂长，梁源根任技术员，而他妻子罗淑萍担任会计。在当地招了些老工匠，制作当地民用纸伞，有时还会接些补伞的业务。梁源根对制伞的72道工序了然于心，扎扎实实以老法子做伞。不久，他调至张坊乡企业办工作，专管张坊公社伞厂。后来，他接管或创办了张坊福利伞厂（张坊复兴伞厂）、富豪工艺品厂及浏阳市三泰工艺品厂，和张坊油纸伞打了几十年的交道。

这些伞厂一律秉承传统制作方法，生产的油纸伞，以手工削制竹条做架，以涂刷天然防水桐油的纸做面，伞面可绘花、鸟、草、虫等100多种图案。一把伞可以反复撑收5000多次不损，产品主要销往美国、欧洲、东南亚、日本等地区和国家。20 世纪八九十年代，是梁源根所在伞厂的兴盛时代，1987 年生产明油花纸伞 7 万把，1988 年产量达到 12.4 万把，1995—2002 年，纸伞出口交货额累计达到 1200 多万元。特别值得一提的是在 20 世纪 80 年代末接管了张坊公社的张坊复兴伞厂，后改为张坊福利伞厂，一直坚持生产明油伞。这种伞比一般民用油纸伞要大，半径达 50 ~ 55 厘米，专门出口到马来西亚。

做伞几十年，梁源根更懂得张坊油纸伞有其与众不同的地方：一是分工细致。每道工序都有专人明确，各司其职，如此产量才高。二是制作材料有讲究。做伞骨的批子与撑子选用的多为海拔 800 米以上至少生长三年且向阳的楠竹，当地水竹做伞把，当地杂木做手柄、木顶（上脑）和伞托（下脑）。三是网伞子是细活。骨架材料准备和组装完毕后，就可将伞架撑开进行网伞子。先用折子来调整批子间的距离后，就给批子缠线。缠线并不是只缠一道，而是要缠五道以上。缠好线固定批子间的距离同时，也在为后面的糊伞做准备。缠好线后，一把伞的雏形就基本形成了，一个技术熟练的伞工一天下来只能网伞约 50 把。四是采用手工皮纸。手工皮纸选料主要为楮树皮或山上藤类，制出的皮纸质地细柔，富有韧性，吸油性强。五是特别的胶水。在 20 世纪 80 年代前，张坊当地糊伞所用的不是尼龙胶胶水（聚乙烯醇胶），而是用柿子熬出来的汁，多采用浏阳城郊唐家洲上的小柿子制成柿子胶。大约每年 8 月，人们就会把树上尚未成熟的柿子采摘下来，榨干脱水后，形成极好的胶水，用来糊伞光滑平整，结实耐用。六是油红伞面。将竹红颜料倒入桐油之中，红色融入桐油后，桐油自然成为竹红色泽。再将之均匀地涂上伞面，整个伞面便是优雅大方的油红，且能很好地保护伞面，使之经久耐用。

随着时代的变化，油纸伞制作分工越来越细致，生产效率不断提高，制作原料和工具也在逐步改变，纸伞也由实用雨具变为了工艺产品。到 20 世纪 80 年代，聚乙烯醇胶全面取代柿子胶，制作起来更为快捷高效。1978 年秋，梁源根带着解放牌卡车专程到湖北罗田县，买了四吨聚乙烯醇胶，从此就不再用柿子胶了。

1990 年的秋季广交会上，梁源根迎来事业发展的转折期，他从遂宁竹筒刻画花朵受到了启发，特地做了些半径 24 厘米长的花伞样品，在伞面上请人画了梅花、荷花等之类，不想让美国长青公司一眼看中，一下定了 2.5 万把，60 天交货。梁源根惊喜之余，却又着急起来，传统油纸伞制作工序

原本就烦琐，现在还得在伞面上印上图案，能否如期交货真是大问题。他花 5000 元从云溪宁乡人手里买了二台电机，用来加工伞脑和伞把，却全部报废。他转而委托浏阳北乡泮春伞厂、湘潭石鼓乡伞厂制作 1 万多把，并从这两家请来一批制伞工匠，算是将这个棘手的问题解决了。

伞面的图案，按之前的老法子进行石印却失败了，情急之下，梁源根找来两张蜡纸，刻印花样轮廓，再让工匠去填色，效果倒还不错，他这才

张坊镇梁家纸伞

松了一口气。如此紧赶慢赶，终于如期交货，由此打开了外销市场。

从出口美国逐渐扩展到日本、欧洲、东南亚等国家及地区。从之前的实用伞，转变到工艺品，产品不断翻新，种类不断增多。到 2000 年，梁源根和他的工艺伞厂，竟然先后到巴西、南斯拉夫、西班牙等国参加外展，产品畅销全球四十多个国家和地区。

虽然梁源根的伞厂偏于浏阳东区大山之中，但闻名遐迩。他既坚持传统制作工艺，又适应时代的需求，不断求新求变，成就了浏阳油纸伞在新时代的传奇。

昔日红火的浏阳油纸伞业，随着老一代工匠的逝世，坚持下来的人并不多，除了梁源根之外，还有李忠国。就在达浒镇椒花新村山下组，一栋20世纪70年代建起的土坯房，几个房间被李忠国划分为了钻孔车间、分割车间、裁纸车间等几个区域，地上堆放着大量用于制作白纸伞的原材料。另一间平房则被当作了半成品仓库，屋里面堆满了已经加工好的白纸伞半成品。

李忠国出生于1966年，是一位坚守传统工艺制伞的匠人。制作油纸伞是他家的祖传手艺，从爷爷那一辈开始做伞，他父亲曾在当地达浒一家伞厂做过伞，手艺精湛。家里九位兄弟姊妹，唯有李忠国做了传承人，他花了五六年时间，才将父亲的这门手艺学到手。后在布伞、雨衣等遮雨用具的冲击下，油纸伞显得“不实用而且成本高”，渐渐地在市场上没有了立足之地。他曾辗转浏阳、衡阳等地的多家油纸伞厂打工，家里的日子过得依旧紧巴巴。

2014年底，李忠国回到村里，和妻子一道尝试手工制作油纸伞。没承想，手工油纸伞还挺受市场欢迎，生意越做越红火，不到一年时间，净赚3万多元。到2016年2月，李忠国联合侄子李友民一家创办浏阳市达兴工艺品厂。传统油纸伞的制作工艺极为复杂，成本高，耗时长，不适宜批量化生产。出于顺应市场需求，李忠国无奈之余，决定把油纸伞做成工艺品，向旅游、教育市场开拓。也因此，他将手工儿童绘画白纸伞作为工厂的主打产品，同时制作、销售油纸伞和油纸伞DIY。

2017年，李忠国创新了油纸伞的制作工艺，将油纸伞规格拓展为半径10厘米、15厘米、20厘米和42厘米四类，市场形势一片大好。随后，李忠国以达兴工艺品厂的名义，先后与椒花新村50余户贫困户签订帮扶（委托加工）协议。之后，李忠国十分慷慨地向他们传授手艺，将所需要的原料运送至他们家中，采取来料加工的方式，进行加工生产，并将成品回收。李忠国还主动与湖南思洋电子商务有限公司“联姻”，并在阿里巴巴网站开设网店，搭上“互联网+”快车，传统油纸伞“老树”发“新芽”。经由浙江义乌远销至韩国、日本及东南亚、东非等地，来自椒花新村的新型油纸伞正走出浏阳、跨出国门。

2017年9月，李忠国被认定为长沙市非物质文化遗产项目代表性传承人。

2018年，达兴工艺品厂实现年销售额超300万元，年利润达40万元。2019年，李忠国的油纸伞拿到了外观专利和实用新型专利，逐渐闯出了一条传统油纸伞发展的新道路。

非遗传承人李忠国在制伞

达浒李家传统制伞

古法造纸

浏阳手工竹纸制作技艺及其传承人

湖南在全国是有名的土纸出产地，而浏阳土纸为湖南土纸之冠，且皆为竹纸，早负盛名。

追溯浏阳竹纸历史

据史料记载，浏阳张坊竹纸的生产历史可追溯至宋元以前。始修于元朝的《长沙府志·食货志》一书就有“纸，浏阳产”的记载。元明之际，浏阳手工土纸开始批量生产，东乡的折表纸、贡纸为输出之大宗，行销省内各县。

明初，浏阳遭兵革血洗之灾，成了荒凉之地。清朝康熙年间，才恩准开发浏阳，福建邱氏父子数人来到张坊附近的七星岭湖洋一带抚州棚定居。这里是大围山麓，漫山遍野生长着楠竹，而楠竹的稚竹是造纸的好原料。邱氏父子先做熟料纸，供蒙童学习用。经过邱氏父子的再三研制，又研制出了漂白纸。造纸业因此在大围山周边迅速发展起来，很多农户家里都建有纸槽作坊，从业人数众多，形成了家族、亲缘、师徒传授体系。之后，浏东各地如官渡、东门、白沙、上洪一带，竞相仿效，常年产量约 4000 担。产品集中运至官渡，经民船由水路运长沙、汉口，转销天津、广州等地。秋冬水浅，则集中浏阳县城，由陆路运长沙集散。

旧时浏阳东乡各地，凡土纸产业户，几乎家家都供奉“蔡伦仙师之神位”，神龛两旁写有一副对联：“山中取出千种利；水上浮来万里财。”先以生料纸（折表纸）的生产闻名于省内外，至清乾隆年间（1736—1795），浏阳纸被朝廷官府征用，始有“贡纸”之称。至清咸丰（1851—1861）始有熟料纸（文化用纸）的生产。根据当时用材的需要，贡纸分为大贡、二贡、放香三类纸。大贡较厚，放香较薄，唯二贡纸称中书纸，适用较广泛。有纸庄、纸栈 10 多家，年输出土纸 200 吨。同治至光绪年间，土纸生产颇为兴盛，全县生产熟料纸的纸槽发展到 600 多个，年产纸 3500 吨；生产折表纸槽 300 多个，年产纸 2500 多吨。

《浏阳上东义举志要续编》中《驻汉浏阳折表公会缘起》一文，记载了当时域内折表纸的销售情况："吾浏出产大宗，折表纸其最著者，上东土肥水清，所出货色特佳。而江右之毗连浏境者，亦多产之。转售诸浏人，运往汉镇（即汉口），故东、白（东门、白沙）两市折表纸商为最多。曩者两市同帮以在汉不可无会所，议每脱纸一块，酌抽会资数文，息之。凡在浏之纸商莫不拦入，遂得在汉购置房屋，题其额曰：浏阳折表公会。自是浏商之在汉者，咸得驻足之地，并藉以月订价目，整顿帮规。而东、白商人，固执其牛耳者也。"

由此，东门、白沙两市纸商，不但包办了本地的折表销售，而且通过掌管成立于同治十二年（1873）的"驻汉浏阳折表公会"，操纵了浏阳县及其毗连地区的折表纸市场，主要转售地是汉口。据记载，当时域内著名的纸庄（即纸商行）有元贞天、隆昌福、东生和、吉顺生、协记、兴记、鸿顺等十几家。元贞天纸庄因严把质量关，其"元贞天"品牌折表纸在汉口、长沙享有免检信誉，供不应求。后来干脆放弃折表纸购销业务，改为专营品牌印戳出租。其时元贞天纸庄，有两颗方条大印，一颗为专盖甲等纸的"元贞天印"，一颗为专盖乙等纸的"元丰天印"。纸庄雇佣两个技术人员专门验纸盖印，每盖一担纸，收租印费银圆一块。后来，发现有人假冒印戳，元贞天纸庄与假冒者在浏阳县城打了一场官司。胜诉后，元贞天的方形条印内增盖了一颗圆形的"浏阳县政府建设科"印鉴，以防假冒。元贞天品牌印戳还曾于民国初年整体出租给他人经营，年租金为1.6万银圆。

清末民初，大围山域内有纸槽200多个，以每槽月产15担纸计算，可产纸3000担上下。则域内的外销土纸中，约有一半是收购的外埠纸。东门街上的商家，大都兼做一点纸生意，有的单独或联户到乡下租凼租槽雇工做纸。山里人家有专门砍竹沤麻丝的，造一个大麻丝凼可供造纸五六百担，小的也可造纸百担上下。

清末民初的造纸业虽然还相当繁荣，但远不及清道光至光绪年间的规模。光绪三十四年（1908）人口统计，域内达创纪录的3万多人。人口的急剧增加，是与域内造纸业的兴旺分不开的。民国十一年（1922）出版的《上东乡土科教科书》中指出："做纸的工人，也是外来的，本地人只不过有些踩、焙、装的工人罢了。"可见外来造纸技术工人的涌入，也促进了当地造纸技工队伍的形成。

民国建立后不久陷入军阀混战局面，"驻汉浏阳折表公会"会所被战火焚毁。后来虽于民国八年（1919）重建会所，恢复公会，但折表纸的销路日渐萎缩，从此一蹶不振。《上东乡土科教科书》指出：“我境折表纸的衰落，很是可虑。但或是时局不清的缘故，我们为要考虑它的用途和销路，设法改良，才能久远。现在文化进步，印刷物日渐发达，一家报馆、书局，一个月动不动要百把担到千把担纸，方才够用。现在我境熟料纸，只有卢、李几家专营该业，很能得利，因为不够书局、报馆的用，故此销路不畅。应该提倡起来。”

但因为时局继续动荡，尽管境内文化纸生产一扩再扩，与折表纸各占半壁江山，但还是不能重现昔日辉煌。同时，槽户（厂主）对造纸工人的过重剥削，引起工人罢工斗争，也是影响纸业生产的一个原因。《上东义举志要》中《东槽帮费缘起》一文记载：“……工人都自外来，往往同盟罢工，要求加价。白沙槽户患之，乃联合界外铜鼓槽户为楮生堂，划一定规，以维利权。东门地广而槽户星散，亦别联为东槽帮。”《吴楚楮生堂缘起》则记载：“制纸之工，多自外来。往往当销场畅旺之时，同盟罢工，要求加价。山户乃合积资为楮生堂，岁一集议，视物价之低昂，以定工资之增减。折衷至当，务协公平，固保全山利，体恤劳工之道也。”事实上，倘当时工人不堪槽主的欺压，常常采用“放槽”（罢工）的形式进行斗争。工人放槽，槽主要挂红（即贴红纸）表示道歉，然后要办筵席，祭祀纸业祖师蔡伦。实际上，办酒席招待工人，就是槽主要给工人打一次牙祭，规定每个槽要5斤肉、一只鸡、一条鱼、一桌豆腐等，还要承认放槽时间照发工资，不然工人就不复工。有时工人“放槽”一昼，槽主就慌慌张张不得了。

据《湖南民国经济史料选刊》记载：“浏阳造纸技术之精，纸品之佳，省内无出其右者。”当时，湖南全省有58个县产纸，却仍以浏阳生产的纸最负盛名，浏阳“古山贡纸”成为造纸行业的一个风向标。民国十三年（1924），全县共有纸槽1529个，其中熟料纸槽756个、生料纸槽733个（主要在东乡）、皮纸槽40个（主要在南乡），从业89950人，年产纸7445吨。民国二十年（1931），古山的纸农唐三祥、唐智祥自创古山牌贡纸，参加南洋纸张比赛分别获得金牌、银牌奖，并获得免检资格，一时间名声大振，产品远销东南亚。

这一时期，从东门收购转销汉口、长沙的折表纸和文化纸，每月在五六千担上下。东门上街头和桨兴街两个船码头，运纸的船络绎不绝，平水期有30多条船专走东门、白沙水路，涨水期上百条船。平水期来的乌江船可装二三十担纸，涨水期来的乌江船可装五六十担纸。山里人家几乎户户有私槽，有专职的纸业工人下乡包槽做纸，有专门的包装工人上门做成品纸的包装。包装有两种，分汉装和吴装。域内主要为汉装宽幅纸，每把36张，144把为一担，重60公斤。元贞天等纸庄，经常定期派人担着印鉴、磨墨机等，步行去验纸盖印，然后雇挑夫将纸担到东门市入栈待运。也有部分小户槽主，自己挑运土纸到东门，为的是赚取每担纸1～2元的力资。

至民国十六至十九年（1927-1930），国民党对张坊、大围山等东区革命根据地实行军事“围剿”和经济封锁，纸槽遭到严重破坏，乃至日渐萧条。民国二十六年（1937），全县仅存纸槽户400余家，熟料纸524个，纸业工人6000余人，年产纸3400余吨。民国三十三年（1944），日寇盘踞浏阳，域内纸业再遭重创，全县造纸业仅剩3000余人，产纸1900余吨。民国三十四年（1945）日寇投降后，“盘纸”（机制纸）大量输入，二贡纸一度衰落，唯大贡纸因文化界乐用，尚能维持生产。尔后纸价猛跌，法币贬值，大部纸槽停工破产，浏阳东区有332个纸槽停工破产。浏阳解放前夕，全县仅存纸槽47个。

新中国成立后，浏阳县人民政府扶持纸槽生产，到1949年底纸槽恢复到190个，年产纸2185吨。1950年，浏阳县人民政府成立纸业扶持指导委员会和土纸联营处，支持上东乡私营土纸生产，恢复纸槽到380多个。1952年，人民造纸厂、新华纸厂、石碑纸厂相继并入浏阳纸浆厂，成立土纸生产委员会和东门造纸社，当年全县土纸产值373万元，占工业总产值的34.4%。1953年6月，浏阳东区纸业生产会议在张坊召开，县贸易公司在张坊、大围山等地设立收购站，成立829个土纸生产合作组。浏阳东乡纸槽恢复到563个，当年下半年仅贸易公司张坊收购站日收购土纸最高达近百担，长沙、衡阳私商设在张坊纸庄生意亦旺。当年全县产纸4085吨，从业者达4304人。1954年，张坊供销社收购土纸454.3吨（含小河乡），其中文化纸279.8吨。随后达浒生料造纸组、张坊造纸社和大瑶染纸社成立。1957年张坊造纸社生产的贡纸与浏报纸被评为全省土纸质量第一名。

1958年全县人民公社化后，土纸生产大发展，域内农村社队办纸槽有200个，当年张坊供销社收购文化纸625.7吨。20世纪60年代，拆掉纸槽建猪场，土纸生产受挫，1973年土纸生产量下降为761吨。1980年以后，原竹价格上涨，土纸生产又大幅度下降。20世纪80年代中期以后，张坊一带熟料纸槽转产花炮生产需要的筒口纸，年产量仅为50～80吨，土纸生产式微。

自1966年开始机器造纸，1974—1975年，县木工厂造纸车间、文家市纸厂、张坊纸厂的瓦楞纸和县糖厂造纸车间的文化纸相继投产。1987年全县累计产机制纸96727吨，其中有80克纸袋纸、75克防潮纸、漂白书写纸、52克糊窗纸、鞭炮纸、花炮筒口纸、有光纸、响炮纸、60克内包纸等。1987年，全县共有乡以上造纸厂24家，职工1683人，年产各种机制纸15700吨，总产值1977万元，产品一级品率达97.51%。

手工造纸一天只能做千张左右，哪能竞争过机器纸。20世纪80年代，造纸人家逐渐减少。进入21世纪，大量纸槽关闭，古山贡纸在新机器纸的冲击下濒于绝迹，精于抄纸的师傅逐渐老去，手工造纸技艺逐渐没落，只有张坊上洪道管冲有张自强、张绍敏、黄隆球和黄隆根坚持下来了。到最后，只有黄隆根一家还在坚守，他家延续五代坚守。

主要生产工序

浏阳当地楠竹的笋竹是造纸的好原料。浏阳土纸分生料、熟料两大类。竹麻丝经过石灰浸烂捣碎、不用甑蒸者，称生料纸，俗称草纸或折表纸，品质较粗，呈现黄褐色，供物品包装及日常生活用。竹麻丝经蒸洗捣碎后做纸，为熟料纸，供书写印刷用，贡纸、浏阳报纸属之。产品质量以熟料纸比生料纸好，以细嫩洁白、张面整齐、厚薄均匀、纸筋少、无砂眼为佳品，光滑不透墨，最受国内欢迎。其规格和包装牌号名目繁多，计量单位有担、刀、把之分，张面幅度大小各有不同，每种张数多少亦异。如改良书报纸、大贡、二贡纸均宽为2.35市尺，长3.3市尺。改良书报纸每担1000张合3令，重100市斤；大贡、二贡纸每担两件，每件10刀，每刀105张，每担重81市斤。

简单说来，浏阳竹纸制作过程为：将长至四五米高的楠竹笋竹砍下来，经过归堆浸制后，洗出丝壳；晾干挑回家里，再将丝壳浸上石灰；之后漂净，再用碱蒸制成纸料，经过脚踩磨成竹麻；然后用手工做成水纸，烘干后便成了一张文化用纸。这种古法纯手工造纸，无污染，纤维长，保存几十年纸面如新，不上潮、不易碎，尤其适宜书画，有着机器纸不可取代的优点。其制作技艺有其独特之处，今具体介绍如下：

一、纸棚

纸棚也叫纸槽、纸坊、槽坊，是制造土纸的生产和生活场所。选址时必须达到以下三个要素：一是要有长流、清洁水源和好排水的地方；二是棚基占地要130平方米以上；三是尽量靠近竹山原料基地。纸棚为土木结构，多用黄泥筑墙，或土砖成墙，用杉皮、茅草盖顶，少数用瓦盖屋顶。其中纸槽规制大约为占长10米、宽6.6米。纸槽边的亮窗墙基下正中，开一条宽0.4米、深0.3米的排水沟。一间焙房占地长6.6米、宽3.5米，其他踩料板、厨房、宿舍、成品处、胶桶、纸坨等占用空间，均放在槽厅位置。纸棚外，应有热焙龙所需杂柴堆放余地。

二、造纸设备

造纸设备主要有石臼、纸槽、木制压榨槁、木板、槁杆、焙龙及其附属设备、用具。

石臼：古时在麻石板上凿若干槽，所以叫石臼，也有采用水轮舂竹麻的石臼。但大多用竹篾编织的踩料板，平摊放于距槽底近处，靠槽底边竖木挡板，压在踩料板的底边。并在平铺踩料板外边，安放一块踏脚板与踩料板并列。在踏脚板与踩料板两端竖以直木柱，上顶楼栿，下插地板。在踩料板两头的直木柱上扎一根抓手的长篾条。

纸槽：即盛纸浆的长条形器具。有木制和石质两种。多数纸棚采用木质纸槽，取材容易，成本低，选择栗树木质，松树次之。将树木锯成五分板，长2米，拼凑成宽1.4米、槽底宽1.5米的木槽。木槽内上边长1.4米、下边约1.35米、宽1.2米、深0.9米。

压榨槁：它是压榨湿水纸坨的工具。采用栗树，松树次之。两根竖立高的叫将军柱，高2.5米，直径0.3米，柱与柱之间有榫卯横木连接。高柱相对应，有竖立较矮柱两个，高约1.2米、直径0.3米。选用木荷树或枫树。矮柱与矮柱之间，安装长约1米、直径0.3米的滚筒一个，滚筒上凿三个对穿绞压圆眼。槁杆长2.5米，直径0.25至0.3米，头大尾稍小。另备压湿纸坨的盖板一块，长短木方两根，马鞍木方一个，长方形枕木两个。

焙龙：焙龙建在焙房正中间，呈现肚腹状。焙龙两头上方各开一个烟眼，两头下面各开柴火门。前门高0.8米，宽0.5米，下大上小。后门较前门稍窄矮一点，用于出灰。焙龙门用木框与篾织构成，篾织面上糊一层厚厚的烂泥巴，开关时用双手抓住门耳移动。

三、伐竹

砍伐楠竹中幼竹，也叫竹纹，也有的地方称竹麻。砍伐之前，一是必须挖口腌竹麻用的湖塘。二是必须运回足量石灰备用，一般一万斤竹麻，需石灰 800 斤。浏阳上南乡岩前产石灰历史悠久，石灰好，性能佳，是腌竹麻的好辅料。三是进山伐竹之前，必须举行“开山”仪式。旧时以防触怒山神土地，遂形成“开山”习俗，以求山神土地保佑生产平安。

湖塘：要选择水质好、光照较好的地方，尽量靠近竹林和纸棚、地势较高的坡地。湖塘上宽下窄，壁稍倾斜，采用石灰、黏性较强的黄泥、河沙等做成三合土，涂抹于湖塘四周和底部。湖塘底部边沿开沉水小沟一条，沟尾底部挖一出水眼，安放排水竹筒以排水。待塘四周干燥后，塘底部放松树横枕木 5—6 根，枕木上面铺直竹块 10 根。

伐竹麻：准备工作分三个流程即：时间选择、场地选择、竹麻标准，生产过程用五个字概括是：砍（伐）、拢（堆）、裁（竹）、捆（竹）、运（输）。

砍伐竹麻一般选择在立夏前后，此时当年幼竹已成熟。因竹山有阴有阳，日照不同，当阳山幼竹成熟较早，以幼竹散枝 30% 左右为宜。先砍阳山竹，后砍阴山竹。砍时注意保留“竹娘”，一般每隔 2—3 米留一“竹娘”，保证竹山不断发展。

裁竹：按照裁剖竹麻标准，裁成一筒一筒。用竹篾刀剖开后，放在捆竹麻的软篾上，抓住软篾头用力一扯，放在裁竹坪备用。挑到湖塘边过秤，

张坊造纸黄师傅家的造纸原材料

黄师傅造纸之加石灰

称出重量，放到湖塘里。

腌竹麻：按照竹麻100、石灰8的比例，一层竹麻一层石灰，将竹麻盖去，不过一层比一层适当增加石灰量。面上一层，要将所余石灰放上，即可塞好涵洞，再灌清水。面上竹麻用茅草或稻草盖住，用竹片条压住盖草，用大石块压住竹片条。至此，将水放满，淹浸15—20天，即可松捆。松捆就是下塘站在石块上，不断踩动，并用木棍插入竹麻内部摇晃，使石灰充分与竹麻相连接，这样更充分腌制竹麻。前后松捆二至三次，一个多月后，抽出竹麻一根，折断时没有响声，呈柔软黄色即可洗竹麻。

洗竹麻：事先做好洗竹麻专用篾圈，采用长1.2丈的粗篾丝展织成大圈，篾圈相对方，各用布筋卷扎几圈。用小松锄将粘在竹麻上的石灰，松入湖塘水中。然后，将篾圈摊在厢石上，用小松锄将竹麻扒进圈内，络上竹麻，用手提起，堆积在塘边上。力争上午全部洗完，下午落塘。

落塘：就是将洗好的竹麻放回塘内。首先，将湖塘石灰水放干，将准备的松树枕木均匀横放在塘底，枕木上铺以竹片，再将篾络圈络好竹麻，

黄师傅造纸之蒸竹麻

黄师傅造纸之和竹麻

黄师傅造纸之洗竹麻

放到塘里的竹片上。待全部下完竹麻平厢后，用稻草盖面，用竹片条压在稻草上，用石块压在竹片条上。塞上漏窿水眼，灌满一塘清水，浸泡一天一夜放掉。依次每天做一次，一共做三次。以后，又灌满一塘水，让其自然发酵，也叫烧厢。发酵时间长短与天气因素有关，要随时查看厢内的竹麻，能用手搓成细丝状时，继续浸泡，待水变黑色起白泡时，即可开塘做纸。

制胶：做纸辅料即做纸的胶。有三种植物可用，一是香叶胶：将采集的香叶，用大锅加适量水加 1% 的石灰，熬两天两夜，取出装入木桶待用，一年之内用完。二是梧桐皮浸胶：将梧桐树砍下，剥其皮、撕成小条、扎成小束，放入胶桶内浸一天一夜，就会渗出胶汁。这种胶质可解决急用，但胶质不好，结构紧密，不易打散。三是野葡萄藤：去掉藤叶后，用锤子捶破杆径，展成小束放入水里浸一天一夜，也可出胶。这种胶色好，但取材较困难，不好存储。

四、踩料

踩料工也叫杂工，在纸棚中的工作最杂。

剥料：在湖塘里搭一个能挡雨遮阳的简易棚，剥料工人坐在棚内，将已腌制的竹麻内层与外层分开。内层叫竹麻肉，外层叫竹麻皮，也叫皮纸。晒干后，要将皮纸送到石臼房去舂碎，使之成为较细的纤维。

踩料：竹麻肉挑回纸棚，放到踩料臼里。一脚踏在踏脚板上，左手拄一根齐大腿长的棍子，右手握住一根牵手长篾，用倾斜角度用力将竹麻踩向挡板边，提脚时哼一声。这样用脚来回地踩，踩一轮再翻动一次，将料踩到半熟时，加入舂好的皮纸。再来回踩，一般从始至终应踩大约二十个来回，使之由粗纤维变为较细的纤维纸泥后，能一拔就散，这叫踩熟了。然后拢堆，准备落槽。

落槽：将踩熟的竹麻撮了，倒入纸槽内，再用荡子打散。打荡子有两种打法：一是攻荡打法，将荡子深入槽四角的底部，然后用力往身边拉，所以也叫底荡。二是震荡，将荡子伸入水面下一点，再双手用力往左或往右拉。荡毕，用短竹耙将长纸筋打捞起来，捏成坨丢向踩料板的一角，再用长竹耙从槽对面插到槽底，用力往身边拉，如此横竖各打捞两次。

五、做纸

先应做好帘床，放好槽上十字横方木，铺好篾垫子，摆好踏脚板，扎好挡水围子，配好槁纸、马鞍枕及其他厚薄枕方，做好括帘屎的括子。

抄纸：手工做纸是由手工抄造而成的纸。以竹帘将分散悬浮于水中的纤维抄成湿纸页，再经压榨脱水而成湿纸坨。开始抄纸时，先将帘床横放在标桩内，稍倾斜标桩，用帘捞两张厚纸放在标桩竹垫底面，叫作纸壳。

散胶叠纸：是放胶水到纸浆内不断捣散的过程和叠纸工艺。舀胶水一筒放入纸槽内，不断用帘床打散，使其与纸浆水均匀结合，再开始做纸。双手同时端平帘床，向纸悬浮物面后边荡一下，随势向前荡一下，随势搁在十字横方上，使帘上的水从帘面帘网散流出去。右手拈帘，左手拈帘竹子，双手提帘放在桩标底纸壳上。如此不断一张一张加叠，做了约十分钟左右需加胶一次，照样用帘床拍打纸槽水面，使其散均。

接着做纸，待纸面叠到湿纸矮标桩上下时，用一张旧帘盖在纸面上，即叫界面。再做两张厚纸壳，可休息片刻，再接着做纸。舀半筒槽水，均匀淋在旧帘上，掀开旧帘，用帘床架搅起水槽沉底纸浆，使上下均匀。继续做纸，直将纸叠到标杆记号为止。上午要做1500张左右，一般每天要求做3000张上下。

槁纸轻压：是将湿纸坨压榨除水的工艺。将压榨木板放在湿纸坨的面上，加上枕方，用括子柄将两边的帘屎括掉，耙到坨尾部，再用勺子舀着倒入纸槽里。掮起压榨槁杆，轻放槁的上门孔下，轻轻压到马鞍枕上，挽上缆绳，用竹棍扣进压榨滚筒的眼里，轻轻缓慢地往下拉压。这时应特别注意，用力不匀、压力过快、过大，就有可能引起爆坨，影响湿纸坨的纸张数量和质量。

槁纸重压：看压榨的程度，松开缆绳，将槁杆掮出，放进槁柱第二门下，挽上缆绳，先用竹棍伸入滚筒眼里往下压。到有难度时，换用木棍重压，双手吊压，再用双脚跳上木棍尾端踩压。一脚踩在棍头上方，另一只脚提起用力跶下去，这时一只手扯住上面的扯绳以保持用力时人的平衡，再用双脚跳压，中途稍微停一下。

松槁起坨：待纸坨用手指压不进时，即可松槁。拿压榨竹棍向原相反的方向扣动，拉出缆绳的挂钉，挂在滚轴上。掮起槁杆搁放到将军柱横门上，木方、木棍、木板放回原处。起坨时，人站在槁踏湖里，用双手将纸坨扶正。再用左手揽住坨边，右手托住坨尾部，搬到预先准备放纸坨的地方，倾斜靠墙放置。

六、焙纸

焙纸是将湿纸烘干整理的工序。先做好扎焙纸刷、5—6 尺长的火叉和火烫、塞焙龙的烟火塞，配好焙龙两边放纸坨用的木条桌架、粗竹片等。

烧火：要热焙龙，每天早晨、中午各一次，使焙龙表面温度达到 40 ~ 50 摄氏度。此时，用火烫子将焙龙中的余火推往两头，封焙龙门，此时不能一次封死，作半封。待焙龙内柴烟脑快燃尽时，再完全关上封门，塞上前面烟眼，等几分钟再塞上后面烟窗眼。这样焙龙温度可保持 4—5 小时。

开角：是将纸坨切个开角的工艺。将纸坨平放地面木板上，持铡纸刀，将纸坨左上角双边各铡去二分。再用竹棍从右至左平衡地锤打四五下，向开角轻打二三下，将纸坨搬放到膝腿上，伸腰搬进焙房，两边各放一纸坨。

刷纸：是将湿纸一张一张贴到焙龙上去的工艺。用双手的中指和食指分向搓开角，同时用嘴吹开角，使其分出表面纸页。用左手轻轻掀起左角纸页，右手持刷把托住纸，左右同时用巧力将湿纸掀起，转身刷于焙龙壁上。先刷右上角，再刷左上角、左下角，后刷右下角。焙龙每边上九张下九张，一个来回两次，正好 36 张为一刀，也叫一块纸。

捆磨：由于用途不同，土纸规格不同，一担纸有 100 刀，也有 136 刀的。将焙好的成品土纸，按照一担两头的要求，进行打捆。用捆篾从中将纸捆住，用菜刀括去外包装上的粗纸毛，再用磨石磨光磨平，使之外观整洁，放到成品处。

七、装纸

装纸是将焙房出来的成品纸进行再次整块纸折叠整理包装的工艺。它主要工序有：装槁、折纸、抽打、压榨、装捆、锉磨等。

折纸：折纸的条桌上，将整块纸平放在条桌上，左边向右折约三分之一，右边向左折约三分之一。向左、向右折的稍窄一点。一块纸折成三重，宽 0.6 尺。

压榨：折叠纸已满 68 块为一头，两头为一担，即整理上榨。放到压榨板上，底板上放好包装纸壳和包边的箬壳，用上榨卡子卡住，盖上有槽的盖板，放上木枕方，掮起槁杆压住枕方。挽上缆绳，操作方法与水榨大同小异，直至榨到标准约 2.4 尺为宜。

装捆：松榨之前，将事先准备好的四根包装软篾，穿过盖板下的槽孔，

黄师傅古法造纸之放纸

握住软篾扭几下，放上包边箬壳，打结捆紧，软篾头插入软篾一边。

锉磨：将卡子拆去，搬出纸坨，将纸坨外面的不规则粗纸毛，用锉锉平，再用光洁磨石磨光滑。在纸坨捆篾上面的中间位置，安上一个挑纸的扣绳，也有的再盖上产地印章，确保产地声誉。

坚持生产手工土纸

张坊镇全境竹林密布，村上素有生产土纸的传统，出产有名的“古山贡纸”。在20世纪七八十年代花炮纸盛行时，整个张坊镇造纸的有100多家。出生于1968年的黄隆根，是上洪村道官冲人，从17岁开始，他便从父亲手中学会了这门古老的纯手工“古山贡纸”造纸技术。到他手上已经是第五代了，当时他家周围还有30多家做纸的家庭作坊。

制造古山贡纸曾经是当地乡邻们赖以生存的活计。村民多有自家的竹林，所生产的纸自产自销，送至长沙、浏阳等地，既供艺术家们挥毫泼墨之用，也供花炮制作之用。

古山贡纸的二十多道工艺程序，一个成年劳动力一天到晚干得胳膊酸痛、颈椎僵硬，也只能制作700张左右。如此辛苦，却又挣不了多少钱，哪怕全家人齐上阵，累一年也才赚个三四万元。随着经济飞速发展，人力成本大幅提高，手工纸市场逐渐凋敝，20世纪90年代纸价最低的时候，当地年轻人纷纷选择外出打工，只留下年长的父辈们仍在坚守。其时，黄隆根也外出沿海跑运输，以养家糊口。村里的造纸坊，由鼎盛时期的家家造纸变成了散落的几户。

2014年年初，一位曾在当地插队当知青的老人找到黄隆根，想买一些手工纸。当看到家中留着的那套做纸的行头在角落里荒废时，黄隆根心里一动，念及贡纸可能从此失传，便决定重新捡起这门手艺。于是，凭着对传统技艺的执念，黄隆根留在家里，不再出门打工，一边用古法造纸，一边靠种田维持生活。

张坊道观冲黄隆根等在洗竹麻

张坊道观冲黄隆根在抄纸

黄隆根在自家两层土楼内建好制作工坊，建起大纸槽。一到做纸时节，水不停地从纸槽房底流出，只见黄隆根将帘架往槽内一舀、一端，再往前一挑、往后一送，纸浆便覆满竹帘。捞出落帘，轻轻一揭，纸平摊在垫板上，越垒越厚如同一块米豆腐。而一旁的焙纸房，纸被一张张贴在斜墙上，室温常年保持在四十摄氏度。

手工造纸工艺十分复杂，仅凭黄隆根一人之力难以兼顾整个流程，因此他发动一家八口人齐上阵。不过，造纸的收入一年不到五万元，无法与黄隆根在外跑运输时的收入相提并论。另外，贡纸的生产费时费力，劳动强度更比过去做花炮纸时大得多。黄隆根不懂广告营销，更不会使用电子商务让贡纸“飞”出山沟，他们每天生产的纸全凭顾客上门购买。这种纯手工古法造纸无污染、不上潮、不易碎，可以保存几十年，尤其适宜书画创作之用。为此，当古山贡纸重新在市场上出现后，几年下来，黄隆根这座位于深山老林的小作坊，通过使用者的口碑相传而声名远播。虽然出去打工挣钱更多，但他依然坚持造纸。这个状态在 2016 年被打破。为了挽救这一宝贵的民间技艺，2016 年 6 月 29 日，长沙市文广新局、长沙市非遗保护中心联合画家牵头发起了一场“拯救古山贡纸”的公益行动。在黄隆根家里的厅堂里，杨福音、张锡良等 20 余位艺术家，在古山贡纸上挥毫泼墨，宣传保护这种原生态纯手工造纸技艺。由此，古山贡纸走进公众视野，“浏阳手工竹纸制作技艺”于 2017 年被列为长沙市非物质文化遗产项目，黄隆根也成为非遗项目代表性传承人。

著名画家杨福音在黄家学习抄纸

著名画家杨福音等在黄家现场作画写字

著名画家杨福音等在黄家现场作画

在 2016 年以前，文化纸价格高时也才卖 1 元一张，2016 年以后出现了供不应求的情况，随后销售量更是不断攀升，2018 年卖了 5 万多张纸，算下来收入有 10 多万元。到 2019 年，根据纸的质量，每张能卖到 2 ~ 5 元。

古山贡纸走俏后，黄隆根带着家人一起经营造纸生意，他还收了几个亲戚做徒弟，当地人陆续加入古法造纸行业。2019 年初，在道官冲组就有黄隆信、黄隆尧、黄隆根、黄永根、黄光明 5 户造纸人家。终于，古法造纸从一种艰难的坚守，变成了一个有奔头的产业。

墨印千年

浏阳木活字印刷术及其传承人

一

木活字印刷术曾经为世界文化的繁荣作出了巨大贡献。由于近代科技的飞速发展，各种印刷机械不断更新，这项古老的传统技艺逐渐淡出了历史舞台，在许多地方其最大的用途只是修族谱。木活字印刷术印出的族谱，一般采用典雅老宋体，字形清隽，版式古朴，墨迹清晰，即便长久保存也依旧纸张鲜明。翻开后，纸墨清香扑鼻。

20世纪90年代，以前从业的老工匠相继离世，只有极少数从事过木活字印刷的谱师，还在坚守着这项老手艺。由于工作的单调乏味，加之接活少挣钱不多，他们也将难以为继。木活字印刷术虽然曾经辉煌鼎盛，但现在已很难体现它的实用价值，正面临着失传的局面。其在古籍修复方面还有着不可替代的宝贵作用，具有独特的艺术观赏性。2010年11月15日，浙江瑞安东源村的木活字印刷术，被联合国教科文组织保护非物质文化遗产政府间委员会第五次会议审议通过，列入2010年《急需保护的非物质文化遗产名录》。同样的手艺，在浏阳小河乡同样地保存完好。在小河乡“益兴堂”，有一批从事活字印刷术的手艺人，他们班子齐整，行头完备，手艺卓越，还完整地保存着木活字印刷全套工具与技艺。益兴堂木活字印刷术，究其根源亦沿袭了宋、元时代的活字印刷术，是有着近千年历史的民间技艺，堪与浙江瑞安及江西进贤的木活字印刷相媲美。益兴堂木活字印刷术由小河乡潭湾村山枣坑人潘顺烈（1827—1912）创立于清道光年间，历经六代相传，至今已有160多年的历史。其活字印刷术沿用了宋代毕昇所创，基本保留了整套木活字字模及相关的印刷工具，整套木活字字模（大、中、小号）共约80000余枚，是迄今为止我国仅有的三处木活字印刷活态传承的作坊之一。

浏阳小河益兴堂木活字印刷术于2017年被列为浏阳市第五批非物质文化保护遗产。2018年10月，被列入长沙市第六批非物质文化保护遗产项目。如此一来，除可更好地保护和传承这项古老的民间技艺之外，对于弘扬和发展我国传统文化也有着深远的现实意义。

二

距离长沙 140 公里的僻远深山——浏阳小河乡，位于浏阳东南边陲，东边与江西省万载县交接。多年以来，福建、广东等地的客家人以江西为跳板迁居此地，小河乡也与万载的客家人有着割不断的联系，是省内有名的客家乡，至今仍保存着不少客家风俗。潭湾村的桥头，有一棵遒劲的大樟树拱卫，它曾目送着当地“谱师”队伍一次次的远行。

说起木活字印刷，与此地的客家风俗有关。清末，客家人大规模地取道江西迁徙而来。中国人向来安土重迁，客家人更是看重宗族，迁居浏阳的客家人非常重视修族谱，以便子孙后代追根溯源。当时修族谱还是用老手艺——木活字印刷术，这一需求一直支撑着木活字印刷术传承至今。这些通过活字印刷来编印族谱的人也被称为“谱师”。

清道光年间，这里就活跃着一些以印刷族谱为业的“谱师”，以潘顺烈的益兴堂最为出名。潘家祖上为广东人，后迁徙至小河乡，至第四代时，潘顺烈从江西学会木活字印刷技艺，回乡创建了益兴堂木活字印刷坊。凭着一手精湛的木活字印刷术，他行走于江西万载、湖南浏阳等地，成为湘赣边界著名的谱师，且这种技艺代代相传下来，一传就是六代。

其后，潘顺烈将手艺传给三子潘起衡，而潘起衡的弟子当中，又以文家市罗头山的许剑初最为出色。至民国年间，潘顺烈曾孙潘绍初又跟师叔（许剑初）一起外出修族谱，学会了木活字印刷的全套技艺。自此，潘绍初在湘赣周边以印刷族谱为业，而且在民国三十七年（1948）时还给江西万载的张氏族姓印制过族谱，成为当时浏阳境内少数几位掌握全套木活字印刷技艺的谱师之一。

新中国成立后，各地姓氏都中止了族谱的修订印刷，原来以印谱为业的工匠都纷纷改行从事其他职业，或者干脆以种地为生。特别是在 20 世纪 60 年代的“破四旧”运动中，各地的木活字字模及印刷工具由于印制过族谱，而被视为封建残余，付之一炬，几近绝迹。因地处偏僻，益兴堂潘家班的大部分字模及工具，却侥幸地得以存留下来。

20 世纪 80 年代末，邻近的江西一些地方又悄然兴起了重修族谱的热潮，最初有江西万载林氏族姓派人找到了当时已年近古稀的潘绍初，请他印刷族谱。于是在沉寂了几十年后，潘绍初老人重操旧业，带上做木工的儿子潘根业和有书法雕刻基础的姻侄吴汉涌，及邻近的几个闲余劳力，挑着字盘就出发了。他们来到江西万载那个叫金鸡岭的小山村，驻扎在那个有着两千人的大屋场，为当地的林姓氏族印刷族谱。

由于当时基层政府对编修族谱还未置可否，起初很多姓氏都不敢大张旗鼓地到印刷厂去印制，而是到处去寻找以前的谱师，藏在一些山区的祠堂或民居里面进行编印。加上老一辈人认为族谱是祖宗流传下来的东西，还应当用古代的方法去修辑传承，因此潘绍初益兴堂的生意逐渐红火起来，持续了长达六年的家谱印制黄金时期。

第一套林氏族谱，他们足足修了四个月。当年腊月二十，林府发谱。那是意义重大的开端，每个节点都被深刻铭记。从 1989 年至 1995 年，他们足足修了 26 个宗族的家谱，印制族谱达 20000 多本。谱师队伍最多达到 20 多人，分成几个班，昼夜开工。大家族一个族谱一修就是 30 本，得刻 3000 多个活字模型，工程浩大，小的也有 10 本左右。此后，仅剩零散的活，略微数数，一共 33 家。有意思的是，仅有三家是浏阳的，绝大多数客户在湘赣边界的江西萍乡、万载。

一本族谱需经过锯木、运笔、雕刻、捡字、排版、研墨、推刷等大大小小十几道工序，需长达数月才能完成。而族谱一般三五十年一修，热潮

木活字老字模

小河木活字印刷术定版

小河木活字印刷成品

过去就是沉寂。由于受到现代电脑排版和机械印刷的冲击，1997年后，潘家谱师基本没有接过什么活计了。最后一次修谱是在2002年。平时，谱师班的人们四散谋生，潘家也于七年前搬离老宅。只是，潘根业和吴汉涌手艺卓越，眼界开阔，生意红火的时候铆着劲做手艺，闲时转作他行，却始终不甘心看着木活字印刷术在自己手里失传。潘根业和吴汉涌除了分别擅长字坯制作与雕刻外，还掌握了木活字印刷的全套技法。

由于木活字印出来的印刷品经久耐用且字迹清晰，尤其适合族谱和古籍印刷。老谱师潘绍初开启了潘家谱师的黄金时代，已于1999年过世，现在见到的谱师队伍，都是他当年在林氏宗祠临阵培训出来的。潘根业的很多客户都是在口口相传中慕名而来。利用木活字印刷印制族谱是门耗时费力的手艺活，通常需要五位谱师团队协作。一旦接到了业务，旧时潘家谱师班的师傅们就分工合作：潘基南与潘荣富锯梨木板，做成字坯；吴汉涌细细刻着阳文反文字模；潘根业与大儿子潘荣富在堂屋，一个拣字，一个在印盘上排版；潘根业三子潘荣华拿墨刷刷上墨汁，覆纸，印版；77岁的吴代凡校对勘误；林学南分册折页，裁切装订，盖印编号。至2018年11月，益兴堂木活字印刷术被公布为长沙市级非物质文化遗产，潘根业和吴汉涌两人则为主要传承人代表。

潘根业，生于1957年，原以木工为业。1989年开始，跟随父亲潘绍初老师傅学习印刷族谱，是益兴堂的第五代传承人。从刻字模、摆字盘到印刷装订，制作家谱的每一道工序，潘根业都烂熟于心。他最擅长木活字字坯的制作和排版，一直在守护着他的近8万个梨木字模和这门古老的技艺。

吴汉涌，生于1969年，自幼喜爱书法与雕刻。1989年开始，师承潘绍初老师傅学习木活字印刷手艺，能独立完成木活字印刷的全套技艺。尤其擅长字模雕刻，是目前唯一能熟练掌握益兴堂祖传绝活“反字直刻法”的传承人。他不需先在字坯上用毛笔描反字，而是按刀法直接下刀雕刻，加快了刻字速度，大大提高了效率。如此反字直刻，系历代谱师摸索总结和传承下来的字模雕刻技法。

活字印刷至少需要五六人团队协作，现在这个行当名气很大，却很少人问津。尽管如此，潘根业还是让自己的三个儿子入了这行当，成了第六代传人。现在，字坯制作、字模雕刻、捡字排版、印刷校对、拆版还字、分册折页、裁切装订、盖印编号等八大工序，他们已经完全掌握了，活字印刷也算是后继有人。

小河木活字印刷术传承人吴汉涌在刻字模

三

沿着窄窄的小道盘山而上，便来到小河乡潭湾村黄平片山枣坑。远远地便见一座普通的老农舍，白墙灰瓦，两层木楼，每层各有五间房屋。一层正中间堂房门楣上，悬挂着堂匾，上书“益兴堂木活字印刷坊”九个黑底黄字大字。这便是潘根业的活字印刷工坊，也是他父亲潘绍初留下来的老宅。

为了将活字印刷术这项古老的民间技艺代代相传，不绝于世，2016 年 5 月，潘氏父子三人，整整收拾了三天老宅，割掉门前没膝的野草，将杂物

小河木活字印刷排版印刷室

搬走，将字盘器具一字摆开，老宅瞬时变成一个古朴的活字印刷工房。郑重地在堂屋门楣上挂上了“益兴堂木活字印刷坊”匾牌后，又行动起来了：木料房、字坯制作间、刻字间、排版印刷间、分册室、装订间依次排列，一切井井有条。正中间堂屋就是排版印刷间，面积约 50 平方米，正对门的墙壁上镶嵌着神位，神位上方墙壁上张贴着一张红纸，中央位置用楷体竖书“毕昇先师神位”，右边“芳名流百世”，左边“技艺传千秋”。屋子左右两侧是架子，上面摆满了储字盘。中间为刷印区，刷印台上排列着砚台、棕刷、排版工具、印版等物品。

以一本家谱的印刷为例，浏阳益兴堂木活字印刷术大小工序达 40 多

制作活字的字坯

刻字

拣字

潘根业在指导儿子印刷

道，主要分为以下八大工序：材料准备（包括上山挑选梨树、砍树、锯板等）——字坯制作（包括锯字条、锯毛坯、上字床、刨光等）——字模雕刻（包括选坯、上字床、雕刻、修边等）——捡字排版（包括字模入库、捡字、排版、平版等）——印刷校对（包括试印、校验、勘误、拓印等）——分册折页（包括清码、散页、对折、齐边等）——裁切装订（包括捻纸钉、钉谱、裁边、打眼、订线等）——盖印编号（包括描字、刻印、盖印、编字号、盖字号等）。具体说来：

一、**请师送师**。每一个家族开始修谱前，主家告家庙，谱师则请祖师，祈求修谱顺利，保佑主家兴旺。开工那天清早，谱师们站在祖师牌位前，点燃爆竹，燃起香烛，在毕昇先师的牌位前请祖师。由谱师队伍中的长者主持这静穆的仪式。

二、**准备板材**。制作木活字的树木通常要求具备纹理细密、软硬度适中、吸水均匀的特点。符合这些要求的树种有梨木、枣木、苹果木、杏木、黄杨木、银杏木、杉木、榕木等，但最常用的是梨木与枣木。

益兴堂制作木活字的板材是生长20年以上的野生梨木。其制备方法是：首先将梨木沿着树干纵向锯成约3厘米厚（或2.5厘米厚）的木板；然后将锯好后的木板，分层横竖排放呈“井”字形，码放在通风干燥处，勿将其暴晒；待其至少自然风干一个月以上，以备使用。如今梨树难寻，遇到拆旧屋的人，就可收购些合适的枫木。在梨木储备不足又急需补刻木活字时，也可采用枫木。虽然枫木因质地松软，只适合于雕刻较大的木活字，但取材方便，易于雕刻，可以救急。

三、**制作字坯**。益兴堂字坯的制作步骤如下：1. 锯木条。先在干透的梨木版上，按所需字号的尺寸，用墨斗画出直线后，进行锯切，以保证锯成的木条首尾尺寸一致。家谱的字号，从一分半字、两分字、三分字、四分字、五分字不等。2. 刨光木条。用刨子将锯好的木条四面刨光。3. 锯字坯。先将刨好的木条排成一排，用两个大夹子夹紧，然后在板头画线锯平，再按字坯的尺寸画线，沿线锯下，一个个毛坯纷纷而落。4. 刨光活字毛坯。将毛坯排在一个专用的“字床”中，用木栓塞紧，锤子清脆一敲，打平，刨光。然后取出未刨平的一面，向上排列在专用字床中，用刨子将此面刨光。如此操作，直至木活字毛坯的6个面都刨平为止。

与此同时，准备好刀具。雕刻刀是雕刻木活字的关键工具。因为雕刻活字的各部位不同，使用的雕刻刀具亦各有异，如拳刀、斜口刀、曲凿、平口刀等。“拳刀”因其握法像攥紧的拳头而得名，是雕刻木活字的重要工具。《钦定武英殿聚珍版程式》刻字图中，工匠手握的刻刀就是拳刀。益兴堂雕刻木活字传承人吴汉涌使用的拳刀与《钦定武英殿聚珍版程式》中的形制大略相同，只是木质手柄的大小与形态是根据自己多年的雕刻习惯自行研制的。

四、雕刻字模。这是活字印刷里最有技术含量的工序，也是拣字工向谱师成长最艰难的一关。

将字坯表面平整光滑的一面朝上，排在特制的“刻床”中，用木栓塞紧；然后用毛笔在小小字坯上反写要刻的字，再用刻刀将笔画之间的空余部分剔除，使刻出的字体凸起；最后将字坯的边缘用刀削掉。为了保证刻出的活字表面平整，益兴堂通常将刻好的木活字用棕毛刷刷去木屑，再在细磨刀石上轻轻磨去刀痕，然后将磨好的活字在纸上试印。如有不满意的地方，再做细微修整。

益兴堂手艺人在雕刻木活字工艺上与多数传统活字雕刻者最大的不同是，早已熟练到不需毛笔写，直接下刀，胸有成竹。这种可以直接在字坯上刻字的技艺堪称一绝，也是益兴堂一项祖传的绝活。不需要提前在字坯上打墨稿，而是直接按刀法雕刻字模，这种技法被称作反字直刻。且字模雕刻是个细致活，必须要有书法基础，要熟悉反字的结构。由于省略了反写或正写反贴的工序，故刻一个字所用的时间通常不到 10 分钟，比一般人要节省差不多一半时间。

五、拣字。在益兴堂堂屋里，新做的木架子上摆满了字盘。这么多年潘家累积下来的字模大约有 8 万个。一般情况下，会一人拣字，一人排版。拣字者拿着细长的字尺徘徊在字盘之间，他得准确地将印刷所需字模从字盘中找出，按照顺序排在“字尺”上。字模按照口诀的顺序分偏旁部首排在字盘里，“金木水火土，君王随后走”，100 多个部首，有严格编制，海量的字才容易找到。一页家谱，至少得花费半小时找全字模，有以下准备步骤：

1. 准备印版。益兴堂所使用的印版为一木制的长方形盒状物。从外观上看，此印版与清代金简在《钦定武英殿聚珍版程式》中记载的“槽版”有些相似，只是木材与尺寸不同。益兴堂的印版有两种形制，一种主要用于印刷家谱中家庭成员名字及家庭分支情况，另一种主要是用于印刷家谱中家庭事件。这两种印版因用途不同，版面的形制也不相同。

2. 检字。检字是活字印刷中技术含量较高、难度较大的一道工序。因为要从数万个阳文反字中拣出需要的活字，不仅要求拣字人具有熟识阳文反字的能力，还要熟记所有阳文反字的排列顺序。这种排列顺序与元代王祯的按韵排列、清代金简的按笔画排列相比较都有所不同，它是按照汉字的部首进行排列。

3. 准备字尺。益兴堂检字使用的“字尺”是一个用木条制成的长 0.9 米、截面为“L”形的托板。从外形来看，与《钦定武英殿聚珍版程式》中拣字用的“类盘”没有相似之处。而益兴堂木活字印刷者只知道此字尺为父辈流传，从何时开始使用现已说不清楚。

4. 挑选木活字。按提供的资料，将印刷所需木活字按排字口诀从字盘中找出，排在字尺上。

在此检字过程中，木活字就显得特别重要了。益兴堂保存的木活字共有 8 万多枚。这些木活字可分为单字木活字和多字木活字。单字木活字是指一个活字单体上仅有一个汉字，如：之、印、刷。单字木活字分为大、中、小号三种，其中大号单字木活字主要用于排印家谱中家庭成员的名字，小号单个木活字主要用于排印人物生卒年月。由于益兴堂是依排字口诀按偏旁摆放，故检字时只要知道应拣活字的部首，就可以在字盘中快速拣出。益兴堂的拣字口诀不仅押韵，而且内容多与日常事物相关，读来朗朗上口，方便记忆，又方便操作，具有特色。

其字口诀为：金木水火土，君王随后走；禾竹芳草茂，力刀方提手；福人觅财多，子女盖丝绸；日月田血目，风雨山石阻；两点三点头，四点点到西；歹心无发业，文言白出口；身骨革广病，衣食米谷足；立门学举士，勾戈气鬼母；龙爪虎皮鹿，羊犬车马牛；角舟鱼虫鸟，羽毛舌矢出；佳殳斤又片，厶匕齿弓臼；每部分五脚，平直开踢勾。即金字旁的木活字后，摆放的是木字旁的，再往后是摆放水字旁的，以此类推。

多字木活字是一个活字单体上有多个汉字，一般内容为“××世”和“年历”等，通常有三个和四个字，字高、字宽与单字木活字相同，字长依据字数多少不等，如有三个字的多字木活字的长度为 30.12 毫米，四个字的多字木活字的长度为 39.22 毫米，这种多字木活字主要应用于家谱排印之中，在其他书籍中极少使用。元代王祯所撰《造活字印书法》与清代金简所编的《钦定武英殿聚珍版程式》等著作中也未曾提到此种工艺，但在家谱与历书的排印中却大量使用。以此可见，中国的活字印刷技艺在长期的应用实践中不断改进，多字木活字是先民们为了提高排印效率而创造出来的一种新的形式。

木活字平时就放在储字盒里，储字盒一词未见于元代王祯与清代金简的著作中，应为益兴堂因印刷家谱所特制的。在潘氏益兴堂，能见到三个储字盒，其长与宽均为450毫米，大小与贮字盘相同，但高度为50毫米。盒内用木条分隔成横向3个、纵向2个矩形的小储字格，每个小储字格面向拣字者的侧壁上分别写有所贮活字的字名，一眼看去，醒目清晰。细观那些贴在储字盒侧壁上的汉字时才知道，原来这些储字盒中放置的是一些排印宗谱时需要经常使用的字，如明代至清代年号中的“洪”“武”“成”“化”“天”“启”等，家族关系中的“夫”“妇”“长”“次”“胞”“兄”等，时间与方位中的“公”“元”“东”“南”“西”“北”等。通过设立这些储字盒，一些常用的木活字就可以在拆版后放置于此，下次排版时直接由此拣选。这样不仅可以省下将这些常用木活字放回字盘中的时间，而且可以节省从字盘中将这些活字再检出来的时间，大大提高了工作效率。

六、排版。排版的目的是把从字盘中拣出的单个活字，按要求植入到印版之中，使之重新组合成一个完整的版面。

排版之前，需准备好刷印工具：

1. 印刷台。在现存的传统印刷场所，多数的印刷台在台面中间开有一条10厘米宽的空隙，用于存放刷印完的纸张。但益兴堂使用的印刷台则比较简陋，仅为一块安放在一个架子上的较为平整的木板。排好活字的印版、刷墨用的棕刷、盛装印墨的砚台、压印用的趟子等都放在台面上。

2. 圆棕刷。圆棕刷是用来刷墨的工具，可将墨汁均匀地刷到印版上。益兴堂的圆棕刷是自己制作的，其制作方法是用棕榈皮一层层地紧密包裹成一个竹笋形的圆台体，然后用绳索将棕刷上部三分之二处捆绑结实，下部的三分之一用于刷墨。

3. 盛墨盆。盛墨盆是用来盛装墨汁的，供圆棕刷蘸墨使用。益兴堂来供圆棕刷蘸墨使用的不是普通的盘子，而是一块矩形的石质砚台，砚面雕有圆形砚堂。

4. 趟子。趟子的作用，是将刷在版面上的墨汁转印到纸张上。益兴堂所用的趟子，是在一块有木柄的长方体木块底部捆扎上厚度大约15毫米厚的棕榈，以增加趟子的弹性，其形制与其他现存传统印刷场所使用的趟子基本相同。由于趟子底部是用棕榈制作，表面比较粗糙，为了减少与纸张的摩擦，在使用趟子压印纸背前，会将趟子的底部棕榈在石蜡块上摩擦几下。由此，使棕榈面蘸上少许石蜡以减少其表面的摩擦力，从而避免趟子在纸背擦印刷过程中将纸张磨破。

开始排版了，益兴堂在每排完一列活字后，就加入一根宽约3毫米与版框同等长度的木条作为“行”，然后再排下一列。这种在每两列活字之间夹入一根木条的技艺，在王祯《农书》已有记载。使用这种技艺的好处，一是可将木活字按列固定，不易松动与移动；二是如果发现植入的活字有错误时，只需对此列木活字进行调整，而不会影响到印版他列活字；三是保证整个版面每列间距相等，版面美观，又便于阅读。

益兴堂在排版的印盘下面先放置一个“泥盘”，内盛一层软硬适中的胶泥。这是因为木活字字坯为手工制作，尺寸不可能非常精确，加上木活字吸水膨胀及磨损程度不同，会出现高低不平的现象。而泥盘中的胶泥，正好可以利用自身的可限性，而使排入的木活字在经过压平工艺后保证版面平整。这种在印盘下面放置“泥盘”的做法，与元代王祯《农书》中记载的一种固定活字的方法有相似之处，但又有创新。

1. 安放顶木。当拣好的活字，按印刷所需的版式，排放在印盘之中后，空白部分则用“顶木”塞满。安放顶木，是木活字排版工艺中不可缺少的工序。其作用是用大小不同的顶木，把印版中无字的空白部分填满、塞紧，使版面固定。

2. 调整版面。当植入印版中的活字，出现文字谬误、字体歪斜、间隙不匀、字面不平等现象时，还需对版面进行调整。每调整好一列，就用木梱固定，直到全部版面调整完毕。调整版面常用的工具是前面提到的锥子。用这种锥子调整活字、顶木、夹条等位置时，因其锥头尖细，可以对版面进行更加细微的调整。另外同时使用两只锥子时，还从两个方位对活字、夹条或顶木的位置进行固定。

3. 平盘紧盘。平盘，是用打板将排在印盘中的字打平，使版面平整。紧盘，是用夹条将整个版面上的活字塞紧，使排入活字在印刷时不会移动。

七、正式印刷。印刷离不开印盘，益兴堂的印盘很特别，印盘以前是一块铜锣。这一块大气简洁的青石印盘，是吴汉涌近年自制的，还雕刻上“墨润千年”四字。

1. 安放印版。由于益兴堂木活字印刷使用的印刷台是一块安放在一个架子上的较为平整的木板，因此，在安放印版时没有特别的要求，只要平板上的空余之处大于印版即可。为了防止印版在刷墨时移动，可在印版的底部加胶，使之固定在印刷台上。

2. 刷墨。益兴堂木活字印刷技艺中的刷墨工艺，是用圆棕刷在盛墨盘里蘸取适量墨汁后，再刷涂在印盘上。为保证刷在印盘上的墨汁均匀，刷墨者会根据需要适时调整刷墨的力度与重复的次数。墨若多了，字会糊。纸若移动，也会重影。刷墨的力度多大以及重复多少次是没有定数的，全凭刷墨者根据肉眼观察，由日常经验进行操作。

3. 压印。益兴堂木活字印刷是用趟子在印版上覆好的纸张背部，进行移动加压，直至整个版面的文字全部清楚地转移到纸张上为止，时间大约不到 1 分钟。每个版都需要试印一张，一人念原稿，一人看清样，看有无错字漏字，务必无误。一个字模最多能重复使用多少版？潘家班工匠并不能给出准确的数字。理论上来说，2000 次是不成问题的。字模糊后，会重新刻一个更换。有人顺手接了印纸过去，戴着眼镜仔细检查，再整齐铺叠。

4. 晾干。对压印后墨迹未干的印张，益兴堂采用的是在印刷台边悬挂晾干的方法。这种方法简单实用，也较为普遍，于印张数量不多的家谱、族谱而言非常合适。

八、拆版还字。当一块印版刷印完毕后，该印版内的活字将被拆下，逐个归还到一个个储字盘的特定位置中。拆版时，要按版中活字的字号大小分别取出，按排字口诀将取出的活字，按偏旁部首原位返还相应的储字盘中，以备下次再用。一些排印宗谱需要经常使用的字，如“洪”“武”“成”“化”“天”“启”“夫”“妇”“长”“次”“胞”“兄”“公”“元”“东”“南”“西”“北”等则放入储字盒中。

九、分册折页。靠北的房间里架起了很多竹竿。吴汉涌的夫人林学南专管此项工作，拿着印好的谱页细细分册。此后所有的裁切装订，几乎都是这个眉眼好看的伶俐女人完成的，她还要兼当大师傅，即为谱师们做饭。分册折页比较简单，如果印 50 册，便将 50 张第一页在竹竿上一路排开，如同晾衣服那样，接着把第二页叠在第一页上面一路排开。当所有的页码排完，一叠收起来，就是完整一本了。

十、裁切装订。林学南用废纸自制了很多“纸钉”备用。折好成册的族谱用砖块压住，在相应位置用铁钉打两个眼，插入纸钉，用锤子打平。裁切纸的刀，是一把很霸气的刀。对折面很平整，只需将另外三边整饬。

用脚踩住，刀沿着裁切模板游走，多余部分被利索地干掉。装订位置用尺子标记眼位，用铁钉打六眼，再用麻线订好。一本族谱就大功告成。

十一、盖印编号。装订成册后，封面左上角得盖上《某氏族谱》或者书名，也有盖在红纸上，再贴到封面的。印刷的族谱，得按照各姓氏编好的领谱字号，在谱本侧面盖上某字号的印章。如此，颁发谱牒时就不会混乱，族人们可以按字号追溯上一版谱牒的去向。最注重迁徙流变传承的族谱，在流传上也建立了严密的谱系。一切有源可溯。

最后，送祖师爷。修完族谱，需要送祖师爷，依旧是放鞭炮、点香烛。修族谱都是送到主家去，仪式也是在主家祠堂等地举行。

完成了族谱的谱师们，郑重地为主家点谱，颂文，做最喜悦的交接。谱师们也在一个个家族的延续里，完成了木活字印刷的千年传承。

像其他非遗手艺一样，浏阳小河益兴堂的木活字印刷也面临着传承问题。但手艺精湛的潘根业和吴汉涌，心里始终不甘于看着木活字印刷术在自己手里失传。而作为潘家人，对家族的木活字印刷传承，潘根业有着深深的责任感。在他看来，但凡木活字印刷术可以带来一点经济收入，他就乐于带着儿子们在家种养农耕，继续手艺。一家人能靠手艺生活在一起，也是件美妙的事情。在新的时代里，这一古老的手艺，应该会开出不一样的花朵。

附：益兴堂的传承谱系

第一代，潘顺烈（1827—1912），益兴堂创始人。第二代，潘起衡（1862—1924），潘顺烈三子。第三代，许剑初，生殁不详，潘起衡徒弟。第四代，潘绍初（1923—1999），许剑初徒弟。第五代，潘根业，1957年生，潘绍初之子；吴汉涌，1969年生，潘绍初徒弟。第六代，林学南，1974年生，吴汉涌之妻；潘荣富，1981年生，潘根业长子；潘荣华，1987年生，潘根业三子。

乡音不老

大音希声

浏阳文庙祭孔音乐及祭孔礼仪

古乐历史

清代，除山东曲阜之外，浏阳也是全国传播孔庙音乐和保存古代祭祀乐舞的中心。浏阳古乐，是我国民间现存最完整的古代祭孔音乐，有“国乐古礼在浏阳”之誉，与山东曲阜孔庙古乐齐名。

浏阳文（孔）庙祭孔音乐，是祭祀孔子仪式中的专用乐舞，融歌、舞、乐、礼于一体，始于清道光九年（1829），颇具浏阳特色，故称“浏阳古乐”。在旧时，每年春秋仲月的头一个丁日（即“上丁日”）及孔子的生日，都要在浏阳文庙举行盛大的祭孔大典，故孔庙音乐也称“丁祭音乐”。隆重肃穆的祭孔典礼，由县官主祭，历时两个小时，有乐生、舞生、礼生等共200余人参祭。乐生奏古乐，乐曲优雅古朴，舞生闻乐起舞，歌工不时歌唱，乐、舞、歌、礼齐演，八音古乐齐奏，诗唱相合，歌之舞之，规模宏大，场面蔚为壮观。既有武舞，又有文舞，预示“武功开国，随后文治”。

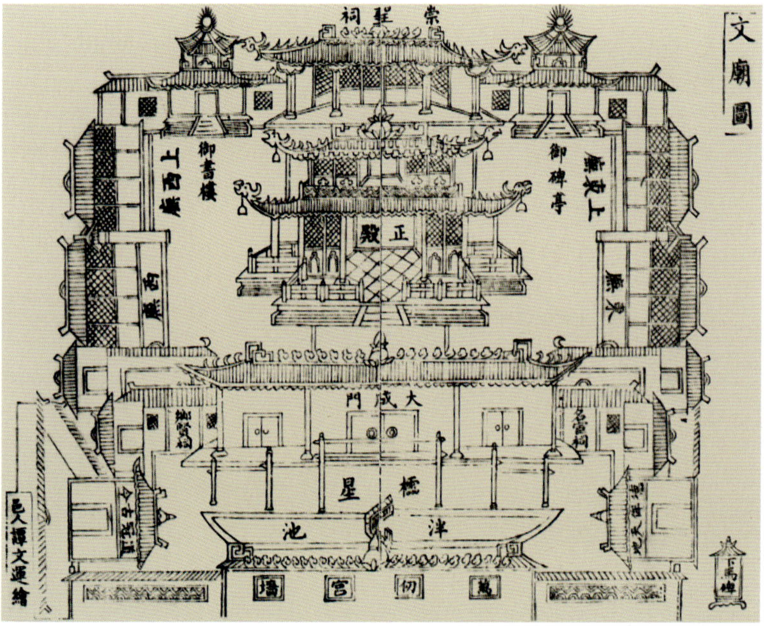

清嘉庆二十三年（1818）浏阳文庙布局示意图

近两百年来，祭孔祀典全礼（包括礼仪程序、祭奠规格、乐舞编制、主持官员以及服饰和祭品等），代代相承，循规蹈矩，有百多人参加演奏，其场面之隆重和规模之盛大，可与今之交响乐相媲美。

清道光九年（1829），浏阳县令杜金鉴决意振兴古乐，请本县监生邱之稑掌管文庙乐舞，设礼乐局，案律制作古乐。杜金鉴（1770—1832），原名杜镐，字武迁，号晓平，又号鸿轩，清代绍兴府会稽县伧塘人。杜金鉴署任浏阳县知县始于道光三年（1823），道光五年升任乙酉科湖南乡试同考官，同年调任湖南新田县知县。道光三年（1823），科举教习出身的杜金鉴，对于中国“尊师重教”传统标志的文庙祭祀，格外推崇。因此，在浏阳担任知县期间，他在浏阳文庙内安排了圣儒增祀，以提升儒学地位。

道光七年（1827），杜金鉴再次担任浏阳县知县。道光八年（1828）戊子科湖南乡试期间，他再次担任乡试同考官。回任浏阳知县的第二年，即道光九年（1829），杜金鉴有感于“旧无乐舞”的不典，决意振兴祀孔乐舞，物色合适的懂音律的人士组织和编练乐舞礼仪活动，聘请多名当地乐舞教习，特聘邱之稑为文庙祭孔乐舞总教习。从此，浏阳在总教习邱之稑的带领下，组织乐工按照清宫廷乐章令，研制古琴乐器，招聘乐舞学生，组织伴乐演练，开启了为文庙祭孔祀典所需的浏阳古乐研制及伴舞演练等文化运动。

邱之稑不负知县杜金鉴慧眼识人之明、鼎力支持之举，“博采群书，综贯条密，辨认正失”，集十年工夫，创造性地恢复了祭孔古乐、完整的祭孔舞蹈和舞具，制作了编钟、凤箫、匏等上百件古乐器，并于道光十五年（1835）撰成《律音汇考》八卷，道光二十年（1840）刊刻《丁祭礼乐备考》三卷，遂成为一代古乐大师。而由知县杜金鉴设立的文庙乐舞官署机构——礼乐局，直到清末民初仍保持和发挥着应有的作用。浏阳古乐、琴器的重现于世，使得浏阳实现了能按清廷祭孔乐章隆重举行春秋祭孔祀典活动，使得中国古乐在尊重以孔子儒学为代表的中华优秀传统文化中，得以延伸和发展。

邱之稑费时十年，通过多方实践，制成套古乐器，又经过募捐修建礼乐局，招收学童进行学习训练，才使融乐、舞、歌、礼于一炉的浏阳古乐得以应世。且有文、武舞配合，与歌生和唱，有近两百人队伍，可谓八音齐奏，舞之歌之，场面宏大，合之以礼。

邱之稑于道光二十九年（1849）去世，至清咸丰、同治之际，曾国藩任两江总督，为兴古乐祀孔，曾慕名聘请其子邱庆籥偕同乐生数人前往教乐。当年曾国藩观看了浏阳古乐演奏后，称赞其音节清雅，令人想起夏、商、周三代朝廷奏乐的盛况，大有“三月不知肉味”之感。之后，曾先后两次赠送浏阳县礼乐局“雅淡和平”“精探正乐”两块匾额。不久，黑龙江、云南、新疆、山东等府州县纷纷派专人来学习浏阳古乐，山东曲阜孔庙祭祀乐章也采用了浏阳古乐谱。光绪十五年（1889），翁同龢将邱之稑所著《律音汇考》进呈光绪帝。后户部侍郎曾纪泽又联合刘人熙等许多京官，奏请以邱之稑崇祀乡贤祠，得以获准。袁世凯称帝时，曾派人专赴各地考察，认定“曲阜古乐远不及浏阳完备”，乃有了“国乐古礼在浏阳”“南方礼乐中心”的说法。由此，浏阳祀孔古乐的盛名远播全国，浏阳古乐乐舞教习的足迹遍及海内各地。

到了民国初年，国民政府实行废祀兴学议案，时任县教育局局长李炳煌奉令提取分拨礼乐局产业，可礼乐局士绅们为保全文庙祀典和浏阳古乐能长久不衰，与之展开了一场针锋相对的斗争。士绅们推荐邱逸虞等赴武汉与邑人刘伯远会商对待办法，由刘伯远撰稿向上控告，并著《兴复国乐问题》一书，印发各地，向全国呼吁。于是，国民政府支持教育局，而社会舆论拥护礼乐局，双方互相控诉，争持不下。结果，双方协议礼乐局产业由县教育局依照祖额每年提取分拨租谷60%，自此礼乐局收入大减，遂停止每年举行春秋两丁祭和诞祭三次祀孔大典，改为一年只举行一次诞祭。

1956年，中央民族音乐研究所教授杨荫浏到浏阳考察古乐时，曾给予高度评价：“它是中国古代乐舞的活化石，堪称稀世之珍宝。”1962年，奉中央文化部指示，成立浏阳古乐挖掘工作委员会，将古乐器运回浏阳，由刘蒲生、彭传彭、胡长秋、曾宪全等五人进行了细心的考校。经近两年时间的挖掘整理与修复，挖掘古乐曲谱及配器，整修了一套完整的祭孔古乐器，整理出《古乐资料汇编》一书。且在此时，浏阳一中初中部的音乐课专教孔庙祭孔乐、舞，有专门的教材，有专人教授，经一年时间，学生大都学会了所有乐舞。浏阳古乐的全套乐器于1965年被收藏在湖南省博物馆，直至2017年才在湖南省新馆展出。

浏阳古乐也尘封数十年，并一度濒临失传。从20世纪80年代开始，浏阳开展了抢救性的挖掘、整理。自浏阳市博物馆入驻文庙后，将文庙作为浏阳旅游景点向外开放，曾多次邀请祭孔古乐老乐生邱少求、刘百祥讲课，向讲解员讲述文庙沿革、祭孔仪礼及乐舞的伴祭形式。至2013年起，浏阳市文化部门指定市文化馆组织该馆工作人员系统学习有关祭孔礼仪中的礼生、乐生、歌生、舞生。由邱少求与刘伯祥二人负责教习，言传身教，使他们均各自掌握了各自技能，而王娜娜则能掌握各行当技能，能独自处理执掌祭仪全过程。

浏阳文庙祭孔古乐自清中叶传自山东曲阜孔庙，且一直有活态传承，有着很高的学术研究价值。继2008年被列入湖南省省级非物质文化遗产名录后，2014年12月，浏阳文庙祭孔音乐成功跻身第四批国家级非物质文化遗产代表性项目名录，邱少求被定为第五批国家级非遗浏阳古乐代表性传承人。

至2015年9月28日，适逢孔子诞辰2566周年纪念日，浏阳文庙内举行了隆重的祭孔大典。这也是新中国成立以来浏阳第一次祭孔大典，浏阳古乐得以完整重现。

创制古乐

浏阳祭孔古乐备受推崇，还得归功于古乐家邱之稑。邱之稑，字逢年，号榖士，生于清乾隆四十六年（1781），浏阳西乡（太平桥）水围塅人。其父邱民坊，号淮川，饱学之士，好文学，喜音乐，常以管弦自娱。受父亲影响，邱之稑不光通经史百家，还精音韵之学，喜考究律吕，且熟谙琴弦。他虽为监生，却厌科举功名，怀揣着对祭孔古乐的虔诚，曾不畏长途跋涉，赴山东曲阜孔庙学习祭孔礼乐。他仔细考察了祭孔礼乐，拜访了乐舞教习，深刻感受到了祭孔礼乐的珍贵及魅力，鼓舞了他创制浏阳祭孔礼乐的决心。

可是自秦始皇焚书后，制器书籍荡然无存，无据可依。既然如此，他只得从研究周尺开始，因为乐器大小、长短规范，皆须周尺量做。于是，他费尽千辛万苦终于在宋代典籍中找到了一张“周尺图”，乃宋代朱熹从会稽司马侍郎家所得周尺。

邱之稑正在烦恼中，恰好其仲兄道源告诉他，他从附近的樵夫手里购得了一只古钟（古乐器），是偶然从山中挖掘而来。邱之稑忙将古钟搬回家中，用所考定的周尺测量，其形状、轻重、大小均与《宣和博古图》所载完全吻合，这只古镈钟就是他梦寐以求的“成周大编钟”。由此看来周尺符合古制，他凭此制成了一支漂亮的9寸长、径0.3385寸的基本音管黄钟律管。

随后，邱之稑又一头扎入汉书图录，悉心揣摩古乐器图，眼光定格在校音器上。古乐校音器——凤箫，又名排箫，由来古远，因凤箫制不定则律吕不明，诸器失度，故它是诸乐之纲领之灵魂。唐宋排箫之制均十六管，管的排列不分左右，每一律管后，就隔一吕管，由长到短，一顺安插，致使律吕混乱，音阶不准，乐音不谐。只有将校音器研制出来了，其他乐器才会合律。

于是，邱之稑手握周尺，根据汉代权威史学家司马迁的《律数篇》记载，以黄钟为据，用三分损一之法，很快就制出了凤箫。可邱之稑以古乐谱配吹，总是乐音不和谐。他只得多方考证和验证，才发现原来误差出在司马迁的《律数篇》上。司马迁以“三分损一，隔八相生”方法去定音名，如黄钟管九寸长，发宫音（古乐音分宫、商、角、徵、羽五等），三分损一，九寸黄钟管去掉三寸长，按此操作，以致律、吕混乱，发音不准。其实，三分损一法是指律吕管的长度，不是音名，五音从管体发出，先有管体，后有五音。再加上排箫上安插音管，它是一律一吕由长及短，一顺安插。后世制乐者，盲目崇奉司马迁之作，强不和为和，以致“六律不分，五音不正，谬误相传几近两千年”。

既如此，邱之稑勇敢地批评司马迁讹谬相承，以致律吕淆而阴阳混。随后，他着手正律、吕，重新分左右排插箫管，再去配合乐曲演奏，方和谐悦耳。由此，邱之稑所制之24管凤箫既拓宽了音域，又整齐了音阶，理顺了音程。

但演奏祭孔礼乐还得乐器，接下来就得着力配制乐器了。匏、土、革、木、石、金、丝、竹，谓之古乐八音，其实这是制作古乐的八类原材料。古制的“笙”素以匏（葫芦）为音盒，植竹管于其上而成，是为匏音。唐宋以来，制笙以木代匏，音归竹类，古八音缺匏音。其他七音，皆发自本体，唯匏借木竹以代，这当然是个遗憾。既然匏音须用到瓢瓜，邱之稑弄来小匏瓜秧，等匏瓜成熟后，去内瓤晒干，雕孔定音，遂制成了匏埙。再配合他乐演奏竟然谐和一致，发出一种雍融深厚之音，邱之稑喜出望外，终填补了八音之缺。

而早在之前，镈钟、编钟、特磬、编磬、洞箫、龙笛、篪、匏、琴、瑟、笙、埙、竽、柷、敔、应鼓、搏拊、楹鼓、七弦琴、埙、镛钟等等，一件接一件，邱之稑或精心购置，或重新制作，演奏祭孔礼乐所需的全部乐器精彩地呈现在世人面前。邱之稑还特地钻研古琴理论法制，编制了古琴和瑟的弹奏方法，改编了大量诗词曲谱，进行了古琴谱的打谱工作，并传授给很多精于古琴的弟子，如他的亲传弟子邱庆善、儿子庆诰、庆篇等。一时间，因古琴有着雅淡幽然的独特音色，邑中士人纷纷志趣古琴，且不少人还收藏了古代名琴，如欧阳中鹄有宋代魏了翁的琴，谭嗣同有宋代文天祥的“蕉雨”琴，涂舜臣藏有明代潞王琴，刘人熙甚至还藏有唐宋时“金声”“黄钟”“飞鸿”三张名琴。与此同时，邱之稑还制作多张大、小瑟，并传授给弟子贺寿嵩、王光斗二人。到后来，他们竟然能娴熟地运用左右手指法，弹出双重音和和声效果，使得“八音”更为和谐，悠扬悦耳，娓娓动听。至此，邱之稑终于制出了一套具有创新意识和浏阳特点的浏阳古乐器。

镛钟

编钟

特钟

特磬

随之，邱之稑倾其全力，逐件审音度律，研究演奏技艺和协调谐音之法。常常是这样一副场景：邱之稑每谱一章，必令黎志勋审笛，侄子邱庆颐挥弦，小儿子庆篇按节，一发现音节不畅通的地方马上就改，直至音韵和谐，气韵通畅。而用所制新乐器去演奏祭孔音乐时，邱之稑发觉原本一字一音、一音四拍，实在呆板平直，为此，他大胆地以“世俗之曲”乱其“雅颂之音”，对祭孔乐章曲谱旋律进行了一番改造，打破了原曲的传统唱奏方法，代之以一板三眼，即将每句四字四板，改为四字三板，尽量使乐曲突破原来的“四方框块”的结构形式。他还在宫廷乐谱的基础上，仅保留原来骨干音，扩展音域，用切分法改变呆滞的强弱节奏，还用休止和延音附点，及旋律加花等手法改造原曲。于是，其乐音旋律既和谐，又在原曲的基调中进行着，悦耳动听多了。由此，邱之稑不仅改编了全部祀礼乐谱，还不动声色地改造了“风雅十二诗谱”。他的改编曲不但五音全备，且加上了二变音（简谱中的 4、7），使之成为完整的七声音阶结构。

在短短几年内，邱之稑不光改造了祭孔音乐，还制作了三套古乐器，一套藏在文庙，一套藏在武庙，还有一套则收在文昌阁。

为了适应编曲的旋律、节奏起舞，邱之稑还对古舞进行了重大改革，编出了新舞谱，除习用羽龠舞外，又增加了干戚舞。有专家曾去中央音乐研究所详细查阅了所藏庙堂仪式音乐的全部古籍及有关资料，从元明清至民国期间，全国各地府、州、县刊印的《圣门礼乐》《文庙礼乐大全》等书，都仅以“羽龠舞”（即“文德之舞”）作为祭孔专用舞，独浏阳在祀孔大典仪式中，除“亚献”“终献”两乐章配用“羽龠舞”，“初献”乐章却配以“干戚舞”（即“武功之舞”）。据浏阳老佾生胡长秋说：“偃武修文，武功之舞退，文德之舞进，以示武功开国，随即文治。”且文武两舞的舞谱均为邱之稑所创制，并一直沿袭至近代。更有意思的是，邱之稑还专门制定了礼生、乐生、舞生服饰，乃为古制蓝衫儒服，戴方巾。

至道光十九年（1839），整整十年间，邱之稑不仅创制了浏阳文庙丁祭孔礼乐，还在此基础上撰写了《律音汇考》八卷及《丁祭礼乐备考》三卷。其时，邱之稑又牵头在文庙大成殿前露坪前，沿东西各建舞亭一座，以为祭孔时舞生舞蹈之所，这是全国文庙仅有。演舞亭内铺方砖，当时演舞者皆为十二三岁，每人必在四块小方砖内活动。

由此，自创建文庙祭孔音乐以来，文庙每年举行春秋两丁祭和诞祭。祭孔不仅礼仪讲究，且进行古乐舞祀孔，每次动用人员达数百人，花费白银达千两，宰杀牛、猪、羊牲口近百头，盛极一时。古乐在形式上分为礼、乐、舞三个部分，参与祭孔大典的人都是精心挑选的，皆为书香门第的子弟。进入仪仗队，都得从舞生做起，仪仗队分舞生、乐生、礼生，乐生里又有歌工。年龄小的分在舞生队，稍长成为乐生。礼乐局每三年招收一次舞生，逢招生之年则在阴历正月间招生，招收身家清白年满 12 岁身材匀称的本籍男童约 60 余人，到礼乐局学习舞蹈，至二月初即参加举行春丁祭。到了当年八月初间，举行秋丁祭的前十来天，又召集原班舞童、乐生来局练习，参加秋丁祭。经过三年的春秋两丁祭和诞祭，舞生年龄到了 15 岁，则在其中选拔优秀的舞生转为乐生。文庙祭孔音乐一直兴盛多年，且袭用“六佾之舞”，即“轩悬之乐”，共 6 列，每列 6 人，则舞生为 36 人，为诸侯之乐。至光绪乙巳年（1905），舞生增为 64 人，发展为“八佾之舞”，即“宫悬之乐”，已是天子之乐了。当时丁祭乐舞盛况空前，气势壮观，参加乐舞者人数总共约 200 多人。

道光二十年（1840），受邱之稑精神感召，以县东绅士王才祯为首倡导捐资，于文庙之侧兴建了一栋礼乐局，专做传习乐舞之所。以邱之稑为总教习，聘请黎志勋讲授节律（乐教习），李春晖为舞教习，祭孔礼乐乐生、舞生迅速成长起来。后来渐次发起了全县人捐田捐钱，用作礼乐局的经费，更有全县各姓的族会都纷纷捐献，乃至田租共达三千多石，使礼乐局成了全县最大的公产。

浏阳文庙旧时祭孔实况

旧时乐生练习实况

读书人出身的原礼乐局乐生

导致浏阳文庙古乐衰落的是民国时期动荡的政局与频繁的战事。民国七年（1918），军阀混战，北军占领浏阳，抢走了礼乐局珍贵的一口玉质特磬。到了民国二十三年（1934），日本军占领了浏阳，当时日军守城领队听说浏阳古乐闻名于世，便提出要以古乐祭孔，并愿亲自主祭。县维持会会长宋寿梅领命，即刻征舞、乐生筹备，而诸舞、乐生皆闻风避而不见。宋只得去请当时礼乐局掌教唐绍华出面组织。唐先生听信后，施出缓兵之计，迅即派人将放在韩家港邱家大屋的乐器等全部藏在夹墙内，再回信给宋寿梅。他提出三个理由不敢奉命：一是离乱年头人员失散，行踪未卜；二是当今有人伤亡，有服怎能举乐？何况要用礼孔雅乐，于古制不合；三是当今战火不已，又有何心安于乐舞？宋见信后羞愧难当，但迫于日军的催逼，只好又派勤杂员徐汉发放出话来：日军领队大怒，人员不齐就抄出乐舞生名单来，否则，性命难保。唐先生大义凛然，斩钉截铁地说："士可杀不可辱，要人没有，要命有一条，随时可取。"日军领队大怒，就想杀唐先生。因担心引起民愤，宋寿梅便劝说日军领队，召集几个儒生凑合演出了一场祭孔礼。在此期间，原制铜质凤箫音质被损坏，八口铜质编钟被盗，"八佾"乐谱则从此流失日本。

民国三十四年（1945）10 月 10 日（双十节），湖南省政府调浏阳古乐乐舞生去耒阳演奏，途中，遭到了敌机轰炸，散失和损坏了许多乐器。后来，礼乐局复制的乐器只图形式，不遵循音律标准，边损边制而成。1949 年浏阳古乐全套乐、舞、礼器虽保护得完整无缺，但也有不符合邱之稑时的旧制和组合。新中国成立后，这批古乐器由浏阳县文化馆接收。1951 年，浏阳举办了浏阳文庙古乐器展览，令时人大为惊叹。其时，湖南省政府主席王首道曾前来参观，指出要妥为保管，浏阳于 1953 年将全部古乐器运至湖南省博物馆。1954 年，湖南省文化局邀请原礼乐局老艺人刘蒲生等赴长沙，组成浏阳古乐整理组。经过十个月的整修，添置了两排凤箫、六个土埙，新铸了八口铜编钟，修整了所有破损的乐器，共有 1000 多件古乐器和舞器。此外，还翻译了古乐谱 15 章。

参与祭孔

邱少求于民国二十年（1931）出生在浏阳城一商人之家，其父幼年曾就读私塾多年，深受儒家文化影响。邱少求出生前，家里已有三个姐姐，但不幸先后夭折，因此，邱少求父母对儿子精心呵护，宠爱有加。到了读书年龄，为了让邱少求接受儒家教化，邱父为他选择了浏阳城最好的学校就读。1939 年 8 月，9 岁的邱少求奉父命进入浏阳文庙礼乐局学习，寄希望他能充当祭孔典礼中的舞生。

进入礼乐局后，舞生们由舞教习统一管理学习。邱少求得以自此接受儒家孝悌忠信礼义廉耻之道德教化，并学习祭孔礼仪中古舞伴祭。在日常生活中，教习们对乐舞生管理很严格，都要穿长衫，且鞋袜整齐。在礼乐局内，更是不许赤身露体，不许高声大叫，不许跑跑跳跳，说话要轻言细语，走路要从容慢步，一切行动要做到儒雅斯文礼貌。每至学习期间，舞、乐生们全部内餐，礼乐局大厅内成双行排列有二十三桌餐桌，每桌八人，全都规矩就座。每餐两荤四素六个菜，吃完饭不用自己下桌去添饭，有专门的长席到桌上为他们添饭，一日三餐，餐餐如此。

饭毕，教习陶镇奇先生召集舞生练习，他坐在上面，手执鼓槌击鼓，按一板三眼的板式击鼓。舞生们则按八佾式站列，手持干戚或者羽龠，按既定动作，依照板眼节奏有板有眼地舞蹈。舞生们要完成三章舞蹈动作，第一章干戚舞，第二、第三章为羽龠舞。连续五年，邱少求都是充当舞生参加祭祀。每次与祭时，邱少求都有着一种严肃敬畏的心情，认真执着地完成自己的任务，认为自己已是儒家的后人，充满着自信和自豪感。

浏阳礼乐局建在浏阳文庙右侧，是执掌文庙祭祀事务的专门机构，承揽了文庙全部事务。今虽已不存，邱少求却对之记忆深刻，其建筑格局独特，为两进式“工”字形结构。后进为横式五开间，正中大间为正厅，正厅悬孔子像，四配颜、曾、思、孟之画像。两侧四间正房为理事会、掌教及乐舞教习办公休息场所。前栋与后进中间，为长敞厅，长约四丈，宽一丈二尺，上有屋顶。长敞厅纵向摆列两排桌案，每行约八张，用来摆放乐器，是乐生排练场所。长敞厅两侧为长天井，再过去便是东西花厅，花厅有左右耳房。前栋横厅也为敞厅，为舞生排练场所，地面用方形砖与条形砖布成方阵，有 64 个小方格，东西各 32 个。前栋往前突出为堂口厅，大门设在左侧。

抗日战争时期，长沙几次大会战，湖南省政府迁往耒阳。当时，省主席薛岳在那年国庆双十节期间，特意调取浏阳礼乐局祭孔古乐前去耒阳献艺，邱少求有幸参加了耒阳之行。他们全体乐舞生、教习及服装、道具共装四艘大楸船，从浏阳周家码头出发，沿浏阳河花了四天时间才到达长沙。之后，再由长沙坐汽车至湘潭，由湘潭改乘火车至耒阳，到时当地已高搭彩楼。他们在彩楼上演出两场，受到当地军政部门及平民百姓的高度赞扬，并受到省政府奖赏。循原路回到长沙后，他们都不愿再坐民船逆流而上，竟然全部步行回浏。邱少求这些十来岁的小舞生，也只好随之步行回来。

1944年，随着年龄增长，邱少求长高了，已不适宜当舞生了，总教习把他转到乐生行列习乐，令他欣喜异常。他生性爱好音乐，对古乐器古典的造型喜爱有加，其悦耳典雅的声音更是让他陶醉不已。乐教习刘蒲仙先生和胡长秋先生认真商议之后，分配邱少求学习吹篪，篪是一种竹管乐器，似笛而非笛。当时，礼乐局规章制度极严，不能个人任意选择，故他每年与祭专司篪。因他爱好音乐，对古乐更是情有独钟，除了专心学习吹篪外，对其他乐器均有浓厚兴趣，总是寻着各位前辈问长问短，而各前辈均不吝赐教，因此使得他对多种乐器均能略知一二。在祭祀中，从始至终都需音乐伴奏，还需十个歌工歌唱乐章歌词，因此整个祭典排得满满的，与主祭人的礼仪行动配合得天衣无缝，使两百多人参与的一场祭典成为一个整体，完美无缺。

每年祭孔前夕，诸乐舞生及歌工报到后，因所有人员均系终身浏阳在籍，又系读书人出身，除个别人有所调整外，均按上年陈例各执其事。在此之前，礼乐局已先期派人至浏阳西乡韩家港邱家大屋，将全部祭器、乐器、服装道具等用船运至礼乐局。整套祭孔器物一直藏在邱家大屋密室里，每年祭前运抵浏阳，祭毕又运回原处保存。故虽经社会动荡和战争浩劫，均未遭受破坏。

民国三十七年八月二十七日（1948年9月28日），是孔子诞辰2499周年纪念日。八月中旬，接到浏阳礼乐局通知后，少年邱少求与其他与祭人员纷纷于八月二十一日上午赴礼乐局报到。八月二十二日起，乐舞生就投入到紧张的练习中，分别由乐舞教习引领，每日上下午各两次在礼乐局集中排练。乐生每天站着在礼乐局操练六章乐章，教习敲鼓，歌工伴唱。舞生则排练三献三章舞蹈，教习边敲鼓边唱，第一章干戚舞，第二、三章羽籥舞。此时正是夏秋交接，三伏天接连秋老虎，气候炎热。乐舞生，包括教习在内，一律身穿竹布或夏布长衫、棉纱长袜、青面布鞋，一派儒者气范。出于对孔子的崇敬，虽满身大汗，乐舞生及歌工依然一丝不苟地排练。这几天，他们一律内餐，吃饭就在长敞厅，菜里不放辣椒、葱、蒜，有专人盛饭，吃饭时不得高声交谈及随意走动。吃过晚饭，他们便回家，乐生还得随身携带好自己的乐器，第二天一大早再赶到礼乐局。休息时，大家或看书或练球或坐在走廊上聊聊天，也有人到外面买零食。邱少求一如既往地赶紧趁此机会向教习和一些老乐生请教，并当场就练习弹奏。

八月二十五日下午，乐舞生分别过挑。所谓过挑，实为考核。礼乐局西花厅内，堂上设公案，铺设桌围椅帔，案上放置文房四宝，掌教唐绍华先生满脸严肃地居中端坐。唐绍华为前清秀才，邑中衿绅，德高望重。乐舞教习刘蒲仙、胡长秋、陶启廉、刘迎祥等则列坐两侧。乐生按乐器配备编组，舞生按八佾排名。八佾者，即舞生队形，八人一列，共八列六十四人，东西舞各三十二人。过挑时，乐生每组四人，持同样乐器演奏。东西舞各四人，共八人一组，舞蹈动作相同，方向相反。教习当堂指定任意章节，乐舞生必须准确完成奏乐和舞蹈。因已事先造好了花名册，名册上分组次序即为应挑时站列次序，掌教在名单上用朱笔或墨笔点示，以定优劣。此时，所有乐舞生不苟言笑，神情恭谨严肃，均小心翼翼地列队静候，按部就班地认真应挑。每次邱少求都有些紧张，但想到自己功底尚可，便赶紧稳定心绪，沉着应挑，列入了优等生。

八月二十七日理事会在礼乐局正厅侧墙公告栏内悬牌告示：“辰刻斋戒，巳刻大演，演后即刻陈设，诸生毋得外出。”上午九时正，大演在礼乐局长敞厅进行。大演者，即今之彩排也。所有人员全都认真严肃，一律头戴方巾，身穿蓝衫，礼乐舞配合演习，其仪往一如正祭，由掌教唐绍华当主祭人。大演完毕，紧接着便吃午饭。午后，全体人员转入文庙，东西辕门大开。勤杂人员将所有与祭所需之桌、案、祭器等用品全部转移到文庙，乐舞生摆好自己的乐器及舞具，执事人员在大成殿内外陈设，待宰之牛、羊、猪散放于大成门外场院中。

此时，理事会将250余名执事人员名单，分门别类书写在一张红榜上，并将红榜安置于桌案之上，桌案围上桌围，绑上桥杠。派四人差役打扮，扛抬桌案，鸣锣开道，用全幅旗彩执色吹打，将榜文送至附近大操场县政府大院。县政府在榜文上加盖县府大印后，又抬回文庙，将榜文张贴于文庙前宫墙上。榜文一到，大概是下午四点多，即行监牲。屠夫开始宰杀牲口，按各处神案陈设需要，共需宰杀牛、羊、猪40余头。此时，乐舞生大多跑到大成门外看屠宰牲口，邱少求也饶有兴趣地站在走廊边上看杀牛。从前，祭毕之牛肉、羊肉、猪肉除礼乐局食用外，与祭人员每人还得分赐胙肉若干。但后来为节省开支，不再分赐胙肉，改为由县城屠商自备牛羊猪来庙宰杀，祭毕各自领回上市销售。因政府免除其所有税费，故屠商乐意参与，祭后之肉也颇受市民欢迎，争相抢购一空。

很快，宰后之全牛、全羊、全豕，皆陈设伏卧于俎架上，头昂尾垂，造型美观，与镫、铏、簠、笾、豆、樽、爵等祭用器皿内各种精美的祭品肴馔，依次陈设排列在神前食案上。由于祭器古典，祭品独特，加之排列有序，那些祭祀肴馔看上去庄严洁净。

之后，理事会又在礼乐局公告栏内牌示，“丑正齐集，寅初开祭。”大成殿内宫灯高悬，大红绣龙巨幅幔帐悬于殿口，除大成门两侧之蕢鼓、镛钟外，其他乐器均陈列于大成殿两侧丹墀上东西乐池，舞具列于东西舞亭。文庙不同于其他任何庙宇，一年 365 天，只在诞祭当日对外开放，平时从不开门，也无香火。当年大成殿里正前方只有孔子像，前壁上描金绘红金碧辉煌。当日虽然观瞻人员众多，络绎不绝，但秩序井然，一派庄严肃穆，绝无喧哗。虽无明文告示，妇女不得进入庙内是不成文的规定。当晚除有百姓瞻仰外，所有与祭人员均不得回家，在礼乐局长敞厅内静候，每人发给夜宵点心一份。八月二十七日凌晨两点，全体人员齐集于文庙大成殿两廊，乐、舞生早已各就各位，廊柱上挂起了煤气灯。此时，文庙内鸦雀无声，灯烛辉煌，亮如白昼。

文庙前左右两座舞亭，就是舞生起舞的地方，乐生的位置就在文庙正殿——大成殿的两旁。礼生就在正当中。一切准备就绪。祭仪即将开始，东西通赞生站在大成殿两侧，高声赞礼。由于夜深人静，通赞生的赞礼声高亢明朗，声音远达大成门外，且字音清楚，音韵悠扬。其时，读祝生黎仲贤先生更是非同寻常，朗读祝文，抑扬顿挫，齿音清晰，游刃有余。按照惯例，乐生演奏虽使用不同乐器，但必须同一宫调，礼乐局早已牌示，“夷则主宫，姑洗起调”。乐曲开始第一音为姑洗，故曰姑洗起调。

三点，祭仪开始，正献官为时浏阳县长段辅尧，与其他八位分献官静候于大成门两侧之官厅内。

东通赞生高唱：“行诞祭礼，鼓初严。”西通赞生高唱：“鸣钟。”钟鼓轮击，由慢而快。全体与祭人员头戴方巾，身穿蓝衫，各就各位，肃立以待。司香者焚香点烛，正献官、分献官身着祭礼冠服，肃然而立。此时，邱少求站在东廊，鼓声一响，全身猛地一激灵，泛起一种异样的感觉，随着鼓声越敲越快，他只觉得全身的汗毛都好似直竖了起来，便赶紧凝神肃立。虽然他已多次参与祭孔了，但此次祭孔是浏阳解放前最后一次祭孔，所以更是印象深刻，乃至日后回忆起来依然历历在目。

通唱：“鼓再严，麾生转幡，节生转旌。”两麾生执幡引东西乐生分别由东西两廊鱼贯而下，两节生执旌引东西舞生随乐生后依次由两廊随下，经东西庑转至大成门，两麾相会立定。鼓声完。

通唱：“鼓三严。”两麾生执幡引乐生回转，由原道经两庑两廊返回大成殿东西乐池。节生执旌引舞生随后，并在两廊下持舞具，归东西舞亭。鼓声完。

通唱：“启户。”司幔者二人展起殿前幔帐，各官浣手，正献官就位，分献官就位。18 名引赞生引各官至大成门内阶下拜垫前就位，正献官居中，分献官分立左右。

通唱：“迎神，鼖鼓击三十六槌。”鼓声中，引赞生引各官分诣各神位前，到位后鼓声完。麾生赞举迎神昭和之章。乐生赶紧拿起乐器，乐队由胡长秋、李卓章以东、西凤箫领奏和发调，演奏迎神乐章，乐教习刘蒲生亲自抚七弦古琴，歌工歌唱乐章词句。引赞生引各官在各神位前三上香后，降阶复位至大成门，行三跪九叩首礼。礼毕，恰好乐奏完毕。

通唱：“奠帛爵，行初献礼，鼖鼓击三十六槌。”鼓声中，引赞生引各官诣醴樽所，司樽者举幂酌醴，司帛者捧帛，司爵者捧爵，分诣各神位前，鼓声止。麾生赞：“举初献雍和之章。”节生赞：“舞干戚之舞。”乐生即开始奏雍和乐章，歌工歌唱乐章词句，舞生舞干戚舞。各官跪，献帛，初献爵。通唱：“读祝。”麾生赞：“乐止（玉振金声句止）。”节生赞：“舞止。”读祝生诣读祝位跪，各官皆跪，读祝生捧祝版读祝文。文曰：“维先师德参化育，道冠古今，集群圣之大成，秉前知以垂献。天下为公，中国一人之量；生民未有，六经千载之心。循宫墙而瞻富美，入室升堂；隆俎豆而奉馨香，先民效法。兹逢圣诞，祇率彝章，夙展微忱，聿将祀典，以复圣颜子、宗圣曾子、述圣子思子、亚圣孟子配。呜呼！声明所届，血气莫不尊亲；光景常新，礼乐明其禋祀。尚飨。”读毕。麾生赞：“起乐。”节生赞：“起舞。”读祝生捧祝文至神位前跪安于篚内，各官三叩起，降阶复位至大成门，恰好乐舞演奏完毕。

通唱：“行亚献礼，鼖鼓击三十六槌。”鼓声中，引赞生引各官诣醴樽所，司樽者举幂酌醴，司爵者捧爵，分诣各神位前。其间，节生持旌引舞生至廊下，放下干戚，再持羽龠归舞亭。麾生赞：“举亚献熙和之章。”节生赞：“舞羽龠之舞。”仪注如初献，只不再读祝，献毕三叩起，降阶复位至大成门，恰好乐舞奏演完毕。

通唱："行终献礼，鼗鼓击三十六槌。"鼓声中，引赞生引各官诣醴樽所，司樽者举幂酌醴，司爵者捧爵，分诣各神位前。麾生赞："举终献渊和之章。"节生赞："舞羽籥之舞。"仪注如亚献。献毕，通唱："饮福受胙。"正献官诣孔子位前跪受福胙，饮福酒毕，三叩起降阶复位至大成门，乐舞毕。

通唱："撤馔。"麾生赞："举撤馔昌和之章。"各执事生撤去祭品肴馔，节生持旌引舞生退立两廊，乐奏完毕。

通唱："送神。"麾生赞："举送神德和之章。"正献官、分献官统于大成门内排班行三跪九叩礼。礼毕。麾生赞："乐止（流泽无疆句止）。"通唱："捧祝帛送燎。"各神案前执事生诣神前三跪九叩后，司帛者捧篚，司香者捧香烛，各由中道出，恭送燎所。东配、东哲、东庑由东阶送燎所，西配、西哲、西庑由西阶送燎所。麾生赞："乐作。"乐生续奏。通唱："焚祝帛。"正献官、分献官皆诣燎所望燎，燎毕，复位，乐奏完。通唱："礼成。"

浏阳文庙 2018 年祭孔大典礼生入场

浏阳文庙 2018 年文庙祭孔大典

浏阳文庙 2019 年祭孔大典舞生

浏阳文庙 2019 年祭孔大典

钟鼓齐鸣，鼗鼓、镛钟齐鸣，麾生退幡，节生退旌，诸生退位，各官退至官厅，祭礼告成。

祭孔仪式长达两个多小时，祭孔完毕时，正好天亮。而邱少求虽因在过程中全神贯注，觉得很辛苦，但又觉得很充实，随着众人一一退场。之后，勤杂人员撤除一切陈设，清扫干净，关闭东西辕门，文庙又恢复了往日的宁静与神秘。全体与祭人员返回礼乐局，排队在下横厅东边的窗台前，有序地交还领用的服装、乐器、舞具等给专职保管签收。

八月二十七日早餐为正席，礼乐局设宴招待所有与祭人员。席设礼乐局长敞厅内，分两列摆设30余席，每8人一席。与往日不同，在堂口厅单开一席，设桌围，掌教唐绍华先生朝正厅方向独坐一席作陪。气氛比往日略为活跃，桌上还摆了烧酒、甜酒，本桌相互间轻声劝酒，但依然不得高声交谈及随意走动。饭后，大家各自返回，路远者发给适当路费。一年一度孔子诞祭，至此完满告终。

当时，凡是礼乐局出身的礼生，普遍被人看重与尊敬，为此邱少求盼望自己能尽快转为礼生。从民国二十七年（1938）到民国三十七年（1948），十年的学习和演习时间，邱少求熟悉了整个浏阳文庙祭孔大典流程，掌握舞生的舞蹈动作，对各类乐器都很了解，还能弹奏不少乐器。

中华人民共和国成立后，浏阳祭孔礼仪被彻底取缔。到20世纪70年代末，邱少求意外地接待了长沙市文化馆老师的来访，并被邀请去长沙。他们除让他介绍干戚舞和羽龠舞的具体动作要领外，还要求他现场将每个动作一一演示出来。当时还没有录像设备，就将每个动作用相机拍摄下来，作为他们的研究资料。他们还带领他同往湖南省博物馆察看浏阳文庙的祭器、乐器、舞器和服装道具，由他一件件向他们介绍其名称、用途、使用方法等内容。再次看到那些熟悉的古乐器，邱少求感慨万分，期盼着祭孔古乐能重现世间。

至20世纪80年代初，国家组织编辑出版《民间舞蹈集成》，湘潭市文化馆音乐干部朱用休与唐寿明来浏阳考察，决心将浏阳文庙的祭孔舞蹈等整理编入该集成。朱用休与唐寿明访遍了浏阳文庙在世的老舞、乐生彭传澎、胡长秋、刘韵峰、李作章、贺海臣、邱少求、刘伯祥等人，由邱少求和贺海臣为之言传身教祭孔古乐舞蹈动作，使他们全面了解了浏阳文庙古乐古舞及其历史渊源。专著《浏阳古乐》于2009年出版，该书的出版为浏阳古乐的传承做了新贡献。

20世纪90年代，由浏阳文管局牵头，邀请邱少求一道去长沙湖南省博物馆观看浏阳古乐器，但省博物馆不予接待。几经交涉，仅拿出应鼓、一只龙笛、敔、一只凤箫等四件给他们看了一下，邱老大失所望而归。但他由此深受启发，既然文化部门开始重视这些尘封五六十年的古乐器，他干脆着手搜集整理祭孔古乐舞资料。但是原来的老乐生、舞生大都已作古，仅剩下了与他同年的刘百祥。邱少求就开始写回忆笔记，每当拿不准时，便去找刘百祥，他俩相互推敲，共同回忆，当年的场景一一清晰起来。初稿完成后，邱少求不顾自己年岁已高，硬是再次认真修改和完善书稿，终于完成了《回忆浏阳祭孔古乐》书稿，里面记录了古乐的各个章节、祭祀各人的站位、仪仗的摆放方式、乐器的摆放位置等等。

2015 年底，邱少求被认定为湖南省级非遗项目代表性传承人，他更是信心百倍，继续为恢复浏阳文庙祭孔古乐而共同努力。2018 年，邱少求被认定为第五批国家非物质文化遗产代表性传承人。

国家级非遗传承人邱少求（前排中）授徒

附一：祭孔乐章

一、迎神昭和，奏《昭平之章》：

大哉孔子，先觉先知，与天地参，万世之师；
祥征麟绂，韵答金丝，日月既揭，乾坤清夷。

二、初献雍和，奏《宣平之章》：

永怀明德，玉振金声，生民未有，展也大成；
俎豆千古，春秋上丁，清酒既载，其香始升。

三、亚献熙和，奏《秩平之章》：

式礼莫愆，升堂再献，响协鼗镛，诚孚罍甗；
肃肃雍雍，誉髦斯彦，礼陶乐淑，相观而善。

四、终献渊和，奏《叙平之章》：

自古在昔，先民有作，皮弁祭菜，于论思乐；
惟天牖民，惟圣时若，彝伦攸叙，至今木铎。

五、彻馔昌和，奏《懿平之章》：

先师有言，祭则受福，四海黉宫，畴敢不肃；
礼成告彻，毋疏毋渎，乐所自生，中原有菽。

六、送神德和，奏《德平之章》：

凫绎峨峨，洙泗洋洋，景行行止，流泽无疆；
聿昭祀事，祀事孔明，化我烝民，育我胶庠。

附二：祭礼祭品

每年祭孔时，行释奠礼，以县官为正献官，其附属等任分献官，行礼设礼生四名，以生员（有秀才身份的人）充任，凡司祝、司帛、司香、司爵、司馔。引赞、通赞（皆礼生名）引班，以学弟子员娴习礼让担任，大成殿司香司帛各四人，司爵九人，立东案之东、西面；司香司帛各三人，司爵八人，立西案之西、东面；两庑司香、司帛，司爵，东西各一人，序立南案之南，均北面；奉福胙人，立东案之东西面；接福胙一人，立西案之西东面。

致斋二日，先日到庙，清户扫殿，庑内外巡视割牲官，公服诣神厨，视割牲以豆取毛血，放于坎退（先一日案夫预先凿坎宰于牲亭之西）。正献官率执事生入学习仪，教官率乐舞诸生入学习乐舞（前一日辰刻，教乐官出祭器陈列在礼乐局后的明伦室），设香案于牲房外。到午时，地方官带领陈设官，恭奉主祭官祝版及承祭官、执事生姓名榜至学宫奉安。祝版置于祝案前正中毕，上香三，行一跪三叩礼，退挂榜亭内。至下午三点至五点，主祭及助祭者审察祭祀用的牲畜，以示虔诚，且演礼乐如仪。

祭日，陈设先师孔子位前，牛一，羊一，豕一，登一（《会典》："登用铜，口为回纹，中为雷纹，柱为饕餮形，足为垂云纹，盖上为星纹。通高六寸，深二寸，口径四寸九分。"），铏二，簠二，簋二，笾十，豆十，炉一，灯二。

四配位前各备羊一，豕一，铏二，簠二，簋二，笾八，豆八，炉一，灯二。

十二哲位前，铏一，簠一，簋一（装黍），簋一（装稷），笾四，豆四。东西各羊一，豕一，炉一，灯二。

殿中设一案，少西北向，供祝版（《会典》："祝版高九寸，广一尺二寸，有架，白纸、黄缘、黑书。"）。其南东设一案，西向，陈礼神制帛九，香盘四，尊三，爵二十有七。西设一案，东向，陈礼神制帛八，香盘三，尊二，爵二十四。凡几牲，陈于俎（外以漆）。

凡帛，正位，四配异篚。十二哲东西共篚。凡尊，实酒，承以舟，疏布幂，勺具。东庑二位同案，每位爵一，实酒；每案簠一，簋一，笾四，豆四。

先贤案前，羊二，豕二，香案一，炉一，灯二。

先儒案前羊一，豕一，香案一，炉一，灯二。设一案于南北向，陈礼神制帛二，香盘二，尊三，虚爵六，俎、篚、幂、勺具。西庑陈设同。

陈乐于殿外两阶，陈设式样多，另有讲究。

浏阳文庙祭孔规模宏大，规制亦高，宰太牢，陈笾豆，奏韶乐，舞八佾，行三跪九叩大礼。除皇家祭社稷、祭太庙、祭孔外，其他任何场合均不得享此规制。否则，为违制，为礼教所不容许。

皮影传奇

浏阳皮影戏

一

“口唱千古事，手操百万兵。四弦丝丝语，鼓磬艾艾鸣。”这首诗描绘的就是传统皮影戏演唱实景。皮影戏，又称“影子戏”或“灯影戏”，是一种以兽皮或纸板做成的人物，来表演故事的民间戏剧。皮影戏是我国民间古老的传统艺术，是戏剧艺术文化中的瑰宝，集历史、民俗、文学、戏曲、音乐、美术、雕刻等于一体，虽已有两千多年的历史，却仍散发着独特的艺术魅力。

浏阳皮影戏形成于明朝万历（1573—1620）年间，已有四百多年历史。浏阳皮影戏从长沙皮影戏演变而来，唱腔为湘剧高腔和花鼓戏，以湘剧高腔为主。甚至可以说，从唱腔、乐器和曲牌各方面来看，都是正宗的湖南湘剧，为皮影戏流派的名门正派。

据考，湘剧首先是“高腔”，源于江西“弋阳腔”，后发展成高（腔）、低（牌子）、昆（腔）、乱（弹）四种声腔并唱的湘戏，是湖南地方大戏之一。1952 年中南地区地方戏会演，会刊资料介绍《湖南戏》（九月四日第三期）载：“湘剧高腔源出江西的弋阳腔，在明代中叶……由南昌经万载到湖南浏阳，以达长沙。”又据 1981 年湖南戏剧增刊《略谈长沙高腔的源流问题》一文考正：“长沙高腔的策源地，是在湘潭和浏阳等县”；“到清咸丰年间，唯一保持高腔优势的戏班，仅有浏阳存在”；“浏阳艺人吸收吉安高腔的长处，对自己原有的高腔进行一番加工润色，使长沙高腔的面目焕然一新。如高腔对‘滚调’的发展、帮腔乐句的改革及唱腔上的讲求韵味等等，都应归功于浏阳艺术创造的结果”。浏阳东南乡与江西之铜鼓、萍乡交邻，经济文化交往密切，弋阳腔由赣来浏、由浏入湘自有其道理。基于此，湘剧高腔在浏阳的历史可上溯至明嘉靖年间。

追溯湘戏的来源，其与寺庙有着浓厚的渊源。浏阳的湘戏班，以其组合形式的不同分为案堂班、江湖班和科班。始于清乾隆、嘉庆之间，浏阳金刚头便有戏班专随当地“三元福主庙神”（三元宫）行香接案，游乡演出，故俗称“案堂班子”，又称“老案堂班”，系小型戏班。三元宫在浏阳有

72行宫，奉祀着唐、郭、周三将军。一年四季，此三元福主神轮流出外行香，老案堂班用专桥抬着老爷的脸谱走在前，戏班人员则随后。每到一行宫，歇息几天或半个月，就得唱多少天戏。

也因此，包括枨冲三元宫“新案堂班”在内，演员戏路宽，且能一人兼演几个行当，虽只有九个主要演员，但生、旦、净、末、丑齐全，号称“九老图”或“九条网子打天下”，高腔、弹腔齐备，戏目可以听点，能演《封神榜》《西游记》等大本戏。需大批演员登台之时，除了每人需担负多重角色之外，“管箱”、伙夫等勤杂人员均可上台。他们艺熟戏饱，如老案堂班成员之一的周凤寿，婆旦、小生、正末、丑角全能，还能司鼓，高、低、昆、乱牌曲无一不晓。全国著名湘剧艺术表演家徐绍清、名师欧阳寿庭等均自老案堂班成才。艺坛名角钟清美、尹福全、何绍廷、孔童凡、菊旦、昭祥等又皆新案堂班名师。

皮影戏一般就在庙台唱，由主家来点。每场由登台、正本、杂戏三部分组成。每场戏开始，戏班都先要打加官，由一人戴着面具，向大家祝福，不唱戏只舞蹈，且将字条贴出来，上书“某某先生（大爷）（一般为地方头面人物）高升加官”，贴在台上，马上会有人站起来，拿钱谢彩。接下来，就是演《金沙滩》《十三福》，以祝福主家招财进宝，福福俱到。正本一般为连台本，如《封神榜》《三国演义》《西游记》《岳飞传》《粉妆》《征东》《征西》等，每次一连几天都不会唱重戏。每场点戏的主家都会在门前挂牌，其间以《黄金印》《白兔记》《拜月记》《蝴蝶杯》最为有名。最后，便是杂戏，内容多为插科打诨，如《王婆骂鸡》《盘泥鳅》等。戏之内容多为历史、伦理、劝善等，颇有教化作用。

从明清开始，庙有庙台，且都气势不凡。庙台建在庙坪，与庙中神座相对，中有宽阔平地，可容站观众千人以上。有时，在戏台两侧建有长廊，叫作看台，为官绅人家的包厢。戏台为纯木建筑，大都雕梁画栋，飞檐斗拱，油漆彩绘。戏台离地面约两米多高，由结实木柱支撑，下面既是通道又是货物摊担摆设地方。台上一般是用四扇或六扇屏门作为间隔，左右分上下场门，曰“出将”“入相”。这样把台面分为前后两部分，前部为演舞之所，后部为演员化装、休息和安放演出用武之地。前台靠屏中摆一桌两椅，以为道具，两侧就是文武场面，为乐奏地方。这种戏台三面朝外，成凸字形，边缘设有低矮的雕花栏杆。戏台上配有横匾，挂屏障，上书“作古振今”“神听和平”“阳春白雪”等。台前两柱则多有联对，如浏阳赤马殿包老爷庙

2017 年元宵节皮影戏在浏阳河广场演出

浏阳西乡寺庙还愿皮影戏

对联，出自清秀才李华林所撰：顷刻间千年事业，方寸地万里江山。而今，浏阳庙有庙台者已不多了，枨冲大元地三元宫庙台还存有旧时风范。

浏阳城的深街老巷曾有过大大小小的寺庙54所，至于散落全浏阳各处的寺庙更是数不胜数。凡大庙都有戏台，如县城内张桓侯庙、麻衣庙、洞庭庙、鲁班庙、龙王庙、包爷庙、财神庙、关帝庙、城隍庙、火宫殿、升冲观等庙宇均有戏台，且全县有寺庙戏台300余座。寺庙是当地人求神拜佛之场所，每年都会定期举行庙会，有春节、端午节、中秋节等传统节日，还有菩萨生日。届时，四面八方的信男善女云涌而来，各寺庙香火比往日旺盛，且都延请有名的戏班来唱几天几晚的大戏。所上演的为湘剧或皮影戏，一般多为湘剧，以酬神许愿。湘剧一度远离了浏阳人的生活，皮影戏还一直在民间流传。直到20世纪80年代，陆陆续续新建一些寺庙，皮影戏才又渐渐热了起来。

浏阳湘剧艺人向来以戏饱、唱做俱佳著称。清乾隆年间，浏阳湘剧兴盛，影戏更是盛行。从前，金刚三元宫老案堂每年换班时，凡艺人会唱剧目，都得抄戏本呈存神庙。不知其剧目的艺人，只需拜师后借戏本抄唱，因此，该庙所藏各类戏文抄本极多，抗日战争前尚存两大木箱之多，管事每年慎重清晒一次，慎予保管。因而有“要戏饱，浏阳跑”的说法。抗日战争中，金刚三元宫老案堂被焚一次，至1952年土改时，管事因害怕批斗，又烧掉了一些戏本，余下的戏本用木箱装着埋在神庙的后山上。到了20世纪80年代，浏阳县文化馆老馆长潘信之查找这批戏本时，木箱里的戏本全都报废，最后，只得到了一张湘戏目录表。

新中国成立后，城关有刘秋生的“仁和班”演出，后改为“湘淮湘剧团”，再后则落户南县。自此，湘戏在浏阳便主要转移到皮影戏之中，再无专业湘剧团了。

二

经考证推论：明代中叶以前，浏阳人（包括移民）已草创皮影戏雏形，抓住湘剧流入的机遇，形成皮影戏。在明代中叶至清光绪年间近四百年的时间里，浏阳皮影戏以其旺盛的生命力，全面吸纳浏阳的湘剧优势，而渐成规模。清乾隆年间，浏阳皮影戏盛行，且日趋成熟。清光绪年间，县城紫微街，谢昌发、肖长久等人组织皮影社，各有三副皮影箱担，供皮影艺人租用，并在自家楼上传徒授艺，有艺人十余人。有人请班演戏酬神，则由谢派出，督管其事。县城名师廖长仁、肖长久、罗三、谢启发、陈一它、王三、罗冬生等皆从谢宅发传。民国初年，名艺人苏文珍、黄茗龙、黄星同等组班进长沙城，在庙会挂牌唱皮影戏，这是浏阳皮影戏走向大城市演出之始。

据浏阳县志载：至民国二十年（1931），全县已有皮影戏班 76 个，皮影艺人 150 余人。民国二十九年（1940），浏北皮影艺人在永安彭家冲组建皮影戏老郎会，入会者达百余人，入会者每人交会费谷五斗，这是浏阳首建的皮影艺人组织。此后，浏阳皮影戏一直盛演不衰。新中国成立后，皮影戏艺术更是不断提高、革新。1956—1964 年，县文化部门三次对皮影艺人进行调查登记，并制定了《浏阳县皮影艺人管理办法》，加强了管理。1978 年，县文化馆从皮影艺人中选调 8 人，成立浏阳河皮影队，进行改革试验，同年参加湘潭专区调演，获演出一等奖。次年参加全省会演，获二等奖。

1985 年，浏阳正式成立了“皮影艺术协会”，有 100 多人加入了协会，组建了 25 个班（队），抓住时机对濒临失传的皮影剧目进行整理和完善，共收集清末以来皮影老戏脚本 7 本，记录整理大型皮影传统演出剧目 137 出，各类唱词、出场诗、上场引 500 多首。而新编的大型皮影戏《大战火云洞》《神笔马良》曾参加省市皮影戏会演，荣获创作一、二等奖，并出版了单行本。于是，尽管当时乡村人家大多有了电视机，但每每皮影队进村，村人无不热情接待，家家争相请唱，至夜则四乡八村的山里人便捻着手电筒纷至沓来。至 1987 年，全县登记发证的皮影队共 19 个、110 余人，收集剧目 310 个，兴盛一时。

浏阳皮影戏专以演唱酬神戏为主，一般在农村集镇到户和庙堂为酬神者雇请演出，有“无神不演戏”之说。皮影戏剧目、曲目繁多，内容丰富，分折子戏和桥戏。以湘戏（折子戏）唱登台、短小花鼓戏唱扫台，中间的正本戏都是有着皮影特点的联台传统戏。按民间习惯称谓，浏阳皮影戏可分为三大系列。

一为登台戏。先唱登台戏，为一本正经的传统湘剧折子戏。折子戏又名“铁本子”，尤以唱功戏为主，是自古流传下来的，如《徐杨三奏》《九龙山》《平贵回窑》《全家福》《龙虎斗》《打龙袍》等，均为湘剧唱腔，剧中的词，有时一人唱半出，几乎不能更改。

二为正本戏，又称“桥戏”。登台之后就是正本戏，也即连台本戏，大部分为水本戏，口头上称唱“水词”，即信口唱，又称搭桥戏或条纲戏，只有故事提纲，由艺人按程式、即兴发挥演唱。分连台本戏和单本子戏两大类。连台本戏如《封神演义》《三国演义》《征东》《征西》《岳飞传》《水浒传》《薛刚反唐》等，少则连台七本，多则连台七七四十九本（如《封神演义》）。单本子戏如《马前泼水》《韩湘子化斋》《骡马桥走雪》《狸猫换太子》《钓金龟》《彩楼配》《珍珠塔》等。倘逢上庙会，一本《封神榜》或《隋唐演义》，就要唱上十天半月。

正本戏演出剧目由主家选定，俗称“点戏”。皮影戏，到任何地方唱戏，都是由主家点戏，这是现在其他专业剧团所不能轻易接受的，而皮影戏艺人心中藏有成千上万部戏。演唱过程中，按剧情，靠演员自身水平，自编自唱。浏阳曾经的老艺人黄冬生，保存了清末老戏脚本 130 多个剧目。

三为杂戏。正本之后便是杂戏了，杂戏为花鼓戏，主要是唱给观众看的，主要是逗人笑。一般情况下，登台戏时开始敬菩萨，到唱杂戏时，得将菩萨撤掉，有《小南桥》《送表妹》《山伯访友》等等。杂戏一般是铁本，传统剧目至少有 40 多本。如果是在庙里唱，也就不唱了，不然，是对菩萨不敬了。如果在人家屋里唱，杂戏非唱不可，人们都爱看。

浏阳皮影戏唱腔，分“南路”“北路”“高腔”。南路分正板、快打慢唱、阴南路等；北路分正板、二流、二板半、阴北路等；要数高腔最难唱，比如《驻马听》《驻云飞》《锁兰芝》等，往往一天下来还只能练熟一支牌子。要唱好一台戏，首先要进入角色，要唱出喜、怒、哀、乐，比如岳飞的忠、秦桧的奸等，要做到字正腔圆。

浏阳皮影戏一般为三人班，也有四人班，各人都具有吹打弹唱全能的本领。三人一台戏，难学更难精。一般分三个角。皮影操作尤为重要，为皮影戏对外窗口，为皮影戏的重要组成部分，往往一个人的操作水平可直接影响到一场戏的好坏。操作主要讲究“精巧”“稳准”，要做到动作随人物转。浏阳皮影以两根操纵杆最为常见，难度更大，操纵皮影的艺人可让十来个角色同时出场，翻滚打斗全靠操控人一双巧手把控，手舞足蹈地将戏曲中人物的感情表演得淋漓尽致。后面配合的两人也不容易，一人专做文场面，唢呐、京胡、二胡的各类曲牌须信手拈来，讲究“技巧““风韵”，要做到行云流水，波澜壮阔。一人专管武场面，打击、班鼓、堂鼓、大锣、小锣、韵锣样样通，一双手能同时打击四样以上乐器，称“一把抓”，要讲究清澈，要有节奏感。而演出之时，除了完成手上动作，演出的三人还要分别扮演各种人物的唱腔对白。或生或旦，或净或末或丑，每人都有自己的角色，多时一人得唱五人的唱腔。这种三人演绎出千军万马、百转千回的绝活儿，令人惊叹。浏阳皮影戏艺人胸藏历史，许多老皮影戏艺人称得上戏海、戏库。

作为一名皮影戏演员，得主攻“提影操作”——手持影型道具，通过细腻抖捻，将人物与动物的各种具体动作表现出来，以求惟妙惟肖。也因此，皮影艺人拜师学艺时，头一个基本功，便是一天到晚练手艺，提着影型的操纵杆，不停地模仿，有人练到吃饭睡觉的时候都控制不住，会不自主地抖动。当然，“抖动”并不是漫无目的的，皮影戏艺人需要处处留意，观察生活中的种种细节。比如，“抹汗”与“抹眼泪”就是两个非常普通的人物动作，但在表演的时候如何区别开呢？在抖动时，抹汗的动作可以大一些，同时甩汗的动作要往上，抖出一个小幅度。而“抹眼泪”的动作则要缓和一些，压低抖动幅度，同时配上“轻声哭泣”。

皮影戏艺人操纵影人表演

表演动物戏时的“精抖细捻”，更是难得。在湖南本土品牌皮影戏《龟与鹤》当中，乌龟的缓慢爬行、脑壳伸缩，白鹤的展翅飞翔、急不可耐……没有语言、没有台词，幕后演员的一抖一动间，就有了一个令人捧腹的故事。而在一抖一动间，一场剧目表演完毕，皮影戏演员俨然已成为一个“动作派大师”。

皮影制作也非常重要，制作一张皮影需要经过下样、雕刻、上色、上漆、拼接 5 道工序，一个人至少需要 4 天时间才能做出。成本不高，但需要花费很多时间和精力。对于皮影戏的影型，一般都是戏班艺人自己做。皮影戏得名于最初制作影型时取材于牛皮。每个皮影人物都由头、上身、下身等多个部分连缀组成。传统影型制作，讲究四功，即剪裁功、雕刻功、绘色功和装订功。一个完整皮影人物的形体，从头到脚通常有头颅、胸、腹、双腿、双臂、双肘、双手，共计 11 个部件。制作工艺复杂，保存也比较复杂。南方天气很适合皮影的保存，因为湿润，牛皮不会发脆断裂，但得提防那些馋嘴小动物，比如老鼠、蟑螂。所以道具都锁在一个大樟木箱子里，春天天晴时，还得拿出来在风里吹吹。

宋伟章在晾干刚刚制作好的皮影道具

三

皮影戏在浏阳曾经非常繁荣活跃，20 世纪 80 年代，浏阳皮影协会成立之初，100 多名皮影艺人，常年唱遍浏阳东南西北四乡，深入到全县 40 多个乡镇走村串户。多数皮影艺人一年至少演出 400 多场，能从年头演到年尾，唱到株洲、湘潭、醴陵、平江、长沙等周边地区，甚至还要唱到江西。

随着社会的发展和人们生活水平的提高，皮影戏不适应年轻人的文化需求了。进入 20 世纪后，皮影戏开始走向低谷，演出场次少，加上收入低，一些皮影戏艺人纷纷转行。在浏阳，依然有艺人默默坚守，并为皮影戏的传承不懈努力，皮影戏艺人宋伟章就是其中典型的代表。

宋伟章在镇头农户家演出

宋伟章收集的皮影戏抄本

宋伟章为浏阳西乡镇头人，他很早便是个皮影戏的“全侉子”，“全侉子”的意思就是十八般武艺全会，排戏、雕刻皮影、表演操作、演唱、二胡都有两下子，最多的时候一个人可以操作十几个角色。

宋伟章还在儿时就以看戏为乐，改革开放时，当地生产队请来皮影艺人唱禾苗戏，周围十几里的乡亲都赶过来，不下几百人。当时唱的是传统古装戏《征西》，一连七天他都早早在台前守候，师傅们精彩的表演，生、旦、净、末、丑惟妙惟肖的配音及活灵活现的表演，时时获得了观众的掌声。他被那精巧玲珑的“影子”迷住了，便凑到台边，只想“偷”一个回家玩玩。从此，他便爱上了皮影戏。

宋伟章对音乐有些天赋，平时也喜欢哼哼唱唱，一次偶然的机会，被老艺人姜雄（后来师公）听见了。姜雄认为他是唱戏的好苗子，要他去学唱皮影戏。当时，宋伟章刚刚初中毕业，宋伟章父母受传统观念的影响，不同意他去学唱戏。宋伟章苦苦哀求，也不能打动他们的心。好在姜老从中劝说：“你家儿女多，伢子又停学，人还小，帮你们弄到几工分？要是他去学戏，也可减少一份负担。一颗这样的好苗子，可不能白白糟蹋了！”

考虑再三，父母终于同意了，宋伟章当时欣喜若狂。第二天，他便随师傅刘忠义进班学徒，经过几个月的试学，得到师傅的认可。1985 年冬，宋伟章便正式拜师学艺。刚进班，师傅便教他言、行、举、止以及三班六行的规矩等等。每天清早，师傅便领他上高山练嗓子，教他怎样运气，怎样发音，同时讲解一些皮影知识。渐渐地，越学越难，所有乐器所有戏他都得学，特别是戏文，所有角色的唱词都得会。宋伟章痴迷于此，乐此不疲。

宋伟章记得出师没多久，一位台胞回大陆探亲，想回味一下家乡的皮影戏，特邀请他们为他演出。首场演《平贵回窑》，当时宋伟章唱生角，几句“一马儿离却了西凉地界，来之在大中华喜笑颜开，青的山绿的水依然还在，为王的好比鸦去凤还”一唱，台胞早已热泪盈眶。他握着宋伟章的手说：“家乡的影子戏还是那么棒，唱出了我的心声。” 宋伟章也大为感动，更清楚地看到了皮影戏的价值。1996 年，在衡山举行湖南省皮影演艺比赛，宋伟章等代表的浏阳市皮影队获得了“湘华杯”金奖。颁奖大会上，湖南省文联几位老师称赞说：“浏阳皮影戏了不起，有前途。”就在这年，上海电影制片厂来浏阳拍《少年雷锋》，雷锋的六叔公是一名皮影戏艺人，一位共产党地下党员，躲在戏台上扮成艺人，躲过了国民党的搜捕。宋伟章、张明星等几位皮影戏演员参加串演，博得了导演好评。

宋伟章在镇头农户家演出

皮影戏这碗饭也不是那么好吃的。当时没有交通工具，靠肩挑担子走村串户，往往一挑十几里……浏阳、醴陵、长沙、株洲及湘潭各地，甚至外省，也遍布了浏阳皮影戏艺人的足迹，可见当时皮影戏是多么受广大民众的喜爱。

“手艺”练上去了，接下来就要考虑“光与影”的搭配了。宋伟章认为皮影戏区别于一般的花鼓戏、京剧等舞台表演剧，它最大的特点就在于它是一门“光与影”的艺术。只要运用好了光与影，皮影戏还可以在幕布上表演“水战”“龙虎斗”以及“哪吒闹海”等神话剧目。经过长达 30 年的反复操练，宋伟章摸索出一些窍门，如果要营造水景，他就找来块蓝布，把一部分灯光遮住，然后幕布上就会出现一片蓝色水域。于是，借着这片蓝色，宋伟章操着各色人物和动物出场了——哪吒踩着风火轮来闹海了，天蓬元帅统领 80 万水军来操练了，乌龟一口咬到了仙鹤屁股……

皮影戏原本是酬神还愿，唱法基本保持了过去那种原汁原味的风格。现在浏阳皮影戏艺人只剩下 40 多人，以老年人为主，以出演庙会活动为主。宋伟章看在眼里，急在心里，祖祖辈辈流传下来的宝贵艺术，如果在自己手上失传，真的对不起祖先。2017 年 9 月，他被评为长沙市非物质文化遗产代表性传承人，更是觉得责任在身，决心为皮影戏的传承付出自己的心血和汗水。

另一位浏阳皮影戏传承人张明星，于 1964 年出生于浏阳枨冲，从 18 岁开始拜师学习皮影戏，就迅速成长为一名出色的皮影戏艺人。1979 年初中毕业后，他随父学习鼓乐，1980 年拜浏阳花鼓剧团谭端佑为师。在两位师傅的调教下，张明星鼓乐演奏水平大有长进，已达专业水平。1982 年赴湘潭市花鼓戏剧团退休老艺人邓树桃处学习皮影戏，由此开始了他的皮影人生，且深深地爱上了皮影戏。1983 年，荣获浏阳县皮影戏青年学徒考试第一名，并当选皮影协会秘书长。

张明星在乡村唱皮影戏

张明星随师傅走南闯北唱皮影戏的过程中，结识了不少前辈和名师，得到不少前辈的真传，也由此知道了皮影艺术的博大精深，对此行业产生了敬畏之心。由于师傅手把手加以传教，他本人也勤学苦练，使得他皮影戏演出技艺日益提高。1987 年，他参加了湖南省电视台《浏阳皮影》《浏阳村戏》两部专题片的拍摄；1991 年，他应邀参加湖南省春节联欢晚会、长沙市春节联欢晚会，表演了皮影戏，还在首届浏阳花炮艺术节和首届浏阳农民艺术节上表演了皮影戏；1996 年，他参加了电影《少年雷锋》的拍摄活动等，带领浏阳青年皮影队参加湖南省文化厅举办的“湘华杯”乡土艺术大赛，获得金奖。

稍微捋一捋张明星的履历，用“皮影戏痴”来形容他毫不过分。唱念做打，文武场面，三十多年来，张明星熟悉乡村皮影戏的每一个细节。一部戏少则演上七天，多则一个月，小本子戏更有三四百本，一本戏至少要唱一晚……说起皮影戏，张明星从年轻时一副担子挑道具，跋山涉水去唱戏，到现在

张明星（右四）、宋伟章（左一）参加《少年雷锋》演出

张明星（后排左二）、宋伟章（前排右一）参加《少年雷锋》演出

的皮影戏进校园，他挥舞着那薄薄的纸片人儿唱了半个世纪。

每个老艺人都是一座戏库，都有一门绝顶功夫。但皮影戏日渐衰弱，皮影艺人还在干本行的几乎为零。张明星对于皮影老艺人的绝活面临失传，十分心痛。因为痴爱皮影戏，张明星曾赴北京、唐山、腾冲、云梦、靖港等地到处寻访皮影戏老艺人，并有意识地收集皮影戏影人。虽然老的皮影影人早被一些敏锐的收藏家们收走了，能买到手的老皮影影人不多了，但他还在收集老故事、戏本子，只有收集他们记忆中的老故事和老皮影影人，才能知道得更多。

为了更好地保护和传承浏阳皮影戏，作为一个皮影戏艺术工作者，张明星一直在坚持，坚持演出，坚持向外介绍、宣传浏阳的皮影戏。2015年9月2日，他牵头组织了浏阳近年来规模最大的一次皮影戏盛会——浏阳“山泉杯”第二届皮影戏大赛——有10个班子、50多个艺人参加赛事，吸引了近两万的现场观众。在枨冲镇三元村举办了浏阳史上规模最大的一次皮影大赛，受到社会各界的一致好评，对提高皮影戏保护意识，起到了推动作用。2015年，张明星被认定为长沙市级非遗浏阳皮影戏代表性传承人。

2019年张明星创建了好过影皮影文化创意有限公司，旨在传承皮影戏的艺术与文化。他长期带着他的团队，穿梭在长沙及周边城市的楼盘、学校、开业庆典、政府活动演出中，参加过几十次政府、企业的大型活动演出。他还先后为皮影戏事业投入资金30多万元，很好地传承了浏阳皮影戏演唱技艺，也大大扩展了浏阳皮影戏的知名度。

山野歌谣

浏阳客家山歌

一

对于浏阳的客家源流，一般认为浏阳的客家人最早始于宋末，历经元末明初两次大迁徙，境内客家人大增。而大多数客家人，于明末清初，尤其是清朝康熙、乾隆年间，从广东、福建、江西等地迁徙而来。

明嘉靖年间（1522—1566），一批福建人避倭寇乱，逃入江西宜春。随后，广东人亦接踵而至，竟达数万人。他们在宜春、万载等地搭棚定居，被称为“棚民”。明亡后，棚民不断反清，遭清廷捕杀，被迫逃亡。其中一部分潜入浏阳东、南乡的穷乡僻壤，垦地开荒。与此同时，明将郑成功据厦门，清不能克，下令将福建、广东沿海居民迁入内地，并烧毁其房屋，死其归心，以绝郑后盾。于是，闽、粤入浏的移民增多。据粗略调查，来浏的广东籍共有36支，其中即有31支为清初迁入。迁入户均保持原籍客家方言，世代相承，示不忘祖，被称为“客姓”。当时，较平阔的地带均为江西移民居住，“客姓”只好进入山区定居，至今仍多分布于浏阳东乡、南乡边境山区。浏阳总共约有20余万客家人，张坊镇是浏阳客家人数量最多的乡镇之一，全镇3万多人，将近90%为客家人。而聚居在张坊乃至整个东区的客家人绝大部分是清朝初期从广东梅县（今梅州市）迁来，至今约有300余年的历史了。

客家人的先祖扶老携幼，一步步漂泊到湘东一带，又一步步深入到浏阳东、南山区。或许是为了驱赶孤寂与恐慌，客家人爱上了山歌，有客家人的地方就有客家山歌：“天蓝蓝来山青青，唱支歌子散忧心，若凡有人和歌子，高山流水遇知音。”“么格弯弯弯上天，么格弯弯牛后跟（方言读“坚”音）？么格弯弯水上走，么格弯弯眼上边？”“月亮弯弯弯上天，犁辕弯弯牛后跟；船儿弯弯水上走，眉毛弯弯眼上边。”“岭岗顶上一枝梅，手攀梅树望郎来。阿娘问我望什么？我望梅花几时开。”

在山山岭岭之间，或一唱一和，或独唱浅吟，信手拈来。歌声清丽悠远，隽永缠绵，从山山岭岭之间飘过。这是一种洗去了尘世铅华的清越之音，让人们窥见客家人浪漫、坚韧而又执着的性情。

二

浏阳客家山歌是客家人民的一种口头咏唱艺术，于 2016 年列入湖南省级非物质文化遗产项目。客家山歌内容由浅入深，丰富多彩，生活气息特别浓郁，极富哲理性，且歌词比喻贴切，唱调高昂多变，很有山区特点。

据初步考查，浏阳客家山歌已有 700 多年历史，口头广泛流传至今。很长一段时期，客家人大都能唱几首客家民歌，甚至有不少能唱 300 至 500 首民歌的歌手。据史料记载，从外地迁居浏阳的客家人，主要分布在大围山、上洪、张坊、官渡、小河、升平、文家市、小河、中和雅山等东南山区一带乡镇，在繁茂的客家文化中，客家山歌有声传承。他们说的都是客家话，唱的都是客家歌。走在这些客家山歌歌手聚居的地方，到处可以听到优美动听的歌声。客家山歌唱腔音调高昂，唱法时有变化，歌词中常常夹以衬词或附之模仿的锣鼓点子声，增添音韵和节奏感，显得丰富多彩。

浏阳客家人 98% 居住在山区。苍郁的森林，叮当的流泉，美丽的花卉，悦耳的鸟声，优美的大自然培育了他们质朴、开朗的性格，也培育了他们细腻、深厚、丰富的情感。

客家山寨飞出阵阵山歌

过去客家人经常会举办赛歌活动，常常会惹四里八乡的歌手前往一决输赢，乃至观者如云，盛况空前。而在歌手未找到赛歌对手前，他们大多会唱一些与人无关的歌来抒发内心情感，来测量自己的歌喉高低、好坏、明暗。当发现周边有歌手自唱自乐时，便会招惹对手，邀其赛歌或对歌，然后开始互相盘考问答。当赛歌时间已经很长了或者唱不赢了，便开始收歌送别。每一个环节都有充满着生活乐趣的代表山歌，如收歌环节“眼看日头快落西，今日赛歌不陪你，收歌失陪莫见怪，怪涯（我）屋里事成堆”，特别有生活气息。

浏阳客家山歌研究者张文清搜集整理成集的浏阳客家山歌有3000余首，从内容上来看有谈情说爱的情歌，有歌颂山乡风物的赞歌，有测考智慧的盘歌，有劝人行正的劝歌，有揭露鞭打旧社会罪恶的骂歌等。形式也很多，有发歌、对歌等等，而对歌包括和歌、盘歌和收歌，是多人和唱，一问一答，尽情地展现歌者的聪明才智和过硬功底。客家山歌歌词既雅又俗，既形象生动又好记好懂，本身就带着诗味，主要有以下内容：

一、时政山歌。是一种反映时事政治的歌。客家人不仅在社会安定时期有歌，在社会斗争激烈时期同样有歌。在社会发展时期，随着生产力的发展，阶级剥削加深，逐渐形成两极分化，阶级间的斗争必将深刻地反映出来，客家山歌成了斗争的武器。传统的时政歌，重点是提示阶级剥削、民族压迫给人民、给民族带来沉重的苦难，反映劳动人民翻身求解放的政治理想与斗争精神。

特别是在大革命时期，客家人群集地大多为深山大岭、边远村沟，这些林木茂盛的老边山区，藏着工农红军、游击队、赤卫队的根据地。工农红军将客家山歌当作革命宣传的有力武器，鼓舞着人们去当红军，团结起来，争取革命胜利。客家歌手大显身手，编了不少革命山歌。如：“长袍马褂老鼠形，仗钱仗势压穷人。厓要变只杀鼠猫，刮你皮来抽你筋。”“竹篙打水乱纷纷，穷苦后生快当兵，打倒土豪扎红带，手拿梭镖显威风。”又如《送郎当红军》：“一送我的郎呀，去当兵哟喂，阶级敌人要认清呐。工人就是哟我兄弟哟喂，农民就是我家门呐。哥呀，妹呀，工农就是我家门呐。二送我的郎呀，去当红军哟喂，冲锋向前杀敌人呐。消灭白匪哟回家转哟喂，回来与妹把田耕呐。哥呀，妹呀，回来与妹把田耕呐。”

1927年，国民党反动派发动“马日事变”后，三湘四水陷入白色恐怖之中，特别是浏阳老革命山区，遭受四处清乡、烧杀抢劫。白军提出“宁可错杀三千，不可放走一个”，对革命运动进行血腥镇压，大肆血洗革命根据地。对此，客家人留下有歌：“三山九岭十八坡，座座山上都有歌。那年白军来血洗，血染青山歌冒落。”

正当广大农村打土豪分田地，建立苏维埃政权轰轰烈烈的革命形势下，出现了许许多多的新编客家山歌，如《当兵就要当红军》《工农兵解放歌》《调兵歌》《武装上前线》《工农革命山歌》《建立苏维埃》等。这些客家山歌充分反映了广大人民在共产党的领导下，武装起来，决心建立苏维埃政权，推翻国民党统治，建立新中国的革命斗志。如《建立苏维埃》：“斧头不怕硬丝柴，红军不怕反动派。豪绅地主威风倒，各地建立苏维埃。”

随着革命的需要，革命宣传的发展，客家山歌在形式上有了创新，创造出一个领唱、众人和声的唱法。如有名的客家山歌《工农红军打胜仗》，1927 年 9 月 19 日，毛泽东率领的工农革命军进入文家市后，广大人民群众奔走相告，热烈欢迎，当时客家人编了这首流行最广的山歌：

领唱：工农红军打胜仗啊咧，合唱：唔味错（不会错）啊！
领唱：活捉敌人的旅团长，合唱：嘿当真（是真的）。
领唱：红军打下文家市啊喂，合唱：唔味错啊。
领唱：缴了敌人几千枪，合唱：嘿当真。
领唱：无线电台都缴了啊咧，合唱：唔味错啊。
领唱：军用品来无其数，合唱：嘿当真。
领唱：打了胜仗回家转啊喂，合唱：唔味错啊，
领唱：巩固政权有保障，合唱：嘿当真。

这和声一加，气势更加磅礴，声调亦铿锵，更显出一种欢庆胜利鼓舞上进的气氛。这证明了客家山歌是根据社会的发展，不断进步和完善；是根据山区的特点，用来传授生产、生活、文化、革命知识的工具；是劳动人民向统治阶级和黑暗势力进行斗争的武器，也是客家人民日常生活中最亲密的伴侣。

新中国成立后，人民群众拥护共产党，勇往直前，怀着激情歌颂共产党，出现了不少新的时政歌。如党的十一届三中全会后，生产发展了，人民群众的生活水平提高了，自是以客家山歌抒发情感，如《春风春雨唱新歌》：

共产党是真英明，致富政策得人心。
改革开放穷变富，田产黄金地产银。
致富政策到山坡，客家人民唱新歌。
荒山秃岭又转青，家家户户钱粮多。
致富政策威力强，冰冻雪山见太阳。
五谷丰登人添寿，人人手中有钱粮。

二、劳动山歌。是以劳动生活为吟唱内容，人们在劳动中直接吟唱的歌谣。目的是协调动作、减轻劳累，为了鼓劲加油而编唱的。诸如《插秧歌》《采茶歌》《驾船歌》《纺花歌》《抬轿歌》等劳动活，都有歌。

客家山歌立场坚定，爱憎分明，歌里蕴含着对于美与丑、真与假的认识，唱出对劳动本身的骄傲与自豪，对丑恶现象的憎恶和抨击。从而推动人们满怀热情和信心地去征服自然，改造自然，改造社会。这种崇高、豪迈、爱憎分明的感情，是如此美好，这就是客家山歌之所以久唱不衰的生命力所在。

客家人聚在一起就爱唱山歌

客家山歌女歌手

客家人历来有唱客家山歌的习惯，有歌为证："唱歌不是人发癫，它是客家古相传。厓格祖师广东来，它唱歌子登了仙。"当时，外迁来浏阳的客家人，几十里远才有一户人家。生活在青山绿水的环境中，劳动之余，劳动之中，见物生情，客家人便将自己家乡带来的客家民歌吟唱起来，来表达自己的追求。如："客家民歌美名扬，首首民歌情谊长，句句唱出妹心事，声声不离有情郎。""龙王牌下一冲田，丘丘栽的是麻粘，阿哥要学麻粘样，泉水再冷不断线。"

龙王牌是浏阳东南乡相邻的一座交界高山，山下排排梯田，全靠山泉水灌溉。由于山高水冷，日照时间短，这里只能种一季耐寒种麻粘禾。客家歌手借此比兴歌唱，抒发出一种细腻炙人的感情：麻粘再冷不断线。大多数客家山歌是富有这个特点的，既有充实的生活，又有炽热的感情。

最典型的是打夯时用来指挥劳动的《夯歌》，是一种众所周知的民歌。常言道：“打夯不唱歌，累得你腰酸背又驼。”的确如此，打哑巴夯又累人又憋气又打不好，还容易出安全事故。所以打夯一定要有人领唱夯歌，众人和唱。这种手中打夯，口里唱夯歌，无形中齐心一致，动作一致，增长着力量，增添了一种乐观心情，解除着疲劳。

领唱：抬硪抬过膝呐！众唱：嗨嗬哟啊！
领唱：飞硪飞过头呵！众唱：嗬嗨呵！
领唱：众人齐哒呐！众唱：嗨嗬哟啊！
领唱：地动山也摇呵！众唱：嗬嗨呵！

又如四人夯歌：

领唱：人心齐喂！众唱：嗬嗨！
领唱：泰山移呐！众唱：嗬嗨！
领唱：敢教日月换新天，淅沥淅沥，洒拉洒拉，淅沥淅沥换新天！众唱：嗬嗨！

插秧季节，在乡村的田野里，到处响着动听的插秧歌：“赤脚双双来插田，低头望见水中天；行行插得齐齐整，退步原来是向前，插好秧苗盼丰年。”

在过去的岁月里，大部分的妇女在家里绩麻纺纱，日夜守着纺车纺棉花，为解除心中忧闷和疲劳，经过漫长时间的琢磨和推敲，用手中的纺车，可以纺出一种独特优美的音乐和山歌，无形中将纺车的音响，变成了优美动听的纺纱歌。

1956年，中央文化部指示各地挖掘民间艺术，日夜守着纺车几十年的浏阳客家女易益秀，背着纺车来浏阳县城参加全县民间艺术会演，获得一等奖，并选拔参加了湘潭地区和湖南省民间艺术会演，均获奖而归。

棉啦棉啦棉，棉啦棉啦棉，丈夫出门两三年。
一冇信来二冇钱，买片香干子过个年。

棉啦棉啦棉，棉啦棉啦棉，丈夫在外驾乌船。
一去就是一两年，纺点棉纱兑油盐。

浏阳河过去是条水运主要航道，船夫望水忧叹，发出他们内心的驾船歌声：

脚踩乌江手拿篙，一年四季水上漂。
发起风来将蓬扯，落起雨来把桨摇，劳累吃苦实难熬。
丈夫在外撑乌船，一去就是一两年，伢妹细崽好可怜。

三、**爱情山歌**。是浏阳客家山歌中数量最多的一种，是客家人爱情生活的真实记录，也是流传最广、艺术性最完美的艳丽的花朵。在旧社会，男女青年没有婚姻自由，但他们向往和追求自由幸福的婚恋及婚姻的悲欢离合，往往以质朴、流畅的山歌，抒发自己真挚、纯洁、质朴的爱情和欢乐心情，自然流露了那种反封建伦理、争取自由幸福的感情，活跃而又调皮，大胆而又辛辣，令人入胜。

浏阳客家山歌里，特别有《诗经》风味的是情歌，情深义重：

《爱你妹妹有情人》：

油菜开花黄似金，萝卜开花白如银。黄金白银俺不爱，爱你妹妹有情人。

《白头到老永不离》：

妹是山中一枝梅，哥是空中喜鹊飞。喜鹊落在梅树上，白头到老永不离。

《死同阿哥共炉烟》：

鸳鸯成双在河边，阿哥和俺一线牵。生同阿哥共河水，死同阿哥共炉烟。

爱情山歌内容十分丰富，从相见、初识、爱慕，到求爱、热恋、结婚，以及相思、送别、离异，字字有意，句句含情。在初见阶段，往往是以赞美、试探性地唱：

《上山砍柴鸟唱歌》：

阿妹长得真不错，好似天上美嫦娥。下塘洗手鱼下蛋，上山砍柴鸟唱歌，不知要找哪只喜鹊共一窝？

《哪有十八姣莲不想郎》：

豆角打花双对双，问姐想郎不想郎？哥呀，蜘蛛挂网团团转，豆角打花双对双，哪有十八姣莲不想郎。

在热恋时，她们既要排除一切封建约束，又不放弃爱情，她们以“烘云托月，借物起兴”含蓄地唱：

《高山顶上栽兰花》：

高山顶上栽兰花，先发正蔸后发丫。千担粮田俺不想，只想同哥成一家。

《高山顶上吹口哨》：

高山顶上吹口哨，妹在屋里双脚跳。爷娘问俺跳麻格？担心落雨冇柴烧。

《我看槐花几时开》：

高山顶上一树槐，手攀槐枝等哥来。爹娘问我看什么？我看槐花几时开。

《永生永世同一双》：

茶树开花双成双，俺同阿哥结鸳鸯。鸳鸯能够同生死，永生永世同一双。

新中国成立后，婚姻自由，再不受封建约束了，男女青年从心深处发出了喜悦的决心和歌声：

楠竹钉船钉两头，阿哥划船妹撑篙。只要两人站得稳，不怕恶浪万丈高，哪怕旁人鬼起飙。

高山搭桥不用灰，如今谈爱不用媒。多个媒人多张嘴，媒人嘴里出是非，我要自己做主配夫妻。

十八大姐戴红花，不要媒婆多嘴巴。狗咬老鼠管闲事，

我的婚姻自当家，省得两方说假话。

四、生活山歌。山歌是客家人社会生活的真实反映，有四个方面的内容：一是反映社会不平等的歌，如《一年四季冒风光》《穿着破烂叫化样》《苦人作田他收租》等。二是反映妇女苦难的歌，如《哭嫁歌》《柴把大了不得归》《夜里绩麻心发呆》等。三是反映生存状况的歌，如《蛤蟆也有两公婆》《几多单身苦难度》《鲤鱼想着清明水》等。四是反映社会的苦难，如《今日又要饿肚皮》《明日冇得早饭米》等。也还有不少是表现客家人自娱自乐的生活方式和争强好胜的精神面貌。

《穿得破烂叫化样》：

要俺唱歌无心唱，穿得破烂叫花样。虽然阿哥不嫌俺，自家面皮冇地放。

《柴把大了不得归》：

妹妹砍柴俺教你，柴把捆得松松里。阿妈问你搞隔久，柴把大了不得归。

《夜里绩麻心发呆》：

手颤脚颤一脚颤，不知魂魄到哪来。日里砍柴伤手指，夜里绩麻心发呆。

《几多单身苦难度》：

日头一出照九州，几多欢喜几多愁。几多作田有饭吃，几多单身苦难度。

《夜里冇老鼠粮》：

广东过来到浏阳，世人冇得俺格忙。早晨冇得鸡食米，夜里冇得老鼠粮。

随着日月流逝，浏阳客家人口增多，逐步和江西、福建、广西等地迁居来的人结亲。于是客家人聚居地和其他地方迁居来的人，开始共村同井，在生产上互帮互助，在生活上互通互济相互帮助。在语言上，外地人为和客家人密切来往，开始学客家语，客家人又学外地人的本地话。因此，在文化上，客家歌渗进了外地人的本地歌腔特色，唱词长短灵活，不受拘束，一歌多韵，生动顺口。打破了七字一句、四句一首的局限，出现了五句联、七句联、九句联，甚至十几二十余句，长长短短，不受拘束、生动灵活。如《绣花女》："郎在那外面打山歌咧，妹在咯屋里绣花朵。不晓得是哪来的山前坳背的巧娘巧爹生出咯样聪明伶俐的崽哟，唱出咯样干干净净、索索俐俐、钻肠钻肚、钻肝钻肺的好山歌。唱得那鲤鱼仔呀游不上水哟，唱得那黄牛仔呀滚下坡，我放落花盘听山歌。"

至清朝中期，客家聚居地生产有所发展，人口逐渐增多，客家人对那单一的张口对唱的形式感到不满足，开始向往敲锣打鼓的伴唱。但由于居住分散，隔山隔岭几十里远才有一户人家，无法经常聚集在一起来敲锣打鼓。于是，客家人在上山砍柴时，不管是单独行动的，还是多人一起，他们拿起手中镰刀敲着竹木千担，一边唱一边敲，敲出叮当且当匡的锣鼓声，客家山歌唱法无疑得到了丰富和提高。如《风吹桂花满山香》："隔久冒到（且当且）依条岗，依条岗上（叮当且当匡，且咚咚多）桂花香，老妹好比（且当且）桂花树，风吹桂花（叮当且当匡，且咚咚多）满山香。"

歌词创作技巧也跟随着客家山歌唱法形式的变化，有大的提高和发展，逐渐形成有较大规模的对歌会。平时有对歌、盘歌，出口成章，你来我答。且在比喻、衬托、夸张、对仗等手法上不断提升，有独特之处。如："好狗不会迷路途，好猫不偷灶上肉。好郎不做败家子，好山能把百鸟留。""好厨做菜会调汤，好匠起屋会砌墙。好官断案会清正，好郎作田会种秧。"

这些贴切生动和连续串设的比喻，不仅手法新颖，而且有利于感情抒发。看似重重叠叠，但字重意不重，朗朗上口易记易唱，还增强了音乐节奏感。

在 20 世纪 60 年代，客家山歌遭到禁唱，不少歌手在大会小会上受到批判，但在深山里、冲尾、山坡边，还是有人压低声音在唱。党的十一届三中全会后，客家人又编起新歌，抒发出感谢党、赞颂党的春雷喜雨。如：“致富政策到山坡，客家人民唱新歌。荒山岭上又栽树，家家户户粮食多。”

三

“山绿绿来水清清，唱个山歌散忧心。哪个愿来和歌子，高山流水遇知音。”旋律优美、委婉动听的曲调，委婉含蓄、耐人寻味的歌词，一唱一和之间除了一较歌唱水平的高低，更道出了优美的客家风情与客家山歌焕发出的艺术魅力。

客家人不用记歌词，歌词全在“肚子里”。20世纪80年代，浏阳仍有不少客家山歌歌手群，能唱两百至五百首山歌的好歌手比比皆是。既有农夫也有工匠，既有刘三姐式的著名歌手，也有夫妻对唱的鸳鸯歌手……

中和当地群众有歌赞扬刘三姐式的民歌手杜桂英：唱歌好手杜桂英，民歌满肚好声音。犁田听得牛不走，行人听见脚步停。

杜桂英出生于1918年，一字不识。她父亲是大革命时代的赤卫队长，她七岁当童养媳，从此便向邻居彭菊婶娘学唱歌。十三岁开始在本村与人对歌、和歌，十七岁后远离村庄外出赛歌，曾在横山、双冲尾等地多次赛歌获胜。她经常和人赛歌，曾经赛歌唱过一天一夜没有倒过来，没有唱过回头歌。20世纪60年代，客家山歌一度被批，她因爱唱歌受了批判后闭口停声了。80年代民间文学普查时，客家山歌研究者张文清下乡去收集山歌，杜桂英在内的一些老人死活也不唱了。通过请她的儿子和媳妇出面，反复做思想工作，杜桂英又开口唱歌了，张文清从她口里三天搜集到的山歌就有522首。

素有一歌数唱的歌手张世华，一首山歌，她可以唱出多种唱腔，唱出多种不同的山歌味。如描绘山区客家人生活艰难的，用口代替锣鼓的客家山歌：

担子好担（且当且）背难驼，
大字好写（叮当且当哐，且咚咚哆）墨难磨；
鞋子好穿（且当且）底难打，
白米好吃（叮当且当哐，且咚咚哆）禾难作。

老歌手张华滚，擅长唱高音过山丢山歌，就是他在山这边唱歌，可以把歌声丢到山那边去。他唱的是五句散板山歌：

山歌易唱口难开，粑粑好吃磨难挨。
白米好吃田难种，鲜桃好吃树难栽。
想要恋姐口难开。

普通看山员李友余，在山上经常唱着散板山歌：

家住深山老树林，不是乌鸦不是鹰。
我是天上催春鸟，日夜绕山叫五更。
要让青山绿成荫。

“你唱歌子我也来，唱得心里乐开怀，唱得满山长绿叶，唱得鲜花遍地开。”张文清的老家在浏阳中和镇雅山社区，他是个地道的客家人。说起客家山歌，张文清任何时候都能张口就来，抑扬顿挫，尾声悠长。他 13 岁时在中和当地财主家当长工，好多歌都是跟着长工们学的。长工们在山上、田里、地里干活时热闹得很，这里唱来那里和。他就在旁边跟着学，那些歌一直记在脑海里，一辈子都不会忘。

出于对客家山歌的喜爱，从 1980 年开始，张文清便翻山越岭到张坊、大围山、官渡、文家市、中和等地客家人聚居地搜集整理客家山歌。他跑遍了浏阳 18 个客家山乡，有的山村甚至去过 20 多次，很有收获，光在中和雅山村就发现有一个 26 人的优秀歌手群。自此，这么多年来，张文清一直在用心搜集整理浏阳客家山歌，一共搜集了 3000 余首浏阳客家山歌，都是在客家歌手演唱时，他一句句记录下来的。2016 年 4 月，他整理推出《浏阳客家山歌（赛歌集）》，展示了浏阳东南乡三山九岭十八坡的歌手的足迹和声音，讲述了浏阳客家山歌概况、赛歌程序、搜集整理情况等，并录下了 24 首珍贵的客家山歌曲谱。可以说，此书是对客家山歌的完整记录，还原了客家山歌本身的话语形态，更还原了客家山歌传承的文化生态。

“祖宗留下客家歌，洒满九岭十八坡。三十六箱客家本，零星山歌用船拖。” 直至现在浏阳还有一些四五十岁的歌手，像曾孟秋、冯梓龙等，执着地唱着客家山歌，他们坚信浏阳客家山歌是一笔宝贵的文化遗产，不

年岁已高的张文清翻阅多年收集来的山歌抄本

张文清历年来收集的山歌资料

张文清早年的山歌抄本

能让山歌在自己眼前丢失。因此浏阳山歌的活态传承，正在有声有色地开展。

曾孟秋是土生土长的张坊人，作为地道的客家人，他从小就是听奶奶和母亲的山歌长大的。客家山歌韵味十足而又婉转上口，深深地印在了曾孟秋的脑海里。

成年后，他对客家山歌的喜爱日渐加深。自己不仅到处学唱山歌，而且还开始搜集客家山歌。他曾用了三年时间，专心致志地从事收集工作，脚步遍及张坊、官渡、大围山等东区乡镇，以及万载、铜鼓等湘赣边地区，到 2018 年已经收集整理了 6000 多首。而每次整理后，曾孟秋又将其装订成册，送给爱好客家山歌的人，一起交流。在曾孟秋家楼上，可以看到他那满屋的书籍，一本本“客家山歌”集子堆在桌上，顺手一翻，就能见到在当地传唱许久的山歌文字版。

在张坊集镇，曾孟秋爱好山歌的名气很大，时常有人慕名来找他切磋山歌。如今时代发展，过去几百人在山岭上对唱的盛况已不复现，却被曾孟秋和他的歌友们搬到了网络上。这些山歌爱好者时常在微信群里交流，大家兴致来了就来唱几首。

客家人曾孟秋唱山歌

“浏阳客家山歌多，撒满九岭十八坡。七百多年歌冇落，如今还在添新歌。”浏阳客家山歌这朵民间音乐艺术之花，在灿烂的阳光下，在温暖的春风里，闪耀着灿烂的光芒，扣人心弦。或许，浏阳客家山歌能搭上旅游文化的便车，洒满昔日的九岭十八坡，焕发出新的魅力。

客家人曾孟秋唱山歌

迷人花鼓

浏阳花鼓戏

—

湖南戏曲历史非常悠久，历史上曾流行京剧、祁剧、花鼓戏等大小地方剧种约 21 种。

花鼓戏与湘剧结合，扩大了演出剧目，丰富了表演艺术，特别是对花鼓戏音乐的发展产生了重大影响，剧目上也发展为故事完整的整本戏。而从湖南花鼓戏音乐的发展来看，花鼓戏初期，以民间小调和牌子曲演唱边歌边舞的生活小戏，如《打鸟》《盘花》《送表妹》《看相》等。前辈花鼓戏艺人（民间作曲家），根据戏剧内容的需要，运用“一曲多变”的规律，诞生了许许多多的曲调。现存花鼓曲调 300 多首，常用的有 80 余首。风格特点也不一样，根据调式风格的不同，演唱和演奏时颤音、不颤音的次序各异，可分为打锣腔、川调、洞腔、小调四大类，其中川调和打锣腔是剧种的代表性声腔。“打锣腔”是花鼓戏最早的曲牌，来自傩戏，即傩腔。打锣腔主要剧目有《清风亭》《芦林会》《八百里洞庭》《雪梅教子》等，是花鼓戏在南县、华容、安化地区成型的过程中，湘剧演员搭班带来的剧目。川调最初也只是民歌加过门，上下句反复，最后有锣鼓、唢呐演奏的梢腔，声腔结构与表现功能带有弹腔性质，也产生了一定的板式变化。主要剧目有《刘海戏蟾》《鞭打芦花》《张光达上寿》《赶子上路》等。

清末民初，花鼓戏开始进军城市。民国元年（1912），花鼓戏新泰班进入长沙演出。1949 年前后，花鼓戏开始进入兴盛时期，长沙花鼓戏演出活动骤增。花鼓艺人云集长沙，益阳班、湘潭班、醴陵班、宁乡班、浏阳班云集长沙。曾有十八个挂牌剧团同时开锣之说。不同路子的花鼓戏，因频繁的艺术交流而逐渐合流，舞台语言向长沙官话统一，形成比较完备的长沙花鼓戏剧种。

新中国成立后，湖南各地分别成立专业剧团，长沙花鼓戏有了很大的发展，优秀作品大量涌现。至 1980 年代，全省有 33 个剧团演唱长沙花鼓戏，长沙花鼓戏成为湖南地方戏曲中剧团最多的剧种。经过改编的《刘海砍樵》于 1952 年参加了第一届全国戏曲观摩演出，获得了剧目奖和演员奖。艺术家们发挥花鼓戏贴近现实生活的特长，创作了一批反映现实生活的现代戏，比如《三里湾》《打铜锣》《补锅》《烘房飘香》《双送粮》《骆四爹买牛》《牛多喜坐轿》《野鸭洲》等剧目，花鼓戏已成为一种能登大雅之堂的艺术。至2009年，长沙花鼓戏被列为湖南省级非物质文化遗产项目名录。

二

浏阳为长沙花鼓戏发源地之一。浏阳花鼓戏因受地域文化影响，兼有湘东的山歌、浏阳民歌、江西采茶歌、平江花灯及浏阳地花鼓的元素，在演出剧目、声腔特色、表演风格和锣鼓套路上，自成流派，别具一格。

花鼓，花鼓，花在鼓上。鼓，是说必然有锣鼓。花是什么？不是鲜花、干花或绣的花，而是一盏一盏的花灯。在许多花灯的簇拥下，锣鼓在敲击，人们的身躯在扭动。这就是最早的花鼓，也叫花灯。这种形式应该很早就有了。至于浏阳戏史，可溯及宋代，距今近900年。而花鼓戏在浏阳的历史，至少有近两百年了。

于湘戏而言，花鼓戏则来自民间小调。据省志、浏阳地方志及《中国戏曲音乐集成·湖南卷》等记载：清朝顺治己亥年（1659），就有了“二人台”“对子戏”“打花灯”等浏阳地花鼓的演出。据清嘉庆二十四年（1819）《浏阳县志》风俗篇记载：“正月以童子装丑、旦剧唱，金鼓喧阗，唱插秧、歌采茶，曰打花鼓。”清同治十二年（1873）《浏阳县志》载：“上元……龙灯、鱼灯、狮子灯……又有服优场男女衣饰，暮夜沿门歌舞者，曰花鼓灯。”此为《风俗纪略》的历史纪实，可见当时花鼓戏已很普及。清咸丰、同治之前，花鼓戏已有师传，且遍流于民间，由民间对子花鼓，逐渐发展为草台班子，为农村春节及其他传统节日娱乐所演之戏。而草台班子，演出场地简易，呈现出浓郁的地方特色。

浏阳花鼓戏与长沙、益阳、湘潭的花鼓戏同宗共祖，一脉相承，与益阳、邵阳并称为湖南花鼓戏的“三阳开泰”。但因受地域文化，尤其是湘东客家山歌、浏阳民歌、江西采茶歌、平江花灯和几百年来浏阳湘戏、地花鼓的影响，在演出剧目、声腔特色、表演风格、表现形式，包括锣鼓套路上都自成流派，别具一格。早在清光绪年间（1875—1908），湘戏发达，花鼓戏受湘戏之影响更为显见，如《骗酒钱》中的“四弹戏”“四高腔”就是模拟湘戏的表演。民国十年（1921）左右，又陆续学得《戏凤》《回窑》

20 世纪 70 年代，浏阳花鼓剧团在城关镇演出

20 世纪 70 年代，浏阳花鼓剧团在东风界演出

《杀惜》等湘戏小折，且四处涌现了不少湘戏、花鼓戏兼唱艺人。不但在浏阳本地的东西南北“四乡”一带为老百姓的各种喜庆祭祀活动频繁演出，而且还辐射到了长沙、平江、株洲、醴陵及江西的铜鼓、萍乡等周边区域。

浏阳路子的花鼓受本地粗犷朴实、强悍民性、开朗乐观、血性忠勇个性和本土情怀的影响，在演唱风格和演唱情感上更显刚劲明快。如浏阳花鼓的“鼓乐”，就十分火爆热烈。这种“原始、火爆”的特色，形成了浏阳演出长沙花鼓的特殊表现风格。在浏阳，花鼓小调的演奏一贯以跳跃、明快、浓烈著称。伴奏从来都讲究“富丽堂皇”，经常与湘剧等地方大剧种同台合演，相互取长补短。尤其，后来名噪一时的长沙花鼓小戏《小砍樵》中的“比古调”及《大砍樵》中刘海夸妻的“喜报三元”，就是浏阳的花鼓小调演变而成。

晚清民国以来，浏阳花鼓戏以地区语系分为上、中、下三路：东区为上路，以花鼓戏艺人林益元、王兴发、周南桂较有名；城关与南乡青草市一带为中路，以高一、高二、刘二等较有名；西区为下路，以袁申姣、罗汉臣等为代表。花鼓戏班，艺人多来自贫苦农民和手工业者，最初只七至八人组成三场面、四角色的半职业性的草台班。到民国二十年（1931）后，场面与角色略有增加，但基本上还是一种小戏的表演。行当上仍以小旦、小生、小丑为主，还有胡子戏、老旦戏，往往由小丑或生角扎扮，无固定行当。

花鼓戏剧目内容偏重男女爱情，故被指斥为伤风败俗的“淫戏”，常遭禁止，动辄停锣抓人，戏班子很难巩固。为此，演出者只能在农村偷偷演出，每年正月初一开锣，演至元宵后散班归家，各谋职业。此外逢端阳、中秋或新婚等喜庆间或有临时性演出。

唱、念、做、打是中国戏曲的主要表现手段。浏阳花鼓戏在这基础上经过老一辈艺人的不断努力，总结出了一套独特的艺术创作手法。浏阳花鼓戏曲调不算丰富，却创造出下河调、西宫调等许多独特的曲调。浏阳花鼓戏唱腔带有浓厚的地方特色，高亢又不失柔美，野性中又带有含蓄。浏阳花鼓戏唱腔多“小弯小俏”，包含“颤音、吟声（又称波音、气震音）、水漱音、倚音、顿音、打花舌”等。这些唱腔技巧的运用，也为演员塑造人物提供了不小的帮助，大大增强感染力。如《清风亭》中张元秀“好一似钢刀刺我心”一段木马调散板演唱，加上颤音、吟声、顿音和水漱音技巧的运用，正如主人公对养子执意要与生母同去的难舍之情和对捡子时的喜悦及养子之艰辛的哭诉。

梨园界素有“四两唱，千斤白”一说。这里的“白”就是“念白”或“道白”。浏阳花鼓戏朗朗上口的唱腔，欢快轻松的曲调，辅以乡土风情与生活气息浓郁的方言俚语，在浏阳大地四处开花。浏阳花鼓戏的道白以长沙官话为主，并富有节奏感和音乐性。白分为有韵律化的韵白和接近生活语言的散白。老生、小生、青衣、正旦、老旦等多用韵白，小丑、小花旦、彩旦、二旦等多用散白，现代戏创作中所有角色一律为散白。道白讲究“轻、重、缓、急、抑、扬、顿、挫”，如《四进士》中宋世杰“小人宋世杰……一庵堂寺院”一段韵白，它由慢渐快、由弱渐强的大段道白，到高潮部分时，犹如“连珠炮”字字铿锵有力。与此同时，浏阳丰富、独特的地方方言，更为花鼓戏的唱词增添了不凡的韵味。“小张三，打赤脚，我同你快些走。一走走到蕉溪岭，石头打了我的脚，唉哟我的娘……”北乡的张三调欢快诙谐，在“拗口”的北乡话的唱词演绎下更让人前仰后合，忍俊不禁。

做，就是形体动作，比如开门、关门、上楼、下楼、骑马、行船等。老艺人根据花鼓戏的剧种特色，创作了很多既“来源于生活，又高于生活”的舞台程式动作，如《刘海砍樵》中“砍樵”、《打铜锣》中林十娘“放鸭子”、《补锅》中的“拉风箱”等。而这些多以表现劳动生活为主的生活化程式表演也正是湖南花鼓戏特色之一，同时也是人民群众喜欢的原因之一。

打是戏曲舞台的重要表现形式，如“把子功、毯子功”，浏阳武戏比例不大。浏阳花鼓戏多以反映民间生活为主。多以生产劳动、男女爱情和家庭矛盾为题材，语言生动活泼，乡土气息浓厚。由于这个原因，浏阳花鼓戏在表演上有自己独特的风格。从初期一旦一丑的地花鼓开始，便是载歌载舞，发展到“三小戏”亦是如此，沿袭至今的演出风格仍未改变。随着时代生活的需要，浏阳花鼓戏程式在不断改变和发展。但改变和发展不代表脱离自己的剧种特色，正如京剧表演艺术大师程砚秋所说的要“守成法，又要不拘泥于成法，但同时还要注意不背乎成法”。

浏阳花鼓戏久负盛名，剧目丰富，名家荟萃。浏阳花鼓戏的表演朴实、生动、活泼，极力追求形神兼备，而不只是单纯地追求形体的模仿，特别是在一些生活小戏和现代戏的人物塑造上。比如《砍樵》《放鸭子》《拉风箱》，还有《推磨》《放风筝》《摸泥鳅》等，这些有生活依据的小戏，除了在表演“神”上要求细致到位，在其外部的“形”上也力求生活真实。

浏阳花鼓戏，曾经璀璨，今又流芳。其根植浏阳大地，积淀浏阳沧桑，

2016 年 4 月普迹庙会上的花鼓戏演出

见证了浏阳历史。上百年来，浏阳路子的花鼓不但有久演不衰的《捉蝴蝶》《湖北逃荒》《扯笋》《胡大回门》《葛麻》等传统保留剧目，还创作了不少精品力作，走出了欧阳予倩等一大批戏剧大师、省内外戏曲名家和花鼓名人。2014 年，浏阳花鼓戏被成功地列入第四批长沙市级非物质文化遗产项目名录。

三

浏阳俗语有“西乡出小旦”之说，宣统元年（1909），西乡著名花鼓戏艺师袁申姣从师兰绍习旦角，以后传徒达两百多人，故现今散在全省演唱长沙花鼓戏的艺人莫不为其师承。民国二十四年（1935）时，湖南省政府主席何键在长沙市首倡湘、鄂、赣、粤四省土产展览会，议定各自带来地方戏献演。当时湖北有楚剧，江西有采茶戏，湖南就是花鼓戏了。此事由省民政厅一姓朱的科长负责组织，派长沙市著名的排街艺人刘福生到浏阳联系花鼓戏艺人。浏阳西乡花鼓戏素有名望，他在浏阳西乡找到了梁桂升（名丑旦）、袁申姣（名旦）、孙少云、陈安丙、姜雄、邓树桃等十多人，组花鼓戏班到长沙，住吉祥巷黄万福旅社，时戏班在长沙楚南舞台上演了《扯笋》等节目。其欢快的曲调、优美的唱腔，特别是活泼的打斗场面，令在场观众如痴如醉，乃至轰动一时。

民国二十五年（1936），浏西花鼓戏艺人孙少云、梁桂升等又带领浏阳花鼓戏班到长沙城演出。至民国三十五年（1946），长沙菜王街谦和旅社贺怡（浏阳枨冲人）邀集袁申姣、孙少云、罗汉臣等艺人成立浏西楚剧改进社，在长沙可园绿萍书场演出。他们便将皮影戏剧目改唱花鼓戏，从此大大丰富了花鼓戏剧目。民国三十七年（1948）春，浏阳花鼓艺人邓树桃等在长沙办美奇戏院，集以浏阳花鼓戏艺人为主的班子上演花鼓戏，算是开创了浏阳花鼓戏的新时代。而1949年上半年，浏阳城关艺人高福长组织湘淮楚剧团，在县城集家巷民众戏院上演花鼓戏。

1954年，浏阳县文化馆举办“浏阳民间艺人学习班”，排演了不少节目并巡回演出。1956年初，这个临时搭建的戏班成立了浏阳花鼓戏艺术团。1958年，湖南省文化局将剧团正式定名为“浏阳县花鼓戏剧团”。靠着过硬的演出水平，浏阳县花鼓戏剧团不仅颇有观众缘，而且在1963年一跃成为全省的重点剧团之一，后又被评为全国上山下乡“红旗剧团”。

1977年，浏阳县花鼓戏剧团迎来了第二个辉煌时期，多达80余位演职人员的大阵容从正月初六开锣，一直演到年尾。1988年，戏曲市场呈现整体疲软状态。眼见着不少外地剧团解散，浏阳坚持“浏阳剧团只改革不解散”原则，采取了以文补文、以副补文的方式化危机为出路。一番努力之后，剧团不仅保全了演出阵营，还于1990年至2001年连续六届被评为“湖南省好剧团”，是长沙市五区四县机构保留完整的县级专业花鼓戏剧团。2016年，浏阳花鼓戏成功申报为湖南省非遗保护项目。

浏阳花鼓戏开创了新局面。一方面，整理了原有花鼓戏剧本，有大大小小1000多本，多为历史剧，同时，新创作了反映现实生活的剧本，也就是说，告别了花鼓戏无戏本的时代。另一方面，涌现了不少新时代的花鼓戏剧作家，很好地继承了花鼓戏的历史传统，且有所创新与发展，培育了一批省内外有较大影响的文艺工作者。比如潘信之，成功地改编了《孟姜女》

1993 年，浏阳文化局组织排练花鼓戏《石榴湾风情》，得以进京演出

《错杀蔡鸣凤》，曾在长沙、浏阳、醴陵等地接连上演一个多星期，且场场爆满。比如张文清，在 1958 年 10 月至次年 8 月，《智取达浒》《菊花石》《水随人意流》三部现代花鼓戏先后面世，戏迷将此三部戏誉为“三面红旗”，红旗飘到哪里，哪里就欢呼雀跃。比如，陈健曾在三亚文工团创作民族歌舞近 20 年，1985 年调回浏阳才接触花鼓戏。然而，他却创造了一个又一个奇迹：1990 年，《石榴湾风情》进京演出；2003 年，《万年牌》在省艺术节上喜获金奖，风靡一时；2004 年，《书记有本难念的经》反映了地方税费改革，再次进京演出……

浏阳花鼓戏剧团在传承优秀文化、移植传统剧目、创作优秀节目方面做了大量工作，先后创作演出了《惊天雷》《杨立贝》《菊石瑰》《石榴湾风情》《望月坡》《蓓蕾的呼唤》《书记有本难念的经》《金锁记》《耀邦兄弟》等全省乃至全国有较大影响的剧目，先后涌现了高福长、高二、王霞生、王清平等一批表演艺术精湛的演员。

高福长（1916—2013），20 世纪 50 年代初，他组建“湘淮楚剧团”，在浏阳县城首演花鼓戏，自演旦角。继而参加浏阳县文化馆举办的“民间艺人学习班”、县“民间艺术巡回演出队”，为浏阳县花鼓戏剧团创始人之一。1957—1960 年任浏阳县花鼓戏剧团业务团长，1960 年调往湘潭参与组建湘潭地区花鼓戏剧团，1963 年回浏阳担任浏阳剧院经理。

新编花鼓戏《耀邦兄弟》剧照

新编花鼓戏《耀邦兄弟》剧照

高光友（1890—1967），艺名高二，浏阳县城关镇人。民间花鼓戏艺人，自幼与其兄高一受艺于王益明门下，很快闻名乡里，人们称之为“浏阳的梅兰芳”。他身材高挑，扮相俊美，笑颦可人，嗓音甜润，演唱丝弦小调颇受群众欢迎，《捉蝴蝶》为其经典剧目。他天赋好，但仍刻苦学习，为演好旦角，他常蓄长发，着女装，藏身街头巷尾观察姑娘、嫂子的言谈举止，并向侄女学习纺纱绣花，从形似中追求“神似”，他常采用土音演唱曲调，以口技模拟纺车和纱锭转动声音，十分逼真，堪称一绝。1956年，浏阳剧团特请高二进团传徒授艺，所教《逃荒》《捕醒》均在湘潭专区戏曲会演中获奖。

王霞生（1925-1995），浏阳县城西正街人。自小喜欢看戏，12岁时湘剧同春班来浏阳城陶陶戏院演戏，更是激起他学戏的热情，他甚至计划偷偷地随戏班子去学戏。虽未成功，他没打消从艺的愿望。15岁时，父母许他在城里李大成南货店学经商之余，随同城徐树学打击乐，随余渐学唱戏。19岁时，王霞生自己摆了个小贩摊子，营业之余，正式加入城里曾子庙隔壁的围鼓班子“五福堂”，班主为蒋明战、张才生。其时，王霞生正式拜姜风斌为师，姜风斌家住江西萍乡，时年50岁左右，与著名湘剧艺人崔风堂、堂风玉同班出身，特点是身法架子好。与此同时，王霞生参师宋佑学打击乐，参师欧阳寿亭学唱腔。时欧阳寿亭加入了胡保生的“仁和班”，在浏阳县城“民乐戏院”演出，经常参加“五福堂”的围鼓活动。在此期间，王霞生与张元生合作上演《黄楼》一炮打响，在当地观众中声名大振。自此倍受观众欢迎。直到1949年解放，王霞生没有间断过业余演剧活动，除浏阳东南四乡外，也去过长沙、善化等地演出。

1952年，王霞生应邀加入以高福长为首组织的“工农楚剧组”，“唱半班”到各地赶交流会，但他唱花鼓戏不多。此时，王霞生虽未正式拜师，但称罗汉臣为师父。当时罗汉成年过五十，做皮影戏出身，间或搭班唱搭桥戏，既会湘剧，也会花鼓戏。声音洪亮，口齿伶俐，安板排字灵活，善于用不同的声音形象表现不同的角色行当，其声腔艺术对王霞生有重要影响。每当他们师徒对戏时，往往把花鼓戏中比较长的唱段用皮黄腔代替。此后，湘花间杂便成例规，王霞生上演的花鼓戏剧目也就慢慢增多了。

1954年，王霞生应邀加入浏阳县文化馆创办的“民间艺术学习班”，排演了《人往高处走》《不能走那条路》《骆四爹买牛》《两兄弟》《妇女代表》等现代戏，受到各地党政领导和群众的热烈欢迎，总是一演再演，他对花鼓戏产生了全新认识。特别是1950年，花鼓戏民间艺人李阳生到北京参加“全国民间艺术调演大会”，并受到了毛泽东主席接见，使他思想上震动不小，他开始诚心诚意地同罗汉臣、周兴权等师父学唱花鼓戏。

1956年，王霞生向县文化馆干部李炳煌学习导演，于1957年4月第一次尝试吸取湘剧的某些特点导演花鼓戏《孟姜女》，并饰演该剧中的孟父，参加湘潭地区戏剧会演，荣获了演员二等奖。这次会演使他广开艺术视野，发现了自己掌握的花鼓戏功底太少，于是见东西就学。之后，王霞生先后或导演或参演了《智取达浒》《三女抢板》《菊花石》《杨立贝》《顺藤摸瓜》《珠江风雪》《山乡风云》等，开始尝试根据角色的不同来塑造声音形象。

1969年，王霞生被下放到浏阳东乡达浒务农，至1973年重新回到剧团担任演员兼导演工作，且正式收了王清平等徒弟。王霞生的一生充满了艺术魅力，从幼年开始，他上演过湘剧传统剧目五十出左右，上演过花鼓戏传统剧目八十出左右，上演过现代花鼓戏剧目四十出左右，单独承担三十多出花鼓戏的导演工作。在几十年的艺术道路上，他从不墨守成规，细致、传神、富有生活气息却又不流于粗俗是他表演艺术的基本特点，情绪饱满、字正腔圆、口齿伶俐、柔中显刚的唱、白功夫尤其值得称道。他善于根据角色的行当、年龄、身份、性格等差异塑造出各种富有个性的声音形象，使人闻声而寓其形、察其情，纵然闭目静听，人物形象亦跃然脑际。

王清平，民国二十八年（1939）八月初三出生于浏阳城郊，1956年3月进入浏阳花鼓戏剧团。第一次演出是《秦香莲》，王清平演小公主。高福长团长看完戏说："王清平长得蛮粗犷，演公主不像，要她演小生比较好。"她第一次演小生是演《陈妙常》中的潘必正，这戏是在浏阳排练，在平江演出。因为反响好，在平江一边演出，一边排新戏。她在《白蛇传》中演许仙，《张羽煮海》中演张羽，《柳毅传书》中演柳毅。浏阳剧团又排又演，40多天的演出在平江引起了轰动。加上她高高的个子，浓眉大眼，耳朵大，演小生比较得体，不听唱腔，只看招式，观众都以为她就是男演员。

从此，王清平的角色基本定位于小生了。文小生行当，主要是唱做念的功夫。好在她音域宽广、浑厚，适宜于唱小生，她的身上有一股清正之气，扮相更神似小生。

20世纪60年代中，王清平被下放在城郊罗江生产队当农民。1973年，她又回到剧团，拜王霞生为师，还不失时机地向曾大光等老戏人学习，从而拓宽了戏路，也演婆旦、青衣，样板戏《红灯记》演李奶奶，《杜鹃山》演柯湘，《洪湖赤卫队》演韩母，《秋玉嫂》演秋玉嫂，但在古装戏中，她依然以小生为主，反响最好的有《梁山伯与祝英台》中的梁山伯，《秦香莲》中的陈世美。

她经常到省湘剧院去看戏，着意将湘剧的演技融化到自己的戏路中，她模仿刘春泉（六岁红）的唱腔和表演风格。在她的基础上有独特创新，观众说她的戏有湘剧味道，评价她无论是主角还是配角，演出都非常严肃，以情动人。后来她又从小生转演老生，《清明案》演周明亮，挂胡子，《秦香莲》的陈世美也当老生演，挂的是麻胡子。1986 年，王清平退休，退休后她还为剧团培训过 12 位新演员，为浏阳花鼓戏传承作出自己的贡献。

浏阳曾是花鼓戏的沃土，花鼓戏曾在此生根发芽，长成参天大树。20 世纪后期，花鼓戏日渐式微，看的人少了，唱了的人也少了，创作的人更少了。不过，近年来，浏阳花鼓戏又有了新气象，有新的民间剧团诞生，还能排演出《胡子将军》这样广受欢迎的现代花鼓戏。

新编花鼓戏《胡子将军》在新疆演出场景

花鼓戏《胡子将军》剧照

悠悠道乐

浏阳洞阳山道教音乐

洞阳山及道乐

道教是中国本土宗教，在中国古代鬼神崇拜观念上，以黄、老道家思想为理论根据，承袭战国以来的神仙方术衍化形成。道教有“洞天福地”之说，何谓洞天福地？按照道教说法，洞天福地都有仙人或真人领治，大多为仙人和真人得道之所，道教徒通常要到这里结草为庐，修道成仙。后来，这些地方相继建起修道、祭祀和举行宗教活动的道教宫观。“洞天”意谓山中有洞室通达上天，贯通诸山。“福地”则意谓得福之地，居于此地可修成地仙。道书中所列福地，多为地仙、真人所主宰，是次于洞天一级的仙境。早期道经《道迹经》《真诰》形成于东晋前，均提到了“十大洞天”与“福地”。

具体说来，洞天是指十大洞天、三十六小洞天，福地即七十二福地。十大洞天、三十六小洞天、七十二福地，加上四十名山就是地上的仙山，多系实指，历代道士多往其间建宫立观，精勤修行，留下不少人文景观、历史文物和神话传说。

湖南地处华南，道教文化源远流长。三十六小洞天中，湖南境内就有6处：即南岳衡山洞天、醴陵小沩山洞天、宁远九嶷山洞天、浏阳洞阳山洞天、辰溪大酉山洞天、桃源桃源山洞天。浏阳洞阳山上有隐真观，建于隋炀帝大业年间（605—618）。相传隋时宁、刘二真人在这里得道，遂被隋炀帝敕封为道教法门圣地，被封为全国第二十四洞天。

唐朝一代道教宗师司马承祯在其著作《天地宫府图》中记载：“第二十四洞天，洞阳山洞，周回一百五十里，名曰洞阳隐观天。在潭州长沙县，刘真人治之。”晚唐杜光庭《洞天福地岳渎名山记》（简称《洞天福地记》）记载：“洞阳山，洞阳隐观洞天，百五十里，在潭州长沙县。”那时因隋开皇九年（589）已改临湘县为长沙县，至隋大业三年（607）废浏阳，并入长沙县。至唐景龙二年（708），才复置浏阳县。也就是说，浏阳在隋末唐初有101年隶属于长沙县，晚唐浏阳仍隶属于以长沙为州治的潭州，所以司马祯、杜光庭都还习惯把浏阳称“潭州长沙县”。明《一统志》则

隐真观远眺图

隐真观全景图

明确记载，洞阳山在浏阳。但《大清一统志》“长沙府”中说得非常清楚：“洞阳山，在浏阳县西北六十里，以山洞向南而名。周围一百十里，唐孙思邈炼丹于此。上有石坛，山涧有潭，湫水流入洞中半里许。石窦引光，沙石朗然，内有龙迹。道书第二十四洞天。”

清王先谦所著《湖南全省掌故备考》卷五载：“洞阳山，县西北，以洞向南而名。杜光庭《洞天福地记》云三十六洞天第二十四洞在潭州洞阳山，名洞阳隐观之天，有潭水流入洞，石窦引光，沙石朗然。唐孙思邈炼丹处。昔浮邱公隐此。唐刘长卿有诗。”唐代诗人刘长卿曾在大历年间任职转运使府，是著名理财家刘晏的主要助手之一。他分管鄂岳事务那段时间，足迹遍及大江南北和洞庭左右的数十州。其《湘中纪行十首》之一是《湘妃庙》，其二就是《洞阳山》。《洞阳山》一诗的诗题，中华书局本《刘长卿诗编年笺注》说“底本无注”，而从《文苑英华》中补了刘长卿的注文：“浮丘公旧隐处。”浮丘公，《列仙传》说：“王子乔者，周灵王太子晋也。好吹笙作凤凰鸣。游伊洛之间，道士浮丘公接以上嵩高山。”浮丘公是古代传说中的仙人，又名浮丘伯，本为汉代儒生。据此，则早在汉代的洞阳山就有仙人、道士浮丘公隐居，这比隋炀帝封洞阳山为第二十四洞天还早了六百多年。如此更可证，浏阳洞阳山历史悠久，早在汉代即已成为道家修行的圣地。而《湘中纪行十首·洞阳山（浮邱公旧隐处）》诗曰：“旧日仙成处，荒林客到稀。白云将犬去，芳草任人归。空谷无行径，深山少落晖。桃园几家住，谁为扫荆扉。”但宁、刘不知何人，长卿至浏亦未考何年，并识待参。清同治《浏阳县志》卷二“舆地一”云：“洞阳山，一名洞阳洞。距县六十里。盘亘葎翠，最高峰曰仙羽，峰巅有庙。井泉极甘，天欲雨，辄喷溢，如白石粼然。按，旧志：‘洞阳，隋宁、刘二真人开山栖隐。大业中，敕赐洞阳隐真，又赐洞阳书潭之府。今额皆不存。’”

自古以来，游历记载浏阳洞阳山的诗赋很多，比如明代王瑄的《洞阳山怀古》最能体现洞阳山神仙之地。王瑄，字廷璧，浙江长兴人。明永乐十三年进士，初任兵部主事，有惠政，后迁湖广副使，进按察使。其《洞阳山怀古》曰：“悟得黄粱梦后身，洞天深处此栖真。山中岁月临棋静，物外烟霞炼药新。白鹤曾闻巢碧树，丹炉不见护青筠。牧童指点南山麓，流水桃花别有春。”王按察使游洞阳山雅兴十足，观景之余还在山上临棋静坐，发思古之悠游。

如此众多典籍都明确记载浏阳洞阳山，可见洞阳山在道教史上地位的重要。洞阳山的确位于浏阳之西北，矗立于捞刀河之滨。而捞刀河经社港，越龙伏，穿沙市，过北盛，自北向南一路奔流，进入洞阳镇境内，奔向洞阳山。在这里，捞刀河停住南下的步伐，转身向西，向湘江进发。洞阳山得天地之精华，坐落于山上的隐真观发展成为正一道先天正教祖庭。不过，相对于全真派道士而言，正一派道士少了很多清规戒律，可以结婚生子，也无需住观。

在道教地位上，洞阳山与第三洞天的南岳衡山齐肩，古隐真观在道教地位上也与南岳衡山洞（名“朱陵洞天”）齐肩。无数文人骚客在洞阳山洞天驻足，留下了很多仙道飞升的神奇传说，更为源远流长而独具特色的道教音乐，形成了独特而神秘的洞阳文化。

作为这片净土的宝贵产物，洞阳山道教音乐兴起于南北朝，在隋、唐时期得到发展和繁荣，一直到两宋元明清，道家文化在此延续不断，尤其是洞阳的道教音乐颇具特色。后来，还成立了传播道教文化和道教音乐的洞阳书院，明清时期渐至成熟。后来，由于战乱等原因，洞阳山道乐开始走向没落，却依然在民间绵延兴旺。

洞阳山道士及乐师们在商讨道乐

洞阳山道乐是历代道士们在斋醮（祈福、祭灵、布阵等一系列宗教仪式）时创作而成，并流传下来的一种独特的传统宗教音乐，它通过吟唱（一人领众人和）、伴奏和演奏（大乐和小乐）展现出来。洞阳山道乐，多数是为亡灵超度，有专人管弹奏，专人带领吟唱，在祭奠过程中的诵经、祭灵、赞尊、谶颂等形式都以唱奏的形式进行。

洞阳山道乐主要分为声乐和器乐两大类型。声乐又细分为“韵曲”“吟诵曲”“朗诵曲”三种表现形式。一、韵曲，又称“腔赞”或“赞子”，是一种旋律性强、调式调性明确、音阶形式与曲体完整，采用韵唱形式演唱的道教歌曲。韵曲分为北韵和广成韵。如《太极赞》《香赞》《澄清赞》《三清赞》《三宝赞》《观音赞》《五龙吐水水赞》《甘露赞》《步虚》《回向赞》《救若赞》。二、吟诵曲，亦称吟词，是一种以语言音调为基础，唱腔风格较弱、调式调性相对独立或不够独立，但又具有一定声调起伏和完整的五声音阶的声乐体裁。分“朝韵”（请圣板）和“诰”两种形式。如《玉清诰》《上请诰》。三、朗诵曲，亦称朗诵调，是一种完全按照语言声调高低的自然形态加以发展，词曲结合紧密，调式调性鲜明，音调起伏有大有小，具有朗诵特点，介于吟诵和念白之间的一种声乐体裁。江南各地道观课诵仪式中念唱的经咒——《净心神咒》《救苦妙经》等均属朗诵曲。

洞阳山道乐保留有《开坛》《五龙吐水（水偈）》《度亡会》《单偈》《双偈》《三宝皈依》《四届偈》《五富官》《五方赞》《成经赞》《参真偈》《解结偈》《香赞》《经尾（云篆大虚）》《又一经尾》《仰高三宝》《忏悔》《闻经赞》《开光咒（金光咒）》《微灵》《烧表》《功曹烧表》《双流泪》《坤昌偈》《坤昌又一偈》《烧状》《开坛尾》《伺驾皈依》《救苦皈依》《度人皈依》《生神皈依》《步虚》《告座》《晚朝皈依》《迎真咒水》《伺驾咒水》《荡秽咒水》《古眼慈悲》《挂金锁》《梅花引（一至四段）》《拜香咒》《锦绣堂》等 42 首古谱曲。

洞阳道乐有以下五个特征：一是通过吹、击、打、唱、吟诵、做、写六种形式表演；二是在斋醮法事（平安、祈福、音乐、舞蹈、布阵）宗教活动中使用；三是传承多使用工尺谱、击乐谱、郎当谱，一般不用五线谱；四是师徒传教方式传承，独有古谱，从不外传；五是以隐真观为道教音乐祖庭，进行传承，拜师仪式只能在祖庭举行。

多年以来，隐真观有专门的道教音乐乐队，所有道坛仪式都由乐队来承担。后来，隐真观被拆除了，道士解散了，乐队也自然解散了。但乐师

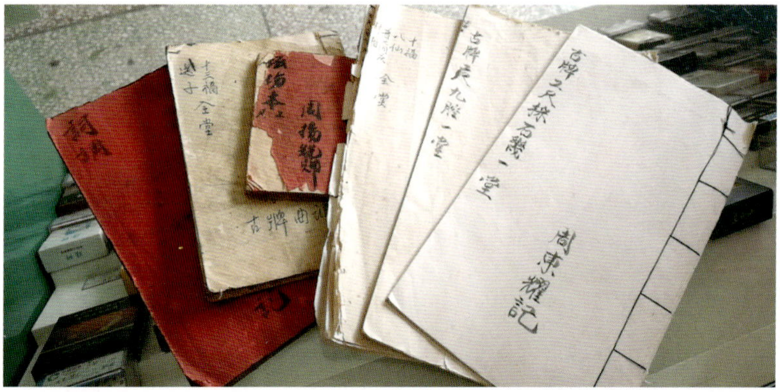

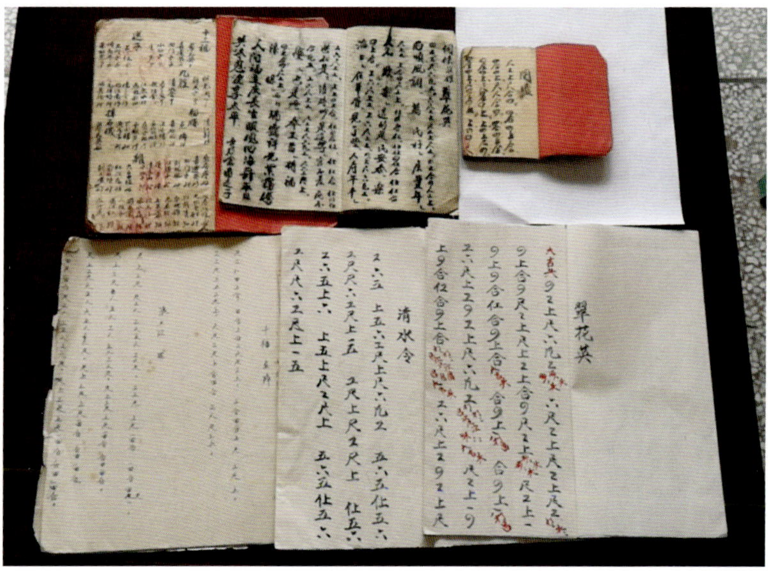

乐师周东耀保存下来的洞阳山道乐抄本

们将那套仪式及相关的道乐都带到了民间，从此在浏阳洞阳山周边地带流传了下来。洞阳山道乐流传范围主要集中在浏阳及长沙地区，尤以浏阳的洞阳、永安、北盛、淳口、蕉溪为主。洞阳山道教音乐，既承袭了中国道教经典音乐传统，又不墨守成规，广泛吸收了江南民间音乐、湘剧等地方戏曲特色，尤其是在超度亡灵、净化心灵上发挥其慰藉人心的作用。为此，洞阳山道乐在各种仪式上独树一帜，是积极健康的乡村民间音乐形式，是宗教信仰和宗教文化了一种表现形式，为礼仪文化增添了异彩，于 2018 年 11 月被认定为长沙市非物质文化遗产代表性项目。

道教音乐大大丰富了道教文化的内涵，具有一定的社会的认知、教化功能。传至周庆冬道师、历仲锡乐师，为了守住这珍贵的技艺，二人每天行于街头屋场，随走随唱，走走停停间，弟子人数从原来的寥寥无几，发展为现在的五十多人。周庆冬道师、历仲锡乐师深受鼓舞，经常带领众弟子为附近的乡民祈福做法事，他们一人管弹奏，一人带领吟唱，其中多数是为亡灵超度。

随着文化的多元化发展，特别是现代音乐的冲击，道乐传承人社会地位低，举行仪式时报酬不高，导致目前传承道教音乐的人数和范围逐渐缩小，40 岁以下的人几乎没有。加上目前乡间各种道教礼仪大都不规范，无统一规制，仪式已有被西方音乐所取代的趋势，如西洋鼓号演奏、唱大戏等。有的洞阳山道乐古曲谱，仅传承人知道一点，如《梅花引》《锦绣堂》，其余的人都一概不知。因而现在道乐的流布范围越来越小。洞阳山道乐像很多传统音乐一样，都面临着被遗忘的危险。

重建隐真观

苏蛟吾是土生土长的洞阳镇观前村人，他酷爱古诗词，2002 年他无意间读到了一本手抄本的《洞阳山诗词歌赋》，里面竟然有大量歌颂洞阳山的诗词。《古迹总叙》如此写道：“粤稽隐真迹有由，开山始自宁与刘。烧丹济世孙思邈，卖药度人韩伯休。羽化当年桥宛在，垂名后代井犹留。云封石臼常如故，惟有镛钟空自幽。”

惊喜之余，对这本手抄本视之珍宝，反复研读，让他对洞阳山、隐真观有了更深的认识。于是，从 2008 年开始，苏蛟吾专心研究洞阳山的道教文化，用两年时间编撰出了一本《洞阳道脉》小册子，对洞阳山的道教历史文化进行了较系统的考证研究。

据苏蛟吾的考证，隐真观建于隋炀帝大业年间（605—618），相传隋时宁、刘二真人在洞阳山修炼得道，被隋炀帝敕封为道教法门圣地，洞阳山被封为全国第二十四洞天。至唐时，药王孙思邈曾在洞阳山隐真观中隐居，他擅长阴阳、推步，妙解数术，采药炼丹，为当地老百姓治病，留下了很多传说。他搜集民间验方、秘方，著《千金要方》三十卷、《千金翼方》三十卷，为医学和药物学作出了重要贡献。

洞阳山附近有一个蔚为壮观的溶洞，叫九鸡洞。传说，孙思邈隐居隐真观时，溶洞中曾住着一条修炼的青龙。这条来自东海的青龙，在九溪洞秘密修炼了8100年，即将修成正果归附东海，却突发一身恶疮，疼痛难忍。青龙闻说药王孙思邈用药材加药膳为山界之王——老虎医好了恶疾，便化身凡人去请药王孙思邈出诊医治。孙思邈应约趁夜来到九溪洞，嘱青龙显出原身。山崩地裂、电闪雷鸣之后，却见一条青龙横卧洞阳山山头，越过九岭十八坡。孙思邈趋前细看，发现青龙的鳞甲内皆有蛆虫蠕动。于是，孙思邈使动神技，将蛆虫一一剔除，撒上药粉，并在每片鳞甲间夹上一片樟树叶。遵嘱药膳疗养一月之后，青龙病体痊愈，欲归东海。为了防止青龙危害百姓，之前孙思邈就嘱咐青龙，需化作九只鸡静悄悄地飞回东海。青龙果然遵守诺言，遂化成九只锦鸡，飞向洞外。因此后人将九溪洞更名龙洞，又叫九鸡洞。

古隐真观为道教先天正教的祖庭，是著名的道教活动场所，道教文化底蕴深厚，建筑规模宏大，进观要经过一个好大的山门，观里正殿中供奉着玉皇大帝像，有4米多高。大殿里还立着16根柱子，每根有两人合抱那么粗。原有东、西两个厅，内有包公、关公、观音三圣五殿，还有几十间信士厢房。可惜老道观在20世纪60年代时被毁，只剩下墙脚了。之前的隐真观还有4个著名的古迹：仙济石桥、洗药泉井、殿下古钟及舂药石臼。可现在仅存洗药泉井，仙济石桥只剩一个桥墩，重达3000斤的古钟在拆观时被解体后当废铁卖掉，石臼更是不见了踪影。

陈势强是目前隐真观的近百名传教道士之一，于1983年拜父亲陈霞生为师入道，是自隐真观开派祖师夏性适以来第32代弟子，属气字派，道名陈气新。以前每年农历二月十五日有老君会，是观内行教弟子法会，要求观内道士必须到观参加，会上主持的“道总”也会要求大家讨论一些教内事务。

陈势强家中珍藏着一件古代道袍，式样特别，道袍襟长1.1米，肩宽1.2米，无袖无扣。举行仪式时，将其穿在身上，十分宽松，展开双臂，两袖与衣身合成四方形，颇像汉服的形制。道袍最吸引人的要数“绣花”——青色底面上20余朵莲花、菊花怒放，桃红花蕊，白色花瓣，卷曲缠绕的枝叶点缀其间，巧妙地将花骨朵连接起来。而衣服下襟，深青色的扇纹层层叠叠，如同波浪。有文物专家认为，这件古代道袍上的刺绣，不仅能够证明浏阳古时湘绣的工艺水准，而且能为浏阳道教历史文化研究提供实物例证，非常珍贵。

当时身为道士的陈父，从隐真观买下包括这件道袍在内的一些观内物件，藏于顶楼上的柴草堆里，后来才传给了他。那时隐真观里随处可见几百上千年的物件，有三人才能合抱的桂花树，有活了600年的乌龟，有象牙做的笏板……但在20世纪60年代期间，观内许多珍贵的历史资料也被付之一炬。

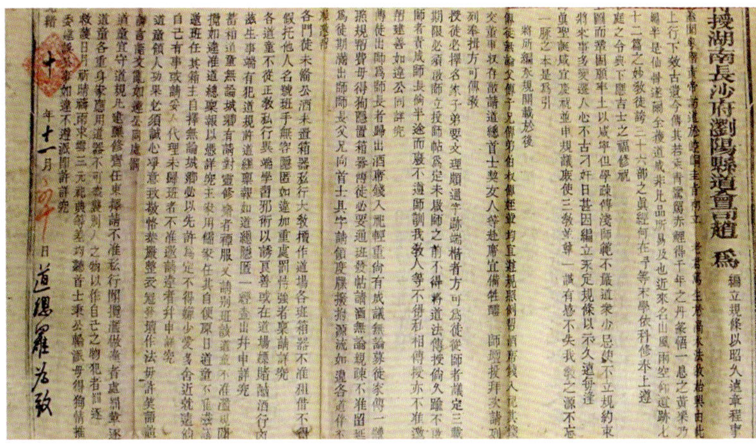

洞阳山光绪十年文献

洞阳山道士斋醮资料

而现在的隐真观，乃于 1994 年当地村民及一些信士自发筹资，新建在原址后背岭上。这座刚修建不久的道观，门前藏头对联“隐山有濯，真道无私”，很是醒目。进了道观中正殿，玉皇大帝、药王等塑像正中高坐，两边摆着《千金方》的牌匾以及几块记录隐真观历史的残碑。

附记：

隐真观正一道先天正教世系谱（五十法派）：性思永本请，大正天道崇，清真演法在，显常修传教，心如宝镜明，依若灵珠妙，紫气自东来，丹霞流彩照，金鼎秀纷生，宗旨垂远耀。

第一代：夏公性适；第二代：萧公思济；第三代：邓公永廉；第四代：汤公本兴；第五代：彭公请贤；第六代：彭公大金；第七代：邓公正魁；第八代：陈公天耀，邓公天辉；第九代：陈公道通，苏公道德；第十代：周公崇高，苏公崇玄；第十一代：雷公清源，邓公清演；第十二代：邓公正修；第十三代：邓公演教，苏公演鸿；第十四代：戴公请灵，苏公法茂；第十五代：陈友玄（字洞珍）（东山）；第十六代：邓公显八（字朝宜）周显应；第十七代：甘公常清；第十八代：邓公修真，苏公修莲（字统一）；第十九代：陈公传灵；第二十代：张公教主（字秀璜）（西庭）；第二十一代：张公玉虚（心字派（东亭）；第二十二代：邓公如福（东亭）；第二十三代：崔公宝林（东亭）；第二十四代：邱公镜花；第二十五代：苏公明节（为贵）西庭；第二十六代：陈公意诚；第二十七代：戴公若初（字中孚）西亭；第二十八代：龚公灵钟（亦罗岑山维致）；第二十九代：郑公象典；第三十代：张公妙旨；第三十一代欧阳公紫震；第三十二代周公气升；第三十三代周公自雷；第三十四代周公东耀。

乡间说唱

浏阳弹词

一

弹词主要流行于中国南方，是一种古老的传统曲艺，是一种用琵琶、三弦伴奏的说唱文学形式。它起源于宋代的陶真和元、明时期的词话，开始出现于明中叶，至清代极为繁荣，是清代讲唱文学中成就最高、影响最大、流传作品最多的一种。

长沙弹词是城市曲艺的一种，它源于道情，因用长沙方言说唱，也称长沙道情。它是最具长沙地方特色的曲艺品种，是湖南现存的四大古老曲种之一，其渊源可追溯至2000多年前的民间说唱。清代中叶由江苏传入，至同治年间形成，流行于湖南湘江、资水流域的长沙、益阳、湘潭、株洲、浏阳等地，有200多年的历史。

2016年正月十四日，长沙市新年喜乐会在长沙市博物馆举办，浏阳知名皮影戏艺人张明星受邀表演皮影戏。就在这次，彭延坤老先生也受邀表演长沙弹词。张明星不由被弹词深深打动了，他觉得长沙弹词很特别，跟湘剧、花鼓戏都不一样，曲调很丰富。随后，《长沙日报》头版头条报道了这次演出，介绍了长沙弹词传承的严峻形势，张明星决定学习长沙弹词，把这门戏曲传承下去。

经过整整一个月的考核期，2016年4月19日，张明星正式拜师彭延坤，收徒仪式在长沙火宫殿举行。张明星拜师后，在首场长沙弹词秀上唱了段《雷锋参军》，从此接过传承长沙弹词的接力棒。当时彭师傅语重心长地对他说："长沙弹词的未来就交给你了！"张明星深为感动，下定决心，不论有多大困难，也要把长沙弹词学好，并传承下去。

学习长沙弹词，张明星属于半路出家。接触长沙弹词之前，张明星的皮影戏生涯已走过35个年头。他从18岁开始唱皮影戏，和众多民间皮影艺人一起，奔波于浏阳栎冲周边乡镇村组，组建了属于自己的皮影剧团，分春夏秋冬四季进行演出。在接触皮影艺术之前，他还在浏阳市花鼓戏剧团学习了两年打击乐器。所有这些经历，为张明星日后拜师学习长沙弹词，打下了良好的基础。

拜师之后，张明星跟随师傅彭延坤苦学一个月，唱词、曲调、表演，还有长沙弹词特有的乐器月琴，张明星全部从零开始。此时，张明星才发现，长沙弹词原来这么难，曲调上有“九板八腔，十八套曲”，从头至尾都是一个人在唱，一个人要刻画表演不同的角色，还得弹月琴。

听师傅的长沙弹词录音，研习月琴、曲谱，背诵抄录弹词经典作品，在接下来的半年时间里，张明星除了吃饭、睡觉，做梦都在练习长沙弹词。一段时间的勇猛精进后，师傅彭延坤评价他说“长沙弹词又回来了，你同师傅唱的是一个味”。

正当张明星刻苦学习长沙弹词时，师傅彭延坤因病离去，令他伤感不已。他因此更加刻苦练习，于 2017 年 9 月被评为长沙弹词长沙市第三批市级非物质文化遗产代表性传承人。

张明星表演长沙弹词

二

因用浏阳方言说唱，故名“浏阳弹词”。浏阳弹词融合了说唱、弹琴、口技等多种艺术形式，演唱只有一个人，需要单独扮演好几个人的角色，位高时是皇帝，位卑时是乞丐，学狗吠就要学狗，学鸡鸣就要学鸡。在弹唱时，艺人抱着月琴，弹几下琴，唱几句词，经常要变声变调，模拟不同的人物或者其他对象。在内容上，浏阳弹词与评书，都是以叙述各种小说为主。虽然内容差不多，但弹词是唱一句，弹一句，如此往复，不仅唱腔与评书不同，耗费的时间也更多。

浏阳弹词有着鲜明的地域特色、浓郁的地方风味和深厚的群众基础，影响着一代代浏阳人的审美追求。在那个娱乐活动相对较少的年代，浏阳弹词在浏阳民间曾经受到极大欢迎，是浏阳东西南北四乡的民间娱乐活动之一。特别是在过去婚丧嫁娶的风俗中，弹词成为必要的曲艺表演。除浏阳弹词传承人张阳华所在的北乡外，其他区域也曾经有其他的弹词艺人，只是绝大部分都没能传承下来。

浏阳弹词分布区域主要集中在浏阳北区的洞阳镇、永安镇。在浏阳北乡，因为地域不同，说话的腔调也不一样，因此有上北乡与下北乡之分。而张阳华所在的洞阳镇，属于下北乡。在这里，民间流传的花鼓戏、弹词与评书等多种艺术形式曾经百花齐放。浏阳花鼓戏由多人扮演角色，搭台唱戏，有专人演奏乐器。而浏阳弹词只有一个人，单独完成诸多角色的扮演，还要弹奏月琴，唱词还得背得滚瓜烂熟。

张阳华出生于1952年，洞阳镇北园社区张家滩人。1955年，年仅3岁的他因天花致盲，为了寻找今后的出路，他先后学过算八字、唱评。十六岁那年，他拜当地人盛贵兴为师，学习被他称为“唱评”的弹词。师父盛贵兴也是洞阳人，会弹唱长沙弹词，曾经在长沙火宫殿弹唱过。但学弹词并不容易，失明的张阳华不认识字，只能跟着师父不断弹、不断唱。学习时，要把唱词改成浏阳人听得懂的方言，一些唱法也会有所改变。一年后出师，从此，张阳华用浏阳方言、抱着月琴弹唱了近半个世纪。

所唱的弹词大都为小说，长篇的、短篇的，都在口口相传中被张阳华一一记下来，在以后的唱评生涯中不断加深印象，直至刻在骨子里。最多的时候，他能唱出20余本，唱词短点的小说能唱三四个小时，长的要唱一个星期。直至现在他还用心地保留着两个唱本，两个红色小本子上，一本

张阳华唱浏阳弹词

是《十五贯》，另一本是历史故事《陈桥兵变》。两个本子有三十多年了，他那把月琴也有三十多年了，是他的第三把月琴。唱本是别人帮他抄录下来的，然后念给他听，他记在心里。就是依靠这样的方式，张阳华学习新的唱本，再将其配合月琴弹唱，唱进人们心里。

在张阳华的艺术生涯中，曾经有一段辉煌的时光。洞阳附近，永安集镇、丰裕一带，他的弹词深受欢迎，还去长沙县唱过。那个时候都有人来请他去弹唱，有的是红白喜事，有的则是生产队组织人来听。在北乡做白喜事的时候有唱夜歌的习俗，不唱夜歌的，就会请他去唱弹词。于是，人家厅堂里，甚至屋前地坪里，满满的都是人，一唱就是一个整晚，甚至好几晚。

张阳华的老月琴

张阳华表演浏阳弹词

张阳华弹月琴

浏阳东西南北四乡，都留下过张阳华唱弹词的身影，浏阳方言在四乡基本上都能让人听得懂。唱评的时候在哪户人家唱，就会住在那户人家，常常受到周到的款待。

后来，浏阳弹词越来越没有人关注了。2000 年，张阳华已经有十余年未曾外出表演弹词，大部分时间外出参与乡间丧事乐队，吹唢呐或打大鼓。在家中，只要一有空，他还是会抱着月琴，弹唱上那么一段。作为唯一传承人，张阳华希望浏阳弹词能继续流传下去，但现实情况却十分不容乐观。随着他年龄越来越大，尽管一直都想让浏阳弹词能够传承下来，但又不想草率收徒。

陈永灿为浏阳永安人，1981 年出生，十分爱好文艺，是毕业于武汉大学美学专业的研究生。当他得知浏阳弹词作为非遗文化项目急需保护与传承，便萌生了学习的念头，于 2018 年年初辗转找到了张阳华。因为担心年

陈永灿拜师张阳华

轻人只是图新鲜，起初张阳华并没有答应。在一次次上门求教后，张阳华心动了。按照行规，在进行一番深入交流与考察后，张阳华发现陈永灿不仅有扎实的美学理论知识，学习也十分认真，便同意接收他为徒弟。

2018 年 5 月 14 日，在众多文艺界人士的见证下，张阳华与陈永灿互签拜师帖，陈永灿行叩首礼，递上“改口茶”。张阳华喝过“改口茶”后，正式成为了陈永灿的师父。

弹词是一种古老的传统曲艺，虽然民国时期有很多唱本印行。当时的报纸，不时发表弹词宣传历史和时事。如 1930 年 7 月 11—12 日的长沙《大公报》就连载有长沙方言撰写的“历史鼓词”，实际上就是长沙弹词。听众平日接触的浏阳弹词，因口口相传并无过多的文字资料记载，但张阳华师徒俩将一起尽力追寻浏阳弹词之源，赋予弹词以新的生命力，使之成为一种更加鲜活的艺术形式。

附《怀胎记》：

身怀有孕一个月，好比露水映（浇）花叶。
花不逢春不乱开，人无精血不怀胎。
身怀有孕两个月，如在肚中一坨血。
想对家娘丈夫说一声，不知事情假和真，再等三月见分明。
身怀有孕三个月，怀胎妇人有性格。
口吐青痰如白雪，好比雪上又加霜，怀胎妇人苦难当。
身怀有孕四个月，口中无味想千百。
想起东园桃子红得好，又想西园李子吃个饱。
想要煎个荷包蛋，又想红枣糯米饭。
又想深潭鲤鱼汤，又想小酒腌老姜。
又想腊肉炒冬笋，又想肝肺炖栾（猪）心。
又想茶油爆虾羹，又想墨鱼当归精。
又想牛肉炖萝卜，又想麻油刨豆腐。

又想红枣炖猪脚，又想猪肚子炖补药。

丈夫有钱宗宗有，丈夫无钱空思想。

身怀有孕五个月，好比鸡蛋分黄白。

男喜分为左边住，女喜分为右边存，怀孕五月男女才能分得清。

身怀有孕六个月，六月怀胎天又热。

一愁堂屋地难扫，扫地又愁难弯腰。

二愁厨房火难烧，人客来了茶难泡。

想到外面去乘凉，又怕旁人道短长。

身怀有孕七个月，高山峻岭走不得。

平地好比上陡坎，起身连打鹅公转。

陡坎胜过爬壁头，怀孕七月好忧愁。

身怀有孕八个月，重东重西拿不得。

拿了一斤胜两斤，两斤胜过三四斤。

眼又花来头又昏，自身脚麻手抽筋。

身怀有孕九个月，心中想回娘家去。

想到娘家走一程，又怕孩儿路上生。

生在娘家不要紧，生在路上笑旁人。

身怀有孕十月满，儿在肚中团团转。

牙齿啃得铁钉断，脚尖蹬得地皮穿。

阎王面前隔张纸，阴间地府隔张门。

前胀后胀好苦情，是男是女早些生。

莫等妇人多受劲，不管男女生下地。全家大小都欢喜。

打盆香水洗人身，焚香秉烛敬祖宗。

提只鸡来捉只鹅，报禀外公与外婆。

这是十月怀胎记，为人都要行孝义。

十月怀胎刚完成，讲与满座得知音。

浏阳功夫

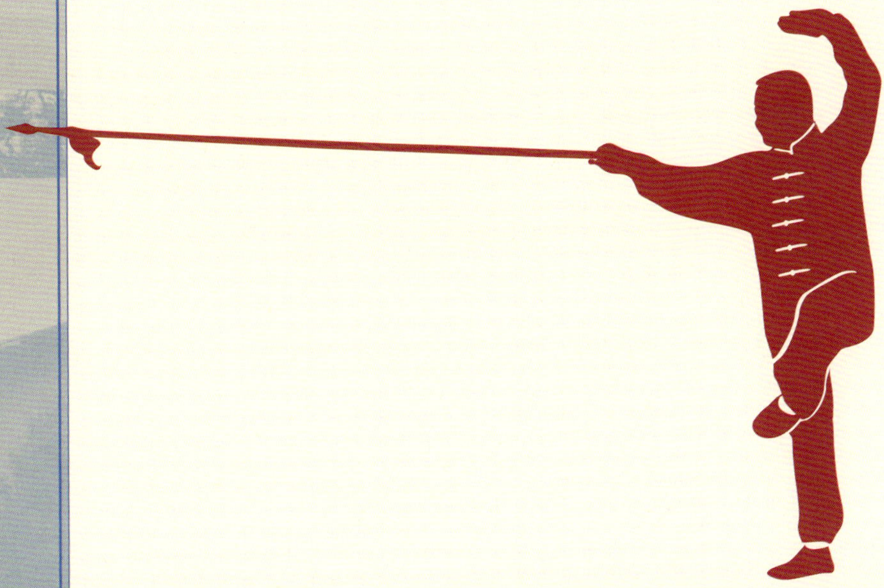

正骨秘术

江氏正骨术

一

浏阳北乡社港镇的江氏为医药世家，代有名医，创造了江氏正骨术，在湘赣鄂边界颇为传奇。江氏正骨术起源于清代晚期，历经四代传承，迄今已逾百年历史。江丕佑（1873—1944），为江氏骨科创始人，于清朝末年创造了江氏正骨术；第二代传人江述吾（1911—1986），曾担任浏阳县人民医院骨科医师，继续潜心钻研正骨术，使江氏正骨术更为系统；第三代传人江富昌、江林、江晓三兄弟，在江氏正骨术的传承发展上各显身手，江氏正骨术得以纵深发展；第四代传人江涛、江永革等人，继续开拓创新，使江氏正骨术传承不衰。和正骨医术一同传承下来的，还有先祖的三句话，“习武防身，学医济世，扶贫救苦”。正是江氏世代秉承祖训，使得江氏正骨术日臻完善，给广大患者带来福音。

江丕佑精于武艺，年轻时加入了当地反清组织哥老会，屡遭追捕，被迫远走他乡。正是在流亡途中，他结识了当时号称江湖奇侠的巴陵人（岳阳）张维贵，遂拜其为师。张维贵不仅武功卓绝，医术也十分了得。江丕佑得其全部真传，武术、医术都很有造诣，被辛亥革命元勋、时任湖南都督的焦达峰聘为革命军武术教练和保健医生。焦达峰被杀害后，江丕佑悲痛之余，隐居离老家社港不远的平江县安定镇，从此行走乡里，为民治病，成为一名乡里郎中。在长期的行医过程中，从自身治疗实践中，创造了江氏正骨术。后来，他把医术传给二儿子江述吾，并立下了“德艺双馨、济世扶贫”的行医祖训。

江述吾，别名江睡汉，清朝宣统三年（1911）出生，四岁开始跟随父亲江丕佑习武，十岁能使拳棍刀枪，人们都以为他会跟着父亲学医，后来他却考上了平江县师范学校。学成后，回到老家龙伏江家垅，却倒腾起雕刻，还开了一个印刷作坊，给本地的学校印刷一些课本之类。他自小对医道特别感兴趣，后跟随父亲学医治伤，除了深刻领悟父亲传授的医术外，还博览各种医书，终于还是走上了行医之路。20 岁时治伤医术大进，很好地继承了父亲江丕佑的衣钵。某天他途经社港新安铺，遇见人们正准备将一名从高墙跌下来已经昏死了四天的农民入棺，他忙上前察看并施救，采用穴位放血、理筋推拿、灌服随身带好的药物，患者竟然醒了过来。随之，江述吾又上门诊治，患者很快就康复如初，从而一举成名。自此，江述吾一心扑在治病救人上，且青出于蓝而胜于蓝，救人无数，成为享誉在湘赣鄂边界的挪皮接骨手到病除的神医。其诊治特点是：一快二巧三准，加上推拿、按摩的拍打功绝招，使病人很快康复。他还擅长精神疗法，即“神功”，使病人从心理上减轻痛苦，效果特好。

20世纪60年代，江述吾在社港卫生院坐诊，1964年举家迁居社港市镇老桥亭东北处。他医术高明，收费低廉，医德高尚，慕名求医者日达百余人，是当时湘潭地区专署行文认定的“名老中医”。他不断钻研江氏正骨术，创造出用杉木皮及灯芯草做内垫，为骨伤患者进行固定，使江氏正骨术更为科学，得到了系统化、专业化的发展。他谨记“习武防身，学医济世，更应扶贫救弱”的父训，常常为贫困患者免费治疗，有时甚至还给予资助。江氏族谱中有这样的记载：“对待极贫患者分文不取。”其时，江述吾对当时修洞庭湖的民工、军烈属以及贫困患者，一律免收所有费用。经他救治，又被他接济过的病人不计其数，一时广为人所称赞。

在第三代传人中，江林是当前江氏正骨术最优秀的传承人。他从小跟着父亲江述吾学习骨伤治疗，深受父亲一言一行的影响，在他看来，父亲教给他的第一课，就是“仁义”。1969年，江林进入当时的社港镇卫生院工作，他深知仅靠祖传医术只会“坐吃山空”，为此他始终保持着学习和钻研的劲头。他几乎每天早起后都坚持背医古文，下班后最喜欢的事情也是“啃书本”。

每天早晚阅读，是江林坚持至今的习惯，也因此奠定了他扎实的医学理论体系。祖父和父亲留下的宝贵财富，让他在江氏正骨术传承的道路上走得更远更稳。也因此，四十余年的中医临床探索和实践，江林将三代祖传的治伤接骨秘诀和中医理论精华相结合，形成了一套完整的中医理论，并创造了“牵引穿针法”“竹弓牵引”等治疗方法。与此同时，他还研发了疗效显著的丹芎治伤丸、治伤散、治伤药液、活血治伤散等国家专利药物，形成了一套较为完整的中医骨科理论。

历经三代发展，江氏正骨术已日益科学，以传统疗法为主，以手法复位、杉木皮小夹板固定，中药内服外敷，辅以拔火罐、针灸、理疗，独具不开刀、创伤小、收费低、疗程短、恢复快、无肌肉萎缩等特点。江氏正骨术不仅方法独特，而且具有活血化瘀、消肿止痛、壮肾补髓、催生骨痂的良好疗效，强于目前市场上的其他治疗骨折骨伤的中成药，尤以治疗陈旧性骨伤效果更佳。

经过四代人一百多年的临床实践，“江氏正骨术”疗效显著，影响广泛，极具文化、学术、经济和社会价值。2014 年 6 月，江氏正骨术被列入长沙市非物质文化遗产项目名录；2016 年，江氏正骨术则被列入湖南省非物质文化遗产项目名录；至 2018 年 10 月，江林被列入江氏正骨术湖南省级非物质文化遗产代表性传承人。

二

一手抓住病人的肩膀，一手捏着骨折部位复位，过程不到一分钟，随后用杉树皮帮患者进行固定和包扎。这是江林对一名肩胛骨骨折病人进行正骨治疗的现场，整个过程不用手术。这也是江林治疗的常态。随后，患者通过敷药和服药，在两个月内进行第二次复位，即可痊愈。

江氏正骨术传至第三代江林时，进一步臻至大成。江林自幼受祖父、父亲治疗骨伤医术衣钵传承，1969 年高中毕业后，开始随父亲从事中医临床骨伤治疗，后进入湖南中医学院（今湖南中医药大学）深造，理论水平更为精进。作为“江氏正骨术”的第三代传人，当以江林最具特色，集三代祖传治疗骨伤之秘诀、大学医学理论之精华和现代医疗技术之先进于一体，创造了治疗骨折、骨伤的神话。其所在的浏阳市骨伤科医院凭借江氏骨科之医疗特色，得以逐步发展壮大，造福一方百姓。

多年来，除了除夕和大年初一、初二，江林医生几乎全年无休，从没有周末。江林住在医院的家属区，走出家门口不到 20 米，就是医院门诊大楼。他每天早上 4 : 30 出门，随后到医院病房查房；6 : 20 召集医生开早会，根据住院病人的情况，对医院一天的骨科手术进行统筹安排；然后，他要么去坐门诊接诊，要么去手术室给病人做手术——这是江林坚持了近 20 年的日常。

“闲谈静坐不过三分钟”，江林很少休息，更谈不上休闲，闲谈静坐于他是一种奢侈，他的时间全给了病人。在他脑子里，时间就是患者需要检查，时间就是患者需要治疗。他总是不知疲倦、乐呵呵地看病、查房、做手术。2019 年，江林 63 岁了，早已过了退休年龄，但经过医院向上级管

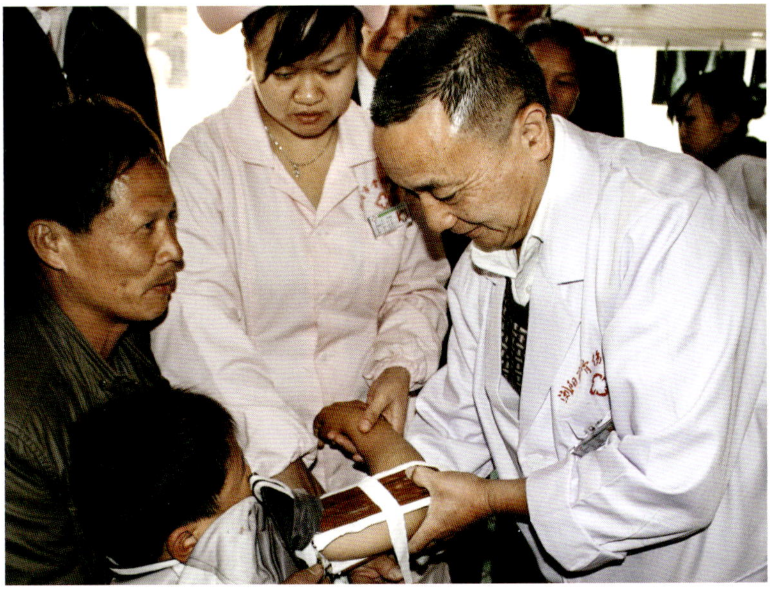

江林运用手法复位治疗小孩骨折

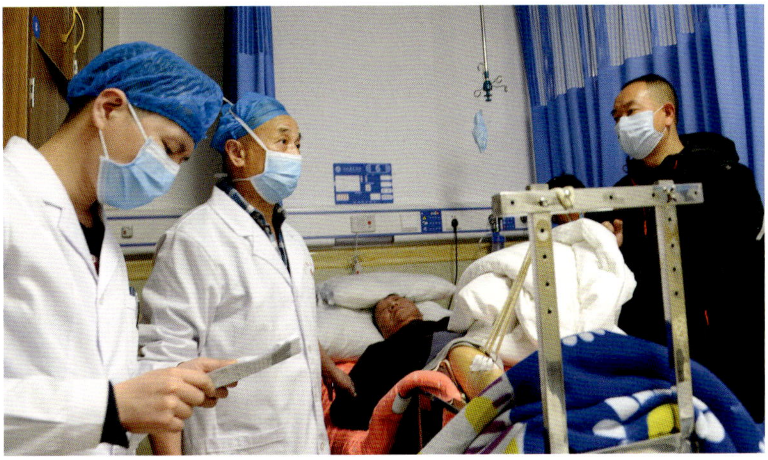

江林在医院查房

理部门申请，担任医院名誉院长。于是，江林依然在坐诊，依然在开方，依然在动手术，依然继续着自己“朝四晚八”的工作生活，依然坚守在基层医疗第一线。长时间以来，每天早上未到8时，江林门诊室前就排起了长龙，半天60位病人，对于他来说是家常便饭。遇到重大手术或疑难手术坚持亲自上阵，每天平均工作时间超过10小时，全年工作时间在350天以上。对他来说，能把病人治好，看着他们健健康康地走出医院，就觉得很高兴。

虽然和很多人相比，江林的医术是其他人所不及的，但他常说一句话——学无止境，他深深懂得社会在进步，医学在发展，祖传医术也要不断谋求新的发展与进步。正因为有了这种紧迫感和危机感，他决心在传承祖传推拿、接骨等独特技术的基础上，探求一种更快更好地使病人康复的医疗方法，最大可能地为患者节省开支、减少痛苦。

他深刻地认识到，真正的中医要按照古老的方法治疗，为此他本着中医讲究整体的理念，把人看成一个整体，主张标本兼治，治疗因时因地因人而异。在此基础上，他根据多年临床经验，结合中医理论提出气血精液分布学说：根据患者既往体质，注重在活血化瘀的同时，顾护患者脾胃，使气血之化源充足，气血精液的平衡得以恢复。从而使对骨折脱位起到主要作用的肌肉、关节囊等得到更好的养护，发挥正常的作用，防止骨折的错位与关节的再次脱位，真正做到骨折治疗的“筋骨并重”。

江林运用该学说辨证论治，不但攻克了不少复杂骨折及化脓性骨髓炎、皮肤坏死、骨不连、骨结核、骨质疏松症等多种骨科疑难杂症，而且对内科疑难杂症治疗也取得满意的治疗效果。比如血友病导致伤口出血不止，是骨折手术中的棘手问题。江林一般会对患者予以中药辨证施治，先温阳健脾，养血止血，有效地控制伤口出血。之后，再进行手法复位，经皮穿针外支架固定术治疗，患者往往得以康复。

针对四肢骨折畸形愈合治疗，江氏骨科提出“欲正先折，断而复正”的正骨原则，对陈旧性桡骨远端骨折、陈旧性桡骨下段骨折畸形愈合、小儿陈旧性肱骨髁上骨折等均取得临床治愈效果。他以非凡的胆识和高超的医术，形成了以手法复位、小夹板固定、中药内服外敷为特长的治疗方法，减少了患者手术痛苦，避免了第二次取内固定的压力，成功治愈了成千上万的骨伤病患。

在正骨技术上，江氏正骨术不像其他许多现代正骨技术一味追求手术治疗，而是更加强调以人为本、动静结合的传统治疗理念。江林创造的这套精湛的中医正骨手法非常娴熟而神奇，到了出神入化的境界，对骨折、脱位的治疗，能够达到“法使骤然人不觉，病人知痛骨已合”的治疗效果。其手法复位以摸、接、端、提、推、拿、按、摩正骨八法为整复基础，以力触于外、巧生于内、心灵手巧、应付自如为原则，配合心理疗法，在无痛情况下给予复位。

经过多年的努力，配合正骨术的治疗，他还研发了疗效显著的治伤散、治伤药液、活血散等药物，其中江氏中药经验方（秘方）、“丹芎治伤丸”“活血治伤散”已通过省食品药品监督管理局院内制剂审批，并获国家专利产品权。此外，由江林撰写的《易误诊的儿童肱骨远端全骺分离》《闭合复位经皮牵引治疗儿童肱骨髁上骨折》等论文均发表在《中华实用医学研究》等杂志上。

每天“朝四晚八”奔忙的江林，没有时间撰写专业论文，很长时间没有评上高级职称，直到2010年10月时任卫生部副部长、国家中医药管理局局长王国强来社港医院现场考察，特地临床观察了江林的手术现场。当王国强看到江林用中医手法对高难度骨折进行复原的全过程后，连连称叹其医术精湛。不久后，江林被破格提为正高职称，还被推选为湖南省中西医结合学会骨伤科委员会常务委员，并获国务院特殊津贴。让江林欣慰的，不是在退休前搭上了评职称的最后一班车，而是王国强对传统中医的认可和支持。

因为医术高超，不少大医院曾想高薪聘请江林去大城市行医，但他都婉拒了。他说离开这片生养他的地方，就会感到不踏实。在人们眼中，江林更像一位受人爱戴的乡贤，在那一片乡土上悬壶济世，还扮演着乡村伦理的维护者、传统文化的传承者的角色。

短短十多年来，在江林等“江氏正骨术”传人的带领下，浏阳市骨伤科医院从一个偏远山区乡镇的卫生院，迅速发展成为一家辐射湘赣地区的现代化医院。江林每年接诊病例近3万例，被患者亲切地称为“骨伤神手”。2019年10月25日，江林从北京捧回“全国中医药杰出贡献奖”，至此他还先后荣获“全国卫生文明先进工作者”“全国卫生系统职业道德建设标兵”“全国医药卫生系统创先争优活动先进个人”“国务院特殊津贴专家”等荣誉。

在江氏父子的办公室墙壁上，有两幅字画，一题“悬壶济世”，一题“大医精诚，医者仁德为先”。对于医生的身份，江林有着自己的理解：身为医生就要减轻病人的痛苦，包括身体和经济两方面的。“能回家休养的，绝不安排住院；能手法闭合复位治疗的，绝不开放手术治疗；能用一般内固定的，绝不进行人工关节置换。”这是江林给医院定下的3条铁律。在门诊部，绝大部分骨折病人通过手法复位后，当天便可带药回家治疗，不用住院。

低手术率、低费用、低住院率，这是江林倡导坚持的惠民原则。当看

2019年10月，江林（前排右一）荣获“全国中医药杰出贡献奖”

到医院多数患者来自农村，江林的挂号诊疗费仍坚持和1993年一样，只收6块钱。在江林的倡导下，医院坚持充分利用中医药简、便、验、廉的特点，开展中医诊疗创新。数据显示，浏阳市骨伤科医院一年的门诊量达数10万人，按照这个业务量，本可达到更高的收入。但因门诊收住院率在10%以内，手术率仅8%以下，很多患者往往花费不到千元就能治愈骨伤，所以多年来营业总收入并没有大幅提高。

而在民间，一直流传“江氏医术不传外人”。其实，江林医生一直强调的是：江氏收徒弟的标准很高。在他看来，医术可以通过勤学苦练精进，医德却是难以改变的。为医先为人。选择传承人，他坚持把品德作为第一标准。关于医生的仁德，江林医生具体讲了三点要求：“以病人为本，急病人之所急，想病人之所想。”倘能做到这三点，医生自然就会努力提升自己的技术。

事实上，江林并没有把江氏正骨术作为父子相传的独家秘方，这里的每位医生都掌握了这一神奇的接骨技术。但江林在传帮带中有一条原则：道法不传无义子，收徒只收有德人。

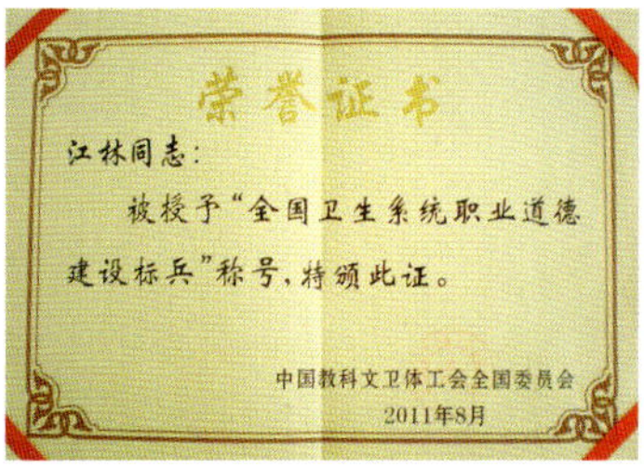

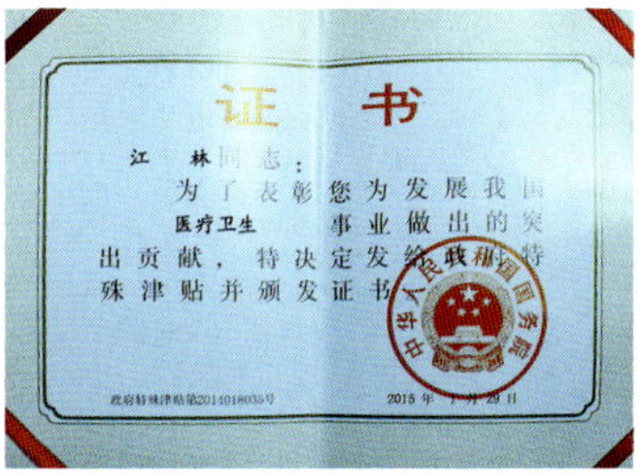

江林荣获过的国家级荣誉

江涛出生于1976年，是江氏祖传骨伤科的第四代传人，也是第四代传人的核心代表。受父亲江林的影响，江涛在耳濡目染父亲高超的骨伤医疗技术的同时，也为父亲救死扶伤的人道主义精神所折服。高考后，江涛如愿以偿考取了湖南医科大学临床骨伤科专业，经过四年大学的艰辛学习，他打下坚实的理论基础。

1998年大学毕业后，江涛拒绝了留在长沙工作的机会，义无反顾回到家乡社港骨科医院。子承父业，对江涛而言是件顺其自然的事情，他沉下心来当父亲的徒弟，每天跟父亲一道接诊骨伤患者，进行临床手术。正是在父亲江林手把手地教授下，结合临床经验，江涛已在临床干了18年，已经熟练掌握了江氏传统疗正骨术。他每天都异常忙碌，每天的门诊量在80人左右，其中不乏从湖北、江西、安徽等外省远道而来的病人。他也和父亲一样，上午看病，下午动手术，江涛全年的工作时间在300天以上。在传承祖辈留下来的医术的同时，江涛并不满足现状，先后多次到国内名院进修学习，现已发表江氏正骨术相关论文16篇。他还与父亲江林共同研究、研制了中药内服剂治伤丸、外用药活血散等。

江林主持开发的江公骨伤科产品

江涛带领医院一班青年技术骨干成立了学习小组，将江氏正骨术传授给更多的医生。在传承传统的手法复位治疗方式的同时，更是勇于创新，逐步使得传统骨伤科由传统型向高尖科技型方面发展。近年来，江涛采用中西医结合的治疗方法，开展了各类钢板固定、小儿马蹄内翻足整复、开放性复位骨折外支架固定等新疗法。由于杰出的医疗技术和高尚的职业操守，江涛先后获得了浏阳市十佳杰出青年、浏阳市十佳医师等荣誉。

三

浏阳江氏正骨术属地域学术流派之一，具有鲜明的正骨特色，并做到了与时俱进，体现在理论、技术、文化三个层面。一是理论层面，这是江氏正骨术不断丰富及完善的前提。在正骨理论上，遵循中医学“辨证观”和“整体观”，以江林为代表，倡导以整体辨证、动态平衡作为江氏特色理论体系。

二是技术层面，这是江氏正骨术的关键。在正骨技术上，其手法复位固养术包括有特色化手法复位、个体化小夹板固定、动态化自制竹弓牵引、祖传内服外用药以及动静结合式康复治疗法。在器材使用上，根据骨折位置放置的加压垫，自创了许多特色化的正骨器械，如使用杉树皮、竹弓等，自制的江氏骨科外敷药、内服药酒以及丸药等也均已获得国家发明专利证书。在技艺传承上，讲究传统的师传身授，并强调传承人童子功的练习，习武以强医技。其正骨手法根据骨突部位进行裁剪，注重稳、准、快、捷，所谓“法使骤然人不觉，病人知痛骨已合”。因此，江氏正骨术在中医正骨流派中，有着伤痛少、愈合快，少有并发症、继发症发生，且费用低廉的优势。在与时俱进上：江氏骨科立足于将传统手法和各种外固定器材进行有机的结合，改良肱骨髁牵引架，并不断攻克现代复合损伤等手术治疗难关，使中医骨伤传统技艺与时俱进，造福社会。

三是文化层面，这是江氏正骨术不断彰显自身特质之所在。江氏正骨术提倡中医辨证施治与整体观念，运用中药内服外敷，能很好地配合骨折的治疗，促进其愈合。其提出的德艺双修、以人为本的伦理道德思想，更是强调以人为本。其辨证思想、“治未病”思想更是符合医疗改革的要求。为此，江氏正骨术所代表的中医正骨诊疗是中医药文化的瑰宝，与中医药文化一脉相承。

青面狮舞

浏阳青面狮表演

一

舞狮，是我国传统的民间体育活动，自诞生至今已有1600多年的历史。自古以来，一直深受人们的喜爱，且历代相传，形成了灿烂的舞狮文化。

湘赣两地山水相连，吴楚遗风古朴淳厚，民间武术发展源远流长，“耍狮灯”为曾经流行于湘赣边界萍浏醴一带的一种独特民间传统习俗。因舞狮之人均为习武之人，所以舞狮与习武一样，均要讲究套路和礼仪。在浏阳，一直以来，舞狮之人的武艺高低决定着舞狮的种类，一般狮子分为花面狮、青面狮、红面狮和黑面狮。以黑面狮为尊，多为武术界宗师级人物家里的配置，且一个地方只会有一头黑面狮，一般不参与演出，但接受花面狮与青面狮的参拜。平常见到最多的就是花面狮，只在正月初一至十五演出，由当地武师组队舞狮，结合武术、架上杂耍等功夫表演，一为恭贺新春增添气氛，二为参师访友交流武术，主要目的还是历练队伍，促进功夫提高。红面狮为比较有名望的师傅操纵，大型庆典及仪式上才全出场。在浏阳二月十五枫林铺将军庙会和三月十五大瑶财神庙会、迎春等重要场合上才会出现。青面狮又叫独角狮，称为“四季灯”，一年四季可游走于江湖，只供功夫较好的舞狮者舞，去参拜宗师级人物拜师学艺，捎带结交江湖好友切磋技艺，带徒传授本领等。

青面狮在浏阳流传已久，且尤为独特。而大瑶上升村的青面狮，在整个浏阳来说，都是独一无二的。早年青面狮以上升村为中心，分布在浏阳、醴陵和江西上栗县等湘赣边地带。上升村青面狮依托武术世家王氏家族，传承于王氏家族王家拳术的发展，一脉相承，相辅相成。

青面狮以中国传统武术作为根基，得先练扎实武术基本功。待武术练好后，才能学习舞青面狮的技艺。起初青面狮常见于习武之人切磋武艺，参师访友，为功夫舞狮，后来因青面狮所到之处皆能太平吉祥，风调雨顺，所以，人们赋予它吉庆纳福、消灾挡难的内涵。每逢新春佳节、婚庆寿诞、新居落成、庙会庆典之际，主家都会邀请青面狮以示祝贺喜庆。青面狮一到，鞭炮齐鸣，以示迎接和喜庆。青面狮表演时，一人操纵狮头，一人举

青面狮起势

戴上狮头

灯，一人舞武术器具，两人敲小锣，打杂者若干。修饰简单，却又是形态万千。舞狮时，一旁配以武师表演，透过刀光剑影，一头“雄狮”翻腾跳跃，青面狮不怒自威的王者气息扑面而来。

上升村王氏一直都是以耍青面狮为生，且代代相传，可谓是声名显赫。每到正月里，上升国术团狮灯就舞动青面狮，按照以“狮”会友、参师访友的民间武术交流的传统习俗，在南区各乡镇、湘赣边邻近友好乡镇，进行友好交流。

随着时代的发展，20 世纪 80 年代，青面狮日渐衰弱，1985 年彻底“销声匿迹”。2015 年，王家拳第八代传承人、时任浏阳武术协会主席王绍钦召集老一辈青面狮行家里手，再次组建上升国术团。至此，沉寂 30 年后，久负盛名的浏阳青面狮重现江湖，这次重新亮相可谓意义非凡。2018 年 11 月，青面狮表演列入长沙市非物质文化遗产行列。

二

别看青面狮的造型简单，但在制作过程中却极重细节，十分讲究，分狮头，狮衣，掩口布，一点都不能含糊，狮头的制作更是重中之重。不怒自威的青面狮，坚硬如石的布面狮头，选材和制作工序都十分严谨，不能有一点疏漏，以此表示对神兽的敬意，并体现了中国民间尊师重道的礼仪。

制作过程中，大有讲究。大致说来，制作时先用泥巴压模型做出狮头的模样；再用布一层层往上裱，待布面干透后，用竹篾制作腮腔；刷油漆、开麟毛、缝狮衣……一整套的程序下来，至少得整整耗费制作师傅大半个月的时间。

具体说来，第一步是做狮头，狮头凹凸不平，重二斤十三两五钱，四分九厘三毫。且有歌曰：南京北京都走过，十三省遇高贤，五湖四海皆兄弟，九教三流后代传。

狮头为何生得不平？名为五岳，一岳中华、二岳孝礼、三岳节义、四岳节友、五岳五湖四海。狮头是用泥土制成的，而泥土是有讲究的，做狮头的黄泥必须是山上油茶树下 3 尺深以内的黄泥。取回黄泥后，得用牛将黄泥踩熟，然后手工筑成模型。需要注意的是，青面狮是上下各 12 口牙，一共 24 口牙齿，代表着黄台山 24 兄弟，个个武功高强，威风如狮。

狮头泥模晒干成型后，用米糊与猪血加工成的糨糊，将大致 10 厘米宽的夏布条一层一层裱上去，要裱上六七层。待布面干透后，用竹篾制成腮腔，再用黑色油漆上色。如此，狮头就算是做成了。

接着便是做狮衣。狮衣长五尺四寸（寓意五湖四海），锣重二两（寓意内外两家），鼓有几多丁（寓意九斤三两，九教三流）。狮衣的原料也是夏布，颜色是黄色。黄色自古以来便代表尊贵、吉利和财富，狮衣采用这种颜色也就不足为奇了。但做狮衣的黄色却不能用现代染色的方法制作，必须得用一种叫“黄栀子”的植物果实染色而成。用这种方法染成的黄色，更健康自然，也更能体现对狮王的敬畏之心。

最后是掩口布的制作。掩口布是用红色的夏布，红色代表喜庆吉祥。舞狮的时间不同，掩口布上写的内容也不一样。正月里出去舞狮，掩口布上要写上“恭贺新春”；如果是元宵过后舞狮，狮子掩口布上则要写上“参师访友”。掩口布上的内容，标示着舞青面狮的目的，一看就能明白。特别要注意的是，掩口布上写字，要用全新的毛笔，一般认为，写过其他内容的毛笔不洁净，用全新的笔以示尊重与吉利。

掩口布做完，便是做狮尾，接下来便是两个非常重要的环节：点睛和祭狮。给青面狮点睛之人，须是武术界有声望的大师才行。点睛之后，便要祭狮。祭狮要把狮头供奉于高桌，点燃香烛，烧纸钱，祭上三荤三素的菜品。舞狮之人在堂下三叩首跪拜，并宣读舞狮之人的规矩：

恭敬谦虚，尊师重道；见义勇为，坦诚和善。

浩然之气，心怀天下；勤学苦练，不图虚名。

参师访友，从善如流；行侠仗义，博采众长。

不畏强凌弱，不借势狂妄；不当叛国之徒，不图显官厚禄；

不自骄自满，不蹉懈练拳；不逞强斗狠，不虚荣好胜。

祭狮完毕后，方可舞狮。至于青面狮的舞狮动作，有很多舞法。按照不同的舞狮场合，青面狮有不同的舞法，常见的分为：寻常舞法，贺新居、送财神舞法，贺新婚、麒麟送子舞法，贺寿舞法等，阵法众多，特色鲜明。不管舞狮队伍到哪个地方舞狮，首先要送拜帖，拜帖一般会送给当地武术宗师及新屋落成、新婚、喜事、做寿的主家，以示尊敬和友好。

1. 寻常舞狮：青面狮一般主要的道具为灯笼（马灯）、竹篮、狮头、红布数条，两个直径 7 寸大小的小锣（江湖之中叫“筛子”），一些武术器械（刀、枪、剑、棍等）和拜帖。舞狮表演时，要求提灯笼和提竹篮的为同一个人，这个人须是当地有名望、懂规矩的内行人。提灯之人边走边吆喝：“请看灯”，新春时节则喊“请拜年”，并跟各个屋主介绍舞狮队伍、舞狮地等内容。提灯人后面跟着拿狮头的人，两个开筛子（打锣）的人紧跟其后，敲锣发出“咚锵，咚锵，咚咚锵”有节奏的声音，好似在召唤人们：参拜，参拜，参参拜；看灯，看灯，请看灯。

舞狮灯要耍“上水灯”（看河的流向，从东往西耍），狮子去人家家里穿灯，要先进大堂，从东边上，再西边下；进人家家门不能踩门槛，踩门槛是踩威风，属禁忌；而且狮子出门后要有回头的动作，按照内行人的说法是“狮子回头，万事不愁”。

最后，舞狮队伍会选择集中的宽大场地进行舞耍。要注意的是，在舞龙舞狮界，是有规矩的：舞龙队伍和舞狮队伍相遇时，必须要让龙灯先过；舞耍的时候，也必须要先舞龙再舞狮；而蚌壳灯、茶灯、竹马灯等其他的灯都要礼让狮灯，即先舞狮灯再舞其他灯。花面狮要让青面狮，包括在路上相遇，也遵行同等礼仪。

正式舞狮之前，舞狮之人首先会向观众说：“在江湖遇江湖，不在江湖莫损江湖。”言下之意是，请行家里手莫要把看出来的戏法诀窍或者破绽讲出来。

之后进入舞狮环节，首先便是“坐堂请师”。何为“坐堂请师”，就是舞狮之人开始吆喝：“一个篱笆三个桩，一个好汉三个帮，不怕城墙高万丈，城墙内外有人帮。”而听到这话，五湖四海舞青面狮的人便都知道，青面狮行家来了。这些舞青面狮的人不管是否认识对方，只要听到“坐堂请师”，便都会过来相帮。“坐堂请师”充分体现了古时习武之人讲究仁义，五湖四海皆兄弟的英雄气概。

坐堂请师之后便是告煞、安神的环节。所谓告煞、安神，是指舞狮之前，要参拜人家祠堂庙宇里的神灵和家神，以免打扰到神灵，以体现舞狮之人对天地的敬畏之心。具体做法，就是让狮头在房屋上厅的正向拜三拜，虔诚地默念：前来舞狮，如有打扰，请勿怪罪。告煞、安神后，就是起狮，面向东方迎狮，狮头开四门（东、南、西、北，即向四个方向各拜三拜）。最后开始舞狮，厅中摆好高桌，狮子首先从左边上桌（称“左狮右象”），上桌后的狮子便摆出“观音坐莲”的姿势。观音菩萨是中国民众崇敬供奉的菩萨，其仁爱无边，德行天下，而观音坐莲也寓意着得天庇佑，吉祥如意。这个过程大致一分钟左右，狮子便从桌上跳下来，之后就是随性发挥，凭舞狮之人的功夫高低，表演各种动作，其中比较有代表性的就是：“狮子挠痒”“狮子滚绣球”“狮子采青”“狮子瞌睡”“狮子翻跟头”“狮子戏水”“狮子抱崽”等等。

在人们心中，青面狮所到之处，如同开光一样，借神狮灵气，驱除邪障，送来吉祥与平安。舞狮完毕，舞狮之人便会把狮子置于高桌，随后便开始武术表演。先是拳术套路，拿出自家所长，舞几套拳，或是携长短器械，刀、枪、剑、棍、板凳等进行对练，十八般武艺，各展雄风。

然后，便是最精彩的部分了，搬桌子，耍架上，再表演杂技、魔术、硬气功等节目，场面十分热闹。表演完后，便是狮子挨家挨户“回头”，所有的户主一般都会在这个环节送上红包或者茶果，整个一场青面狮舞下来，大概要两个半小时左右。

2. 贺新居舞狮： 如果是新房祝贺，舞狮的时候便着重于告煞、安神和送财神，便有“移星转斗，连升三级”的舞狮动作。先让童子在房屋的大厅门口上披红，右手执笔，左手拿杯，做出“赵公骑虎”的姿势骑在狮背，然后把童子送到供奉用的桌上，寓意保佑添喜发财，财源广进。同时，借狮子的灵气，用朱笔画灵水，告煞辟邪，保新居平安吉祥。

“赵公骑虎”的舞狮系列动作后，就表演“送财神”。这个步骤完成之后，新屋主人通常为讨一个好彩头，会把谢狮用的红包悬挂于新屋栋梁之上，让舞狮之人取红包。贺新居舞狮非常精彩，只有武功高强的人才能取到，现场十分热闹。

此外，贺新居还要进行喊彩，一般的喊彩语为：

瑞狮登门贺华堂，恭贺华居万年长。
左边造起金狮子，右边造起双凤凰。
金狮子双凤凰，成双成对放光芒。
华居和顺人安康，年年出个状元郎。
主人上座接宾朋，喜事连连笑开颜。
财神神像高高挂，全家子孙福满堂。
富贵长，家安康，家安康，全家上下幸福美满万年长。

3. 贺新婚舞狮：至于新婚祝贺，舞狮的经典动作为“麒麟送子”。“麒麟送子”是中国古代一种祈子法，古人常称呼聪颖可爱的男孩为“麒麟儿”“麟儿”，俗称“天上麒麟儿，地上状元郎”。故在新婚之时，舞“麒麟送子”也是极其喜庆的。先让一可爱童子披红，骑背上狮子，由狮子把童子送到新人的床上，寓意安子，恭祝早生贵子、多子多福。贺新婚时同样会喊彩：

瑞狮登门贺新婚，金童玉女结良姻。
多生贵子早添孙，勤俭持家结同心。
夫唱妇随长长久，宾客满堂贺新婚。
白头偕老幸福长，幸福美满百年春。

4. 贺寿舞狮：舞狮贺寿时，首先把寿星请到厅中正向，在厅中摆好两条长板凳。长凳横放在下厅位置，在靠近寿星一方的长凳上摆上盛水的脸盆和一把火钳。脸盆盛水，水便代表东海之水，摆上盛水的脸盆则寓意福如东海。火钳是民间烧火煮饭时用来添加柴火的一种工具，而柴火则是从山上拾捡而来，故火钳用来代表山与香火，摆上火钳便寓意着寿比南山，香火传万代。表演时，狮子需从这两条长凳上跳跃舞过，寓意寿星跨过一年又一年，福泽永寿，以此向寿星贺寿。贺寿时喊贺寿彩为：

瑞狮登门拜寿星，寿星本是天上紫薇星。
妻生子，子生孙，子子孙孙满门庭。
老祖年有八百岁，终南山上千年树。
寿星能享万年春，今日贵府来做客。
主上满堂是宾朋，有长辈，有世亲。
满堂宾朋来贺寿，共享寿星万年福。

舞青面狮的武师，常常由成名的武师担任，且江湖阅历较深。因可以一年四季行走江湖，在参师访友过程中，会遇到当地的舞狮高手（有名望的老师），舞狮之人首先派人送拜帖，称为拜码头。而拜码头，是有许多规矩的，略举一二。

1. 拜码头的江湖口语：

久仰贵地码头，山清水秀，人杰地灵，能人甚广，豪杰甚多。兄弟初到贵处码头，金码头银码头，荣贵大码头，三日请安不到，四日拜会不周，尚未手片草字草片少到。各位老哥金帐银帐均安，宝帐请安道喜，我兄弟不周不全，不方不圆，请你老哥恕过我兄弟左右，海涵海涵。

2. 接驾（即回拜）：

好说好说，不知你老哥驾到，我兄弟未曾远迎，理应该高搭龙棚，铺毡结彩扯旗放炮迎接你老哥。兄弟有接驾不恭，礼义不周不全，不方不圆，请你老哥恕过我兄弟左右，海涵海涵。

3. 青面狮行走江湖歌曰：

三拱手有由来：梁山，桃园，瓦岗人心不必问手弯，兄弟出家在梁山，左手弯弯打余鼓，右手弯弯轿红香。梁山一一树茶，不共娘来也共爷，千百年前来共枕，万百年前是一家。只有金盆栽花，没有梁山分家，只有一个梁山，没有两个桃园。兄弟哪里而来，由哪里而去？

歌曰：

青天白日现出来，中华四方如去。

水路而来，旱路而来，水路过了多少省，旱路过了多少湾。

舞青面狮要以武术为基础

青面狮表演团队

歌曰：

海水茫茫不见滩，雾雾重重不见湾，马走宛子城，船弯全沙滩。

头顶三十六天书，脚踏七十二地书，手抱八十本书，本本看到，页页看清，望兄弟海涵。

三

青面狮舞在浏阳代代相传。且说在上升村，王家拳术第七代传承人王成法的青面狮，就舞得特别好：一人独舞青面狮时，右手擎狮头，左手抓

王绍钦与张春华合作表演青面狮

住狮尾，配以功夫步伐，再杂以剑术，一招一式，颇显功力。舞到精彩处，狮身带风，呼呼作响。舞到传神时，人狮合一，精彩异常。

学打三年灯，唱戏三年哼。王成法儿子、王家拳第八代传承人王绍钦及伙伴张春花当年各自拜师，年轻时就脱颖而出，几乎成了“狮戏王”的代名词。早在五六岁开始，王绍钦、张春花各自随自己的师父学舞青面狮，都是从帮师父们提舞狮表演的鞋子开始。十多岁后，在练习扎实武术基本功后，王绍钦和张春花才学习独立操纵狮头，都舞得不错。毕竟是四处切磋技艺，还得懂得套路和礼仪，这也是行业规矩。

“初生牛犊不畏虎”，1986 年正月初七，王绍钦大战江西花面狮张师傅，在吴楚交界处澄潭江渠城界广为传颂。时年，王绍钦刚好 18 岁，应文家市牌楼前王氏长者王凤山老先生之邀，带领牌楼前师兄弟们耍一庞（队伍）狮灯。渠城古为吴国和楚国分界线，千年古界碑分水岭上隐约可见，北接浏阳，南接上栗，西与醴陵隔南川河相望。此地村民历来崇文尚武，民风彪悍，耍龙舞狮高手如云。接到族长先生邀请之后，王绍钦欣然准备出狮前的前期工作。

王绍钦有一位“细公”（爷爷之最小弟弟）也是远近有名的武林高手，最擅长瓷壶、叉、流星锤，平时在家带徒弟和专做（生产）狮子头营生。王绍钦特地到细公家里，从一排狮子中挑了一个自己非常中意的青面狮头，拿起就往自家走。因这青面狮子，一般都是武艺高强的师傅才能使用的，刚出师的徒弟们没有资格玩的，细公便拦住他询问缘由。

王绍钦直言相告，他拿了青面狮回家请师，拜师学舞狮去。明年正月带兄弟们去耍狮灯。细公有些不高兴了：“你们几个后生娃子不懂规矩，不能拿这个青面狮，要拿就拿花面狮去。”但王绍钦认为自己都学武术十多年了，什么规矩都懂，不用怕别人，便不顾细公的劝阻，还是拿走了青面狮。

正月初七晚上，九龙岗来了一庞江西狮灯，当晚在九龙岗耍了一场，并留宿在附近农户家中。为首的是张姓的彪形大汉，拜过几个师父，以带徒弟杀猪为生。平时里，三百斤的肥猪，只要他一个人就能轻松杀掉，他生得高大威武，又武功高强，平时收了很多徒弟。

而当时王绍钦的架子功夫非常好，八个人吃饭的八仙桌，一个跃步就可以跨过去，中间不撑手。王家拳术更是一绝，1985 年还在湖南省平江县举行的湘、鄂、赣三省十县的武术比赛中获得了六项冠军。

乡下民众都评论花面狮队的功夫没有青面狮队的好，到底是玩青面狮的，这些民众评论很快传到花面狮师父耳朵里去了。

初八上午，两支狮灯在渠城界九龙岗相遇。按江湖规矩，花面狮理应礼让青面狮。但对方花面狮队却不讲规矩（客气），敲锣击鼓，玩耍一场后，青面狮才上场。从观众的喝彩声可以看出，青面狮技艺确实要比花面狮要得好些。表演一场之后，收锣歇息时，花面狮张师父上前找王绍钦一行盘问一番耍狮灯的规矩。

花面狮张师父问："狮子从哪来，往哪里去？"

王绍钦答："从黄台山而来，往中华而去。"

张师傅又问："狮子头有多重？"

王绍钦答："2 斤 24 两。五湖四海皆兄弟。"说到这里，他还向张师父行了一个抱拳礼。

张师父却是不服，讽刺他们几个小青年出来耍青面狮，提出和王绍钦过过招。王绍钦见对方身材魁梧，又是新春年头（正月初八），不愿惹事与他发生纠纷，便谦虚推脱。

张师傅却继续挑衅道："我让你一只手，这只手放口袋里如何？"

血气方刚的王绍钦哪儿能受得了这般挑衅，回道："硬要比武也行，不过你也不用让我一只手，只管使出真本事，即便是输了我也心服口服。"

当时，九龙岗变电站门口是一个斜坡，王转身站在上方边，张转过身也站到王上方，并立即摆出一招"十字手"招式。两人虚虚实实地一番争斗后，王绍钦头部向右稍偏，左手变掌为爪，抓住张师傅的还魂穴，催左步起右脚，直击对方的裆部，正中张师傅要害。张失力往后退，而王绍钦则赶步上前，顺势右抛膝击中张师傅胸口中腕穴。对方快要倒地，王随即跨左脚上前压制，而对方挥起右手直拳击王左边太阳穴。王用左手挡开，顺势变掌击中对方右颈申筋穴，右手快速三记重拳击中对方面部。张顿时遭受重创，眉头、鼻子、口中流血不止。最后，张师傅被徒弟扶起，极不甘心地走了，并约定下次再会。

一年后的一天，张师傅带了一个徒弟，来到王绍钦家，请王绍钦去江西教武术。王绍钦当然得知他人的用意，自然没去江西教什么武术。后来对方也没有再来。

青面狮大战花面狮，毛头小伙大胜张拳师。从此青面狮在湘、赣两省名声大振，各地群众每逢佳节定会邀请青面狮王表演。此事在当时户户相传，成为一段佳话。

舞青面狮后继有人

前人形成的一些习俗，看似乡气，却有文化内涵在其间。看似不起眼的乡里“青面狮”，却促进了一代又一代武术文化的发展和创新。

王家拳术

浏阳王家拳

一

浏阳是全国“武术之乡”，是与其地理位置密切相关。它处于江西入湖南的通道之上，自古是兵道、商道、人口迁徙之道，为护家园财产，必有武术兴盛。其传统武术有仓门、龙门、大圣等门派，南拳、王家拳、八拳、岳家拳、邬家拳、太极拳等拳种，还有各种武艺套路98套。从春秋战国时期“楚地大人众，军民上下崇尚讲武”算起，浏阳习武之风由来已久。

浏阳尚武，“武侠”层出不穷，他们快意恩仇，侠肝义胆，刚柔相济，敢为人先。“善文章，好任侠，长于剑术”的谭嗣同，从少年时代便喜爱武艺，拜通臂胡七、大刀王五等名师为师，武艺高深。“拔剑欲高歌，有几根侠骨，禁得揉搓”，堪称浏阳“武侠”的典范。

清末农民起义是浏阳武术发展的重要源流，起义军聚众习武，各种武术流派荟萃浏阳。因而浏阳人习武甚众，武风盛行。此后，为防“兵、匪、盗为患”，浏阳各地开馆习武之风达到鼎盛。

历史上的浏阳武术，曾辉煌一时，也几经沉寂。但不管世事如何变迁，以“强身健体、精进卓越”为主旨的传统武术并没有退出浏阳人的生活。时至今日，浏阳依然有正规武术学校、武馆、武术培训基地45家，武术爱好者已超过10万人。

王家拳术最早发源于北方，随宋南迁，逐步流行于江南，又与南方拳种交融共生。经王氏族人代代相传至今，形成了自身独有的特色。王家拳短小精悍，结构紧凑，动作朴实；手法诡异多变，短手连打，步法稳健，攻击勇猛；形成了以意为神、以气催力、发力刚劲的特色，极具浏阳地方特色，深受湘赣边界群众喜爱。

王氏先祖道玉公，改造了王家拳。明成祖年间，王氏迁浏阳始祖道玉公携家从江西庐陵（现吉安）迁浏东上洪黄石洞。其祖辈擅长医术，独创王家拳，兼行医治病。也因此，玉公武艺高超，且精于医术。明宣德二年（1427），玉公年五十，出家萍乡上栗鸡冠山一石洞，修炼武艺，兼行医治病、救人济世。明天顺四年（1460）玉公于洞内坐禅仙逝，享年88岁。当地民

王家拳代代相传

众为感其恩德，于天顺六年（1462）集资建王二仙庙以示纪念。自此王氏子孙不断改进王家拳，兼行医治病，在湘赣边界开枝散叶。

明嘉靖年间，王沛、王德（明嘉靖十七年进士）叔侄两人率王氏一族子弟投奔浙江都司参将戚继光麾下对抗倭寇。王沛以 74 岁高龄身先士卒，被倭寇包围，在与倭寇战斗中壮烈牺牲。十多天后，王德率少数精兵先行，在金岙遭到倭寇伏兵包围。倭寇越聚越多，王德犹“手射数人，骂贼死”。明廷诰赠王沛为大仆寺丞，敕建“褒忠祠”于温州铁井栏兴文里，以纪念英魂；诰赠王德为太仆寺少卿，敕建“愍忠祠”于康乐坊。

从此王家拳分为两支，一支在浙江、江苏传承下来，一支固守湘赣边界代代相传，也就是如今的浏阳大瑶上升村王家。清末，湘赣边支系王氏子孙王才学、王应兆、王显科等均为乡中豪杰，身手非凡，广拜名师，创“挖牙斩”之独家技法，以“隔山打牛”点穴术独步天下。传至王扬喜，又创独暗器，袖中常佩数十长钉，发之则百步穿杨，入墙三分。民国初，再传至王英富，广纳门徒，精授武艺。王氏犹爱打抱不平，曾组织乡民反饥饿反压迫，与当地土豪劣绅进行抗租减息斗争，备受乡民拥戴。

1958 年，王家拳第六代主要传承人王贤成组织成立了浏阳县牛石乡上升国术团，广招门徒，传习武艺，鼎盛时期收徒千余人。当时这个国术团聚集了各大门派，经常进行武术切磋，这也是浏阳传统武术发展到当今的一个重大转折点。至第七代传承人王成法时期，他将王家拳术进行了大胆创新，因有武术功夫做基础，王家拳术衍生出了一门极具观赏性的民间艺术——功夫舞狮，有红面狮、黑面狮、青面狮及花面狮，青面狮最有名。功夫舞狮时，但见梅花桩上，锣鼓声起，上下翻腾，艳惊四座。

自王贤成、王成法之后，王氏子孙谨守祖训，将行医习武发扬光大，名气也随之越来越大。1985 年，王贤成、王成法、王绍钦祖孙三代代表浏阳参加在平江举办的湘赣边区三省九县武术比赛，一举拿到了男子老、中、青三个组别的全能冠军，被湖南省体育局授予“武术世家”荣誉称号，其武术世家之名从此远播三湘四水。

由此，经王贤成之子王成法、孙王绍钦、曾孙王天鹏、刘宇霖（王成法外孙）、王薏、张辰浩（王绍钦外孙）等承袭，已是十代习武，在全国乃至香港国际武林大赛，荣获金杯、金牌数百枚，“王氏武术”之名日益响亮。

王家拳历年来所取得代表性成绩

王家拳承袭十代，其发展演变是王氏大族的家族变迁史，更是地区发展、民族迁移、文化融合发展史，对于促进湘赣边文化交流具有重要的意义，是博大精深的中华武术的重要组成部分。其中将传统武术与传统中医养生相结合而创作的炼药手、点穴功、阴阳养生功等内容，以意为神，以气催力，落地生根，发力刚劲，对于调养身心，强身健体有极好的效果。因此，浏阳王家拳于 2018 年 11 月被列入长沙市级非物质文化遗产名录。

二

大概说来，王家拳术有如下特点：

一、刚柔相兼。刚柔是王氏拳术劲力的两大法则。“纯柔纯弱，其势必削”，“纯刚纯强，其势必亡”，只有不柔不刚、合道之常，取刚柔之“中和”。况且“刚柔相推向生变化”，有刚有柔才能产生攻击力来。所以各家学派无不主张“刚发乎内，柔制乎外”，外若柔，中实刚劲，“刚中带柔，柔中带刚”，“刚柔相济定心神”等刚柔相兼之说。王家拳术自然也将刚柔相兼当作法宝。

二、内外合一。所谓内，指的是内在的心、神、意、气等心志活动。所谓外，指的是手、眼、身、步外在的形态活动。手与足合，肘与膝合、肩与胯合，谓之“外三合”，是对动作姿势上下相随的要求。手到、眼到、身到、步到，一动无有不动，一静无有不静，是对动作套路完整协调的要求。外在的形体活动，还必须与内在的心志活动紧密结合，须内心无妄，而后才能使身正。因此，演练王家拳术时，必须心无杂念，湛然纯一，做到心与意合、意与气合、气与力合，谓之“内三合”。练习时只有做到内外合一，才能使演练达到更高水平。

三、运气调息。武术各门派都讲究运气调息，王家拳术同样重视运气和调息的锻炼，“以心行气”。王家拳强测“气自丹田吐”，运动时“舒臂运气”，“遍体活泼”。

四、注重内劲。王家拳术演练要求有“内劲”，即在人的肢体构成各种动作时，使躯干、肢体的肌肉处于一种自然的紧张状态。也就是说，动作外形既要匀称工整、自然，同时肌肉又要保持一定的张力而不松懈，从而使动作显示出一种充实的内在劲力。

五、气势连贯。王家拳术讲究在一个套路里，套路必须始终相连、气脉不断，最忌个“断”字。所谓“连”，并不是要求把整个套路的动作势式像太极拳那样一气呵成，中间没有间歇，而是强调在一招一式之间要做到“形断意连”，“势断气连”，善于运用内在的心志活动，通过眼神把前后动作连贯起来，使之势势相连，贯串一气。

六、击法严格。击法，是武术的踢、打、摔、拿四种技击的法则。凡是由攻防动作组成的拳术套路，都离不开这四种法则的范畴。这四种技法各有各的具体内容与方法，如踢的法则，其具体内容有蹬、踹、弹、缠、扫、挂、撩、摆等；打的法则，其具体内容有冲、劈、挑、砸等，这些内容都有规定的运使方法。例如踢法中的蹬、踹、铲都是屈伸性腿法。然而，蹬的方法规定脚尖朝上，脚心朝前，力点在脚跟部；踏的方法规定脚尖横向，脚心朝前，力点在脚心部；铲的方法规定脚尖横向，脚心朝下，力点在脚外侧边缘部。对踢、打、拌、拿等四种法则具体内容的运使方法，都规定得非常严格，不允许混淆不清。

王家拳传人操练拳术

三

一直以来，为了发扬光大王家拳术，让王家拳术为更多的人所知，王家拳第七代主要传承人王成法秉承先志，自幼随父兄习武学医，冬练三九，夏练三伏，几十年如一日闻鸡起舞，钝学累功，武艺日益精湛，擅长接骨、点穴、气功、药功，练到拳法出手软如绵、沾身硬似铁的神奇境界。

1985年，全国工人运动会在杭州隆重举行。之前，年轻的王成法经过层层考验，战胜数百名对手，最终获得了代表湖南省队参加此次全国工人运动会武术比赛的资格。早在1959年，王成法获湖南省第一届全运会男子少年组长拳和枪术金牌。20世纪60年代，全国性的武术比赛已经多年未举办，故王成法非常珍惜此次全国武术比赛的机会。为了让湖南武术在全国武术体系中能够争得一席之位，王成法决心全力以赴，赛出自己最好的成绩。

武术散打比赛中，王成法铜筋铁骨，雄姿矫健，然而对手也是虎背熊腰，力壮如牛。只见王成法在比赛中的拳法，时而轻如飞燕，时而重如怒雷，时而动如脱兔，时而静如泰山，他眼到拳到，招招有效。他的动作如行云流水，气势如虎步步生风。打得对手最后个个没有还手之力，只得举手认输。从初赛到决赛，王成法一路过关斩将，最终如愿以偿地赢得此次全国武术散打金牌。

回到浏阳后，王成法这位民间武林高手得到了浏阳县委、县政府的嘉奖，王成法被特招进浏阳市文体局，担任浏阳武术协会主席、浏阳市武术馆馆长。

王成法在浏阳武术协会主席任上，工作兢兢业业，凡事亲力亲为，为繁荣浏阳武术发展贡献心力，于2000年为浏阳捧回了“全国武术之乡”的称号。他为开创新的武术套路，广拜名师，先后师从云南沙国政修炼八卦掌、福建万赖馨苦练散打功夫，真可谓练就了满身武艺。当他将各门各派传统武术融会贯通于一身后，就面向社会广收门徒，为浏阳武术特别是王家拳和青面狮的传承发展培养了一大批青年继承人；开设了48个武术分会，招收会员1万多人；调查走访老拳师300多人，出版武术教科书籍、撰写武术论文、自编自选了拳术和器械套路。其事迹由《中国武术人名辞典》《中国武术家名典》《中国武术专家人才库》等收录。浏阳武术运动开展得有声有色，民间习武蔚然成风，特别是王家拳在武术界崭露头角，多次获得全国武术比赛冠军，浏阳也多次被评为优秀全国武术之乡。

王氏八代行医，十代习武。王绍钦出生于1960年末，是王家拳习武的第八代了，也浏阳市武术协会会长。他秉承父业，青出于蓝而胜于蓝。在传承王家拳的同时，王绍钦更是各地拜访名师，博采众长，一心把王家拳术发扬光大。王绍钦于 2015 年重新组建上升国术团，他在家院子里创建了悦武堂，为广大武术爱好者提供武术培训教学基地。除了刀枪棍等各类习武器具外，最显眼的是一间摆满了各种武术比赛奖牌的陈列室。其中，最让王绍钦感到骄傲的莫过于王氏祖孙三代中，已有 5 人获得过全国武术比赛的金牌。

王家拳领头雁王绍钦练枪术

王绍钦指导后辈练武

德馨誉满欣从善，体健身强重止戈。武术最高的精神境界就是“止戈”。从王成法开始，就不再拘泥于独家王家拳的练习。至王绍钦更是先后在北京、浙江、河南、四川、湖北、江西等地拜了9位师傅，习得形意拳、八卦拳、八级拳、散打、巫家拳等近十余种拳术及点穴之功，乃至一身功夫。王绍钦集众家之长，将传统的王家拳发挥到了极致，他希望将这一身的本领传承出去。

言必行，行必果。王绍钦和村里的习武能人在一起，组成了一个教练团，每逢有大的比赛都会对参赛者进行集中训练。在2017年9月第三届湖南省武术比赛中，经过王绍钦等人点拨的参赛选手一共获得了5块金牌。

最初，只有三四十个学徒，现在差不多有近百个了。2018年，王绍钦更是做了一个重要的举措：免费、放开收徒。凡是上升村的青少年，只要身体条件许可且热爱武术，均可前往王家免费学习。每到周末，王家院子传来的“哼、哈”之声让人为之振奋，而那些小小的身板里充满着对武术的热爱之情。

数百年来，王家拳术忠、义、仁、勇的习武理念更是对精忠报国爱国精神的生动体现，以王贤成为代表的王家拳人曾在抗日战争中发挥过重要的作用。到如今，大瑶镇上升村王家的“武术世家”之名，早已远播三湘四水。

四

在浏阳，除了王家拳之外，还有黄尚明的“少林南拳”和北乡沙市黄家“八拳”。南拳，又称南方拳，是明代以来流行于南方的拳种的总称，以福建、广东为中心，广泛流传于长江以南地区，其套路短小精悍，结构紧凑，动作朴实，手法多变，短手连打，步法稳健。

在荷花街道观音路，几乎没有人知道，少林南拳传承人黄尚明居住在此地。相传早在清朝时，南少林一痊得道高僧所创，并将南拳传给了江西人张祖祥。后来澄潭江镇的张攻钰拜张祖祥为师，将南拳传入浏阳，黄尚明已是第六代。从 7 岁开始习武，黄尚明师从三位名师，最有名的便是澄潭江镇南拳大师张攻钰。

黄尚明隐居数十年，从不显山露水。曾经的江湖已然远去，固有一身武艺，也不再当作养家糊口的本领，但不得在人前卖弄的祖训，黄尚明与众多师兄弟未敢忘。虽已经不再依靠武术谋生，但又不想传统武术就此失传。2013 年年初，黄尚明将师兄弟召集一堂，谋划如何将南拳传承下去。随后，大伙集资开办了一家武馆，如今武馆学员 90 余人，多为小朋友，但已不是传统意义上的徒弟。

八拳，是什么样的拳？湖南“拳王”王润生曾凭此刚柔并济的拳术，击败日本柔道家和俄国大力士，成为旧时湖南武林中津津乐道的“王拳”。湖南的“王拳、范棍、向文章”被武术界称为三绝。“王拳”即长沙人王润生所练的八拳，“范棍”指的是范庆熙的埃山子母棍（因取子午定位，又叫埃山子午棍），“向文章”即是平江不肖生向恺然著述的拳术理论与武侠小说。“王拳”曾在浏阳北乡广为流传，但更多时候被认为只是一种制敌绝招，从不外传。

八拳，形如蛇鹤，是一种隐秘流传的杀人之技，包括十六手、三步跳、十字桩三套拳术，全身功、一字功、白猿功、五阳功、五阴功五种功夫。前三种功夫可明传，后两种则秘不示人。五阳功是五种擒拿点穴的手法功夫，五阴功则是练精神、胆量、眼力的内功。为此，八拳是极为凶猛的拳术，招数不多，16手打完只需40秒钟，但招招致命。它的力道和泰拳相接近，但比泰拳速度要快，要灵活。八拳在战术打法上取“以直破横、以横破直，不招不架”，讲究步法灵活、发动整体、刚柔并济。

按照口耳相传的说法，黄家所练的“八拳”创始于明朝末年，创始人为黄姓族人，曾为抗倭名将戚继光手下的一员大将。解甲归田后，这员黄姓大将把32式的戚家拳改编为16式，并取名“八拳”。这种传承关系多为口耳相传，许多拳师只知其师，不知其祖，也没有任何史料有相关记载。

浏阳市武术协会荣誉墙（右二为会长王绍钦，左一为执行会长黄建河）

八拳传承人黄建河表演拳术

“八拳”的代表性武器是子午棍，但与少林长棍不同，子午棍一头有铁箍。相传子午棍也是由戚家枪演变而来，只是除去了枪头，剩下了固定枪头的铁箍，后一直沿用下来。

黄建河为沙市镇中洲村村民，从 6 岁开始跟随祖父习练八拳，鸡鸣即起，如今已有三十多年。凭借着扎实的武术功底及在湖南省公安专科学校、省散打队接受的专业训练，黄建河多次在散打比赛中获奖。

在口耳相传的派系中，黄建河只知道黄胖及自己的祖父黄秉春等人，却不知自己所习练的八拳究竟来自哪里。为此，2012 年至 2015 年三年间，黄建河搜寻各地名老拳师，并多次前往平江、长沙、湘潭、株洲、江西等地寻访湖南武术“王拳、范棍、向文章”的后裔。

武术溯源不是简单地说说就行，必须要进行演示，这就犯了很多人武术人的忌讳。且古时许多武术都有传男不传女、传内不传外的禁条。在寻访过程中，他遭了不少白眼，三年的努力并没有得到回报。至 2015 年在一次武术协会的聚会中，黄建河结识了一位老人——“八拳”传人羊定国，为“八拳”长沙市非物质文化文化遗产传承人，并从他那里终于理清了简单的谱系。按照谱系，黄胖是八拳支系传人，传到黄建河，已属于八拳第九代传人了。至当年 4 月 24 日，黄建河正式拜在八拳传人羊定国门下，浏阳八拳正式认祖归宗，且于 2018 年 5 月成为“八拳”长沙市非物质文化遗产浏阳传承人。

在黄建河看来，“八拳”延伸出的“八拳操”，十分适合中小学生练习，便筹划筹建沙市镇北鲎文武学校和湖湘文化基金会八拳浏阳训练基地，以便将传统武术带进校园大课间操，操练“八拳操”，以更好地锻炼学生们的身体。

热烈庆祝第十届中国浏阳国际花炮节隆重开幕

后记

我很喜欢早期的凤凰古镇，那时那些老巷子老房子都安静从容的模样。我曾在那里待过六七天时间，着迷地在巷子里逛来逛去，时常被那些银器、蜡染花布及姜糖等所吸引所打动。我买了不少蜡染蓝花布，回到家里就盖在书桌上、茶几上，特别养眼，一副岁月静好的模样。自此，每到一个地方，我就特别注意各地极有地域特色的手工特产，觉得这些东西拥有一种质朴而深沉的美，仿佛留存着手艺人的体温和情感，张扬着各自鲜明的个性。

后来，我才明白，我喜欢的这些，都是非物质文化遗产。如果不去网上搜索，我可能不会知道什么时候出现了非物质文化遗产的名称。但我清楚地知道，它可能是一首难忘的童谣，是春节的鞭炮声，是端午的龙舟赛，是母亲的夏布，是故乡的茴饼，是咿咿呀呀的花鼓戏，甚至是拳师的拳术……

后来，我更深刻地明白，中华大地上，千年传承下来的生活习俗、民间技艺，包括人们世代传承的生产生活方式，都是宝贵的非物质文化遗产。非遗存在于人们的衣食住行中，存在于生活的形态里。非遗可以是一种工艺，可以是一项民俗，也可以在歌舞曲艺及武术里存续。这些优秀的民族传统文化，在现代社会里，依然持久地散发着迷人的香气。

浏阳是千年古县，人文底蕴深厚，由此形成的传统文化内涵丰富，个性突出。地方文化特色最突出的就是非遗手工技艺文化，比如花炮、菊花石雕、祭孔古乐等等。于是，从2016年年底起，我和摄影师赵爱兰姐姐就约定一起寻访浏阳有个性风采的手艺，我当时的出发点，还在于书写乡村那些手艺人的生命追求及人生起伏，在于展现其个性色彩及执着于手艺的精神风貌，乃至唤起人们对民间手艺的重视和传承。于是，整个2017年，我们寻访过榨油、打冻米糕、夏布、沙罐、做油饼、手工做纸、古老印术等等。

寻访乡间手艺人的过程，也是一个我不能不谦卑学习的过程，因我在阅读和写作谭嗣同文稿，我更多只是思考和记录，并没有写作。没想到就在2018年下半年，市政协提出要策划和写作“浏阳历史文化丛书”，在我思考整个丛书的策划初稿时，当然要写浏阳的自然风光，浏阳的历史，浏阳的名人，浏阳的民俗风情，那么还要展现浏阳什么亮色呢？我的眼光不由投向浏阳那些丰富的非遗项目，而非遗项目自是能充分体现浏阳的地域文化色彩。后来，策划初稿拿出来之后，经本市及省里有名专家的反复研讨，领导决策敲定了整套丛书为十本的体量，《浏阳非遗》确定为上下两册。念及自己于民间手艺人的敬重和之前的走访，我主动承担了《浏阳非遗》上册。

因一直在创作《谭嗣同》长篇小说，我本想写完小说初稿后，再专心来写《浏阳非遗》一书，毕竟这和我之前的寻访民间手艺人不同，且大多数项目我还得重新赴实地采访。2019年10月，我不得不停下小说创作，否则我不能如期交稿，会影响整套丛书的进度。从10月中旬开始，在长达四个多月的时间里，我一一赴实地采访国家级、省级和长沙市三级22项非遗项目和代表性传承人，然后再查找资料和书写文稿，至2020年3月初拿出了全部初稿。

手艺人和表演者的精湛技艺令我目不暇接，甚至叹为观止。其心思之密、手工之巧、表演之精，不逐一省视，难窥其丰渥之奥秘。虽然只有22个项目及30位传承人，书写时的艰难，竟超出我之前的想象。手艺人大都埋头干活，采访难，难于传承者对传承历史不太清晰，对工艺特色表达不够准确；史料记载缺乏，或者相互矛盾，查找和阅读、鉴别史料也成了一种苦差事，乃至于书写时对青面狮、王家拳、洞阳山道乐等项目的传承路径依然不太明晰；既是文化丛书，书写非遗时就得重在历史和工序介绍，行文就容易呆板和枯燥，书写时便有些患得患失，甚至怀疑自己的书写能力。

又花费了二十来天的时间，终于修改到位，即将交付出版社。在此，特别感谢孙文辉老师在专业上的把关和帮助修正；感谢夏剑钦老师对相关历史和引用资料一一修正，并直言不讳地提出修改意见；感谢岳麓书社责编王文西老师对我书写思路的扩展提出了建设性意见；感谢摄影师赵爱兰、彭红霞、熊剑等为本书提供了珍贵的图片，弥补了我文字书写的不足。在此，还要特别向各位手艺人、表演者深深致谢，正是他们的智慧、勤勉与坚韧，正是他们守心守艺守岁月，使得我们的衣食住行行如涓流归海，有了如今这般丰饶而壮阔和图像，为浏阳深厚的文化历史底蕴涂抹了灿烂的亮色。

书写之余，我也有忧虑。非遗的重心在于传承。如何更好地传承？是一成不变地死守传统，还是在原有基础上创新，使之更好地贴近生活，代代延续？关于这点，我还没有很好的答案，但我以为非遗不仅仅在保护，更在传承，而传承的重点在坚守，至少是精神的坚守。创新太多，便失去了本味，也就失去了意义。

愿旧时风物，代代相承。是为记。

2020年6月于浏阳